JEAN MASSART

VICE-DIRECTEUR DE LA CLASSE DES SCIENCES DE L'ACADÉMIE ROYALE DE BELGIQUE

LA
PRESSE CLANDESTINE

DANS LA

BELGIQUE OCCUPÉE

AVEC 26 FAC-SIMILÉS HORS TEXTE

PARIS-NANCY, BERGER-LEVRAULT, ÉDITEURS

LA PRESSE CLANDESTINE

DANS LA

BELGIQUE OCCUPÉE

JEAN MASSART

VICE-DIRECTEUR DE LA CLASSE DES SCIENCES DE L'ACADÉMIE ROYALE DE BELGIQUE

LA
PRESSE CLANDESTINE

DANS LA

BELGIQUE OCCUPÉE

AVEC VINGT-SIX FAC-SIMILÉS HORS TEXTE

CE LIVRE EST VENDU

AU PROFIT DES ŒUVRES DE SOUTIEN DES BELGES

BERGER-LEVRAULT, LIBRAIRES-ÉDITEURS

PARIS | NANCY
5-7, RUE DES BEAUX-ARTS | RUE DES GLACIS, 18

1917

TABLE DES MATIÈRES

I

CE QUI EST DÉFENDU ET CE QUI EST TOLÉRÉ

II

COMMENT LES BELGES SE COMPORTENT EN BELGIQUE

III

COMMENT LES ALLEMANDS SE COMPORTENT EN BELGIQUE

TABLE DES ILLUSTRATIONS

AVANT-PROPOS

Dans un autre livre, *Comment les Belges résistent à la domination allemande* (¹), j'ai essayé de montrer combien la mentalité allemande diffère de la nôtre : à la terreur que l'Allemand prétend inspirer, le Belge répond par le calme le plus profond — et le plus agaçant aussi — et par un humour ingénu.

Le présent ouvrage a pour objet de mettre en lumière l'une des modalités de cette résistance : la publication et la distribution clandestines de journaux, brochures, livres, cartes illustrées, etc.

Alors que le livre précédent était basé sur des documents venant d'outre-Rhin, ou du moins revêtus de l'estampille officielle de la censure allemande, celui-ci n'utilise guère que des écrits non censurés. Le lecteur appréciera ainsi le contraste entre les deux genres de littérature.

Jusqu'en août 1915, j'ai pu collaborer à la presse prohibée. Depuis que je me suis évadé de mon pays, j'ai eu à ma disposition la plupart des publications clandestines paraissant en Belgique. Pourtant j'ai dû parfois me contenter de copier les articles qui sont reproduits dans les journaux belges paraissant en Hollande.

*
* *

Tout journal publie deux sortes d'articles : ceux qui sont écrits spécialement pour ses lecteurs, et ceux qui sont

---

(1) Chez Payot, à Paris et à Lausanne.

découpés dans d'autres journaux ou revues. La presse clandestine belge est rédigée presque uniquement par des personnes de bonne volonté, et non par des journalistes professionnels, que leur style ferait trop facilement reconnaître. Les articles dont la forme est la meilleure sont donc, on le comprend sans peine, ceux qui sont empruntés aux publications étrangères. Mais ceux-ci, nous les supposons connus; c'est pourquoi on ne trouvera dans ce livre presque rien de *La Soupe* ni de la *Revue hebdomadaire de la Presse française,* qui sont les plus considérables de nos journaux défendus, mais qui ne donnent guère que des réimpressions ou des traductions.

Nous copions presque toujours les articles en entier, sans coupures. Nous avons vu trop clairement, par le parti que les Allemands tirent des amputations de documents, combien ce procédé est malhonnête. Si la pièce est vraiment trop longue et renferme des parties sans aucun intérêt pour nous, nous indiquons où ont été faites les coupures.

Il a fallu faire un choix entre les articles. Nous ne reprenons que ceux qui montrent le mieux l'opposition entre la mentalité belge et la mentalité allemande.

Le texte écrit par l'auteur est aussi réduit que possible; il n'est là que pour aider le lecteur à apprécier pleinement l'action de la presse clandestine : il fallait pour cela indiquer l'état d'esprit du Belge avant la publication des articles et l'influence qu'ils ont eue sur sa mentalité.

———

Afin d'éviter les redites, je ne reproduis pas en général dans ce livre-ci les affiches, proclamations, articles, photographies, etc., déjà donnés dans *Comment les Belges résistent à la domination allemande.*

———

Les écrits prohibés ne sont qu'un épisode presque insignifiant dans la lutte de chaque jour que les Belges de
Belgique ont à soutenir contre les exigences de plus en
plus âpres et de plus en plus injustifiées du pouvoir
occupant. Mais mieux qu'aucun autre mode d'activité, la
presse clandestine permet à l'étranger de saisir sur le vif
l'incompressible énergie et la persistante bonne humeur
d'un peuple qui refuse de se laisser écraser.

J. M.

Antibes (Villa Thuret), janvier 1917.

LA PRESSE CLANDESTINE

DANS LA

BELGIQUE OCCUPÉE

I

CE QUI EST DÉFENDU ET CE QUI EST TOLÉRÉ

A. *LES PUBLICATIONS PROHIBÉES*

1. Importation de journaux et de livres.

Pendant les deux premières semaines de la guerre, la population bruxelloise put participer à la fièvre universelle. Le 20 août 1914, changement complet. Le matin, les journaux avaient encore été vendus par les crieurs affairés. Le soir, plus rien : les Allemands étaient dans la ville, et pas un seul journal n'avait accepté leur censure; bien plus, le matériel de certaines imprimeries avait été rendu volontairement inutilisable.

A l'excitation des premiers jours succédait sans transition le calme le plus lugubre. Bientôt parurent les affiches allemandes annonçant les succès de nos ennemis : la prise de Namur, la défaite des Français dans le Luxembourg, le siège de Maubeuge, l'entrée des Autrichiens en Serbie, puis la marche rapide des armées allemandes sur Paris, que les corps de cavalerie allaient atteindre en deux jours.

Bien entendu, les Bruxellois refusaient de croire les « nouvelles officielles » allemandes, d'autant plus que leur bourgmestre venait d'infliger à l'autorité occupante un démenti qu'elle s'était bien gardée de relever (1).

---

(1) Voir DAVIGNON, *La Belgique et l'Allemagne*, p. 29, et J. MASSART, *Comment les Belges résistent à la domination allemande*, fig. 2.

Du reste, leurs bataillons en route « vers Paris » n'avaient pas fini de défiler au pas de parade, musique en tête, à travers la ville, que déjà des audacieux avaient organisé un service d'importation de journaux : *Le Matin* et *La Métropole*, d'Anvers, *La Flandre libérale* et *Le Bien public*, de Gand. A partir des derniers jours d'août, le commerce clandestin fonctionnait avec régularité, et nous lisions, dès 9 heures, à Bruxelles, *La Flandre libérale* qui se vendait le même matin à Gand. Les premiers exemplaires sortant de presse étaient apportés en automobiles jusque tout près des avant-postes allemands de Ninove, de Lennick ou de Hal, à une quinzaine de kilomètres de Bruxelles. Là, les paquets étaient enfouis dans des paniers de légumes et amenés ainsi en ville. On les déballait dans l'arrière-salle de quelque cabaret qui changeait tous les jours. Immédiatement les camelots se mettaient en campagne. Les uns se postaient dans les grandes artères et aux carrefours, où ils vendaient ostensiblement des cartes illustrées, des insignes patriotiques ou des journaux autorisés par la censure. Tout bas ils ajoutaient : « *La Flandre ?* — Combien ? » C'était d'habitude 75 centimes, l'avant-midi, mais plus tard on l'obtenait pour 40 ou 50 centimes. D'autres, munis de quelques caissettes de raisins, se rendaient dans les faubourgs. Les fruits n'étaient là que pour donner le change et pour permettre aux vendeurs de sonner chez leurs clients habituels ; dès que la porte s'était refermée sur eux, les journaux sortaient du fond des poches.

Les charrettes des maraîchers apportaient à Bruxelles, en même temps que les feuilles belges, des journaux étrangers. Les plus lus étaient : *Le Journal, Le Petit Parisien, Le Matin* (de Paris), *Le Temps, The Times, The Daily Mail*, parfois *De Tijd* et *De Telegraaf* ; très rarement *Le Journal de Genève*.

De loin en loin, les policiers allemands réussissaient à saisir la contrebande. Ce jour-là nous n'avions les gazettes que l'après-midi, par des marchands irréguliers agissant isolément ; *La Flandre libérale* ou *La Métropole* coûtait alors 2 ou 3 francs.

Cette organisation fonctionna normalement, malgré les sévérités allemandes, jusqu'à la prise d'Anvers et à l'occupation des Flandres (en dehors de la boucle de l'Yser). A partir de la mi-octobre, les derniers quotidiens belges disparurent de la Belgique occupée. Quelques-uns reparurent ailleurs : *L'Indépendance belge* à Londres, *La Métropole* également à Londres, sur une page de *The Standard*, *Le XXᵉ Siècle* au Havre. Ils nous étaient apportés en même temps que les journaux français et anglais.

Parfois nous recevions l'un ou l'autre des journaux occasionnels publiés à l'étranger par des Belges. *L'Écho d'Anvers* à Bergen-op-Zoom, *Les Nouvelles* et *Le Courrier de la Meuse* à Maestricht, *L'Écho belge*, *Vrij België* et *Belgisch Dagblad* à La Haye, *La Belgique* à Rotterdam, *De Vlaamsche Stem* à Amsterdam, *De Stem uit België* et *La Belgique nouvelle* à Londres, *Le Franco-Belge* à Folkestone, *Le Courrier belge* à Derby, *La Patrie Belge* et *La Nouvelle Belgique* à Paris, *Le Courrier de l'Armée* (*De Legerbode*) et *Het Vaderland* au Havre, *Ons Vaderland* et *De Belgische Standaard* à La Panne (Belgique libre).

De jour en jour, la circulation entre la Hollande et la Belgique était rendue plus difficile : les sentinelles avaient ordre de tirer sur les marchands de journaux qui tentaient de franchir la frontière, et elles n'hésitaient pas à le faire. Mais même après que la frontière eut été garnie d'une rangée de fils électrisés, puis de deux rangées, et enfin de trois rangées, et après qu'on y eut délimité une zone où il était défendu de pénétrer, les journaux étrangers continuèrent à se faufiler en Belgique. Bien rares sont les jours où les fraudeurs sont tous arrêtés ou tous tués (¹). Assez souvent pourtant des périodiques volumineux comme *The Times* trouvent acheteur à 200 francs. Mais en général *The Times* se vend 5 francs et les journaux français coûtent de 2 à 3 francs.

La vente dans la rue a presque entièrement cessé : les risques sont trop grands. Des espions allemands accostent les marchands de journaux censurés et essaient de se faire

____

(¹) En décembre 1914, les sentinelles allemandes abattirent deux marchands de journaux à Putte (province d'Anvers). En juillet 1915, furent tués dans le Limbourg quatre personnes transportant des correspondances et des journaux.

remettre une feuille prohibée. Si le camelot a le malheur
d'acquiescer, l'Allemand lui met aussitôt la main au collet.
C'est une affaire de ce genre qui a valu à la ville de
Bruxelles une amende de 5 millions. Un sous-officier en
civil, jouant au mouchard, voulait appréhender un vendeur
qui lui avait cédé un prohibé. Mais le marchand résistait
et l'espion se mit à le frapper à tour de bras. Deux agents
de la police bruxelloise, De Rijcke et Seghers, ne sachant pas
qu'ils se trouvaient en présence d'un espion (car il avait été
entendu que les policiers allemands porteraient toujours un
signe distinctif), prirent fait et cause pour le marchand qu'ils
croyaient injustement attaqué par un particulier. D'où
condamnation de De Rijcke à cinq ans de prison et de
Seghers à trois ans; de plus, la ville de Bruxelles fut frappée
d'une amende de 5 millions (¹).

*
* *

En même temps que les journaux, on introduit des livres
et des brochures. Nous pouvons lire ainsi tout ce qui
s'imprime d'intéressant à l'étranger. Le nombre d'exemplaires
importés n'est d'ordinaire que de quelques dizaines, mais on
ne les laisse pas moisir dans les bibliothèques. Ils passent
sans interruption de main en main, jusqu'au jour où une
perquisition les fait tomber entre les mains des policiers
allemands.

Alors que les journaux prohibés sont l'objet d'un commerce régulier, qui fait vivre beaucoup de monde, les livres
sont au contraire introduits pour le compte de médecins,
d'avocats, de professeurs, d'artistes, etc., qui ne poursuivent
pas un but de lucre. Ainsi les ouvrages de Bédier, *Les
Crimes allemands;* de Weiss, *La Violation de la neutralité
belge et luxembourgeoise par l'Allemagne;* de Durkheim
et Denis, *Qui a voulu la guerre?* se sont vendus par
centaines à 75 centimes (au lieu de 5o centimes). Au
même prix on pouvait acheter Van den Heuvel, *La Neutralité*

---

(1) Voir *Comment les Belges résistent...,* p. 178.

belge. J'accuse vaut 5 francs; Waxweiler, *La Belgique neutre et loyale,* 3ᶠ5o. On introduit même des ouvrages volumineux; par exemple le livre de Jan Feith, *De Oorlog in Prent,* qui se vend 9 francs, et *King Albert's Book ;* celui-ci valait d'abord 5 francs, mais la demande intense dont il était l'objet fit rapidement monter son prix, et les derniers exemplaires trouvèrent amateur à 20 francs (au profit d'œuvres charitables).

Aux imprimés étrangers circulant sous le manteau à Bruxelles, il faut ajouter ceux qui ont paru en août et septembre 1914 avant la grande sévérité de la censure, mais qui furent interdits après coup. Citons : *Adolphe Max, son administration du 20 août au 26 septembre 1914 ; Lettre ouverte d'un Hollandais à un ami allemand ; La Dernière Entrevue du Chancelier allemand et de Sir E. Goschen ; Discours prononcés à la Chambre des Communes et à la Chambre des Députés de France,* etc.

2. Réimpression de journaux et de livres.

On comprend que, malgré l'activité des introducteurs de journaux et de livres étrangers, il n'y ait que quelques privilégiés qui puissent les lire dans le texte original. Il était pourtant urgent d'immuniser la population tout entière contre le virus allemand, qui sans cela aurait pu s'infiltrer dans les esprits et énerver les courages. C'est pourquoi on se préoccupa tout de suite de renseigner les Bruxellois sur la marche des opérations militaires. Chaque jour, de multiples personnes achètent des journaux anglais et français, et copient à la machine à écrire les passages les plus saillants. Les feuillets sont ensuite distribués en cachette, soit gratuitement, soit à un prix minime (et le plus souvent au profit de la Croix-Rouge ou du Comité national de secours et d'alimentation).

Ces sortes de journaux, qui sont au nombre d'une quinzaine, combattent sans répit l'influence démoralisante des affiches allemandes. Rien d'étonnant donc à ce que les autorités s'efforcent de dépister les dactylographes. Naturellement, c'est surtout par le moyen d'agents provocateurs qu'on met la main sur les éditeurs de nouvelles de la guerre. Mais autre chose est d'emprisonner un patriote et d'arrêter une propagande patriotique : à peine un éditeur est-il condamné qu'un autre prend sa place.

A côté des feuillets qui permettent aux lecteurs de suivre au jour le jour les événements de la guerre, d'autres œuvres réimpriment des chroniques, des poésies, des manifestes, des discours, des documents diplomatiques, des articles de tout genre.

L'une de ces œuvres est la *Revue hebdomadaire de la Presse française,* qui paraît régulièrement en fascicules de seize pages. Elle se dit « soumise à la censure K. K. » (pl. IX) et donne, outre quelques articles originaux, des extraits de journaux français, tels que *Le Temps, Le Figaro, Le Matin, Le Journal des Débats...* ou suisses, comme *Le Journal de Genève* et *La Gazette de Lausanne;* elle reproduit aussi des articles du *Bureau documentaire belge,* du *Courrier de l'Armée belge,* du *XXe Siècle,* de *L'Écho belge* et d'autres journaux belges. De temps en temps un numéro est consacré en entier à un seul auteur. C'est ainsi que la *Revue* a reproduit *Sur la Voie glorieuse,* d'Anatole France, et une belle série de dessins de Louis Raemaekers. (Pour ceux-ci elle s'excuse de n'avoir pas pu les faire « grafer au purin ».)

L'Écho de ce que les journaux censurés n'osent ou ne peuvent pas dire paraît à intervalles irréguliers.

Une autre publication du même genre, *La Soupe,* donne chaque semaine une cinquantaine de pages dactylographiées, ce qui équivaut à plus de cent pages d'un volume in-8. C'est par elle que nous avons connu les *Rapports de la Commission d'enquête belge,* des extraits du *Livre Bleu* et du *Livre Jaune,* le texte français de l'*Appel des 93 Intellectuels allemands* et une douzaine de ripostes à ce manifeste, la *Lettre de M. Romain Rolland à Gerhart Hauptmann* et la réponse de celui-ci, les poésies de M. Rostand (*La Cathédrale*), de M. Miguel Zamacoïs (*La Cathédrale de Reims, Les Belges*), d'Émile Verhaeren (*La Belgique sanglante*), la *Lettre pastorale* de Mgr Mercier, *La Belgique martyre* de M. Pierre Nothomb, les discours de M. Henry Carton de Wiart à l'Hôtel de Ville de Paris, de

M. Lloyd George au Queen's Hall, de M. Maurice Maeterlinck à la Scala de Milan, les lettres de Mᵉ Théodor au baron von Bissing, les sermons du R. P. Janvier, de M. Bloch, grand rabbin de Belgique, etc., etc.

La même revue nous tenait aussi au courant des méthodes de la propagande allemande. Elle nous a permis de juger à leur juste valeur, qui est peu élevée, les publications de propagande tudesques : *Journal de la guerre, La Guerre, Die Wahrheit über den Krieg* (La vérité au sujet de la guerre), *Sturmnacht in Loewen* (Nuit d'alarme à Louvain), etc. Ces extraits ont été largement répandus. Nous estimions en effet que rien n'est plus utile à notre propagande que de donner de la publicité aux brochures de propagande de nos ennemis, afin de montrer à tous comment ils torturent la vérité. Ainsi en publiant leur récit, *Cruauté contre un couvent* (¹), ils nous ont rendu un service inappréciable, tant les mensonges y sont lourds et évidents. Furent également traduits et publiés les articles de M. le capitaine Bloem (*La Campagne des atrocités*) (²), de M. von Bissing fils (*La Belgique sous l'administration allemande*) (³), etc.

Beaucoup de dessins aussi ont été reproduits par les Belges, soit par des procédés mécaniques, soit par la photographie. Citons un seul cas. On avait réussi à faire entrer en Belgique un exemplaire des admirables dessins de M. Louis Raemaekers : *De Toppunt der Beschaving*. Il passait rapidement d'une maison à l'autre jusqu'au jour où il fut découvert par les Allemands lors d'une visite domiciliaire. Inutile de dire qu'il fut aussitôt retiré de la circulation. Toutefois, l'un des premiers possesseurs de la collection avait eu soin de photographier toutes les planches, et bientôt l'exemplaire unique fut remplacé par une foule de copies.

Plus tard, un prohibé spécial, *La Cravache,* a répandu par tout le pays les dessins de Raemaekers.

Même de la musique fut imprimée en cachette et vendue à

---

(1) Voir *Comment les Belges résistent...*, p. 278.
(2) *Ibid.*, p. 232.
(3) *Ibid.*, p. 409.

Bruxelles. *Tipperary,* par exemple, coûtait 1 franc (au profit d'œuvres charitables), pendant l'hiver 1914-1915.

*
* *

Nous n'avons guère parlé que des reproductions par la dactylographie ou la photographie. Mais des procédés aussi encombrants ne sont naturellement pas applicables à des ouvrages de longue haleine. Ceux-ci sont donc réimprimés par la typographie. Le premier livre qui fut ainsi reproduit est celui de Waxweiler, *La Belgique neutre et loyale.* Nous avions reçu quelques exemplaires de la Suisse, — par l'Allemagne ! — mais l'épaisseur du papier rendait leur dissémination assez pénible. C'est pourquoi on le réimprima sur papier fin. Depuis lors, on a réédité les articles de Pierre Nothomb, *La Belgique martyre ;* ceux du baron Beyens, *L'Empereur Guillaume, La Famille impériale ; Les Rapports de la Commission d'enquête belge ; Le Livre Jaune,* et bien d'autres. *La Libre Belgique* a donné en supplément *J'accuse.* L'opération la plus délicate fut la traduction en français du *King Albert's Book.* On en avait vendu plusieurs milliers d'exemplaires au profit de La Soupe (c'est le nom que porte à Bruxelles le Comité national de Secours et d'Alimentation). Mais une deuxième édition était devenue nécessaire. Or, voilà qu'au milieu du tirage les Allemands envahissent les ateliers et saisissent, en même temps que le personnel, la composition, le papier, les feuilles déjà tirées et tout le matériel de l'imprimerie. Ils se croyaient débarrassés définitivement du *Livre du Roi Albert* quand, à leur profonde vexation, une semaine après, 10.000 nouveaux exemplaires apparurent sur le marché clandestin.

Autre exemple de réimpression. En mai 1916, a paru à Arlon une « édition de guerre » du livre de M. H. Grimauty, *Six Mois de guerre en Belgique, par un soldat belge.*

3. Les publications originales.

Voyons maintenant les plus intéressantes de nos publications : les journaux et les brochures donnant, non des réimpressions de livres, de chroniques, de poésies... faites à l'étranger pour l'étranger, mais des articles écrits par des Belges résidant en Belgique à l'intention de leurs co-prisonniers.

La toute première place est tenue par un journal, *La Libre Belgique*. Du 1ᵉʳ février 1915 au 31 décembre 1916, il en a paru 100 numéros.

Ceux-là seuls qui ont vécu sous une tyrannie tracassière et abhorrée peuvent comprendre avec quelle curiosité ardente on attend *La Libre Belgique*.

Quand le prochain numéro paraîtra-t-il? Nul ne le sait, car le journal est *régulièrement irrégulier,* comme le dit le sous-titre.

Comment nous parviendra-t-il? On ne le sait pas non plus. Tantôt il est déposé sous enveloppe dans la boîte aux lettres, tantôt un ami vous le glisse mystérieusement dans la main, tantôt on le trouve en bonne place sur sa table de travail (c'est de cette manière que M. le baron von Bissing le reçoit).

Où l'imprime-t-on? Mystère. A en croire la manchette du journal, son adresse télégraphique est « Kommandantur — Bruxelles ». Quant au bureau et à l'administration, « ne pouvant être un emplacement de tout repos, ils sont installés dans une cave automobile »!!

Quels sont les auteurs? Les jésuites, disent les uns; les francs-maçons, assurent les seconds. Deux assertions aussi exactes l'une que l'autre; car il n'y a plus en Belgique ni cléricaux, ni socialistes, ni libéraux, ni flamingants, ni wallingants : il n'y a que des Belges, animés d'une même ardeur et accomplissant indistinctement leur devoir patriotique.

A combien tire-t-il? A 10.000, assure-t-on. Mais nul ne pourrait le dire avec précision, pas même ceux qui sont ses plus audacieux propagateurs. Celui qui se charge de répandre *La Libre Belgique* reçoit de chaque numéro un certain nombre d'exemplaires. Il en fait trois ou quatre paquets qu'il remet à autant d'amis; chacun de ceux-ci partage de nouveau son stock entre un petit nombre de personnes sûres, et ainsi de suite jusqu'à ceux qui distribuent le journal aux « clients ».

Chaque distributeur sait donc de qui il reçoit les numéros et à qui il les remet, mais il ignore quels sont les échelons supérieurs et inférieurs. Chacun répartit ses exemplaires entre quelques personnes qu'il connaît bien; il n'est donc pas obligé d'inscrire leurs noms.

On saisit les avantages de cette façon de procéder. Si, lors d'une visite domiciliaire, la police de la Kommandantur a accidentellement la chance de mettre la main sur un paquet de numéros de *La Libre Belgique,* — tout arrive! — elle pourra condamner le détenteur à quelques milliers de marks d'amende, s'il est riche, ou à quelques mois de prison, s'il n'a pas de fortune; mais on ne saura pas encore à qui les exemplaires sont destinés, ni surtout quelle est leur origine. Le talent de conspirateur des Belges s'est si bien aiguisé, et les intermédiaires entre le directeur et les lecteurs sont si nombreux que, lorsqu'on a une idée à soumettre aux rédacteurs, il faut de dix à quinze jours pour que le message arrive d'échelon en échelon jusqu'à la « cave automobile ».

De temps en temps, la première page du journal est illustrée. Le n° 50 nous montre Guillaume II en enfer, d'après le tableau bien connu d'Ant. Wiertz, « Napoléon en enfer ». Le n° 52 donne un bon portrait du roi Albert. Le numéro anniversaire (n° 62) nous montre le pauvre baron von Bissing au milieu d'une montagne de mandats de perquisitions destinés à mettre la main sur les rédacteurs de *La Libre Belgique;* on y représente aussi la cave automobile où siège la rédaction, celle où fonctionne la machine à imprimer et celle où se fait l'emballage; puis la perquisition dans un water-closet et l'arrestation de la statue d'André Vésale (voir page suivante et pl. II). Le n° 83, « censuré le 21 juillet 1916 », donne à l'occasion de la fête nationale belge un dessin, « Vers la gloire », entouré d'un cadre aux couleurs belges (pl. IV). Le n° 81 publie une reproduction d'une carte illustrée qui a été vendue en Allemagne, avec le lion belge chevauché par un Prussien (pl. III).

Mais la meilleure image reste celle du n° 30, reproduisant un « instantané » du gouverneur général, baron von Bissing, lisant *La Libre Belgique* (1). A partir de ce moment, ce ne fut plus une récompense de 5.000 francs qui était offerte au

----

(1) Voir *Comment les Belges résistent...,* fig. 1.

dénonciateur de *La Libre Belgique,* mais une prime de 25.000 francs, puis de 75.000 francs. Ils nous prennent pour des Allemands ! Ils s'imaginent que l'intérêt nous fera oublier le devoir !

Cependant nos tyrans mettent tout en œuvre pour échapper au cauchemar de *La Libre Belgique.* Au printemps de 1915, des perquisitions ont mis sens dessus dessous les maisons de tous ceux qui pouvaient être soupçonnés d'aider à sa propagation. Nous vivions dans une incertitude perpétuelle ; à chaque coup de sonnette, nous nous demandions si ce n'était pas pour une visite domiciliaire. On publiera après la guerre la liste des maisons qui furent fouillées de la cave au grenier, sans que la police ait reconnu sous leur maquillage les paquets de *La Libre Belgique.*

La traque aux prohibés se poursuit dans la rue. On arrête les avocats, les employés de bureau, les fonctionnaires, bref tous ceux qui sont munis d'un portefeuille, et on leur bouleverse leurs papiers pour y découvrir *La Libre Belgique.*

Les Bruxellois racontent que la Kommandantur a reçu plusieurs fois des lettres anonymes donnant des renseignements précis sur le local où s'élabore *La Libre Belgique.* La police arrivait en grand secret, se faisait ouvrir la maison, descendait vivement tel escalier, enfilait le couloir, poussait la porte indiquée sur le plan et débouchait dans un water-closet. La « chronique théâtrale » du n° 39 de *La Libre Belgique* raconte une équipée de ce genre, ainsi que la mésaventure des Allemands allant arrêter André Vésale dont la statue se dresse sur la place des Barricades à Bruxelles !

Voici quelques faits qui donneront une idée de l'acharnement avec lequel *La Libre Belgique* est poursuivie. Un rédemptoriste, le R. P. Verriest, a été condamné à 4.000 marks d'amende pour s'être occupé de la répandre. Par jugement du tribunal militaire d'Anvers, en date du 18 février 1916, trente-deux personnes ont été condamnées à des peines de trois à dix-huit mois de prison pour avoir procédé à la distribution de journaux prohibés. Le tribunal militaire de Hasselt a condamné un restaurateur et sa femme à des amendes et à la fermeture pendant six semaines de leur café *In het Vosken* pour

avoir répandu *La Libre Belgique.* Le bourgmestre intérimaire
de Bruxelles, M. Lemonnier, a vu bouleverser son habitation
particulière et son bureau à l'Hôtel de Ville : on ne découvrit
rien, naturellement. M. Lemonnier protesta contre ces agissements, le 27 décembre 1915 :

MONSIEUR LE GOUVERNEUR GÉNÉRAL,

La police allemande vient de pratiquer des perquisitions dans mon
cabinet à l'Hôtel de Ville et dans ma maison privée.

Comme particulier, je ne songerais pas à me plaindre d'être traité
comme tant de mes concitoyens, mais en qualité de faisant fonctions de
bourgmestre, je dois élever une protestation contre cette perquisition qui,
pratiquée dans l'Hôtel de Ville, porte la plus grave atteinte à la dignité et
à l'autorité du premier magistrat de la cité, au moment où il a besoin de
tout le prestige dont sont entourées ses fonctions pour assurer et maintenir
l'ordre et la tranquillité publique.

Agréez, etc.

Le Bourgmestre faisant fonctions,
M. LEMONNIER.

La réponse fut digne de la brutalité allemande :

Bruxelles, le 1er janvier 1916.

A la lettre du 27 décembre 1915, n° 4864, j'ai l'honneur de répondre
que la police militaire a eu des motifs fondés pour faire une perquisition
domiciliaire aussi bien dans votre habitation privée que dans votre cabinet officiel.

Votre protestation contre les opérations de perquisitions pratiquées
dans votre cabinet officiel est sans fondement et sans objet, attendu que
vous ne pouvez invoquer des privilèges spéciaux pour les locaux officiels
de l'Hôtel de Ville.

(s.) Frhr. VON BISSING.

En juin 1916, ils ont mis en prison, prétendument pour
avoir propagé *La Libre Belgique,* un jeune homme de seize
ans, M. Léon Lenertz, fils d'un chef des travaux graphiques
de l'Université de Louvain qui fut fusillé devant sa maison
du boulevard de Tirlemont pendant la nuit tragique du 25 au
26 août 1914.

En septembre 1916, sept des principaux imprimeurs de Gand
ont été mis sous les verrous. Ils devaient y rester, paraît-il,

jusqu'à ce que les rédacteurs de *La Libre Belgique* se soient fait connaître. Toutefois on ne les a gardés que pendant un bon mois.

C'est surtout dans les couvents que M. le baron von Bissing s'obstine à chercher les rédacteurs des journaux clandestins.

Le collège Saint-Michel, qui est le principal établissement des Jésuites à Bruxelles, a été à diverses reprises fouillé et bouleversé de fond en comble; le père Dubar fut condamné à douze ans de travaux forcés.

Perquisitions au collège Saint-Michel.

Samedi 18 mars, de grand matin, 80 bandits prussiens armés jusqu'aux dents se sont présentés aux fins de perquisition au collège Saint-Michel, boulevard Saint-Michel, à Bruxelles.

Après que tous les élèves eurent été licenciés, ils ont commencé leurs exploits, et, naturellement, puisqu'il n'y avait rien à saisir, ils s'en sont retournés Gros-Jean comme devant.

Ces imbéciles étaient à la recherche de... *La Libre Belgique.*

Von Bissing a, une fois de plus, fait buisson creux. Et l'automobile insaisissable roulait..., roulait..., roulait toujours...

(Écho de ce que les journaux censurés n'osent
ou ne peuvent pas dire, avril 1916, p. 33.)

Le 4 juin 1916, le gouverneur général s'adressa à Mᵍʳ Heylen, évêque de Namur, pour l'amener à agir sur son clergé. Après avoir signalé combien il lui est pénible de se montrer sévère — sévère, mais juste — envers les prêtres, il invoque..... parfaitement, il invoque la Convention de La Haye. Puis il ajoute :

Si l'on veut obtenir que les condamnations soient évitées, on ne peut l'attendre que d'une conduite calme et exempte de politique des ecclésiastiques eux-mêmes.

Et c'est pour cette raison que je m'adresse à Votre Grandeur avec la prière d'agir sur vos subordonnés de manière qu'ils s'abstiennent dans l'exercice du ministère sacré et ailleurs encore de toute activité politique, et moins encore qu'ils se rendent coupables de transgressions graves de mes prescriptions. Il importerait surtout de les détourner de la diffusion d'écrits inadmissibles, à laquelle des ecclésiastiques ont récemment pris une grande part.

M'est-il permis de prier Votre Grandeur de me faire savoir si je puis compter sur Sa collaboration dans le sens indiqué? Au surplus, je ne demande que la tenue des garanties auxquelles l'Épiscopat a souscrites, en son temps, en ce qui concerne la bonne conduite du clergé.

Voici quelques passages de la réponse de M⁸ʳ Heylen :

Namur, 15 juin 1916.

EXCELLENCE,

Je suis heureux de constater, par la lettre de Votre Excellence en date du 4 juin, qu'elle se rend parfaitement compte de l'effet déplorable et excitant que produisent sur le peuple belge les arrestations journalières d'ecclésiastiques, leur emprisonnement, leur condamnation, la déportation d'un certain nombre dans les prisons ou les camps de l'Allemagne.

A plusieurs reprises, j'ai fait connaître mon sentiment sur ces objets et je le redirai aujourd'hui à Votre Excellence, avec une entière franchise. Le maintien de la tranquillité dans le pays n'est pas favorisé — loin de là — par ces procédés d'intimidation et de violence ; il s'obtiendrait plus efficacement par une conduite qui serait en harmonie avec le tempérament du peuple belge.

. . . .

Sur ce point, l'autorité allemande ne peut oublier qu'elle a aussi des devoirs à remplir, et nous n'avons pas moins le droit qu'elle-même d'en appeler à la Convention de La Haye. Cette Convention n'est pas faite seulement dans l'intérêt de l'envahisseur, mais aussi du pays occupé ; à celui-ci elle assure le respect de ce qu'il y a dans l'âme humaine de plus élevé et de plus noble, l'amour de la patrie, et elle impose à l'armée occupante d'éviter tout outrage à ce patriotisme ; or, nous subissons à ce sujet de douloureuses violences et c'est ce que nous déplorons avec le plus d'amertume dans l'occupation allemande.

Il semble qu'on veuille partout contrarier, étouffer, réprimer le sentiment patriotique, dont le maintien est pourtant un droit et est, de plus, indispensable à la tranquillité du peuple. Je citerai seulement deux faits. Au mois de décembre dernier, à l'occasion d'un envoi de vivres aux prisonniers de mon diocèse internés en Allemagne, il m'a été interdit de formuler le souhait qu'ils soient bientôt rendus à leur patrie bien-aimée ; ces mots ont été supprimés de ma carte-correspondance.

L'un de mes vicaires généraux, cité vers la même date devant la police secrète, s'est entendu reprocher d'avoir, dans une allocution, demandé de prier pour notre Roi bien-aimé et son auguste famille...

. . . .

On s'autorise aussi à faire vis-à-vis de nous ce qui n'est pas toléré vis-à-vis de l'armée allemande : d'une part, on interdit aux prêtres belges les publications qui ne sont pas à l'éloge de l'Allemagne et, d'autre part, on permet aux aumôniers allemands et à d'autres de répandre des écrits provocants et outrageants pour notre patrie.

En regard des vains efforts tentés par les Allemands pour supprimer *La Libre Belgique,* soulignons l'ardeur avec laquelle les Belges s'occupent de la répandre. Voici un petit trait caractéristique : les vingt premiers numéros du journal ont été réimprimés trois ou quatre mois après leur publication.

*
* *

D'autres périodiques clandestins mènent le combat contre les procédés allemands : *La Vérité,* qui publia sept numéros en mai et juin 1915 (pl. V); *Le Belge,* qui parut de septembre à novembre 1915; *Patrie!* (pl. VII), qui en est à sa deuxième année; un journal flamand, *De Vlaamsche Leeuw* (pl. VI), qu'on peut se procurer « partout et nulle part » et dont « la rédaction siège à la Kommandantur de Bruxelles, en face de l'imprimerie de *La Libre Belgique* »; *De Vrije Stem,* d'Anvers (pl. VI), etc.

Leur organisation est à peu près la même que celle de *La Libre Belgique;* nous n'en reparlerons pas.

Un mot seulement sur un autre organe, *Motus, journal des gens occupés,* feuille satirique qui était vendue, non distribuée gratuitement. Il n'en parut que deux ou trois numéros, car elle eut la malchance de naître tout juste au moment où la police allemande multipliait les visites dans les échoppes à journaux, les librairies et les papeteries. De nombreuses publications prohibées furent saisies pendant ces visites; mais, malgré toutes les invitations allemandes, aucun marchand ne dénonça les auteurs ou les imprimeurs des journaux, brochures, cartes illustrées, photos, etc. Ils firent tranquillement leurs mois de prison, plutôt que d'accepter la réduction de peine qui leur était offerte en échange d'une trahison. Toutefois l'activité du pouvoir occupant fut fatale à *Motus.* Et c'est dommage, car les plaisanteries de ce journal étaient fort amusantes. C'est lui qui nous apprit que le Kronprinz venait d'avoir un fils, « un nouveau prince-monseigneur »; il racontait aussi que Guillaume II maigrissait beaucoup, mais que les journaux d'outre-Rhin qui se permettaient de parler du poids de l'Empereur étaient poursuivis pour crime de « pèse-majesté ».

Voici quelques articles empruntés à *La Vérité* et à *La Libre Belgique,* qui renseignent, mieux que nous ne pourrions le faire, sur le rôle des prohibés et sur la façon dont ils circulent en Belgique :

Les feuilles sortant de Prusse.

Tous les quotidiens de Bruxelles, sans exception, ont cessé leur publication. Dès le début de l'occupation, von der Goltz leur fit faire des avances ; elles échouèrent. Il n'est pas de la dignité de la presse indépendante de reconnaître la loi de l'usurpation ; il est antipatriotique de se mettre au service de l'ennemi. Or, publier ce qui plaît à la censure prussienne et omettre ce qui lui déplaît ; ne pas se réjouir des avantages obtenus par les armées alliées, mais les escamoter et insister, au contraire, sur les prétendus succès des troupes ennemies ; insérer des articles imposés par les bureaux prussiens et reproduire les bulletins des Alliés tels que ceux-ci sortent des tripatouillages berlinois ; critiquer des initiatives belges parce que ce sont les seules que la censure aime à voir dénigrer ; ne pas mettre au pilori les massacres de Visé, Dolhain, Liége, Aerschot, Diest, Louvain, Dinant, Tamines, Termonde, etc., mais s'indigner des petits abus à charge de Belges appauvris ; signaler avec complaisance les organisations de l'ennemi et rester muet devant ses exactions, c'est s'aplatir, c'est fouler aux pieds toute fierté, c'est donner sa veulerie en exemple et c'est servir les intérêts de l'agression germanique.

Le journalisme muselé aggrave son cas en gagnant beaucoup d'argent. Un journal veule et cupide ne peut trouver des lecteurs que parmi les gens sans grandeur morale.

A ces organes domestiqués s'oppose une autre presse d'occasion ; celle-ci répudie tout contact avec l'ennemi, dénonce ses crimes, entretient l'esprit d'insoumission si admirable des populations. Des publications telles que *La Vérité* ou *La Libre Belgique* ne se vendent pas et ne font pas d'annonces. Au contraire, il s'agit d'y mettre de l'argent et il n'y a d'autre chose à récolter que des années de prison, si l'on se fait prendre...

Un tel organe ne dispose, pour se répandre, ni des trains, ni des automobiles des Prussiens ! C'est pourquoi nos lecteurs sont priés, avec la plus vive insistance, d'y mettre du leur, de faire circuler ces pages jusque dans les provinces. Il y a un risque ? Tant mieux ! L'action en devient plus méritoire. Le pays est infesté de journaux émasculés. Que l'on prenne aussi des copies, à la main ou à la machine, des articles que l'on juge bons à répandre. Ainsi, la présente publication, petite, mais fière, pauvre, mais inasservie, pourra déjouer les manœuvres des agents de l'Allemagne et apporter du réconfort à ceux qui n'ont d'autres sources d'information que les affiches berlinoises et les feuilles censurées, où les textes sont dénaturés de façon à distiller au jour le jour de l'ennui et du mensonge, de la platitude et de la désespérance. A la longue, cette veulerie et cette perfidie pourraient déprimer certains de nos compatriotes : c'est pour eux que *La Vérité* sort de son puits !

(La Vérité, n° 1, 2 mai 1915, p. 1.)

Merci à tous.

Nous savons que des articles de *La Vérité*, reproduits à la machine à
écrire, circulent en province. Nous savons que des lectures en sont organisées, entre amis. Que cela continue, se multiplie et se généralise !

(*La Vérité*, n° 3, 20 mai 1915, p. 13.)

Un peu d'indulgence, s'il vous plaît.

Quelques lecteurs se sont plaints de l'odeur désagréable qu'avaient
certains de nos journaux ; qu'ils veuillent bien nous excuser, mais ils
doivent comprendre qu'en temps de guerre on ne peut pas toujours
choisir ses compagnons de voyage. Aussi *La Libre Belgique* s'est vue
forcée de voyager avec des harengs saurs, des fromages de Herve et du
carbure de calcium. Nous prions nos lecteurs d'avoir pour *La Libre
Belgique* la même indulgence qu'ils se voient forcés d'avoir momentanément pour certains voisins de tram. Toutefois le printemps est là, aussi
nous ferons l'impossible pour donner à *La Libre Belgique* le parfum de
la rose ou de la violette.

Le présent numéro paraît en retard ; voici l'explication : Nous avons
dû le réimprimer. *La Libre Belgique* a rencontré l'ennemi, elle s'est jetée
à l'eau pour se sauver à la nage et elle s'est noyée.

Requiescat in pace !

(*La Libre Belgique*, n° 10, mars 1915, p. 1, col. 1.)

Prière de faire circuler ce bulletin.

Nos lecteurs n'auront pas été sans remarquer notre insistance à leur
répéter cet avis. Comme la prudence ne nous permet pas d'augmenter
notre tirage autant que nos amis le désireraient, vu la difficulté d'introduire dans la capitale des colis trop volumineux, nous avons compté, dès
le premier jour, sur le patriotisme de nos « abonnés » pour nous aider
dans notre tâche. Que chacun des exemplaires de notre petite feuille
passe de main en main. Qu'importe si le propriétaire la voit revenir un
peu souillée, un peu déchirée ; qu'importe même s'il ne la voit pasrevenir
du tout. Il se consolera en se disant qu'elle fait du chemin puisqu'elle a
peine à retrouver sa route. Elle aura donc ainsi atteint le but cherché par
ses éditeurs.

Cent exemplaires doivent représenter au moins mille lecteurs.

Or, comme nous tirons... chut ! taisons-nous, les Boches ne doivent pas
le savoir.

(*La Libre Belgique*, n° 21, mai 1915, p. 1, col. 1.)

Par suite d'un accident de machine, notre service a été un peu désor-
ganisé la semaine dernière ; nous n'avons pu faire qu'une réparation pro-

visoire, et, s'il arrivait quelques retards dans l'apparition du journal, nos lecteurs voudront bien nous excuser.

Nous profitons de l'occasion pour remercier *nos concitoyens pour toutes les marques de sympathie dont nous avons entendu les échos et qui nous étaient adressées à l'occasion de notre soi-disant arrestation.*

Avis important à nos lecteurs et propagandistes.

L'existence de notre publication et la liberté de ceux qui s'en occupent dépendent avant tout de la discrétion de ceux qui la reçoivent et la propagent. La curiosité, même la plus bienveillante, peut être aussi dangereuse et aussi malfaisante que la délation coupable qui est naturellement encouragée par nos pires ennemis. Nous prions donc INSTAMMENT les vrais Belges, auxquels seuls notre bulletin est consacré, de respecter l'anonymat des auteurs de *La Libre Belgique* et de s'abstenir du moindre effort pour le connaître. Cette curiosité seule peut devenir une trahison et avoir des résultats très graves, dont le moindre serait la mort anticipée de *La Libre Belgique*.

(La Libre Belgique, n° 29, juin 1915, p. 1, col. 1.)

Avis à nos lecteurs.

S'ils reçoivent la visite d'un honorable ecclésiastique qui voudra leur parler de *La Libre Belgique,* du bien que fait ce journal, etc., ils sont priés de prendre poliment par le bras ce Boche ensoutané et de le mettre à la porte, sans plus.

Toutefois, à ceux qui croiraient devoir agrémenter cette mise au dehors d'un maître coup de pied à l'endroit vulgairement dénommé « le Prussien », libre à eux. Ce serait mérité, sinon méritoire.

LA RÉDACTION.

(La Libre Belgique, n° 31, juin 1915, p. 1, col. 1.)

A son Excellence le Baron von Bissing, gouverneur allemand.

EXCELLENCE,

Vous nous comblez d'attentions. Vos agents secrets et publics multiplient les perquisitions à la recherche de *La Libre Belgique*. Vous avez même mobilisé, dit-on, une brigade spéciale de détectives venus de Berlin pour en découvrir les rédacteurs, les éditeurs, distributeurs, reporters, etc.

Vous perdez votre temps et vous gaspillez votre argent bien inutilement. Il est vrai que vous avez déjà plus d'une fois mis la main sur un paquet d'exemplaires du journal qui fait votre cauchemar et que vous avez frappé d'amendes sévères ceux qui en étaient détenteurs. Mais *La Libre Belgique* a continué à paraître aussi... irrégulièrement que par le passé et son tirage n'a cessé de monter... régulièrement après chacune de vos expéditions.

Vous savez d'ailleurs fort bien, Excellence, que, si certaines de ces expéditions ont abouti plus ou moins glorieusement, d'autres ont couvert de ridicule vos agents et leurs chefs. Encore une fois, vous perdez votre temps, cher Baron, et les bénéfices de vos saisies et de vos confiscations ne vous paieront pas des peines que vous vous donnez et ne compenseront pas le ridicule de votre insuccès.

Plus vous vous obstinerez, plus notre propagande s'étendra. Notre imprimerie automobile, grâce à votre obligeance bien connue, se transporte d'un point à l'autre du pays avec une facilité, avec une essence, — pardon, je veux dire avec une aisance (ce que c'est de fréquenter la Kommandantur, on en prend l'accent) — une aisance donc, que vous ne soupçonnez pas.

Cher Monsieur, vous devriez vous souvenir que *La Libre Belgique,* dès sa naissance, s'est engagée à paraître envers et contre tous, tant que notre chère patrie serait occupée par vos compatriotes et qu'il y aurait nécessité de réagir contre la presse à votre solde et celle qui, par ses mensonges ou par ses omissions, cherche à énerver notre patriotisme, à lasser notre résistance, à amollir nos caractères, à semer dans nos rangs le doute, la division, le désespoir, en un mot à rendre inutiles et vains nos sacrifices et nos souffrances.

Vous oubliez qu'en Belgique une promesse est un engagement sacré, qui lie celui qui l'a faite aussi bien qu'un serment et mieux qu'un traité diplomatique. Vous avez le grand tort de nous considérer comme annexés. Vous pouvez nous voler, nous emprisonner, nous fusiller même, mais vous ne nous ferez pas taire.

Nous ne sommes pas des Allemands, ne nous mesurez donc pas à votre aune.

Vous avez dit récemment, à ce qui nous a été rapporté, que les Belges sont indécrottables. Ce mot, qui rappelle trop les souvenirs que vos officiers ont laissés partout sur leur passage dans nos maisons et nos châteaux, aurait dû vous brûler les lèvres, mais il est cependant l'expression malheureuse d'une idée vraie : les Belges sont indomptables.

Quant à tuer *La Libre Belgique,* n'y comptez pas, c'est impossible. Elle est insaisissable, parce qu'elle n'est nulle part. C'est un feu follet, qui sort des tombes de ceux que vos compatriotes ont massacrés à Louvain, Tamines et Dinant et qui vous poursuit. Mais c'est aussi le feu follet qui sort des tombes des soldats allemands tombés à Liége, à Waelhem, à l'Yser. Ceux-là voient à présent pour quel misérable projet de domination ils ont été sacrifiés au Moloch de la guerre, sous prétexte de défendre la patrie ; c'est enfin la voix de toutes les mères, la voix de toutes les veuves et de tous les orphelins qui pleurent ceux qu'ils ont perdus. Cette voix augmente tous les jours d'intensité. Son retentissement s'étend sur toutes nos provinces et va jusqu'au delà de nos frontières. Elle ne se taira que lorsque le dernier de vos soldats et de vos agents aura cessé de fouler notre sol envahi au mépris de tout droit.

Ne pensez pas, cher Baron, que nous ayons la naïveté de croire que vous allez, sur notre conseil, abandonner l'espoir de nous faire découvrir par vos Sherlock Holmes de contrebande. Nous savons que rien n'arrête un Allemand lorsqu'il s'est lancé sur une mauvaise voie, pas plus le sentiment du ridicule qu'aucun scrupule ou la certitude de la défaite finale. C'est pourquoi nous vous présentons, Excellence, à l'occasion de vos mécomptes passés, présents et futurs, l'expression de nos très sincères et tout à fait irrespectueuses condoléances.

La Libre Belgique.

(La Libre Belgique, n° 49, octobre 1915, p. 1, col. 1.)

*
* *

Dans la lutte de tous les instants que les Belges, prisonniers dans leur propre pays, soutiennent contre la domination allemande, les journaux sont secondés par de nombreuses brochures. Citons-en quelques-unes, simplement pour donner une idée de leur diversité.

Nécrologe dinantais, août 1914. — Cette brochure donne d'abord un récit des massacres et des incendies; puis la *Liste officielle des civils fusillés à Dinant les 23 et 24 août 1914 par ordre de l'autorité militaire allemande, sans aucun jugement préalable.* La liste comprend les noms et prénoms de six cent six cadavres, avec leur profession, leur domicile et leur âge. Puis on ajoute : « Cette liste est incomplète; elle ne contient pas les noms de tous ceux dont on n'a pas pu identifier les corps, ni de ceux qui sont morts dans les hôpitaux à la suite de leurs blessures. »

Le *Nécrologe dinantais* avait été précédé d'une autre liste imprimée qui fut impitoyablement poursuivie par les Allemands à Dinant même (1).

Pages du Livre des Douleurs de la Belgique. — Récits objectifs, par des témoins oculaires, de quelques horreurs commises en Belgique par l'armée allemande.

La Violation de la Neutralité belge. — Exposé très simple de la perfidie allemande, fait en janvier 1915.

---

(1) Voir Davignon, *Belgique et Allemagne,* p. 66.

Comment l'Yser n'a pas été franchi : Yser, Nieuport, Inondations. — Cartes et photographies de la région; récits des combats et des inondations (voir pl. VIII).

Le Manifeste des intellectuels allemands et les Réponses des neutres. — Traduction française du manifeste, et quelques-unes des réponses.

La Sozialdemokratie et la Guerre. Le Crime des Socialistes allemands. Petit dossier documentaire. — On y lit notamment le récit des visites faites à la Maison du Peuple de Bruxelles par divers militants allemands : Wendel, Liebknecht, Köster et Noske (voir p. 181).

La Franc-Maçonnerie belge et les Loges allemandes. — Reproduit l'appel de M. Ch. Magnette à neuf loges allemandes, pour demander une enquête impartiale sur ce qui s'est passé en Belgique; le refus des deux seules loges qui aient répondu; la riposte de M. Magnette; des documents justificatifs d'origine allemande.

Patriotisme et Endurance. — C'est la lettre pastorale bien connue de Mgr Mercier, qui a produit une si grande impression. L'édition *princeps,* imprimée à Malines chez Dessain, a été en partie saisie par l'autorité allemande. Mais on en a fait une douzaine d'éditions en français et trois éditions flamandes; elle a aussi été répandue par la dactylographie. Chaque édition a eu de nombreux tirages. Chez un seul imprimeur de Bruxelles, la police allemande a confisqué 35.000 brochures. Mais il en a été publié tant de centaines de milliers que chaque maison de Belgique en recèle au moins un exemplaire.

Autour de la Lettre cardinalice. — Réimpression de la principale correspondance échangée entre les autorités allemandes et le clergé belge à l'occasion de la prohibition de la lettre pastorale.

*
* *

La propagande anti-allemande s'opère aussi à l'aide de cartes illustrées, représentant le Roi, la Reine, le prince Léopold, M. Max, Mgr Mercier, Miss Cavell et Ph. Baucq, etc.

La carte prohibée qui a dû vexer le plus profondément les

Allemands est celle qui reproduit les portraits de leurs espions. Une trentaine de ceux-ci avaient eu l'ingénieuse idée de se faire photographier en corps. Une semaine ne s'était pas écoulée que les Belges en possédaient une épreuve et la faisaient reproduire en carte postale (¹). Dès qu'un de ces sympathiques mouchards entrait dans un tram, tout le monde le dévisageait avec une insistance significative.

Quoiqu'il soit défendu de photographier, de nombreux amateurs bravent les rigueurs de la « justice » allemande, et prennent des clichés des ruines de Louvain (²), de Dinant, de Termonde (³), de Visé, des villages du Luxembourg, etc.

4. Les arrêtés allemands sur la presse.

Sont en présence : d'une part les Allemands détenteurs de l'autorité, et décidés à en abuser sans le moindre scrupule, ne cherchant qu'à nous démoraliser pour pouvoir plus facilement nous écraser sous leur botte; d'autre part les Belges, abandonnés à eux-mêmes, exposés à toutes les rigueurs des tribunaux militaires chaque fois qu'ils font un effort pour se dégager de l'étouffoir. Dans cette lutte, tellement inégale que les Belges semblent vaincus d'avance, ce sont pourtant eux qui gardent le dessus; rien ne prouve mieux la victoire de nos compatriotes et la rage impuissante de nos ennemis que les peines de plus en plus excessives comminées par les règlements sur la presse.

Un avis du gouvernement militaire de Bruxelles, le 22 novembre 1914, parlait d'emprisonnement prolongé :

Avis.

Je rappelle à la population de Bruxelles et des faubourgs qu'il est strictement défendu de vendre ou de distribuer des journaux qui ne sont pas expressément admis par le gouverneur militaire allemand. Les contra-

---

(1) *Comment les Belges résistent...*, fig. 26.
(2) *Ibid.*, fig. 20.
(3) *Ibid.*, fig. 23.

ventions entraînent l'arrestation immédiate des vendeurs ainsi que des peines d'emprisonnement prolongé.

Bruxelles, le 22 septembre 1914.

Le Gouverneur militaire,
Baron von Lüttwitz,
Général.

L'arrêté du 13 octobre 1914, signé baron von der Goltz, menaçait d'une punition, « conformément à la loi martiale, celui qui propage des écrits non censurés » (¹).

L'avis du 4 novembre 1914, signé également baron von der Goltz, disait que les contrevenants seraient « punis d'emprisonnement de longue durée » (²).

Des condamnations furent effectivement prononcées à cette époque, par exemple : Louis Prost, condamné à six mois de prison « pour avoir répandu des copies de nouvelles menteuses de la guerre, reproduites par dactylographie » (³).

Mais les rigueurs allemandes n'empêchèrent pas l'introduction de journaux étrangers ni la création de journaux clandestins. Dans un communiqué officiel, reproduit par les journaux censurés, du 14 juin 1915, M. le baron von Bissing, gouverneur général en Belgique, se plaint de cette situation.

Quelques jours plus tard, un autre communiqué précise ces notions : les contrevenants seront punis d'un emprisonnement de un jour à trois ans et frappés d'une amende de 3.000 marks au maximum.

Un arrêté du gouverneur, en date du 25 juin 1915, dit :

Les actions et les omissions défendues par l'arrêté du 13 octobre 1914 et l'avis du 4 novembre 1914, concernant la censure des imprimés, récitations, etc., et par l'avis du 15 décembre 1914 concernant le transport de lettres, écrits, etc., sont passibles d'une peine d'emprisonnement de un jour à trois ans et d'une amende de 3.000 marks au plus ou d'une de ces deux peines à l'exclusion de l'autre, à moins que d'autres lois ou arrêtés ne prescrivent une peine plus élevée.

Les tentatives de commettre les actions et omissions précitées sont punissables ; les objets soustraits au contrôle seront confisqués.

------

(1) *Comment les Belges résistent...,* p. 4.
(2) *Ibid.,* p. 6, 7.
(3) *Ibid.,* p. 5.

Les infractions seront jugées par les tribunaux militaires ou, s'il s'agit de contraventions peu graves, par les autorités militaires.

Le présent arrêté entrera en vigueur le jour de sa publication.

(*L'Écho de la Presse internationale,* 5 juillet 1915.)

Mais aucune menace ne fait fléchir le patriotisme des Belges. Aussi le gouverneur général exhale-t-il de nouvelles lamentations en janvier 1916. Il y avoue — enfin! — que la population bruxelloise reste irréductiblement hostile aux occupants. Cette petite crise de sincérité jure avec les interviews qu'il accordait au début de 1915 à des journaux allemands, notamment à la *Norddeutsche Allgemeine Zeitung;* il y disait régulièrement que les rapports des Bruxellois avec les Allemands étaient devenus meilleurs. Voici la plainte de janvier 1916 :

L'attitude de la population bruxelloise à l'égard de la garnison allemande montre, dans tous les domaines, une hostilité non justifiée. Non seulement on distribue et on achète volontiers continuellement dans la ville des écrits injurieux, d'un caractère obscène contre l'Administration allemande, sous les yeux de la police de la ville; non seulement des officiers allemands ont été insultés en pleine rue (par exemple le cas de Jonghe), mais souvent la population bruxelloise en est arrivée à prêter au service de renseignements ennemi une aide active en lui fournissant des renseignements sur la situation militaire en ville, par exemple, sur l'occupation temporaire des hangars à aéroplanes, et elle a ainsi rendu possible des actes hostiles contre la garnison allemande établie dans ses murs. Il est regrettable que même des employés communaux n'aient pas eu honte de participer à ces actes hostiles, et d'y prêter aide, comme agents de l'espionnage ou comme détenteurs d'explosifs. De plus, et sur une grande échelle, malgré des avis réitérés avec menace de pénalités sévères du gouvernement général, la population bruxelloise a tenu des armes cachées et a ainsi indiqué son intention de se garder armée en vue d'un soulèvement.

De même, dans le domaine des logements, l'attitude hostile de la population bruxelloise s'est manifestée ouvertement. Non seulement on a créé des difficultés de toutes sortes aux officiers et aux employés allemands, pour la location d'appartements convenables, mais encore les quelques bailleurs qui ont loué à des officiers ou employés allemands, pour gagner ainsi légitimement leur vie, ont été en butte, de la part de leurs concitoyens, à des chicanes continuelles, à des menaces et à des humiliations. C'est ainsi que pour les officiers et employés allemands la question du logement est devenue particulièrement embarrassante.

(Signé) VON BISSING.

De nouveau, quelques jours après, le 11 janvier 1916, confirmation menaçante des plaintes du gouverneur général :

Arrêté.

. . . .

ART. 2. — *a)* Quiconque, dans le territoire du gouvernement général, aura lancé ou fait circuler sciemment, sur le nombre, la marche ou de prétendues victoires des forces ennemies, de faux bruits pouvant induire en erreur les autorités civiles ou militaires quant aux mesures à prendre par elles ;

. . . .

Sera puni d'une peine d'emprisonnement de cinq ans au plus, à moins que les lois et arrêtés en vigueur ne prescrivent l'application d'une peine d'emprisonnement plus élevée.

ART. 3. — Les infractions au présent arrêté sont de la compétence des tribunaux militaires allemands.

Bruxelles, le 11 janvier 1916.

VON BISSING.   VON SAUBERZWEIG.

Jusqu'ici n'étaient exposés aux sévérités des tribunaux militaires que ceux qui s'occupent de propager les « écrits provocateurs ». A partir du 5 février 1916, il est tout aussi criminel de les recevoir et de les conserver.

Celui qui trouve *La Libre Belgique* dans sa boîte aux lettres est donc tenu de la brûler immédiatement !

Arrêté.

Quiconque possède des imprimés qui, contrairement aux prescriptions en vigueur, ont été soustraits à l'examen de la censure, sera puni, soit d'une peine d'emprisonnement de trois ans au plus et d'une amende pouvant atteindre 3.000 marks, soit d'une de ces deux peines à l'exclusion de l'autre, à moins que les circonstances ne prouvent que le détenteur n'est pas coupable.

Les imprimés formant l'objet des infractions seront confisqués.

Ces infractions sont de la compétence des tribunaux ou autorités militaires allemands.

Bruxelles, le 5 février 1916.

C'est sans doute à la suite de cet arrêté que fut condamné le propriétaire d'un café de Liége :

Liége. — M. Adam Quaden, le propriétaire de la Taverne Britannique, place Verte, vient d'être condamné par les tribunaux boches à quatre mois de prison pour le fait suivant :

La Taverne Britannique, lieu de réunion de tous les vrais Liégeois, reçut un jour la visite de quelques Allemands qui y procédèrent à une minutieuse perquisition. On découvrit dans la loge du portier du café quelques numéros de *La Libre Belgique,* que le portier reconnut avoir ramassés sur une table, où un inconnu les avait déposés (¹).

M. Quaden fut arrêté comme responsable, bien qu'innocent, et condamné.

(*Le Courrier de l'Armée,* n° 245, 30 mars 1916, p. 4, col. 1.)

Plus tard, en juin 1916, M. Préherbu, juge de paix de Schaerbeek, a été suspendu de ses fonctions, pour avoir été trouvé détenteur du numéro du journal exécré.

Deux remarques au sujet de ces arrêtés :

a) Dans le domaine, essentiellement civil, des délits de presse, ce sont les autorités militaires ou les tribunaux militaires qui sont seuls compétents et qui condamnent « conformément à la loi martiale » (²) ; cela signifie qu'il n'y a ni publicité des débats ni recours contre les jugements. Oh! « le respect des lois en vigueur dans le pays » exigé par l'article 43 du règlement annexé à la Convention de La Haye, un chiffon de papier qui est en partie l'œuvre des juristes allemands et qui porte leur signature.

b) Chaque nouvel arrêté commine des peines plus fortes. Singulière psychologie! Ils croient donc que les Belges qui n'ont pas été effrayés par six mois de prison reculeront devant cinq années! A comparer avec la prime offerte, dit-on, à celui qui ferait connaître les auteurs de *La Libre Belgique :* 5.000 francs, puis 25.000 francs, puis 75.000 francs.

En province, les mêmes mesures sont prises contre les écrits non censurés. Qu'il nous suffise de rappeler quelques arrêtés,

---

(1) On peut se demander qui est cet inconnu. Était-ce peut-être un agent provocateur? Ne pas oublier qu'à Liége même, en décembre 1914, de nombreuses personnes ont été condamnées parce que des mouchards allemands avaient déposé dans leur boîte aux lettres *Le Courrier de la Meuse,* de Maestricht. (Note de J. M.)

(2) Il ne faut pas trop s'étonner de ce que les tribunaux militaires jugent les délits de presse; à Anvers, c'est devant les tribunaux militaires que comparaissent les restaurateurs coupables d'avoir servi à leurs clients des pommes de terre épluchées d'avance!

déjà reproduits dans *Comment les Belges résistent...*, page 6 (à Spa), page 7 (à Louvain), page 8 (à Namur), page 17 (à Anvers).

Nous ne résistons pas au désir de réimprimer ici la joyeuse affiche placardée à Liége, le 10 septembre 1915, en pleine bataille de la Marne.

A la population de Liége et de ses environs.

Vu les succès croissants des troupes allemandes, on ne comprend pas que le peuple de Liége soit toujours assez crédule pour croire les nouvelles frivoles et absurdes répandues par les fabriques de mensonges installées à Liége. Ceux qui s'occupent de propager de telles nouvelles s'exposent à être rigoureusement punis. Ils jouent un jeu dangereux en abusant de la crédulité de leurs concitoyens et en les engageant à des actes irré-fléchis. La population raisonnable de Liége s'opposera d'elle-même à toutes les tentatives de la sorte !

Autrement elle s'expose non seulement aux désillusions les plus graves, mais encore à être ridiculisée aux yeux du monde intelligent.

VON KOLEWE,
Lieutenant général et
Gouverneur allemand de la place de Liége.

Défense d'arracher ce placard ou de coller un autre dessus.

5. Le supplément aérien de « La Libre Belgique ».

Depuis le printemps 1916, les Belges utilisent un nouveau moyen de transport de publications prohibées : l'avion.

De petites feuilles « volantes » (*Le Clairon du Roi, supplé-ment aérien de La Libre Belgique*) sont imprimées à l'étranger et lancées sur les villes belges par nos aviateurs. Elles donnent chaque mois, en français et en flamand, des nouvelles de la guerre. Inutile de dire que les Allemands font tout au monde pour empêcher nos compatriotes de saisir et de propager ces communiqués. Ainsi, l'aéroplane qui survola, à la fin de juin 1916, la région d'Anvers et de Saint-Nicolas, avait semé des quantités de petits papiers ; pendant plusieurs jours des patrouilles de cavalerie parcoururent le pays, arrêtant et fouillant tous ceux qu'on pouvait soupçonner de transporter des journaux tombés du ciel.

Le mercredi 6 septembre 1916, le lieutenant C... et l'adjudant M... versèrent une pluie bienfaisante de suppléments aériens de *La Libre Belgique* sur les promeneurs de la Porte de Namur et de la Grand'Place, à Bruxelles.

A la suite de cette visite, les habitants des boulevards voisins de la Porte de Namur ont été punis : ils doivent être rentrés à 20^{h}30 et rester chez eux sans lumière. Comme cette perspective pourrait ne pas être suffisamment désagréable pour empêcher les Bruxellois d'aller ramasser les papiers distribués par les aviateurs, les Allemands ont imaginé un système plus radical : ils lancent contre les aéroplanes des shrapnells qui n'éclatent pas en l'air, mais au moment où ils retombent près du sol. Beaucoup de curieux ont été tués et blessés de cette manière lors du raid du 27 septembre 1916.

6. Les simili-prohibés.

Voyant que ni l'intimidation brutale ni la corruption n'empêchaient nos compatriotes d'acheter les journaux étrangers et de répandre des journaux clandestins, l'autorité allemande employa notre propre arme : elle fit imprimer des simili-prohibés.

Dès le mois de janvier 1915, circulait à Bruxelles un pamphlet insultant les autorités civiles d'Anvers à l'occasion de l'entrée des troupes allemandes dans la ville. Cette affaire n'est pas encore tirée au clair, et la preuve de la complicité allemande n'est pas faite; mais tout au moins les Allemands ont-ils avoué, par l'organe de M. le baron von Bissing fils, professeur à l'université de Munich, qu'ils se sont efforcés de profiter des dissensions qu'on avait essayé de semer [1].

A la fin de juillet 1915, on vendait à Bruxelles une « proclamation du roi Albert à l'occasion de la fête nationale du 21 juillet ». C'était un tissu d'inepties entremêlées de quelques attaques venimeuses contre les Alliés. La pseudo-

---

[1] Voir *Belgien unter deutscher Verwaltung*, dans *Süddeutsche Monatshefte*, avril 1915 (p. 31 du tiré à part), traduit dans : *Comment les Belges résistent...*, p. 414, note 3.

proclamation fut reprise par la presse allemande. La fraude
était tellement grossière que nous n'avons pas eu besoin
de la note du n° 42 de *La Libre Belgique* pour la percer
à jour.

Leur plus belle invention fut de publier un journal, *Le
Fouet,* qu'on distribue en cachette. A côté de plaisanteries
niaises sur « Bête-man, Chandelier de l'Empire », le n° 1
attaque vivement le « gouvernement clérical » de la Belgique
et les « flamingants ». Ceci est une marque de fabrique indis-
cutable, car il n'y a pas un seul Belge qui n'ait oublié aujour-
d'hui nos querelles intestines.

A diverses reprises on a vendu à Bruxelles des contre-
façons de feuilles étrangères, soit de journaux de Dunkerque,
soit de journaux publiés par des Belges en Néerlande. Ces
sosies se vendaient 5o centimes à 1 franc, alors que les journaux
authentiques coûtaient au moins le double. Ils présentaient
cette particularité d'annoncer des victoires étourdissantes des
Alliés. Étaient-ils l'œuvre de quelque imprimeur désireux de
gagner de l'argent, ou doit-on y voir la main des Allemands ?
c'est difficile à dire. Toutefois, rappelons-nous que, pendant le
siège de Paris, Bismarck prit soin de faire parvenir de temps
en temps aux Parisiens de faux journaux relatant de prétendues victoires françaises ; il savait que rien ne conduit plus
sûrement une population au désespoir que les illusions déçues.

B. *LES PUBLICATIONS PERMISES*

Nous venons de montrer les efforts faits par les Belges
pour publier la vérité malgré tous les obstacles. Disons maintenant de quelle manière l'autorité occupante entend renseigner nos populations.

La documentation mise à notre disposition peut être classée
en quatre groupes :

1° Les informations gratuites fournies par l'autorité allemande et par les particuliers ;

2° Les imprimés d'origine allemande qu'on peut acheter en
Belgique ;

3° Les journaux et brochures, prétendument belges, soumis à la censure ;

4° Les journaux hollandais tolérés par la censure.

1. Informations gratuites.

Il y a d'abord les affiches officielles, rédigées premièrement en allemand, français et flamand, mais depuis octobre 1914 en allemand, flamand et français. Elles sont censées nous tenir au courant des opérations militaires. Voici un article de *La Vérité* qui ne laisse aucun doute sur leur sincérité :

L'arsenal du mensonge.

Il est vraiment criminel de tromper la population belge en répandant de fausses nouvelles.
LE GOUVERNEUR GÉNÉRAL.

Dans toute la machine militaire allemande, que les Alliés démolissent pièce par pièce, l'organe qui marche encore le mieux est l'arsenal du mensonge, établi à Berlin, avec succursale à Vienne.

Voulez-vous prendre sur le vif leur système d'informations truquées ? Passez rue de la Chancellerie, près de Sainte-Gudule, à Bruxelles, ou bien rue des Paroissiens, à deux pas de là. C'est dans mon quartier ; tous les jours je revois une vieille affiche qui fut placardée le 15 septembre et s'exprime en ces termes : « Berlin, 14 septembre (officiel). — Sur le théâtre de la guerre à l'ouest (France), ont lieu des opérations dont les détails ne peuvent encore être publiés et qui ont conduit à une bataille qui est favorable pour nous. Toutes les nouvelles répandues à ce sujet, par tous les moyens, par l'ennemi, et qui présentent la situation comme défavorable pour nous, sont fausses. » Or, cette bataille, engagée dix jours auparavant, est la grande victoire française de la Marne qui arrêta définitivement l'invasion[1]. Berlin savait alors la vérité et publiait le mensonge ! A tout bulletin victorieux de Berlin, rappelons-nous la dépêche officielle du 14 septembre, où il y a autant de faussetés que de mots et où la partie adverse est accusée de répandre des mensonges. Toute la méthode germanique se trouve là !

Autre exemple : Si l'on se reporte aux informations que l'ennemi répandait dans la seconde moitié d'octobre, l'armée belge, décimée, disloquée,

____

(1) Cette défaite, que les Allemands n'ont jamais déclarée, leur coûta, outre leurs morts et blessés, 65.000 prisonniers, 345 canons et plus de 3.000 véhicules avec 5.000 chevaux. La bataille dura du 6 au 12 septembre, entre 1.500.000 Allemands et 1.250.000 Français renforcés de 60.000 Anglais.

était en train de se reformer dans le nord de la France. Or, les Belges accomplissaient alors, de Nieuport à Dixmude, des exploits admirables : ils occupaient l'Yser, face à une armée supérieure en nombre d'hommes et de canons, combattaient jours et nuits et infligeaient aux Barbares une défaite décisive ! Nous en racontons plus loin un épisode. Eh bien ! il a fallu de longs mois pour que la vérité se fît sur ces journées glorieuses de notre campagne, dont les mensonges berlinois étaient parvenus à nous cacher le vif éclat !

Ce n'est pas tout. Récemment, l'affiche allemande nous manda la destruction d'un dirigeable italien. Mais ni l'affiche ni les journaux bruxellois sortant de Prusse ne soufflèrent mot de la destruction de deux zeppelins, l'un à Evere-lez-Bruxelles, l'autre à Saint-Amand-lez-Gand, pertes subies trois jours plus tôt !

Le 10 juin, Berlin avoua que ses troupes ont « abandonné » (hum !) les dernières maisons de Neuville, « qui est en possession des Français depuis le 9 mai ». Or, cette conquête, accomplie depuis un mois plein, Berlin avait omis de nous en informer jusque-là ! Au contraire, Berlin n'avait cessé de nous dire que l'offensive au nord d'Arras n'obtenait aucun succès !

Voilà quelques exemples typiques de la méthode d'information en usage à Berlin : 1) on dément une grande victoire des Français en les accusant de falsifier le vrai; 2) on déclare inexistante l'armée belge au moment même où elle fait une résistance invincible; 3) on passe sous silence des faits défavorables, dont des milliers de Belges furent les témoins réjouis; 4) on met un mois à avouer un échec, après l'avoir attribué à l'adversaire...

Il existe un « Bureau pour la diffusion des nouvelles allemandes à l'étranger », dont le siège se trouve à Dusseldorf. Il a installé chez nous des édicules où chacun peut lire le titre de l'officine : *Büro zur Verbreitung von deutschen Nachrichten im Auslande*. Avec un pareil organisme, et l'officielle Agence Wolff — sans oublier la presse à tout faire — nous sommes bourrés de mensonges et de notes tendancieuses...

Les concitoyens de Manneken-Pis crachent sur ces saletés — et la Belgique entière en fait autant.

(La Vérité, n° 6, p. 1, 21 juin 1915.)

Les renseignements relatifs aux combats de Champagne, en février 1915, sont du même acabit, ainsi que nous l'apprend l'extrait suivant d'un article de *La Libre Belgique* :

Les mensonges allemands.

Sur de grandes affiches bleues, placardées sur les murs de la ville, et relatives aux combats qui se sont livrés en Champagne, les Allemands avaient souligné, notamment, que deux faibles divisions rhénanes luttèrent contre six corps d'armée français. Or, voici ce que nous apprend le communiqué officiel français : « Les opérations militaires en Champagne ont eu pour résultat, depuis le 16 février, de nous faire avancer sur un front de 7 kilomètres et une profondeur de 2^{km} 5oo. »

« L'ennemi employa *quatre à cinq corps d'armée et demi*. Dix mille cadavres ont été trouvés sur le champ de bataille, et nous avons fait deux mille prisonniers. »

D'après ce même communiqué, les deux faibles divisions rhénanes ! !... étaient composées de 119 bataillons, 31 escadrons, 64 batteries de campagne et 20 batteries lourdes. Jusqu'au 3 mars, les Allemands ont encore amené 20 bataillons, parmi lesquels 6 bataillons de la Garde, 1 régiment d'artillerie de campagne et 2 batteries lourdes.

(La Libre Belgique, n° 9, mars 1915, p. 4, col. 1.)

Où les nouvelles officielles allemandes atteignirent le summum de la véracité, ce fut lors des attaques d'octobre et novembre 1914 dans la région d'Ypres. *La Soupe* se donna le plaisir de copier textuellement les affiches allemandes et de les publier (¹).

Ces affiches officielles ne se contentent pas de nous combler de nouvelles authentiques sur les opérations militaires. Elles prennent également soin de nous informer de l'opinion publique à l'étranger. Que ces coupures de journaux sont sincères, il est à peine besoin de le dire. Donnons-en un seul exemple, celui de la toute première affiche qui nous intéresse directement.

Jusqu'au 13 septembre 1914, les affiches placardées a Bruxelles n'avaient résumé que des articles de journaux au sujet de la France et de l'Angleterre. Le 14 septembre, nous pûmes lire deux extraits relatifs à notre pays :

Nouvelles publiées par le Gouvernement allemand.

Cologne, 12 septembre.

La *Gazette de Cologne* ayant reproduit dans son numéro de jeudi un article du *Corriere della Sera* d'après lequel le cardinal belge Mgr Mercier se serait prononcé défavorablement sur les Allemands, en les qualifiant de barbares, le cardinal von Hartmann, archevêque de Cologne, écrit à la *Gazette de Cologne* ce qui suit :   .

« Je m'empresse de vous dire, au sujet de l'article portant pour titre : « Le cardinal Mercier comme accusateur » (n° 1011 de la *Gazette de Co-*

---

(1) Voir *Comment les Belges résistent...*, p. 222, 223.

logne) qu'au cours de sa présence récente à Rome, il a été interviewé par le correspondant du *Corriere della Sera*. Lorsque cette interview parut dans le journal, le cardinal a immédiatement contesté de la façon la plus énergique de s'être prononcé comme le *Corriere* le prétend. Aussi fit-il sur l'heure parvenir au ministre de Prusse près le Vatican, ainsi que par mon intermédiaire, à l'abbé von Stotzingen, une protestation qui devait être publiée dans l'*Osservatore Romano*.

« Je vous serais très obligé, Monsieur, de vouloir bien, dans l'intérêt de la vérité, publier cette déclaration dans la *Gazette de Cologne*. »

Francfort, 12 septembre.

La *Gazette de Francfort* apprend de Stockholm : La vérité au sujet de Louvain commence à percer même en Angleterre. Dans la *Westminster Gazette,* un ancien membre du Parlement écrit : « Lorsque la population urbaine tira tout d'un coup, de l'intérieur des maisons, sur les troupes allemandes, cet acte de folie devait nécessairement entraîner des conséquences justes. Le feld-maréchal Lord Roberts fit incendier pour des faits analogues des fermes de Boers. »

Le Gouvernement militaire allemand.

Voyons d'abord l'extrait daté de Cologne, disant que Mgr Mercier a accordé une interview à un rédacteur du *Corriere della Sera*. Cela est faux : ce n'est pas avec un rédacteur du *Corriere della Sera,* journal à tendances libérales, que Mgr Mercier s'était entretenu à Rome, mais avec un collaborateur du *Corriere d'Italia,* qui est franchement catholique.

Plus ingénieusement falsifié est le second extrait. Un ancien membre du Parlement anglais aurait affirmé que la population de Louvain tira sur les troupes allemandes. Or, ce membre reproduit tout bonnement, — et il le dit de façon expresse, — les affirmations allemandes. La seule chose qu'il déclare lui-même c'est qu'une troupe allemande fut défaite près de Malines et qu'elle s'enfuit vers Louvain.

Voici l'article original de la *Westminster Gazette,* ainsi que la traduction du deuxième alinéa. Nous croyons inutile de traduire aussi le premier : celui-ci répète un conte à dormir debout sur une prétendue menace d'agression de la part des Bruxellois. Nous qui n'avons pas quitté Bruxelles un instant pendant les mois d'août et de septembre 1914, pouvons certifier qu'il n'y a pas la moindre apparence de vérité dans cette histoire. D'ailleurs, vraie ou fausse, elle ne change rien à la falsification intentionnelle appliquée par la censure allemande au seul alinéa qui soit résumé dans l'affiche. Ajoutons que les Allemands ne soufflent mot de la première partie de l'article, tant ils savent qu'ils se rendraient ridicules en racontant cela aux Bruxellois.

The Truth about Louvain.

To the Editor of the *Westminster Gazette*.

Sir, — In all British fairness some prominence might be given to the very narrow escape Brussels had from the terrible fate of Louvain, as described in the *Daily Telegraph* by its capable correspondent, Mr. Gerald Morgan. He states that, « accompanied by Richard Harding Davis », he was « permitted by the Germans to follow » their Army. A battle near Waterloo was expected, but it did not come off. Mr. Morgan and his friend returned to Brussels, and — I quote his exact words, as given in the *Pall Mall Gazette* — he « found the town on the verge of a turmoil. This was owing to General von Jarodzky's stupidity, and very nearly involved the town in the same fate which afterwards overwhelmed Louvain. He was left in the city with a brigade of 5.ooo men. He moved 3.ooo of these suddenly outside the city, and then as suddenly became alarmed for the safety of the remainder amongst so large a hostile population. He therefore marched the 3.ooo camped outside hastily back again. It was reported that the Germans had been completely defeated in a great battle fought at Waterloo, and were fleeing in confusion. The inhabitants of Brussels wished to take up arms and finish off Jarodzky and any survivors, but fortunately the error was discovered in time ».

Now, this is exactly what the German generals declare to have happened at Louvain. We know as a certainty that a small German force was actually defeated outside Malines, and actually fled into Louvain on the very evening it was burned and devastated. The Germans allege that the townfolk immediately started « to finish off the survivors », firing from the windows and house-tops. This insane act would rouse the devil in any soldiery, and may explain how, after a twenty-four hours' struggle, the unhappy town was a heap of ruins. Lord Roberts, the justest and gentlest of conquerors, most properly ordered widespread farm-burning in South Africa for the same offence. If you shoot without blame a soldier who tries to shoot you in the front, should you do less to an armed civilian who shoots you in the back ? — Yours, etc.,

A Liberal Ex-M. P.

(*Westminster Gazette*, September 5th 1914.)

TRADUCTION

Or, c'est exactement cela que les généraux allemands déclarent s'être passé à Louvain. Nous savons de façon certaine qu'une petite troupe allemande fut effectivement défaite en dehors de Malines, et qu'elle s'enfuit dans Louvain le soir même où la ville fut brûlée et dévastée. Les Allemands affirment que la population de la ville se mit immédiatement à « en finir avec les survivants », et qu'on tira des fenêtres et des toits. Cet acte de folie mettrait le diable au corps de toute troupe de soldats, et cela expliquerait comment, après un combat de vingt-quatre heures, la malheureuse ville n'était plus qu'un amas de ruines. Lord Roberts, le plus équitable et le plus doux des conquérants, ordonna à très juste titre l'incendie de nombreuses fermes en Afrique australe, pour le même délit. Si vous abattez à coups de fusil un soldat qui tente de vous tuer loyalement par devant, feriez-vous moins au civil armé qui vous tire un coup de fusil par derrière ?

Votre, etc.

Un ancien membre libéral du Parlement.

On voit immédiatement que tout l'intérêt de l'affiche allemande s'effondre si le premier mot de la citation est inexact : *Lorsque* la population.....

Or, le feuillet 3 du *Bureau des deutschen Handelstages, Berlin,* reçu par plusieurs maisons de commerce bruxelloises (voir plus loin, p. 43), reproduit aussi l'extrait de *Frankfurter Zeitung;* mais au lieu de dire : « *Lorsque* la population urbaine... », le feuillet de propagande dit : « *Si* la population de Louvain... », ce qui est conforme au texte anglais. Accès de sincérité digne d'être signalé pour son caractère exceptionnel.

La fausseté des affiches allemandes ne nous est en général démontrée que longtemps après leur publication. Mais une autre de leurs qualités, la niaiserie, nous frappe tout de suite.

Voici, à titre d'exemple, la copie d'une affiche devant laquelle les Bruxellois s'égayaient le 11 septembre 1914 :

Nouvelles publiées par le Gouvernement allemand.

Berlin, 6 septembre.

L'ambassade d'Autriche-Hongrie publie la dépêche suivante qui lui a été transmise par le ministre des Affaires étrangères de Vienne :

« L'information russe au sujet de la bataille de Lemberg et de la prise

triomphale de cette ville est un mensonge. La ville ouverte de Lemberg a
été abandonnée par nous, sans combat, pour des raisons stratégiques et
humanitaires. »

Berlin, 8 septembre.

Le prince impérial, qui commandait en dernier lieu avec le grade de
colonel une division de la Garde, a été promu par l'Empereur au grade de
lieutenant-général.

Londres, 8 septembre (agence Reuter).

Une escadre allemande, composée de 2 croiseurs et 4 torpilleurs, a capturé 15 barques de pêcheurs anglaises, dans la mer du Nord, et conduit
de nombreux prisonniers à Wilhelmshafen.

Le *Times* annonce que le croiseur allemand *Dresden* a fait couler un
navire à charbon anglais sur la côte brésilienne. En outre, deux navires
de transport anglais auraient touché à des mines.

D'après des *informations viennoises*, deux croiseurs anglais gravement
endommagés se trouveraient dans le port d'Alexandrie ; tous les deux
montrent de fortes traces de coups de feu.

Rome, 8 septembre.

Le cardinal Mercier, archevêque de Malines, qui se trouvait ici, est
reparti pour la Belgique avec un sauf-conduit en traversant les troupes
allemandes. Cette protection a été obtenue pour le cardinal par le ministre
de Prusse près le Vatican. Les informations contraires publiées par la
presse française, anglaise et belge sont donc contraires à la vérité.

Breslau, 9 septembre.

Le commandant général du corps d'armée de Breslau publie ceci :
« La landwehr silésienne a livré hier un combat victorieux à la Garde
impériale du IIIe corps d'armée caucasien ; nous avons fait prisonniers
17 officiers et 1.000 hommes. »

Vienne, 9 septembre (communication officielle).

On apprend au sujet des récents combats déjà relatés de l'armée autrichienne Dankl, contre laquelle l'ennemi (les Russes) avait amené par
chemin de fer des renforts considérables, que l'armée commandée par le
lieutenant-feldmaréchal Kestranck a repoussé avec de sanglantes pertes
une forte attaque *russe*. A cette occasion, 600 nouveaux prisonniers ont
été ramenés. A part cela, un calme relatif a régné hier sur le théâtre de la
guerre russo-autrichien.

Le Gouvernement militaire allemand.

On reste rêveur devant les « raisons humanitaires » de
l'armée autrichienne, qui se sont si éloquemment manifestées

en Serbie, et devant l'activité de l'escadre allemande qui
« capture quinze barques de pêche ». Ce qui nous réjouit plus
encore, ce fut d'apprendre que, malgré « les informations
contraires publiées par la presse française, anglaise et belge »,
le cardinal Mercier est revenu de Rome « en traversant les
troupes allemandes ». Comme si nous n'avions pas tous lu le
texte, imprimé et répandu en cachette, du sermon prononcé
par le cardinal au Havre, pendant ce voyage de retour ! Le
Havre n'est pourtant pas sur le trajet de Rome à Malines, en
traversant les lignes allemandes.

Enfin, ce qui nous amusait aussi dans cette affiche, c'est
qu'elle ne soufflait mot de la bataille de la Marne, dont les
péripéties nous étaient connues par les journaux français,
introduits en fraude.

Tant par ce qu'elle raconte que par ce qu'elle tait, cette affiche
est un bon exemple des informations que l'autorité allemande
fait placarder sur nos murs. Quelle opinion les gouvernants de
l'Allemagne ont-ils donc de l'intelligence de leurs propres concitoyens, pour penser nous égarer par de semblables inepties.

Quand les affiches sortent du genre niais, c'est d'ordinaire
pour tomber dans l'impudence, par exemple celle où von Hin-
denburg déclare que « plus la guerre est cruellement menée,
moins elle le sera en réalité, parce que d'autant plus tôt elle
sera finie » (20 novembre 1914), ou celle où M. Fox dit
n'avoir pas remarqué de « cruauté inutile » (26 avril 1915) :

Pfui !!!

Il faut rendre cette justice aux Allemands que certains commencent à
avoir honte des atrocités commises par l'armée de la « Kultur ». Ils se
donnent une peine incroyable pour les nier ou les excuser. Ils sont vexés
de voir que tout le monde, en dehors de leurs alliés, les massacreurs des
Arméniens, les met au ban de la société. Eh quoi ? Une « Kultur » si
enviable, si vantée, si supérieure, produire des fruits pareils ! Non, non,
il ne faut pas se lasser de mentir et de démentir. Tous les témoignages
tendant à innocenter les Allemands, si osés qu'ils soient, doivent être
soigneusement recueillis et mis en lumière. Voici ce que le Freiherr von
Bissing, gouverneur général de Belgique, qui est cependant au courant
des cruautés des *Gott mit Uns,* a eu dernièrement l'impudence de faire
placarder sur les murs de la capitale :

« Un certain Edward Fox, journaliste américain, homme sincère (oh !

combien !), qui a parcouru les fronts à l'Est et à l'Ouest, n'a pu constater, en dépit de ses sérieuses recherches, un seul acte de cruauté inutile commis par les Allemands. »

Ce digne homme peut se vanter d'être un reporter de tout premier ordre ! Par contre, il affirme que les Russes ont assassiné, violé, incendié partout, d'une façon impossible à décrire. Comment, un homme qui a de si bons yeux lorsqu'il s'agit des Russes, est-il aveugle comme une taupe lorsqu'il s'agit des Teutons ? Par quel miracle d'illusion d'optique avons-nous pu croire, nous autres Belges, que nos villes ont été incendiées, nos fermes détruites, nos concitoyens fusillés, nos femmes, nos filles, nos religieuses outragées, nos maisons pillées ? Nous aurons sans doute mal vu, car le Fox, qui est un animal clairvoyant, n'a rien constaté de semblable ! Que le Freiherr von Bissing fasse placarder ses affiches menteuses en Allemagne ou dans les pays neutres, soit, il y trouvera peut-être quelque crédit ; mais ici, en Belgique, à Visé, à Dinant, à Andenne, à Battice, à Tamines, à Termonde, à Aerschot, à Louvain et dans maints autres lieux, témoins des forfaits de la « Kultur » ! Allons donc !

Le Freiherr s'en rend compte. Sachant bien qu'il ne lui est pas possible de nous faire prendre ses vessies pour des lanternes, il ajoute comme restrictif, au mot « cruautés », le mot « inutiles ». Il y a donc des cruautés *utiles*. Dans son idée, ce mot sauve tout. — Vous vous plaignez d'atrocités ? Elles étaient utiles, cher Monsieur. Les *Gott mit Uns* ont assassiné des hommes, des femmes, des vieillards inoffensifs : *cruautés utiles !* Ils ont outragé des femmes et des jeunes filles : *cruautés utiles !* Ils se sont emparés de civils innocents, les ont brutalement emmenés en captivité où ils ont été traités inhumainement : *cruautés utiles !*

Que diriez-vous, Herr Baron von Bissing, si, en 1916, nos soldats allaient promener la torche en Allemagne ? Appelleriez-vous ces représailles des « cruautés utiles » ?

(La Libre Belgique, n° 21, mai 1915, p. 4, col. 1.)

D'autres affiches sont doublement instructives, en ce qu'elles nous révèlent l'existence de livres dont l'importation est prohibée : nous nous empressons alors de nous les procurer par fraude. Ainsi, celle du 21 juin 1915 nous annonçait l'apparition du livre *La Guerre allemande et le Catholicisme* :

Nouvelles publiées par le Gouvernement général allemand.

Cologne, 21 juin.

On mande à la *Kölnische Volkszeitung* :

Les cardinaux allemands von Bettinger (Munich) et von Hartmann (Cologne) ont adressé la dépêche suivante à l'Empereur : « Révoltés des diffamations dont la patrie allemande et sa glorieuse armée ont été l'objet dans le livre : *La Guerre allemande et le Catholicisme,* nous éprouvons le besoin d'exprimer à Votre Majesté la douloureuse indignation de tout l'épiscopat allemand. Nous ne manquerons pas d'adresser une plainte au Souverain Pontife. » L'archevêque de Cologne a reçu la réponse suivante : « Je vous remercie vivement, vous et le cardinal Bettinger, des sentiments d'indignation que vous m'avez exprimés au nom de l'épiscopat allemand au sujet des honteuses calomnies que certains écrivains répandent sur l'armée et le peuple allemands. Ces attaques, elles aussi, viennent se briser contre la force morale et la bonne conscience du peuple allemand défendant la juste cause, et elles retombent sur leurs auteurs. »

Le Gouvernement général en Belgique.

L'affiche fut commentée par *La Libre Belgique :*

Un livre.

Il a paru un livre qui s'appelle : *La Guerre allemande et le Catholicisme.* Nous n'en savions rien.

C'est devant le mur que nous l'avons appris, vous savez le mur — chacun a le sien dans son quartier — où le Gouvernement militaire, vraiment trop bon, colle chaque matin des nouvelles savamment dosées à seule fin d'épater les Allemands avant tout, les Flamands ensuite et les Wallons enfin.

Donc, il a paru un livre qui a mis en colère deux kardinaux allemands et le Kaiser par-dessus le marché.

J'aurais donné gros pour avoir ce bouquin. Les librairies aussi voudraient l'avoir, mais ils ne l'ont pas, car nous vivons sous le régime délicieux d'une liberté inkomparable.

Eh ! qui sait ! peut-être que cette vieille Excellence de von Bissing songe à le mettre en vente, cet ouvrage qui a troublé Munich, Cologne et Berlin. Notre gouverneur fait installer, à ses frais évidemment, à tous les carrefours, dans tous les coins, sur toutes les places de Bruxelles des aubettes d'une élégance toute teutonne, où s'étalent des karicatures d'une finesse kolossale, des journaux austro-gothiques, des petits livres et des cartes postales illustrées à l'usage d'un public spécial qui a beaucoup de kulture et peu de marks.

Nous attendrons donc que le fameux livre nous arrive par la voie hiérarchique ; car chacun sait que nous ne pouvons, nous, recevoir ni brochures ni journaux, pas même *Ma Jeannette.* Nous avons les Allemands, et ça doit nous suffire.

Mais ce livre ! ce livre !

Qu'est-ce qu'il a bien pu dire pour mettre sens dessus dessous les cardinaux von Bettinger et von Hartmann qui se sont empressés de télégraphier à sa très luthérienne Majesté que ce livre les plongeait dans la désolation et qu'ils allaient se plaindre au Souverain Pontife ?

Évidemment, les choses révélées doivent être énormes, énormes d'abord pour avoir réussi à faire rougir des Allemands, énormes surtout pour avoir pu indigner le sain des sains, le Kaiser.

Au fond, chacun le sait, l'Empereur se moque pas mal des catholiques et du catholicisme, puisque étant l'inkarnation de *son* dieu sur terre, il n'a pas de comptes à régler avec *notre* Dieu qu'il ignore. Mais, s'il se soucie peu des catholiques, en tant que catholiques, il s'en occupe en tant que chair à canon. Et comme il y en a pas mal de kilos dans l'Empire, ça compte.

Or, tous les Allemands, pêle-mêle, sont à la guerre. L'auteur du livre en question a des raisons de se plaindre de la façon dont cette soldatesque fait la guerre non pas au point de vue de la technique, mais au point de vue de la barbarie des procédés envers les catholiques. Si l'écrivain a jeté à tous les vents sa protestation, c'est qu'il a eu de sérieuses raisons de le faire.

Qu'a-t-il pu dire? Cherchons. Ne parlons pas de la France ; nous avons, hélas ! assez et trop à dire de ce qu'ont fait en Belgique les doux sujets du plus doux des souverains.

Systématiquement, ils ont essayé de démolir l'église métropolitaine de Saint-Rombaud à Malines. Ce n'est pas de leur faute, si nous n'avons pas à pleurer sur ses ruines. Une fois le coup fait, ils ont bien essayé de dire que c'étaient les Belges qui avaient bombardé la cathédrale (*voyez cliché Reims*). Ils ont depuis avoué leur bel exploit dans le n° 6 de l'*Illustrirter Kriegskurier* (*encore un fameux spécimen de haute kulture, celui-là !*). En effet ils y impriment ce charabia charmant : « Notre vue montre la cathédrale de la côté de Bruxelles, donc la côté laquelle a été exposée au bombardement des obus allemands. Comme on peut voir la cathédrale est restée presque intacte. »

Presque intacte ! Est-ce regret ? Est-ce ironie ?

Hélas ! elles ne sont pas *presque* intactes la collégiale de Saint-Pierre à Louvain, les nombreuses, les pauvres et jolies églises de nos campagnes. La stratégie n'exigeait pas leur disparition. Elles étaient si humbles... Elles furent cependant violées, souillées, spoliées, brûlées enfin par des flammes dont la violence était décuplée par les essences incendiaires que les soldats « à la conscience pure » lançaient sur les murailles.

Qui dira ce que sont devenus les vases sacrés dont certains servirent à boire du champagne et d'autres à recevoir... hélas ! n'insistons pas, car ce papier rougirait?

Qui dira ce que sont devenues les hosties consacrées, jetées sur le pavé, foulées et piétinées, *panis angelicus, non mittendus canibus?*

Qui dira le martyre des prêtres assassinés ; de ce doux curé de Herent ; des ecclésiastiques de Surice, Latour, Étalle, etc. ; de ce tranquille scolastique de la Compagnie de Jésus, abattu parce qu'il avait écrit sur son agenda : « Nous revoyons les invasions des barbares » ; de mon meilleur ami, un saint curé de campagne, mort des suites des brutalités que lui infligèrent des bourreaux puant l'alcool...

Et ces prêtres promenés nus devant leurs ouailles qui devaient, sous peine de mort, leur cracher au visage. Et ceux qu'on faisait galoper sur la place portant des harnachements de cheval...

Et dominant ce clergé martyr, notre vénérable et bien-aimé archevêque qu'on aurait bien voulu frapper au front si on l'avait osé, — car tout est préméditation et calcul chez l'Allemand, — si on n'avait craint que la chute de ce vieillard n'ait un retentissement énorme dans les deux mondes...

Outrager Dieu, *notre* Dieu, qui est aussi le vôtre, Éminences de Munich et de Cologne, salir des temples, assassiner ses ministres, ce sont choses abominables, mais qui pâlissent presque, si j'ose dire, quand on songe avec quelle rage sadique les soudards ont violenté des femmes, d'humbles religieuses qui aujourd'hui lèvent vers le ciel, en baissant avec dégoût leurs yeux de vierges profanées, le fruit vivant, l'horrible preuve d'une bestialité qui déconcerte...

Est-ce de tout cela qu'ont rougi les cardinaux von Bettinger et von Hartmann ? Est-ce de cela qu'ils vont se plaindre au Père commun des fidèles ?

Ah ! oui !

Ils font la roue devant Wilhelm II, I. R. !

Que veulent-ils donc ? Qu'on mette à l'*index* le livre *in odium auctoris ?*

Allons, un bon mouvement, Éminences.

Venez vous-mêmes, venez en Belgique , vous êtes chez vous. Les autos de la « Kommandantur » vous conduiront. Notre grand cardinal ira à pied. Vous daignerez bien l'attendre, n'est-il pas vrai, ce sage, ce saint, ce savant, ce patriote ardent, qu'un gratte-papier prussien, installé au ministère de la Justice, a osé appeler : *un gamin !*

Il vous mènera, pas à pas, là où il y eut des crimes sans nom, des stupres sans précédents, il vous dira des noms, des dates, il vous en dira tant et tant, et devant tant de témoins — *lapides clamabant !* — qu'il vous faudra finir par baisser le front et que vous vous surprendrez à murmurer, les lèvres tremblantes, la prière que vous dites chaque matin au pied de l'autel :

Judica me, Deus, et discerne causam meam de gente non sancta : ab homine iniquo et doloso erue me !

Jugez-moi, Seigneur, et ne confondez pas ma cause avec celle des impies : délivrez-moi de l'homme astucieux et injuste.

Hélas! *vérité avant tout* se traduit en allemand par *Deutschland über Alles !*

Si cependant vous vous décidiez à venir, Éminentissimes Seigneurs, ne mettez pas vos robes rouges, c'est inutile. Une noire, sous votre manteau, suffira. Quand vous aurez marché quelques heures, vos soutanes seront rouges, trempées du sang de nos martyrs...

Au fait, vous viendrez peut-être en grand uniforme, casque en tête, le revolver à la ceinture, comme vos aumôniers... C'est une idée.

Mais alors, Mgr Mercier ne voudra pas marcher à vos côtés... On ne fait pas les enquêtes comme cela, *chez nous.*

FIDELIS.

(*La Libre Belgique*, n° 34, juillet 1915, p. 2, col. 2.)

Ils n'affichent pas seulement les produits de l'Agence Wolff. De temps en temps ils essaient d'abattre notre courage par des inventions personnelles.

Une calomnie.

Plusieurs milliers d'affichettes ont été placardées sur les murs de Bruxelles. Ces affichettes ont dû être imprimées en Allemagne, étant donné que les typos belges ne possèdent pas de caractères néo-gothiques du genre de celui qui a servi à l'impression.

En voici le texte :

Nous, mères et épouses belges, nous nous écrions : Assez de la tuerie, assez de sang innocent versé de nos maris, de nos fils, pour des nations étrangères. L'honneur belge est sauf. Nous, nous n'avons plus de larmes. Nous réclamons la paix ou l'armistice.

Au nom des femmes belges nous protestons. Pas une d'entre elles ne regrette les sacrifices qu'elle a faits. Celles qui pleurent, pleurent l'être cher disparu à jamais, mais à leurs larmes ne se mêle aucun honteux regret comme celui que voudrait leur prêter l'auteur de cette infâme affichette, aucun regret comme celui qu'il voudrait pouvoir glisser dans leur cœur. Non, les femmes belges savent que leurs époux, leurs fils et leurs fiancés ne se sont pas battus pour l'étranger. Le premier élan, le premier cri de tous les Belges a été celui-ci : « L'honneur le veut, nous devons opposer notre faiblesse à la force brutale du traître qui nous attaque, alors qu'il avait juré de nous protéger. Nous savons tenir un serment, nous, dût-il nous en coûter la vie. »

Mais, si à ce moment-là il était possible de se faire illusion, si l'on pouvait croire alors que seul l'honneur était en jeu et nous commandait d'héroïques sacrifices, comment peut-on maintenant encore parler de se « battre pour l'étranger », maintenant que tout le pays est envahi et que, sauf sur quelques arpents de terre, l'envahisseur barbare nous opprime et nous prive de toute liberté? Oui, nos soldats se battent pour leur pays, mais comme ce qui doublait leur force et leur courage aux premiers mois de la lutte c'était le sentiment de l'honneur à garder intact et de l'injustice à venger, ce qui les anime à l'heure actuelle c'est un sentiment aussi noble que celui-là et plus noble si possible que le patriotisme, c'est la conviction qu'ils servent, avec les peuples dont ils sont les Alliés, la cause sublime du Droit et de la Civilisation.

Répétons encore ce que nous avons déjà dit : il n'y a plus ni Belges, ni

Français, ni Anglais, ni Russes, ni Serbes, ni Italiens; il n'y a plus que des *Alliés*. Les Belges qui se sont incorporés dans les contingents canadiens ou australiens, ceux qui sont au service de l'armée anglaise ou française, ceux qui travaillent dans les usines de munitions, ceux qui ont voulu prendre part à l'expédition dans les Dardanelles, l'ont bien compris. Ils ont compris que, sans ces alliés, il y a longtemps que notre pauvre pays eût été écrasé. Quant aux promesses faites par l'Allemagne dans son ultimatum, nul ne voudrait avoir la honte même d'y songer. On ne discute pas avec l'honneur ; il commande, on obéit.

LIBER.

(*La Libre Belgique,* n° 35, juillet 1915, p. 3, col. 1.)

Craignant que les affiches ne suffisent pas à nous convaincre, l'Allemagne nous éclaire encore gratuitement de trois autres façons.

a) Le Gouvernement impérial fait distribuer des fascicules, en allemand, flamand et français, imprimés à Bruxelles sur les presses du *Moniteur belge,* entre autres : *Conventions anglo-belges* et le *Discours du chancelier à la séance du Reichstag, le 2 décembre 1914.*

b) Il n'y a pas que les publications officielles. Plusieurs organismes d'outre-Rhin éditent en plusieurs langues des feuillets de propagande qui sont glissés dans les lettres d'affaires. Les maisons belges ont surtout reçu des feuillets en français de *Bureau des deutschen Handelstages, Berlin,* et de *Kriegs-Ausschuss der deutschen Industrie, Berlin.* Dans la plupart de ceux qui nous ont été envoyés pendant les douze premiers mois de la guerre, il était question de la violation de la neutralité belge et de l'incendie de Louvain. On voit tout de suite où le bât les blesse.

c) Enfin, il n'est pas un Belge ayant en Allemagne des relations de famille, ou simplement d'affaires, qui ne reçoive de nombreuses lettres destinées à apporter la conviction dans son esprit. Toutes ces missives répètent les mêmes choses, comme une leçon apprise; mais précisément afin d'effacer toute suspicion sur ce point, les correspondants ont soin d'indiquer qu'ils expriment leur sentiment personnel :

Leczyza, 8 janvier 1915.

Cher R...,

Quel changement depuis que nous nous sommes vus la dernière fois ! Les Allemands en Belgique ; moi, comme soldat, en Pologne ! Comment

te trouves-tu sous la domination allemande ? J'espère que tu te plais sous
le nouveau régime. Nous sommes certains de vaincre et que la Belgique
restera allemande...

Cher R., écris-moi vite à l'adresse ci-dessus. Je me réjouirais tant de
recevoir de bonnes nouvelles. Quel dommage que ton pauvre et beau pays
ait tant souffert de la guerre! Louvain, Malines, Anvers, Bruges, ont tant
souffert, dommage ! Si la Belgique avait suivi l'exemple du Luxembourg !
J'espère que tu vas bien ainsi que tes chers parents.

Lettre d'une nièce allemande à son oncle belge.

31 décembre 1914.

Cette année néfaste touche à sa fin et espérons que la nouvelle rétablira
la paix ; à toi aussi, à Jeanne et à tes petits enfants, mon mari et moi
souhaitons toutes sortes de bonheur dans l'année à venir. Vous ne sauriez
croire combien nous autres Allemands nous plaignons la pauvre Belgique,
et les Belges verront bien aussi maintenant quelle faute ils ont commise
en se rendant tributaires de l'Angleterre. Si la Belgique fût restée l'amie
de l'Allemagne, il ne lui serait pas arrivé le moindre mal. Et le sort épouvantable qui lui est échu en partage, elle le doit à la collaboration brutale
du peuple et même des femmes et des enfants à la guerre.

De cela nous avons nombre de preuves (nous-mêmes) par les récits des
officiers et soldats allemands. Comme les Bruxellois sont sages en restant
tranquilles. Nous espérons que cet état de choses restera tel.

Un soldat qui a été en quartier chez nous nous écrit de Staden, aux
environs du canal de l'Yser, que le peuple belge ne désire pas le retour
des Français ni des Anglais, car ceux-ci s'y sont conduits d'une façon
indiciblement honteuse.

Ils ne reviendront pas, car l'Allemagne est invincible et vous ne sauriez
vous figurer combien de réserves militaires nous avons encore. Dans tous
les cas, le fait que par cupidité et par jalousie on tâche d'anéantir un
peuple arrivé au comble de la civilisation et formant un État riche et
florissant est sans précédent dans l'histoire.

Oui, l'Angleterre a réussi à indisposer contre nous les nations par la
voie des journaux.

L'Angleterre nous dépasse en une chose seulement: elle sait mieux mentir.

Et quelle opinion mesquine se fait-elle des lecteurs de ses articles qui
souvent ajoutent foi à tous ses mensonges et à toutes ses folies? A des
lecteurs allemands on n'oserait pas raconter de pareilles sornettes.

Combien de fois notre magnifique Empereur n'a-t-il pas tendu à la
France la main de la réconciliation, mais elle l'a repoussée par un sentiment de vengeance sotte et aveugle. Les Français et les Belges ne nous
sont pas antipathiques. Pourquoi ne s'allient-ils pas à nous contre l'Angleterre cupide, rusée et perfide, qui veut subjuguer tout le monde ? Nous
ne comprenons pas encore qu'en France, on ne se rende pas compte de

cela. C'est-à-dire qu'il y en a qui le comprennent, mais qui n'osent pas l'avouer par peur de je ne sais quoi.

Cher oncle, je te prie de m'excuser de m'être trop étendue en vous communiquant mon opinion sur la guerre, mais tout cela m'est personnel.

Nous sommes charmés que vous, Jeanne et les enfants se portent bien et que ceux-ci mettent tant de zèle à secourir les indigents.

L'Allemagne est encore loin de périr par la faim. Nous avons assez de pain, pommes de terre, etc., jusqu'à la prochaine récolte ; notre stock de bétail est considérable.

Vous ferez bien de faire comprendre cela aux Français et aux Anglais pour leur faire abandonner leurs illusions stupides.

En France et en Angleterre, le peuple ne sait pas cela par la suppression des journaux allemands.

Maintenant il faut que je finisse, nous espérons que vous recevrez cette lettre, et nous serions charmés de recevoir de vos nouvelles de toi et de Jeanne. Amitiés aussi de la part de mon mari.

Ta nièce : Elza.

Extrait d'une lettre privée de Mlles Y et Z.

12 février 1915.

... Nous avouons avoir été surprises de ce que, malgré la lecture de la brochure *Die Wahrheit über den Krieg*, que nous t'avons envoyée, tu sois tout de même d'un avis opposé au nôtre. Tu devrais cependant te souvenir de ce que, de tout temps, les qualités dominantes des Allemands ont toujours été : la sincérité et la vérité. Tu peux donc avoir une confiance absolue dans l'exposé de la brochure en question et dans le *Livre Blanc* allemand, et y croire. Après la fin de cette guerre, imposée à nous de façon scélérate, vous aussi, vous aurez des éclaircissements sur les points qui vous sont encore obscurs et vous reconnaîtrez la vérité.

... Nous sentons parfaitement combien le pain blanc habituel vous manquera ; la dernière récolte du froment a-t-elle donc été si mauvaise chez vous ? A ce point de vue nous ne manquons absolument de rien en Allemagne et l'on ne s'aperçoit pas non plus d'un renchérissement quelconque ; ceci est un grand bonheur...

Carte reçue à Bruxelles en janvier 1915.

Cher..... Comment allez-vous ? Bien, j'espère. Mon mari va bien aussi, il a été blessé d'une balle dans la jambe, mais il est en voie de guérison. A Bruxelles tout est sans doute tranquille. En Belgique, les Anglais vous ont trahis et vendus. Ce sont de mauvais génies. C'est au roi Albert que vous devez cela. Pourquoi n'a-t-il pas laissé passer les Allemands ? Léopold aurait arrangé cela autrement. N'ayez aucune crainte, les Allemands ne font de mal à personne, à moins que ce ne soit juste.

Mes amitiés chez vous.

2. Les imprimés allemands vendus en Belgique.

Plus personne au monde ne doute de la valeur documentaire des journaux d'outre-Rhin : on les sait sous la coupe de leur censure, ce qui est tout dire. Pourtant, un point qu'on ignore généralement, c'est que certaines de ces feuilles publient deux numéros différents : l'un pour le front oriental, l'autre pour le front occidental. *La Libre Belgique* a reproduit en fac-similé les en-têtes des deux numéros du 14 juillet 1915 (édition du soir) de *Düsseldorfer General Anzeiger*.

Les procédés de leur presse.

Même date, même édition (*Abend-Ausgabe*). Les deuxième, troisième et quatrième pages des deux numéros sont identiques. Seule, la première page diffère suivant le public auquel le journal est destiné.

Le numéro à envoyer au front de l'Ouest porte en manchette : « La Russie mûrit pour la paix ». Il contient des nouvelles sur la Russie que l'autre ne reproduit pas.

Le numéro destiné au front russe porte : « Nouvelle avance allemande en Argonne ».

*
* *

C'est par une erreur de la poste qu'un ballot de la seconde espèce est venu s'égarer en Belgique.

(*La Libre Belgique*, n° 41, août 1915, p. 4.)

Nous donnons en fac-similé (pl. XIV) les deux numéros 314 du 19 juillet 1915 (édition du soir). Qu'on ne s'y trompe pas. Il s'agit bien réellement de numéros distincts (tout au moins par leur première page), et non, comme on pourrait le supposer, de numéros qui seraient simplement antidatés pour l'un des fronts. Nous avons pu nous assurer que les articles *Friedenspropaganda in England* et *Der Bergarbeiterstreik in Wales* figurant à la page 1 du numéro 314 envoyé au front russe, n'ont jamais paru dans ceux qu'on vendait en Belgique.

Les bibliothèques des gares et les aubettes sur toutes les places de Bruxelles nous offrent aussi des illustrés. Les deux plus connus sont *Die Woche* et *Berliner Illustrirte Zeitung*. Les photos reproduites sur les planches XI et XII indiquent quel genre de renseignements ils nous fournissent.

Die Woche nous montre, par exemple, les incendies allumés par l'armée allemande à Liége (pl. XI) Nous avons appris ainsi que, le 20 août 1914, il y avait quatre cents étudiants russes, armés de fusils, qui tiraient des maisons situées en face de l'Université, alors que celle-ci était occupée par les troupes allemandes. Quelle stupidité, n'est-ce pas, de la part de ces étudiants! Il est vrai que plus tard l'Allemagne a dû officiellement reconnaître que ces quatre cents francs-tireurs avaient été inventés pour les besoins de la cause. En effet, aucun Russe ne figure sur la liste des fusillés de Liége, preuve qu'ils ne purent être le moins du monde suspectés d'avoir pris part à la simili-agression de francs-tireurs. Mieux encore : quelques jours plus tard, l'affiche suivante fut placardée en ville (nous la copions dans G. Somville, *Vers Liége : le chemin du crime, août 1914*, p. 272) :

Six cents étudiants russes qui, jusqu'ici, ont été à la charge de la population de Liége, à laquelle ils ont fait beaucoup de difficultés, ont été arrêtés et renvoyés par moi.

Le Général-Lieutenant Gouverneur.

Si ces étudiants avaient pu être accusés d'avoir tiré contre les troupes allemandes, l'affiche l'aurait constaté en grandes lettres, et ils ne s'en seraient pas tirés avec un internement dans le camp de Münster.

Le même journal nous a appris, à nous Bruxellois, que des otages avaient été pris à Woluwe (pl. XI), une localité suburbaine d'où chaque matin les laitières viennent en ville avec leurs charrettes à chiens. Elles ne nous avaient jamais rien dit de semblable!

Si les pauvres paysans, fuyant leurs villages décimés et incendiés, ne nous avaient pas dépeint la férocité des soldats allemands, *Berliner Illustrirte Zeitung,* dans le tout premier numéro qui fut vendu à Bruxelles, nous aurait édifiés (pl. XII). Il nous faisait voir en effet les femmes d'un village emmenées prisonnières. Les hommes étaient-ils déjà fusillés?

Après avoir massacré plus de cinq mille de nos compatriotes et après avoir brûlé vingt-six mille maisons, sous prétexte que les Belges avaient organisé des bandes de francs-tireurs, l'Allemagne a pris soin de nous mettre sous les yeux la façon dont ses alliés austro-hongrois s'y prennent pour armer les paysans ruthènes. *Berliner Illustrirte Zeitung* du 16 mai 1915 publie le portrait d'un officier donnant des instructions à un paysan armé (pl. XII). Les Kulturés peuvent faire cela !

A côté du cynisme, mentionnons le ridicule. Dans ce domaine, la palme ne peut pas être raisonnablement disputée à *Illustrierter Kriegskurier,* un journal semi-officiel dont les seize pages ne coûtent que cinq centimes ; les explications sont données en allemand, flamand et français. Un seul exemple suffira. Son numéro 3 donne trois figures représentant « L'entrée de la division de marins allemands à Anvers ». A peine le journal fut-il mis en vente que tout Bruxelles éclata de rire ; on allait, l'illustré en main, se poster au coin de la rue de la Loi et de la rue Royale, pour montrer aux passants que c'était là, et non à Anvers, que les photos avaient été prises.

Les échoppes allemandes vendent également des livres. Ce sont d'abord des récits de guerre, par exemple les ouvrages de F. von Zobeltitz, P. Höcker, v. Gottberg, H. Osman, W. v. Trotha, etc. Puis des livres de propagande : *Die Eroberung Belgiens; Lüttich; Antwerpen,* etc.

Le trait suivant montre combien ces ouvrages sont véridiques :

Un éditeur de Leipzig a publié dernièrement un ouvrage dans lequel étaient reproduites et amplifiées les grossières accusations d'atrocités dirigées contre notre pays, dès l'origine du conflit, par la presse teutonne. Un chapitre spécial de cette publication était consacré à la ville d'Anvers. On y accusait la population de s'être livrée à des sévices graves, d'avoir jeté des femmes et des enfants par les fenêtres, etc. On ajoutait même ce détail précis qu'à l'avenue De Keyser on n'avait pas relevé moins de trente cadavres allemands !

Justement émue de la publicité donnée à de tels racontars et désireuse en même temps de clouer une bonne fois les calomniateurs de la Belgique, la ville d'Anvers avait décidé d'intenter un procès, en 100.000 francs de dommages et intérêts, à l'éditeur du libelle.

Mais l'autorité allemande veillait... Avertie des intentions de la ville et craignant le retentissement que les débats d'un pareil procès, où serait prise sur le vif la bassesse des procédés chers aux calomniateurs d'outre-Rhin, ne manquerait pas d'avoir à l'étranger, elle a adressé à l'Administration communale de la métropole une lettre par laquelle elle lui interdit, *pour des raisons politiques,* de faire le procès.

On ne saurait reconnaître ses torts avec plus d'étourderie et d'ingénuité.

(*La Libre Belgique,* n° 80, d'après *Le Courrier de l'Armée,* n° 229, 3 août 1916.)

On vend aussi en Belgique des réponses allemandes, mais en français, à des livres que nous ne pouvons obtenir que par fraude, par exemple ceux de M. Waxweiler (voir p. 5 et 8) et de M⁰ʳ Baudrillart (voir p. 39).

La Belgique coupable.

Sous ce titre vient de paraître à Berlin, sous la signature de M. Grasshoff, une brochure en réponse à celle de M. Waxweiler, *La Belgique neutre et loyale.*

Puisque notre excellent gouverneur est assez aimable pour permettre qu'on mette à la disposition des Belges la réponse à M. Waxweiler, il nous semble qu'il ne serait que de stricte justice de nous permettre la lecture de l'ouvrage lui-même. Jusqu'ici, seuls quelques privilégiés ont pu se le procurer, au prix Dieu sait de quelles ruses et de quels dangers. Connaissant les sentiments de haute loyauté du gouvernement qui nous régit, nous sommes certains de voir dans quelques jours étalées côte à côte aux vitrines des libraires les deux brochures.

En attendant, nous nous demandons si ce n'a pas été pour l'auteur une bien mauvaise spéculation que de faire traduire son œuvre en français. En effet, si ses arguments ont peut-être quelque valeur aux yeux des Allemands, nous doutons qu'ils en aient pour les Belges, qui ont vu, de leurs yeux vu, ce qui s'est passé lors de l'invasion du pays.

Habitants de Louvain, de Dinant, de Tamines, d'Aerschot et vous tous, Belges, — car qui ne compte parmi ses proches ou ses amis au moins une victime des barbares — lisez ces extraits des rapports de soldats allemands et dites-moi si, après cette lecture, vous n'êtes pas indignés et stupéfaits devant l'audace de pareils mensonges :

1° A Louvain.

« Il est faux qu'une désignation arbitraire des personnes inculpées ait réglé le sort de celles qui furent fusillées. Une rigoureuse légalité présidait au contraire aux interrogatoires. *Je fus chargé de fouiller les gens pour m'assurer s'ils étaient porteurs d'armes, et j'en trouvai beaucoup dans ce cas.* Je fus chargé en outre de voir si les personnes inculpées étaient des soldats belges déguisés, chose facile à constater au moyen de la plaque d'identité individuelle. *Sur un grand nombre des inculpés, je trouvai la plaque d'identité militaire dans la poche ou dans le porte-monnaie.* Le capitaine Albrecht, qui dirigeait l'enquête, procéda de telle

sorte qu'il ordonna de fusiller les inculpés trouvés porteurs d'une arme
ou d'une plaque d'identité militaire, ou ceux contre lesquels il était
attesté par au moins deux témoins, soit qu'ils avaient tiré eux-mêmes sur
les troupes allemandes, soit qu'ils avaient été pris dans une maison d'où l'on
avait fait feu contre elles. *D'après ma ferme conviction, il est absolument
impossible que des gens complètement innocents aient perdu la vie ainsi.* »

2° A Andenne.

« A notre arrivée dans cette localité, un signal fut donné par la cloche
de l'église, à 6ʰ 3o du soir, et au même instant les persiennes en fer de
toutes les maisons s'abaissèrent ; les habitants, stationnant jusque-là dans
la rue, disparurent, et l'on tira sur mes troupes de tous les côtés, mais
surtout des soupiraux des caves et d'ouvertures pratiquées dans les toits
en enlevant des tuiles. *En outre, d'un grand nombre de maisons, on
versa de l'eau bouillante sur nos soldats.* A la suite de ce guet-apens
que la conduite de mes hommes ne justifiait en rien, un combat
acharné de rues s'engagea entre eux et la population civile. La preuve
qu'il s'agissait bien d'un plan concerté à l'avance, auquel prit part
presque toute la population d'Andenne et de la banlieue, *c'est que 100
— cent — de mes hommes furent blessés rien que par les brûlures provenant de l'eau bouillante.*

3° A Dinant.

« Des parents, au dire d'un bourgeois de la ville, mirent entre les
mains d'enfants de dix à douze ans des revolvers pour tirer sur les
troupes allemandes. Un petit garçon, arrêté, puis relâché en raison de
son jeune âge, se vantait lui-même d'avoir abattu cinq Allemands. »

Sans commentaire.

Quant aux pillages, sachez qu'ils sont uniquement l'œuvre des Belges,
des Français et des Anglais surtout.

Tongrois, vous vous êtes complètement mépris ; je croirais même que
vous avez rêvé en croyant avoir vu votre argenterie rangée bien méthodiquement, sur les trottoirs de vos maisons, avant d'être emballée et
expédiée. C'est pour vous faire faire une cure d'air très salutaire, à vous
et à vos enfants, qu'on vous a fait loger à la belle étoile pendant deux
nuits. Et si, à votre retour, vous avez trouvé vos maisons plus ou moins
dévalisées, les soldats allemands n'y sont pour rien ; prenez-vous-en aux
bandes de voleurs qui pullulent en Belgique.

M. Grasshoff ne nous dit pas comment ces voleurs ont pu rester en
ville ou s'y introduire, puisque tous les habitants en avaient été chassés et
que les Allemands veillaient soigneusement à ce que personne n'y entrât.
Il oublie de nous expliquer ce détail. Il oublie d'ailleurs de nous parler
de Tongres à propos des pillages, de Malines aussi. C'est un chapitre un
peu « brossé » de son ouvrage que celui-là. Il est vrai qu'il a oublié bien
des choses, entre autres de répondre à M. Waxweiler au sujet du Code
de guerre de l'État-major, des commentaires de ce code, faits par des

juristes allemands. Ce point forme cependant une des bases de l'argumentation de M. Waxweiler, où il prouve que les massacres et les cruautés allemandes ne sont que l'application logique des principes de ce code. Ainsi il prouve aussi que, contrairement aux excès et abus qui peuvent exceptionnellement se produire dans toute armée, les atrocités allemandes étaient *commandées*.

Mais, au fait, est-il bien certain que M. Grasshoff ait lu l'ouvrage de M. Waxweiler? Nous nous le demandons, tant il laisse de points importants dans l'ombre.

*
* *

La Belgique coupable doit évidemment nous parler de la violation de la neutralité belge. Ici nous devons avouer que l'auteur a découvert après un an quelque chose de neuf et de réellement sensationnel. Nous savions que tous les Allemands (eux seuls bien entendu) étaient convaincus, ou feignaient de l'être, que des avions avaient survolé la Belgique et que des soldats français étaient cachés dans les forts de Liége. Eh bien ! il y a plus fort que cela : 8.000 hommes, deux régiments de dragons et des batteries étaient à Bouillon et aux environs le *31 juillet*. Personne ne les a vus, mais c'est comme cela, puisque deux prisonniers l'affirment; ils disent même que la population belge leur a fait un excellent accueil. Comment le témoignage de ces prisonniers a-t-il été obtenu? C'est la question que se poseront peut-être les lecteurs neutres? Ici, en Belgique, nous nous en doutons bien un peu, nous connaissons par expérience l'enquête au revolver, l'interrogatoire avec menace de mort ou après épuisement par la faim. Nous connaissons tous ces beaux expédients de la « justice boche ». Autre preuve de la violation : Il paraît qu'on a vu, le *26 juillet,* à Bruxelles — écoutez bien — deux officiers français et un officier anglais en uniforme. Évidemment, ces messieurs ne pouvaient venir ici que pour conférer avec notre État-major. Seulement, Messieurs nos alliés avant la lettre, pourquoi êtes-vous venus en uniforme pour une mission secrète? Franchement, quelle légèreté ! On voit bien que vous n'êtes pas Allemands.

Et maintenant, chers lecteurs, si vous n'êtes pas convaincus que les Français et les Anglais ont violé notre neutralité les premiers et que nous aurions dû recevoir les Allemands à bras ouverts, c'est que vous êtes des raisonneurs. Sous le régime nouveau, on apprendra à votre esprit à se faire, plus vite que cela, une conviction selon la discipline.

Avant de terminer ce chapitre, constatons encore un « oubli » de notre auteur : il ne souffle mot de l'aveu du chancelier. Cet aveu a pourtant quelque importance, quand il s'agit de discuter la question de la violation de la neutralité belge. Mais ce qu'il n'oublie pas, c'est de nous ressasser l'histoire des fameuses conventions anglo-belges. Nous ne fatiguerons pas nos lecteurs en la réfutant à nouveau.

*
* *

La Belgique coupable va nous apprendre encore autre chose de neuf : Vous n'êtes pas sans avoir entendu parler de la guerre des francs-tireurs, la guerre nationale, comme l'appelle M. Grasshoff, le grand cheval de bataille des ennemis de notre pays quand il s'agit d'excuser les massacres de leur armée.

Mais ce que vous ne saviez peut-être pas, c'est que cette guerre de francs-tireurs avait été prévue et préparée par le Gouvernement, ainsi que d'ailleurs aussi la Commission d'enquête sur la violation du droit des gens, et la campagne de « calomnies » contre l'armée allemande. Peut-être même, mais M. Grasshoff n'en est pas très sûr, les conventions anglo-belges prévoyaient-elles déjà toute cette organisation défensive de la Belgique. Dans le doute cependant, l'auteur veut bien, généreusement, dégager la responsabilité de l'Angleterre dans cette affaire et la laisser tout entière au Gouvernement belge.

Il voit la preuve de ce qu'il avance dans toutes les circulaires au sujet de la garde civique. Pour lui, garde civique non active et franc-tireur ne font qu'un ou à peu près. Et pourtant, comme l'a si bien démontré M. Waxweiler, cette garde civique des campagnes eût-elle fait le coup de feu, ce qui est faux, qu'elle n'eût simplement usé que des droits que lui conféraient les conventions de La Haye.

Mais même la circulaire de M. le ministre Berryer aux administrations communales, cette circulaire qui résume si admirablement les devoirs tant envers l'autorité occupante qu'envers l'autorité légitime, est imputée à crime. Pourquoi M. Grasshoff n'admet-il pas qu'on appelle « seul légitime » le Gouvernement du Roi ? Nous l'avons relue, cette circulaire, et les phrases soulignées à dessein par M. Grasshoff nous ont seulement prouvé une fois de plus le désir du Gouvernement d'observer et de faire observer la stricte légalité et de rappeler aux autorités quels étaient leurs devoirs.

Il y a encore le petit avis affiché partout et reproduit par tous les journaux pour recommander le calme aux populations. Vous vous rappelez sans doute cette phrase : « L'acte de violence commis par un seul civil serait un véritable crime que la loi punit, etc. » Or, voici ce que l'imagination de M. Grasshoff en tire :

« Le terme de *un seul civil*, employé dans cette proclamation, frappe déjà par la double interprétation qu'il est possible de lui donner. Ce *seul civil*, auquel il est défendu de tirer, fait naître facilement dans le cerveau d'un homme simple la pensée qu'*il est permis de tirer si l'on se met deux ou trois.* »

Péremptoire, n'est-ce pas ? Ça vous la coupe, littéralement.

Quant à la Commission d'enquête, il paraît, c'est toujours M. Grasshoff qui le dit, que « son invitation à rapporter des cruautés allemandes précédait la possibilité matérielle de leur exécution ».

La vérité est que la Commission a été fondée le 8, et l'on sait avec quelle désinvolture, avec quelle barbarie, les lois de la guerre avaient été violées par les troupes allemandes entre le 4 et le 7 août, à la frontière.

*
* *

Il est superflu de dire que nous n'avons pu relever ici toutes les erreurs et contre-vérités contenues dans l'ouvrage de M. Grasshoff. Nous avons voulu seulement montrer de quelle valeur sont ses arguments et les témoignages qu'il invoque. Nous nous permettons, à ce propos, de lui faire remarquer — bien humblement, car nous ne sommes docteur ni en droit ni en philosophie allemande — qu'il n'est pas logique de donner tant d'importance, quand il s'agit des francs-tireurs, à des récits de neutres basés entre autres sur de simples propos entendus en tramway, alors qu'on vient de montrer, à propos des atrocités allemandes, quel fond il convient de faire sur des récits colportés de bouche en bouche. Nous lui dirons aussi qu'un Allemand est mal venu à se moquer des erreurs de détail de la presse adverse, alors qu'on sait les bourdes kolossales répandues par les journaux boches : témoin, pour n'en citer qu'une seule, l'histoire de la prise de Bruxelles après un combat acharné et une résistance désespérée de plusieurs jours !

C'est dans un des récits de neutres dont nous venons de parler que nous avons trouvé ce détail, — sans importance d'ailleurs — qui nous a fait sourire : « A Nieuport, dans une villa occupée par les soldats belges, les cabinets d'aisances étaient bouchés. » Horreur ! ! ! Eh bien ! nous vous l'accordons volontiers, les soldats allemands n'auraient pas fait cela, ils ont bien trop le respect — comme leurs officiers aussi — de ce petit endroit. Ils le respectent même à ce point qu'ils n'osent pas en franchir le seuil et préfèrent réserver à cet usage la fine porcelaine, les cristaux, les couvertures, les lits et les tapis, voire même les boîtes à provisions.

*
* *

Nous ne pouvons mieux terminer cet article qu'en reproduisant quelques-unes des conclusions de l'ouvrage de M. Grasshoff :

« *Deux cent trente-cinq localités, dont la position géographique est facile à trouver, ont servi de repaires aux francs-tireurs ;* à celles-ci s'en ajoutent quarante-six autres dont nous n'avons pas pu déterminer l'emplacement sur les cartes à notre disposition, en général à cause de l'écriture défectueuse. Le passage de l'armée allemande en Belgique a été un véritable calvaire, dont pouvait seule triompher une discipline à toute épreuve.*

. . . .

« *Il n'existe pas dans le monde entier une seule armée qui soit en état d'user de mesures plus douces que celles dont nous avons usé. Leur exécution a sauvé la Belgique centrale et occidentale de la destruction inévitable qu'entraînent forcément les combats de rues.*

. . . .

« On est étonné, à la lecture des dossiers de la justice allemande dans les territoires occupés, de la prédominance du nombre des acquittements ; les méfaits des habitants des territoires en question sont jugés *avec la rigoureuse impartialité* de la conscience allemande.

. . . .

« Nous voici au terme de cette étude. Détournons nos regards du passé pour envisager l'avenir. Le printemps est encore une fois de retour. Derrière le front où luttent les armées, *la main nerveuse du soldat allemand dirige la charrue dans les champs de la Belgique*, pour fournir du pain non à sa propre famille, mais au peuple belge, indignement trahi par son Gouvernement et voué aux horreurs de la famine par ses bons amis d'Angleterre. De toutes parts, l'assiduité allemande s'efforce de réveiller l'âme belge assoupie et de la réchauffer sous son souffle, comme elle était avant la guerre. Nous ne nous inquiétons guère des continuelles piailleries dont *L'Écho belge* fait retentir ses colonnes, remplies des sempiternels méfaits des Barbares. Elles ne peuvent troubler notre œuvre. Nous portons en nous le sentiment du devoir qui, d'après Kant, constitue le seul idéal humain, la seule valeur propre de l'homme. Cette guerre à laquelle nous avons été contraints nous impose le devoir de réaliser la liberté de la patrie, la liberté du genre humain. Ce devoir, nous le remplirons !

« M. Waxweiler saura-t-il s'arracher à son repos et participer à la lourde tâche de rendre à la Belgique sa prospérité ? Le jour vient où ce pauvre peuple, si mal gouverné, sortira de son ignorance, et distinguera enfin le bon grain de l'ivraie parmi ceux qui se flattent de présider à ses destinées.

« Pour l'Allemagne, il n'existe qu'une devise :

« *Sit ut est aut non sit. Erit in ævum !* »

Mais on reste rêveur en pensant à quel degré d'ignorance de la vérité la nation allemande est encore, pour avaler de telles bourdes.

B. A. R. F.

(*La Libre Belgique*, n° 46, septembre 1915, p. 2, col. 1.)

Le veuvage de la vérité.

L'autorité allemande répand à profusion dans le pays une édition française de la réponse des catholiques allemands au manifeste des catholiques français, réponse rédigée, comme l'on sait, par M. l'abbé Rosenberg et contresignée par un régiment de notabilités qui ne l'ont pas lue. Avec cette naïveté obtuse qui est au fond de leur jactance et de leur cynisme, nos maîtres se figurent, apparemment, que ce factum, destiné à tromper les étrangers, va nous tromper nous-mêmes et nous faire oublier le témoignage de notre conscience et de nos yeux. Tel un malfaiteur que l'habitude du mensonge, tournant à la démence, pousserait à endoctriner sa victime elle-même. Devant des lecteurs belges, ce triste plaidoyer n'appelle aucune espèce de réfutation. Mais, pour un bon nombre d'entre eux, ce sera un vrai soulagement d'apprendre que cette apologie diffamatoire a déjà reçu son châtiment. Un neutre, de langue allemande, M. Em. Prüm, bourgmestre de Clervaux (grand-duché de Luxembourg), l'a réfutée de maîtresse et vengeresse façon dans un petit livre intitulé *Le Veuvage de la Vérité* (*Der Witwenstand der Wahrheit*) : c'est l'expression même dont un écrivain allemand s'était servi pour caractériser la facilité avec laquelle le mensonge se fait accepter aujourd'hui. Bien ou mal trouvée, cette métaphore sentimentale n'est que trop juste en ce qui concerne l'Allemagne : la vérité y est veuve et de plus reniée par ses enfants !

M. Prüm est un catholique militant. Sa courageuse brochure, destinée aux catholiques de tous les pays, s'adresse en tout premier lieu à ses compatriotes, que des liens étroits et nombreux unissaient, comme lui, au centre allemand : elle est donc écrite du même point de vue où ceux qu'elle réfute ont voulu se mettre, ce qui, dans l'espèce, est une circonstance très aggravante de leur mauvaise action. A cet égard, elle intéresse tous les Belges sans distinction d'opinion. Ils seront heureux d'y voir jusqu'à quel point MM. Rosenberg et ses cosignataires ont réussi à révolter un de leurs meilleurs amis. Quant à l'autorité allemande, elle a, nous assure-t-on, fait à M. Prüm une réponse digne d'elle et de lui : elle l'a mis en prison du chef de publicité séditieuse. « Brigadier, vous avez raison !... » Mais ce n'est pas là ce qui ressuscitera le défunt dont la vérité allemande porte le deuil !

BELGA.

(La Libre Belgique, d'après L'Écho belge, 13 mars 1916.)

Les plus perfides de ces brochures et de ces livres sont ceux qui se prétendent écrits par de bons patriotes belges, mais qui sont sans aucun doute l'œuvre d'Allemands déguisés.

Tartuferie tudesque.

Nous avons eu le courage de lire jusqu'au bout trois petits opuscules d'un Teuton, caché sous le masque d'un philanthrope, malgré les nausées que nous donnait la lecture de ces lignes distillant le fiel et le poison. Ces compositions sont intitulées : « Lettre ouverte au peuple belge. » L'auteur, qui garde courageusement l'anonymat, prévient le lecteur qu'il se bouchera les oreilles et qu'il laissera crier. Soit, c'est son droit, tout comme les Belges qui liront ces élucubrations pourront se boucher le nez, car elles dégagent une telle infection qu'il est bon de recourir à un antiseptique après les avoir parcourues.

Nous citerons deux ou trois phrases pour montrer jusqu'à quel degré peut aller la décomposition cérébrale chez certains individus, avant qu'ils ne soient inquiétés par les médecins aliénistes ou par les services sanitaires.

Il (**notre Roi**) *devrait demander la paix avec l'Allemagne. Assez de sang belge ; maris, épouses, mères, frères, sœurs, fiancées, amis, je vous en conjure, au nom de l'humanité, demandez la paix ; demandez tout au moins à pouvoir adresser au chef de ses armées une supplique pour l'obtention d'un armistice... Offrons le Congo comme rançon de notre indépendance... Qui sait si, lors de la conclusion de la paix, cette attitude ne nous vaudra pas un traitement favorable, peut-être tiendra-t-il compte* (il, c'est **Attila**) *de notre soumission, etc.*

Ce passage est choisi parmi les moins veules, parmi les moins ignobles, car il y en a que nous n'osons transcrire par respect pour le lecteur.

Mais il n'y a en tout cela qu'une chose qui nous déconcerte ; c'est que cet anonyme — dont la nationalité ne laisse subsister aucun doute — soit parvenu à trouver un imprimeur.

De deux choses l'une : ou l'imprimeur a été forcé de s'exécuter ou il a agi de plein gré et, en ce dernier cas, il n'y a qu'un jugement à émettre, c'est qu'il forme le « pendant » du « philanthrope ».

(La Libre Belgique, n° 39, août 1915, p. 3, col. 2.)

La Libre Belgique ignorait qui avait imprimé ce factum. M. Passelecq nous l'apprend :

Parmi ces pamphlets, citons une série de trois « Lettres ouvertes au peuple belge » par « Un Philanthrope », portant comme nom d'éditeur : « Van Moer, rue Euphrasie (*sic*) Beernaert, Ostende ». Or il n'existe pas d'imprimeur de ce nom rue Euphrosine-Beernaert, à Ostende. Les faussaires allemands avaient donc emprunté un nom belge pour donner le change au public. D'une enquête faite par le Parquet de Bruxelles, il résulte que les pamphlets en question ont eu pour imprimeur un sieur Kropp, Allemand, rue de Ruysdael, à Molenbeck-Saint-Jean (Bruxelles), qui éditait, avant la guerre, la *Brüsseler Zeitung,* organe allemand hebdomadaire ; il est actuellement l'éditeur attitré de la Kommandantur et imprime, entre autres publications suspectes, le journal germano-flamand *Gazet van Brussel.*

(Passelecq, Pour teutoniser la Belgique, p. 41,
en note. Paris, Bloud et Gay, 1916.)

Enfin, il y a encore les cartes postales illustrées. A côté de nombreuses images sentimentales (de cette sentimentalité bébête, propre à l'Allemagne), il en est qui ambitionnent d'être prises pour des documents. Elles nous montrent, par exemple, « les uhlans devant Paris » regardant la tour Eiffel ([1]), ou

---

([1]) *Comment les Belges résistent...,* fig. 18.

« l'assaut de la forteresse de Liége » (on sait que Liége est
une ville ouverte, sans aucun rempart ni fortification). Signalons aussi la carte représentant les « combats dans les rues
de Louvain », où l'on assiste à la furieuse attaque des francs-
tireurs (pl. XVI). Cette carte a valu une condamnation à un
magistrat bruxellois, M. Ernst.

La douloureuse aventure d'un magistrat bruxellois.

Lecteurs, amis de *La Libre Belgique,* écoutez, pour votre esbaudisse-
ment, cette aventure dont un de nos plus sympathiques magistrats
bruxellois fut à la fois le héros et la victime. L'aventure est du reste
suggestive à des titres divers ; elle montre à quel régime de schlague nous
soumettraient les Boches s'ils pouvaient s'en donner à cœur joie ; elle
montre aussi combien ils excellent dans l'art cauteleux d'inventer des
préventions et de battre monnaie à l'occasion d'un délit imaginaire.

Or donc, flânant il y a quelque temps au boulevard du Nord, notre
magistrat découvre à la vitrine d'une *Deutsche Buchhandlung* une
carte postale représentant le sac de Louvain. Avec la précision (?) du
document photographique, la carte montrait les civils de Louvain
embusqués à tous les coins de rue et faisant traîtreusement le coup de feu
sur les braves soldats allemands. Un document, à coup sûr, dont, sans
doute, les *Herren Professoren* feront leur profit pour justifier et
blanchir l'Allemagne, champion attitré des droits de l'humanité et de
l'honneur guerrier. Mais, sceptique par profession et très averti des
truquages de la photographie, notre magistrat se fit cette sage réflexion
qu'il n'était guère vraisemblable qu'un photographe se fût trouvé là à
point donné, le 25 août, et il se douta d'une supercherie. Le calcul était
sage. Un examen plus attentif lui fit constater que la supercherie se sentait
à plein nez et, dans son zèle évidemment intempestif pour la vérité, notre
magistrat fit part de sa découverte au marchand.

Vous croyez que l'honnête commerçant s'inclina ? Point : il se fâcha.
Et comme le magistrat avait l'air de s'obstiner dans ses remontrances, il
héla des soldats allemands de passage et fit empoigner le juge. Le juge
ne fut pas trop marri de cette aventure, mais il se demanda quelle en
serait la suite.

La suite fut une mise en prévention du chef de — tenez-vous bien —
violation de domicile !!! avec renvoi devant le tribunal militaire !!! La
prévention était bouffonne, mais les tribunaux allemands ne sont pas
délicats sur ce chapitre : ils participent bien de la mentalité allemande où
tout se fait par ordre, et ils condamnèrent notre juge à 300 marks
d'amende.

Notre juge répondit : « Moi, payer 300 marks d'amende ? Je ne les ai
pas !! »

Vous ne les avez pas ? C'est bien invraisemblable, opina l'autorité allemande... Et le lendemain, au petit jour, se présentait au domicile du condamné un sous-off, flanqué de quatre pandores, baïonnette au canon. Le sous-off, qui sans doute dans le civil devait être quelque chose comme expert en meubles, procéda à une évaluation rapide et eut vite son choix fait. « Enlevez-moi ce bronze, dit-il à ses hommes, cette garniture de cheminée, ce sèvres... » Ses hommes obtempérèrent avec l'aisance de professionnels du déménagement. Si bien qu'on raflait au juge à peu près dix fois la valeur de la condamnation encourue. Ce que voyant, le juge dut bien capituler. Il trouva les 3oo marks et les paya.

La justice allemande était satisfaite.

Peut-être. Elle est bien capable de trouver que la capitulation du juge bruxellois a été pour elle une mauvaise affaire.

(La Libre Belgique, n° 38, août 1915, p. 2, col. 2.)

3. Les journaux prétendument belges.

A Bruxelles, tous les journaux sans exception avaient refusé le contrôle allemand. Après une quinzaine de jours se créèrent de nouveaux journaux, soumis à la censure.

Dans le début, ces feuilles ne donnaient pas les communiqués officiels des Alliés. Mais après quelques semaines, la censure leur permettait d'en reproduire quelques passages. Pas toujours cependant, nous apprend l'entrefilet suivant :

Les communiqués français.

Nos lecteurs pourraient peut-être trouver étrange que nous ne publions plus régulièrement les communiqués officiels français. La raison en est bien simple. *Il n'y en a plus ou presque plus.*

C'est à peine si de temps en temps le Gouvernement publie quelques lignes.

Le prétexte donné c'est que l'on ne veut pas fournir d'indication aux Allemands sur les positions des troupes alliées et cacher les mouvements de celles-ci.

(Le Bruxellois, 24 octobre 1914.)

Voici un petit relevé, fait d'après Le Temps, qui permet de vérifier cette affirmation. Ajoutons que, dans aucun des communiqués français, il n'est dit que le Gouvernement veut cacher des mouvements de troupes.

Nombre de lignes des communiqués officiels français publiés par *Le Temps* :
Les communiqués du 15 octobre 1914 comptent 25 lignes.

—	16	—	12	—
—	17	—	18	—
—	18	—	18	—
—	19	—	30	—
—	20	—	29	—
—	21	—	16	—
—	22	—	24	—
—	23	—	43	—

Encore plus tard, les « communiqués officiels » furent tolérés. La photographie d'un journal de Bruxelles, tel qu'il revient de la censure (pl. XV), fera voir au lecteur comment celle-ci procède. Tout commentaire serait superflu.

Malheureusement pour les Allemands, nous continuons à recevoir des journaux français non tronqués, ce qui nous met à même de rétablir le texte authentique des communiqués et de constater du même coup l'imposture des feuilles soumises. Il faut croire que le gouvernement occupant se rendit compte de l'inutilité de son élagage, car, à partir de juillet-août 1915, les communiqués alliés paraissent généralement au complet dans les journaux de Bruxelles. Bien mieux, la *Kölnische Zeitung* elle-même en donne le texte à peine falsifié.

Toutefois, de nombreux articles sont chaque fois retranchés par les ciseaux de la censure. Au commencement, les journaux laissaient simplement des blancs à la place des mutilations. Mais le lecteur était ainsi averti du tripotage, chose que les Allemands ne peuvent pas admettre. Aussi font-ils publier à Bruxelles, à l'usage des quotidiens bâillonnés, deux journaux dactylographiés : *Le Courrier belge,* dont « tous les articles ont passé par la censure », et *L'Hollando-Belge (sic),* qui jouit des mêmes prérogatives. Les journaux châtrés sont tenus d'y découper des emplâtres ayant la surface voulue pour cacher l'amputation.

Voici un nouvel exemple de ce qui reste d'un texte après que la censure y a sévi :

Science allemande.

Genus mendacio natum.

On n'aura jamais fini de démasquer le système de réticences et de mensonges par lesquels le Gouvernement allemand essaie d'égarer l'opinion belge. Le système se développe sans cesse et trouve parfois, hélas, de tristes complicités parmi ceux qui se disaient hier nos compatriotes.

En voici un nouvel exemple. J'ai sous les yeux deux volumes jaunes imprimés rue Van-Schoor, 32, à Bruxelles, et intitulés : *Histoire de la Guerre de 1914-1915, d'après les documents officiels.*

Pareil titre est une promesse, un engagement d'honneur... dans les pays sans « Kultur ». Mais le livre est autorisé par le Gouvernement impérial, et qui dit « censure allemande » dit « falsification ». Les documents des puissances centrales sont reproduits fidèlement et au complet (nous le supposons du moins). Quant aux documents des Alliés, qu'on juge, par cet exemple choisi *entre cent,* ce qu'ils deviennent dans une telle publication.

Il s'agit du rapport si connu de Sir Goschen, un des documents diplomatiques les plus importants de cette guerre. Extrayons-en une partie du récit de la fameuse entrevue avec M. von Bethmann-Hollweg. Nous donnons en regard le texte authentique et la rédaction frelatée que tolère la science loyale d'outre-Rhin.

TEXTE FALSIFIÉ (*Histoire de la Guerre*, I, p. 206 et suiv.)	TEXTE AUTHENTIQUE
Je trouvai le chancelier dans une visible agitation.	Je trouvai le chancelier dans une *grande* agitation. *Son Excellence commença une harangue qui dura vingt minutes.* Il me dit que la décision de S. M. Britannique était terrible. *Tout cela pour un mot neutralité, un mot auquel en temps de guerre on n'a jamais fait attention, tout cela enfin pour un chiffon de papier.*
Son Excellence dit que la décision de S. M. Britannique était terrible.	
L'Angleterre allume la guerre entre deux nations sœurs qui ne désireraient au fond que de vivre en paix. Tous nos efforts ont été vains.	L'Angleterre allume la guerre entre deux nations sœurs qui ne désireraient au fond que de vivre en paix. Tous nos efforts ont été vains. *Toute ma politique s'écroule comme un château de cartes.* Ce que vous faites dépasse toute imagination ; vous faites le coup de l'homme qui attaque par derrière un autre déjà aux prises avec deux agresseurs.
Ce que vous faites dépasse toute imagination ; vous faites le coup de l'homme qui attaque par derrière un autre déjà aux prises avec deux agresseurs.	
Je protestai vigoureusement contre ses arguments.	*Je laissai passer l'orage, mais je* protestai vigoureusement contre *son langage. M. von Jagow m'a dit, lui répliquai-je, que, pour des raisons stratégiques qui sont pour vous une question de vie ou de mort, vous deviez violer la neutralité de la Belgique. Souffrez que je vous dise, qu'au point de vue de notre honneur, le respect de cette neutralité est aussi une question de vie ou de mort. Nous devons faire respecter le traité, sinon*

> *quelle confiance aurait-on encore dans la signature de l'Angleterre ?*
>
> *Le chancelier réplique : A quel prix devrons-nous respecter ce traité ? L'Angleterre y a-t-elle pensé ? Je fis remarquer à Son Excellence que la crainte d'événements même fâcheux n'est jamais une excuse pour rompre un traité. Mais Son Excellence devint si exaltée que je m'aperçus qu'il était inutile de continuer l'entretien et que nos paroles étaient de l'huile jetée sur le feu.*

Le reste du récit de l'entrevue est à l'avenant, mais — et ici nous tombons dans le ridicule — si l'histoire du chiffon de papier par Sir Goschen est omise, le misérable essai de réfutation de M. von Bethmann-Hollweg est reproduit *in extenso*, page 465 du second volume.

Et voilà comment depuis treize mois se prépare au delà du Rhin l'histoire « définitive » de la guerre. La falsification s'y organise militairement... comme tout le reste. Un document mérite-t-il plus d'égards qu'un traité ?

VERAX.

(*La Libre Belgique,* n° 49, octobre 1915, p. 2, col. 1.)

Comment les journaux « belges » acceptent-ils leur muselière ? Un article de *La Belgique* (journal censuré de Bruxelles), reproduit et commenté par *L'Écho belge,* de La Haye, nous renseignera :

Le nommé Ray Nyst, journaliste de métier, publie dans un quotidien imprimé au pays occupé quelques aperçus sur la *censure.* Il sera utile de ne pas les oublier à l'heure de la victoire. Nous ne prendrons pas la peine de discuter l'opinion de M. Ray Nyst, évidemment, mais il est bon que nos lecteurs en prennent connaissance :

« La censure ! ah ! voilà une grosse affaire ! De loin, quel épouvantail ! De près, ce n'est rien. N'avez-vous jamais eu en main de ces libelles, publiés sous le manteau, patriotards et crapuleux (*sic*) ? De ces écrits propageant des appels provocateurs malsains (est-ce à *La Libre Belgique* que s'adresse M. Ray Nyst ?) en opposition avec tout sentiment de droiture et qui sont la négation même de l'évolution du droit et des conférences de La Haye ? Voilà quels papiers auraient à craindre la censure !

« En présence d'un honnête imprimé qui ose se montrer, la censure allemande suit les règles de toutes les censures, nationale ou étrangère. Le gouvernement volontaire ou imposé est toujours juge de l'opportunité de laisser connaître ou non telle ou telle nouvelle d'ordre politique ou militaire. Le droit international et les conférences sont d'accord là-dessus.

Et le bon sens de même ! La censure ne fait pas les journaux ni les fascicules scientifiques ; la censure n'impose rien ; elle biffe, supprime ; elle ne modifie pas, ne corrige pas, n'ajoute rien. La censure constitue un rouage de l'ordre public auquel l'occupant est tenu de veiller, conformément aux conférences de La Haye. »

Et plus loin :

« Cette question de la censure porte, en réalité, plus loin que la lettre qui la soulève. Mon désir n'est pas de faire l'apologie de la censure. J'ai voulu montrer qu'une presse et des rédacteurs qui ont du jugement, de l'équité, de l'éducation et le maniement de la langue, conservent une indépendance suffisante sous le régime de la censure. »

« Donnez-moi une ligne de n'importe quel article, disait Machin, et je me fais fort de faire condammer son auteur ! »

Voici plus de trente lignes de Ray Nyst. Elles sont suffisantes pour juger de la neutralité de celui-ci. Et juger, c'est condamner !

(L'Écho belge, 16 octobre 1915.)

Le même M. Ray Nyst a publié dans *La Belgique* (de Bruxelles), en septembre 1915, une série d'articles engageant les ouvriers belges à se mettre au service de l'armée allemande. On a peine à croire qu'un Belge écrive *proprio motu* de pareilles énormités ; aussi faisons-nous à M. Ray Nyst la générosité de supposer qu'il s'est laissé forcer la main.

Nos ennemis ne se font d'ailleurs pas scrupule d'exiger l'insertion d'articles dans les journaux de tolérance. On ne peut pas douter, par exemple, que le dithyrambe à l'adresse du gouverneur militaire de Namur n'ait été imposé à *L'Ami de l'Ordre,* une feuille de Namur qui se vend aussi à Bruxelles.

A quoi servent en Belgique les journaux embochés.

LES HOMMAGES DE « L'AMI DE L'ORDRE » A SON EXCELLENCE VON HIRSCHBERG...

L'Ami de l'Ordre qui continue à paraître à Namur sous le contrôle de l'autorité allemande a publié il y a quelques jours l'entrefilet suivant :

« S. Exc. le baron von Hirschberg, gouverneur militaire de la position fortifiée et de la province de Namur, entre aujourd'hui dans sa soixante et unième année.

« Notre situation réciproque ne nous permet pas de formuler à l'adresse du représentant de l'autorité occupante les félicitations et les vœux de circonstance, mais nous ne croyons manquer à aucun de nos devoirs, à aucune de nos convictions, en reconnaissant qu'il a apporté, dans l'exercice des hautes fonctions qu'il remplit ici depuis plus d'un an, de la bonne volonté, du tact, de la délicatesse. Sous son gouvernement, rares ont été dans notre région les incidents sensationnels qui ont ému d'autres provinces.

« Nous souhaitons que finisse au plus tôt la situation actuelle, mais, tant qu'elle dure, nous espérons que M. le baron von Hirschberg continuera toujours dans l'avenir un régime de justice et de tolérance à notre ville et notre province qui ont tant souffert de l'horrible guerre mondiale. »

Il faut lire et relire ce morceau pour en savouver l'indicible platitude.

Que de mots charmants, que d'euphémismes délicieux! Son Excellence, notre situation réciproque, hautes fonctions, bonne volonté, tact, délicatesse, incidents sensationnels, régime de justice et de tolérance, tout est vraiment touchant dans ce chef-d'œuvre où le nom de l'Allemagne n'est même pas prononcé.

On se demande si on rêve quand on songe que le journal qui tresse ces couronnes au représentant du Kaiser paraît à Namur, à quelques pas des ruines amoncelées par les Boches, à quelques kilomètres de Dinant, d'Andenne, de Tamines, trois villes qui, à elles seules, ont vu massacrer plus d'un millier de civils inoffensifs, quand on se souvient que cette feuille doit sa fortune passée à un clergé dont une trentaine de membres ont été fusillés et plus de deux cents maltraités, au témoignage de leur évêque.

Voilà ce qu'imprime *L'Ami de l'Ordre* imposé comme moniteur officiel à toutes les communes des provinces si horriblement ravagées de Namur et du Luxembourg.

Reproduits dans la presse allemande, des articles comme celui-là serviront d'argument contre les malheureux du pays de Namur et contre tous les Belges. Car nous n'avons pas appris que Namur ait échappé à la nouvelle contribution mensuelle de 40 millions dont la Belgique a été frappée et nous avons d'autre part reproduit l'autre jour trois longues colonnes de condamnations infligées pour les motifs les plus futiles ou les plus patriotiques à une foule d'habitants du pays de Namur.

Tout cela n'empêche pas les rédacteurs de *L'Ami de l'Ordre* de proclamer que le régime sous lequel vit la province de Namur est un régime de justice et de tolérance...

Les rares journaux belges qui ont reparu sous la censure allemande ont prétendu se justifier en déclarant qu'ils étaient nécessaires pour réconforter la population et qu'ils n'écriraient jamais une ligne qui pût faire tort à la cause belge.

On voit par l'exemple de *L'Ami de l'Ordre* — et il y en aurait bien d'autres à citer — comment les feuilles KK se conforment à ce programme. Si elles louent tant l'autorité allemande, c'est qu'elles ont besoin de sa protection contre l'indignation populaire. Nous ne sommes pas bien sûrs qu'elles souhaitent tant que cela « que finisse au plus tôt la situation actuelle »...

(Le XXe Siècle, 3o janvier 1916.)

Malgré la sévérité de la censure, des farceurs parviennent à introduire dans les journaux « belges » des articles dont les Allemands n'aperçoivent pas la signification. Voici un acrostiche qui fut glissé subrepticement dans *L'Ami de l'Ordre :*

La Guerre.

Ma sœur, vous souvient-il qu'aux jours de notre enfance,
En lisant les hauts faits de l'histoire de France,
Remplis d'admiration pour nos frères gaulois,
Des généraux fameux nous vantions les exploits ?
En nos âmes d'enfants, les seuls noms des victoires
Prenaient un sens mystique, évocateur de gloires ;
On ne rêvait qu'assauts et combats : à nos yeux
Un général vainqueur était l'égal des dieux.
Rien ne semblait ternir l'éclat de ces conquêtes ;
Les batailles prenaient des allures de fêtes,
Et nous ne songions pas qu'aux hourras triomphants
Se mêlaient les sanglots des mères, des enfants.
Ah ! nous la connaissons, hélas, l'horrible guerre,
Le fléau qui punit les crimes de la terre,
Le mot qui fait trembler les mères à genoux
Et qui sème le deuil et la mort parmi nous.
Mais où sont les lauriers que réserve l'Histoire
A celui qui demain forcera la victoire ?
Nul ne les cueillera : les lauriers sont flétris ;
Seul un cyprès s'élève aux tombes de nos fils.

(L'Ami de l'Ordre, 29 novembre 1914.)

Les suites furent grotesques. Lisez l'avis affiché sur les ordres du doux baron von Hirschberg :

Avis au public.

L'Ami de l'Ordre, le seul journal qui ait reçu l'autorisation de paraître à Namur, a osé publier dans son édition du 29 novembre, à la première page et précisément à l'endroit réservé pour les communications de l'autorité allemande, un poème injurieux et outrageant pour la nation allemande.

J'exprime mon indignation, et en présence de sentiments aussi vilains que lâches, j'ordonne :

1° La publication du journal *L'Ami de l'Ordre* est suspendue;

2° Le numéro visé doit être détruit; quiconque sera trouvé en possession d'un exemplaire sera poursuivi;

3° Le directeur et le rédacteur sont arrêtés;

4° Des poursuites judiciaires sont introduites ; les coupables subiront les peines les plus sévères, conformément aux lois martiales ;

5° Il est défendu, jusqu'à une date ultérieure, de répandre et de vendre des journaux non allemands, et ceci dans toute la place fortifiée de Namur ;

6° Je fais l'obligation à toute la population de Namur de me dénoncer les coupables et de porter à ma connaissance tout soupçon sérieux, qui pourrait amener l'arrestation des coupables, mettant toute une population en danger.

Baron von Hirschberg,
Lieutenant général et Gouverneur
de la position fortifiée de Namur.

(Affiché à Namur le 3 décembre 1914.)

Mais, dès le 8 décembre, *L'Ami de l'Ordre* reçut l'autorisation de reparaître ; les Allemands avaient trop grand besoin de cette feuille qui leur sert à répandre de fausses nouvelles dans le public namurois. Quand nous disons que les Allemands lui permirent de reparaître, nous faisons sans doute erreur : il faudrait dire qu'ils le forcèrent à reparaître, car c'est en effet sous la contrainte que les rédacteurs de *L'Ami de l'Ordre* publient leur feuille. Eux-mêmes l'ont avoué ouvertement dans les numéros du 7 octobre 1914 et du 6 novembre 1914 (¹). Quoi qu'il en soit, dans le numéro qui suivit la suspension, *L'Ami de l'Ordre* s'humilia avec toute la componction désirable.

Que le lecteur ne s'étonne pas de ce que les Allemands obligent les journaux à paraître. Voici, dit *La Métropole,* citée par *La Belgique* (de Rotterdam), ce qui s'est passé à Ostende :

Le 25 mai, MM. Elleboudt et Verbeeck, directeurs respectivement des journaux *Le Littoral* (catholique) et *L'Écho d'Ostende* (libéral), qui avaient été invités à faire reparaître leur journal sous la censure allemande, mais avaient énergiquement refusé, furent condamnés pour insubordination à l'autorité allemande, M. Elleboudt à trois mois et M. Verbeeck à deux mois de prison.

(*La Belgique* [de Rotterdam], 27 juin 1916, p. 2, col. 2.)

Rien ne montre mieux la servitude où croupissent ces journaux que leurs attaques contre ceux qui se permettent

---

(1) Voir *Comment les Belges rés'stent...,* p. 313.

de ne pas être de leur avis. Qu'il nous suffise de citer un article paru dans *Le Bruxellois* (*journal quotidien indépendant,* dit le sous-titre) :

Nos patriotards.

Certain patriotard pointu répand certaines calomnies dans l'arrondissement de Dinant, contre *Le Bruxellois* et contre son correspondant. Ce tartufe base ses critiques simplement sur ceci : Les journaux paraissant actuellement en Belgique, sont tous vendus à l'ennemi (*sic*)... et je suis correspondant de ces feuilles « mensongères »... (*resic*).

Ce « patriote » si éclairé est-il certain de ne rien avoir sur la conscience ? D'ailleurs il est seul « à penser » de cette façon ; car toute la population dinantaise, depuis le début de l'occupation, est convaincue que les quelques journaux qui n'ont pas cessé de paraître, et ceux qui ont vu le jour depuis, ont rendu de grands et réels services au peuple belge, en facilitant les relations entre la population de province et les autorités, en ranimant la vie commerciale, et surtout en coupant les ailes à ces canards ridicules qui se répandaient chez nous.

Ce dresseur trop intéressé de listes noires tombe sous l'application immédiate d'un arrêté récent et mérite d'être puni. Il fera bien de ne plus l'oublier, sinon c'est nous qui le lui rappellerons (ee).

(Le Bruxellois, 13 octobre 1915.)

L'arrêté dont il menace son contradicteur est ainsi conçu :

Arrêté concernant la répression des abus commis au préjudice des personnes germanophiles.

Art. i. — Quiconque tente de nuire à d'autres personnes en ce qui concerne leur situation pécuniaire ou leurs ressources économiques (par exemple leur gagne-pain), en les inscrivant sur des listes noires, en les menaçant de certains préjudices ou en recourant à d'autres moyens du même genre, parce que ces personnes sont de nationalité allemande, entretiennent des relations avec les Allemands ou font preuve de sentiments germanophiles, est passible d'une peine d'emprisonnement de deux ans au plus ou d'une amende pouvant aller jusqu'à 10.000 marks. Les deux peines pourront être réunies.

Est passible de la même peine tout qui offense ou maltraite une autre personne pour une des raisons susmentionnées et tout qui, en menaçant de certains préjudices ou en recourant à d'autres procédés analogues, tente d'empêcher une autre personne de faire montre de sentiments germanophiles.

Si un des actes répréhensibles prévus aux premier et deuxième alinéas est commis en commun par plusieurs personnes qui se sont entendues à cette fin, chaque membre d'un tel groupement sera considéré comme contrevenant. Dans ce cas, le maximum de la peine pourra être porté à cinq ans d'emprisonnement.

ART. 2. — Les infractions au présent arrêté seront jugées par les tribunaux militaires.

Bruxelles, le 4 septembre 1915.

Le Gouverneur général en Belgique,
Baron VON BISSING,
Général-Colonel.

Citons encore deux faits qui mettent en évidence l'abjection des journaux domestiqués. A la mort du tant regretté Émile Waxweiler, les feuilles censurées relatèrent sa vie et ses occupations comme directeur de l'Institut de Sociologie et comme professeur à l'Université de Bruxelles; elles parlèrent de ses ouvrages et de ses cours d'Extension; mais de tout ce qu'il accomplit pendant la guerre, pas un mot; ses deux livres, *La Belgique neutre et loyale* et *Le Procès de la Neutralité belge,* ne sont pas même mentionnés : silence d'autant plus significatif que ces ouvrages sont parfaitement connus en Belgique ; le premier y a même été réimprimé (voir p. 8).

Enfin, dernier degré de l'avilissement, *Le Bruxellois* publie journellement le nom et l'adresse des jeunes gens qui sont soupçonnés d'avoir passé la frontière pour aller s'enrôler dans l'armée belge.

*
* *

A côté des feuilles qui se disent libres de toute attache avec l'ennemi, — et qui sont par conséquent les plus dangereuses, — il en est qui sont directement inspirées ou rédigées par des créatures de l'Allemagne. Citons parmi les quotidiens qui se vendent à Bruxelles : *L'Information, De Gazet van Brussel, Het Vlaamsche Nieuws* (d'Anvers), *De Vlaamsche Post* (de Gand). *La Libre Belgique* (n° 45 et 46) a donné quelques indications au sujet de ce dernier journal (plus communément appelé *De Vlaamsche Pest*) (1).

De Vlaamsche Post a succombé au printemps de 1916. Auto-intoxication probablement.

____

(1) Voir aussi *Comment les Belges résistent...,* p. 318.

Voici un détail intéressant relatif aux journaux allemands d'expression belge. Par jugement rendu le 25 juin 1915, le tribunal de première instance de Bruxelles a déclaré qu' « il n'existe plus actuellement, en Belgique, de journaux belges, les feuilles paraissant depuis l'occupation étrangère sous la censure allemande ne pouvant prétendre à ce titre ». Le jugement a paru au complet dans le n° 35 de *La Libre Belgique*; mais celle-ci l'avait déjà commenté dans son n° 34 :

Il n'y a plus de journaux belges en Belgique.

Le tribunal de première instance de Bruxelles, répondant à un plaideur qui demandait l'insertion d'un jugement dans des journaux « belges », vient de proclamer : « Il n'y a plus en Belgique de journaux « belges », depuis l'occupation allemande, *les feuilles qui paraissent quotidiennement dans le pays ne méritant pas ce titre* (¹). »

Justement pensé et exprimé en termes excellents. Mais que vont dire ces bons journaux qui ont accepté la censure de l'autorité allemande, dont ils sont devenus les instruments serviles? Gageons qu'ils ne vont pas cesser pour cela d'inonder le pays de leurs intéressants numéros. Ne faut-il pas encaisser de beaux billets de mille? Quant à servir la cause patriotique, c'est bien le cadet des soucis des rédacteurs de ces tristes papiers. Le pis est qu'ils font un mal énorme, car ils trompent le pays sur la réalité des événements. Les communiqués allemands, autrichiens et turcs s'y étalent avec la complaisance que l'on sait, tandis que les communiqués des Alliés sont falsifiés, tronqués de façon à en élaguer le plus possible les éléments favorables. Que dire des articles tendancieux, des nouvelles habilement présentées, de ces lignes perfides par lesquelles, délibérément et sans souci du mal qu'ils causent, ces consciencieux journalistes s'évertuent à semer l'erreur et le découragement ?

Belle besogne, en vérité ! Ces gens-là jouent un rôle méprisable, indigne, leurs productions devraient être conspuées, mises à l'index par tous ; ils ne perdront, en tout cas, rien pour attendre et nous leur promettons, au jour de la libération prochaine, un magistral coup de balai.

(*La Libre Belgique*, n° 34, juillet 1915, p. 3, col. 2.)

---

(1) Cet article, qui nous parvient en dernière heure, est forcément incomplet... Ce jugement, important à plus d'un point de vue, a été précédé d' « attendus » remarquables. *La Libre Belgique,* qui ose revendiquer le titre de journal « belge », est disposée à faire exception dans ce cas à la règle qu'elle s'est imposée de ne pas accepter d'annonces, et d'insérer le prononcé du jugement *in extenso* à titre de « réparation judiciaire ». (Pour conditions, s'adresser dans nos bureaux, aux heures habituelles.) Si, contre toute attente, notre journal n'avait pas l'honneur de cette insertion, nous nous verrions obligés de mettre sous les yeux de nos lecteurs le prononcé tel que notre sténographe l'a pris à l'audience.

L'Allemagne aurait-elle honte de laisser voir à l'étranger ce qu'elle a fait des journaux domestiqués ? Toujours est-il que leur exportation est défendue à partir de novembre 1915 :

Arrêté.

Par ordre du Gouvernement général allemand, les restrictions suivantes entreront immédiatement en vigueur pour ce qui concerne l'expédition par la poste de journaux, de revues, de livres et de musique.

L'expédition par la poste des journaux n'est autorisée dans les limites du Gouvernement général et à destination des pays neutres admis jusqu'ici au service postal avec la Belgique : le Danemark, le Luxembourg, la Hollande, la Suisse, la Suède et la Norvège, que :

a) Si l'envoi est fait par l'éditeur ou l'imprimeur du journal ou de la revue en question ; *b)* si les envois sont adressés aux autorités allemandes, à des fonctionnaires ou à des militaires allemands ou s'ils sont expédiés par ceux-ci.

Aucun autre envoi de journaux ou de revues ne pourra se faire par la poste dans les limites du Gouvernement général.

Est exclu également du service postal tout échange de musique et de livres avec les pays neutres susmentionnés.

Pour les correspondances avec l'Allemagne et les pays alliés à l'Allemagne — l'Autriche-Hongrie, la Bosnie-Herzégovine et la Turquie — il n'est apporté aucun changement. On pourra, par conséquent, continuer à envoyer dans ces pays, par la poste, des journaux, des revues, des imprimés et de la musique, sans aucune restriction. De même, les journaux que l'on se fait envoyer par abonnement postal ne sont nullement compris dans les restrictions susmentionnées, aussi bien pour le service à l'intérieur de la Belgique que pour la correspondance de la Belgique avec les autres pays.

Ce qui est remarquable, c'est que l'Allemagne a honte de montrer qu'elle a honte. Cet arrêté, en effet, n'interdit pas franchement l'expédition de journaux : « l'envoi doit être fait par l'éditeur ou l'imprimeur ». Seulement, comme on ne peut pas s'abonner à ces feuilles, — aucune condition d'abonnement n'y est indiquée, — vous voyez que cela correspond à une défense absolue.

Disons encore que, depuis mars 1916, on peut se procurer librement à Bruxelles un journal soi-disant belge et indépendant, *La Belgique indépendante,* publié à Genève. Sa vente est autorisée en Belgique par les Allemands, et les journaux d'outre-Rhin lui font de fréquents emprunts : ce double châtiment est plus que suffisant; ne l'accablons pas davantage. *La Belgique indépendante* a cessé de paraître en mai 1916.

Plusieurs journaux allemands d'expression belge servent à la propagande allemande à l'étranger. Ainsi, *De Gazet van Brussel* est régulièrement introduit en Hollande par les soins de l'autorité occupante. Quant au *Bruxellois* qui est envoyé gratuitement en Suisse, il y soulève le dégoût général (*L'Impartial de Délémont,* 1er juin 1916, cité par *L'Écho belge,* 15 juillet 1916).

4. Les journaux hollandais tolérés en Belgique.

Nous recevons aussi quelques journaux hollandais dont la germanophilie offre toute garantie. Le plus lu, et le plus anciennement toléré, est *Nieuwe Rotterdamsche Courant.* Mais même lui renferme souvent des articles dont la lecture ne peut pas être permise aux Belges, et ces numéros-là, qui sont précisément les plus intéressants, sont arrêtés par la censure.

Il y a ainsi chaque mois une dizaine ou une douzaine de numéros qui ne peuvent pas être distribués à Bruxelles. De plus, en avril et en mai 1915, de nombreux numéros admis à la vente étaient passés au caviar. Nous donnons la reproduction d'un article rendu illisible, à la colonne 3, page 2, feuille B, de l'édition du matin du 10 mai 1915, et la reproduction du même article dans le journal vendu en Hollande (pl. XIII). Voici la traduction de l'article noirci :

Le chlore.

Londres, 9 mai (Reuter). — Le « témoin oculaire » au quartier général britannique (en France et en Flandre) donne dans son plus récent compte rendu des dernières opérations aux environs d'Ypres, le récit de la façon dont un officier prussien fut fait prisonnier, puis amené derrière les lignes, où quelques soldats anglais, mis hors de combat par les gaz asphyxiants, agonisaient en faisant de pénibles efforts d'inspiration. L'officier prussien s'arrêta, éclata de rire et, montrant les hommes étendus par terre, demanda : « Comment trouvez-vous cela ? » Le « témoin oculaire » termine ainsi son récit : La vue de camarades, empoisonnés par les gaz, qui gémissent et se contractent de douleur, et qui se tordent en agonie, comme de la vermine empoisonnée, a produit chez les soldats anglais une exaspération qui sera partagée, espérons-le, par tout le royaume britannique ; elle fera que nous ne nous reposerons pas avant d'avoir obtenu satisfaction complète contre ceux qui portent la responsabilité de ces horreurs !

Comprend-on maintenant le besoin qu'éprouvent les Belges de journaux non censurés ?

II

COMMENT LES BELGES SE COMPORTENT EN BELGIQUE

Nous allons maintenant comparer l'attitude des Belges avec
celle des Allemands. Aux emprunts que nous ferons à nos
prohibés, nous n'ajouterons que les quelques mots indispensables pour faire comprendre au lecteur la façon de penser de
nos compatriotes et l'effet produit sur eux par la presse clandestine.

Nous examinerons successivement la confiance dans la victoire, l'aversion pour les Allemands, l'union morale des Belges
et leur esprit patriotique.

A. *LA CONFIANCE DANS LA VICTOIRE FINALE*

1. La marche des opérations militaires.

Nous venons de voir combien peu de créance méritent les
communiqués officiels allemands au sujet de la guerre. Heureusement que les journaux étrangers et les petites feuilles
dactylographiées nous servaient d'antidote aux télégrammes
Wolff. De temps en temps nos prohibés donnent des aperçus
d'ensemble sur la situation. Inutile de les signaler en détail, car
des chroniques de ce genre perdent tout de suite leur intérêt.

Chaque fois que l'armée allemande reçoit une raclée, les
autorités s'empressent de faire afficher des « nouvelles authentiques », par exemple lors de la bataille de la Marne (¹), de la
bataille d'Ypres et de l'Yser (²), de la bataille de Champagne
(voir p. 31). De plus, elles ont soin de mettre les Belges en
garde contre les « fausses nouvelles » données par les prohibés·

(1) Voir *Comment les Belges résistent...*, p. 221, 222.
(2) *Ibid.*, p. 220, 222.

Nous avons déjà reproduit une affiche datant de la bataille de la Marne (p. 27). Voici celle de la bataille de la Somme, en juillet 1916 :

Une fois de plus, on profite de l'offensive des forces franco-anglaises, secondées par des troupes jaunes, brunes et noires, pour répandre des bruits fantastiques et dénués de tout fondement, annonçant que les troupes allemandes vont évacuer la Belgique. Le but de ces agissements est des plus évidents. On veut inquiéter la population et, en se basant sur la prétendue incertitude que présenterait l'avenir proche, détourner les habitants de leurs travaux réguliers qui sont la condition *sine qua non* de l'ordre public et de la satisfaction personnelle. Des meneurs impardonnables, s'adressant à des ouvriers, qui, après un chômage plus ou moins long, gagnent de nouveau bien leur vie, ont même essayé de les décider à abandonner l'ouvrage.

Ainsi que je l'ai déjà fait précédemment, en de semblables occasions, je mets encore une fois les habitants travailleurs et raisonnables formellement en garde, dans leur propre intérêt, contre ces faux bruits et contre les menées tendant à troubler leur gagne-pain régulier. Un avenir proche montrera combien j'étais en droit d'adresser ce nouvel avertissement à la population.

Les autorités placées sous mes ordres ont été chargées de rechercher les propagateurs de fausses nouvelles et de les punir sévèrement. J'engage ceux qui, parmi les habitants, font preuve de clairvoyance et de zèle dans le travail à ne pas cesser de croire que, secondé par mon administration, je m'efforce toujours, tout en tenant compte des autres missions qui m'incombent, de veiller mieux au bien-être du territoire qui m'est confié que ceux qui excitent à la haine et à la résistance, et dont je ne tolérerai pas les agissements.

(L'Echo belge, 4 août 1916, p. 1, col. 3.)

Tout le monde sait à l'étranger que les Allemands n'hésitent jamais à mentir pour cacher leurs pertes. En Belgique, on est également au courant de cette manœuvre. Témoin l'entrefilet suivant qui relate les pertes subies par les belligérants lors des combats sur l'Yser et l'Yperlee en mai 1915 : Steenstraate, Het Sas, la ferme Saint-Julien, Zonnebeke, les Nonneboschen, Zillebeke, la hauteur 60, Fresenberg, etc.

Les pertes à l'Yser.

De notre correspondant particulier à la « Kommandantur » :

Dans une lettre adressée par le gouverneur baron von Bissing à ? ? ?, et qui, par un heureux hasard, est tombée entre les mains de notre corres-

pondant particulier, il fait part des pertes qui ont eu lieu à l'Yser, du
1er au 11 mai. Elles se répartissent comme suit :

Belges	7.000	tués, blessés, prisonniers ou disparus.			
Anglais	17.000	—	—	—	
Français . . .	31.000	—	—	—	
Total. . .	55.000	—	—	—	
Allemands. . .	138.000	—	—	—	

Cher Baron, croyez-moi, soyez prudent à l'avenir, défiez-vous de tous
et surtout de vous-même. Merci pour vos renseignements.

(*La Libre Belgique,* n° 22, mai 1915, p. 4, col. 1.)

Voici un relevé encore plus significatif. Il est relatif à la
« grande victoire navale allemande du Jutland ». N'oublions
pas que l'autorité allemande a avoué qu'elle avait, « pour des
raisons militaires », caché la perte du *Rostock* et du *Lützow*.

Pour qu'on croie les communiqués allemands.

L'*Algemeen Handelsblad* du dimanche 4 juin a été autorisé — enfin ! —
par la *K. K. Censur* à nous apporter le relevé des pertes subies par les
flottes dans le grand combat naval du 31 mai.

PERTES ANGLAISES		PERTES ALLEMANDES	
Queen Mary. . . .	26.000	Pommern. . . .	13.200
Indefatigable . . .	18.750	Wiesbaden . . .	2.715
Invincible.	17.000	Frauenlob. . . .	2.715
Defence.	14.600	Type Kaiser (1 cl.)	24.700
Black Prince . . .	13.500	—	24.700
Warrior.	13.500	Derfflinger . . .	28.000
7 torpilleurs . . .	7.500	Lützow.	28.000
		Elbing	4.000
		6 torpilleurs. . .	5.700
	110.850		133.730

C'est une grosse perte pour la flotte allemande, qui a remporté la victoire... en fuyant.

In fuga salus, dit une vieille devise. Les Boches pourront la mettre au
point : *In fuga victoria... wisewis boum boum.*

(*Revue hebdomadaire de la Presse française,* n° 58, p. 336.)

A qui d'ailleurs ferait-on croire que l'Allemagne est victorieuse lorsqu'on voit les interminables trains de blessés qui

traversent notre pays et surtout lorsque l'Allemagne appelle sous les armes les fils d'Allemands devenus Belges !

Les Allemands contre les naturalisés belges.

Excellence,

De nombreux jeunes gens, nés de parents allemands sur le sol belge, viennent d'être appelés au service de l'armée allemande, les uns à Verviers, les autres à Bruxelles, dans l'arrondissement de Nivelles, dans la province de Luxembourg, ailleurs encore. On leur a signifié, au *Meldeamt,* que, nonobstant leur option pour la nationalité belge, ils n'avaient pas perdu la nationalité allemande et que, en conséquence, ils devaient le service militaire à l'Allemagne. On les a soumis séance tenante à un examen médical et on leur a délivré un congé provisoire en attendant que les autorités militaires d'Aix-la-Chapelle décident de leur affectation. Il est donc à craindre que l'Allemagne se dispose à incorporer dans ses armées tout sujet belge propre au service dont elle croira pouvoir établir la filiation allemande.

De telles mesures ont naturellement provoqué la plus profonde émotion dans toutes les classes de la population, et nous ne faisons que traduire le sentiment public en transmettant à Votre Excellence la protestation de nos compatriotes.

A différentes reprises, Votre Excellence a énergiquement démenti, en les traitant d'inventions malveillantes, les bruits qui prêtaient au Gouvernement allemand l'intention de ranger sous ses drapeaux des sujets du territoire occupé ; il y a peu de jours encore, Votre Excellence a cru devoir recourir à la presse pour renouveler ses déclarations les plus rassurantes. Et voici qu'au même moment, les convocations sont lancées, jetant l'alarme dans les familles, semant le trouble parmi nos concitoyens habitués à ne faire aucune distinction entre les Belges, les Belges d'origine, et les Belges d'adoption.

Pour justifier la levée à laquelle on procède, on allègue que les naturalisés en général, et les naturalisés par option en particulier, posséderaient deux nationalités : leur ancienne et leur nouvelle ; que les fils d'Allemands ayant opté pour la Belgique n'en auraient pas moins conservé leur qualité d'Allemand, au regard de la loi allemande, et qu'à ce titre l'Allemagne aurait le droit de les enrôler.

Il n'appartient pas aux soussignés de prendre parti entre ceux qui professent cette opinion et ceux qui soutiennent que la loi de l'Empire du 23 juillet 1913, entrée en vigueur le 1ᵉʳ janvier 1914, ayant rompu avec le système de la double nationalité, a frappé virtuellement de caducité le système antérieur.

La question n'est pas là.

Ce n'est pas une question de droit interne, mais une question relevant exclusivement du droit public. Il ne s'agit pas seulement du droit des États qui sont liés par des actes contractuels.

Les lois qui régissent les rapports entre l'Allemagne et le territoire belge occupé sont les conventions internationales de 1899 et 1907, signées à La Haye et ratifiées tant en Allemagne qu'en Belgique. Ce sont ces traités qu'il y a lieu d'interroger; c'est à eux de répondre et de dicter la solution dans le conflit angoissant qui agite l'opinion publique.

Or, en vertu de l'article 45 du règlement annexé à la quatrième Convention, l'occupant est tenu de respecter, sauf empêchement absolu, les lois en vigueur dans le pays occupé. Les lois relatives à la matière qui nous occupe, c'est-à-dire l'acquisition et la perte de la nationalité belge du 16 juillet 1889 et du 8 juin 1909, ont consacré en l'étendant le droit d'option inscrit dans l'article 9 du Code civil. Ces lois n'ont subi depuis l'occupation qu'une seule restriction : celle décrétée par les ordonnances de Votre Excellence du 21 octobre 1915 et du 15 avril 1916, en vertu desquelles « les dispositions des lois belges établissant que la qualité de Belge peut s'acquérir par une déclaration faite à cette fin devant l'autorité compétente sont mises hors de vigueur ». En suspendant l'effet de ces déclarations, pour l'avenir, les arrêtés précités ne portent et n'ont voulu porter atteinte aux droits acquis de ceux qui les ont faites antérieurement et qui, de ce fait, sont et restent assimilés aux nationaux.

D'autre part, l'article 23 du même règlement « interdit à un belligérant de forcer les nationaux de la partie adverse à prendre part aux opérations de guerre contre leur pays, même dans le cas où ils auraient été à son service avant le commencement de la guerre ».

Cette défense couvre donc en territoire occupé tous les nationaux, y compris les assimilés, qui ont obtenu la qualité de national avant la guerre; elle les protège contre l'incorporation dans les forces armées de l'occupant. Cette règle, solennellement inscrite dans la législation de l'Allemagne en vertu de la loi de ratification, est donc obligatoire pour elle, et l'incorporation des nationaux belges dans l'armée allemande se heurte à une impossibilité légale.

L'impossibilité morale n'est pas moins flagrante. Aucun intérêt, aucune affection n'a déterminé les naturalisés belges à réclamer une place dans l'armée allemande, ni à l'ouverture des hostilités, ni à aucun moment de leur vie. La nouvelle loi de l'Empire du 22 juillet 1913 les répudie justement pour cette raison, parce qu'ils ont renoncé à une patrie pour en adopter librement une autre. Jamais l'Allemagne n'a revendiqué ces jeunes gens pour elle, jamais elle n'a requis d'eux l'exécution de leurs devoirs civiques, jamais elle ne leur a offert la protection des citoyens allemands. L'Allemagne les a traités en étrangers et elle est devenue pour eux l'Étranger. Comment, au moment d'une guerre entre elle et la Belgique, à l'heure où se dresse pour les citoyens de chaque État belligérant le devoir suprême de servir sa patrie et de se sacrifier pour elle, comment l'Allemagne en viendrait-elle à contraindre nos fils d'adoption à trahir le pays où ils sont nés, où ils ont grandi, fondé une famille, choisi leur carrière, installé le siège de leurs affaires, fixé leur foyer sans esprit de retour ? Ils y ont été miliciens, électeurs, gardes civiques, et y ont prêté serment de fidélité au Roi, à la Constitution, aux lois du peuple belge dans l'exercice de leurs charges publiques ; tout ce qui, dans l'acceptation naturelle et humaine du mot, signifie la patrie, est pour eux synonyme de « Belgique ». Leurs souvenirs, leurs joies et les douleurs de la vie, leurs amitiés, leurs intérêts, leur présent et leur avenir se lient indissolublement à la Belgique qui les a traités à l'égal de ses enfants et contre laquelle on les forcerait à tourner leurs armes !

Aussi la raison et le cœur s'élèvent également contre une mesure qui fait violence aux sentiments les plus intimes et les plus sacrés, et nous ne doutons pas que Votre Excellence nous aura déjà devancés auprès du Gouvernement impérial pour obtenir que cette extrémité soit épargnée à tant de familles déjà si éprouvées.

Confiants dans la haute intervention de Votre Excellence, nous la prions d'agréer l'assurance de notre considération la plus distinguée.

MILES.

(*La Libre Belgique*, n° 88, septembre 1916, d'après *L'Écho belge*, 25 septembre, p. 2, col. 1.)

Il est bon de faire remarquer qu'à diverses reprises l'autorité allemande nous avait assuré que jamais des Belges ne seraient incorporés dans l'armée allemande. Voir par exemple l'affiche du 26 janvier 1915 :

Avis.

Ces temps derniers, des personnes aptes au service militaire ont essayé, à différentes reprises, de traverser secrètement la frontière hollandaise pour rejoindre l'armée ennemie.

Par conséquent, je décide ce qui suit :

1° Toutes les faveurs en vigueur pour la circulation dans les zones limitrophes à la frontière sont supprimées pour les Belges aptes au service militaire ;

2° Les Belges qui essaient, malgré la défense, de franchir la frontière vers la Hollande, s'exposent au danger d'être tués par les sentinelles à la frontière. Les Belges aptes au service militaire, capturés dans ces conditions, seront punis et envoyés en Allemagne comme prisonniers de guerre ;

3° Quiconque aidera ou favorisera le passage défendu en Hollande d'un Belge apte au service militaire sera traité conformément aux lois de la guerre.

Ceci s'applique également aux membres de la famille du Belge apte au service militaire précité, qui n'empêchent pas celui-ci de se rendre en Hollande ;

4° Seront considérés comme aptes au service militaire dans le sens de cet arrêté tous les Belges du sexe masculin, âgés de seize à quarante ans révolus.

Tous les bruits d'après lesquels des Belges seraient incorporés dans l'armée allemande ne sont que des inventions malveillantes.

Bruxelles, le 26 janvier 1915.

Le Gouverneur général en Belgique,
Baron von Bissing,
Colonel Général.

2. L'effondrement économique de l'Allemagne.

On est fermement convaincu en Belgique que si même, contre toute prévision raisonnable, l'Allemagne sortait militairement victorieuse de cette guerre, sa ruine économique et financière la contraindrait à s'avouer vaincue. Un tel dénouement, ajoute-t-on, serait le meilleur qu'on puisse espérer. L'unique idéal des Alliés, n'est-il pas, en effet, d'abattre définitivement le militarisme prussien? Or, supposez nos ennemis vaincus sur le champ de bataille; leur caste militaire attribuera certainement la défaite à une préparation insuffisante de la guerre : si l'Allemagne avait consenti depuis vingt ans à des sacrifices encore plus prodigieux, elle aurait remporté la victoire. Conclusion : une recrudescence du militarisme en vue de la revanche prochaine. Imaginez au contraire que la victoire militaire soit impuissante à assurer la victoire tout court : c'est la démonstration lumineuse que dans notre civilisation actuelle la supériorité militaire n'est plus une supériorité réelle; c'est la condamnation de l'esprit militariste ; c'est la fin de l'âge de guerre, puisque la victoire ne suit plus les succès militaires.

Rien d'étonnant donc à ce que les feuilles non censurées insistent sur l'affaiblissement profond et irrémédiable de l'Allemagne.

La dépréciation du change allemand est trop évidente pour qu'elle ait pu être ignorée des Belges. Lire, par exemple, l'article intitulé *Constatations,* dans *La Libre Belgique,* n° 45, septembre 1915.

La Soupe a procédé autrement. Elle a publié des tableaux

et des graphiques montrant la dégringolade du mark à la bourse d'Amsterdam du 1er octobre 1914 au 1er juillet 1915 (1).

Une question connexe est celle des emprunts de guerre. Voici l'avis d'un prohibé belge sur le troisième emprunt allemand :

Un bluffeur.

Nous venons de dire ce qu'il faut penser des mensonges effrontés débités par le chancelier impérial au Reichstag allemand dans le discours affiché sur nos murs pour notre édification.

On aurait dû, pour compléter la démonstration, y ajouter le discours de M. Helfferich, ministre des Finances. Les deux font la paire ; c'est malheur qu'on les ait séparés.

On sait qu'il fallait enlever le vote d'un emprunt de 10 milliards de marks, le troisième, et qui porte le total emprunté à 25 milliards.

Demandant tant d'argent, M. Helfferich n'a pas hésité à promettre qu'il le rendrait. Il le rendra à l'aide des indemnités que l'Allemagne recevra des Alliés. Pas complètement peut-être, a-t-il dit, car leur situation financière est aussi fâcheuse que celle de l'Allemagne est florissante. Ils sont à bout de ressources et leur crédit épuisé. Chacun sait, a-t-il affirmé, que l'Angleterre a échoué dans son dernier emprunt, et quant à la France, il y a beau temps que son bas de laine est vide. Mais enfin, qu'on rende l'argent ou qu'on ne le rende pas, l'Allemagne n'a cure de cette misère. Et puis, ajoute M. Helfferich, tout ce que possèdent les citoyens allemands n'appartient-il pas à l'État? Celui-ci reprend son bien où il le trouve et il en dispose à sa guise. C'est la théorie du chiffon de papier, appliquée aux bons de caisse et aux billets de banque.

On eût pu répondre à M. Helfferich en lui citant les articles plus sérieux de quelques spécialistes allemands réprouvant ces procédés de discussion et maintenant que la situation financière en Angleterre et en France est solide et saine, et qu'il ne faut pas là-dessus se payer d'illusions ; on eût pu lui montrer aussi, par l'exemple de la Mittelrheinische Bank, où mènent les prêts à jet continu sur les mêmes gages, fond de toute sa science. Il eût confondu ses contradicteurs par quelques coups de grosse caisse. La sienne résonne d'autant mieux qu'elle se vide.

Cependant, il met en chasse les écoliers; il leur accorde médailles et diplômes pour qu'ils lui apportent tout l'or encore gardé dans leurs familles. Il en a besoin pour ses paiements à l'étranger, puisque le mark n'y est accepté qu'avec 35 % de perte.

Et, à la Bourse de Berlin, des malheureux s'entassent, spéculent avec frénésie pour gagner de quoi vivre dans les mouvements de hausse menés

---

(1) Voir *Comment les Belges résistent...*, fig. 30.

par des aigrefins. Le jour où viendra la baisse, on fermera les portes et le krach sera terrible.

Où sera alors l'impudent bluffeur ?

(*Le Belge*, n° 3, septembre 1915, p. 3.)

Autre grosse difficulté, contre laquelle l'Allemagne se débat en pure perte : le blocus maritime où l'enserre la flotte anglaise. *La Libre Belgique* commente à ce propos des articles autrichiens et allemands :

L'armée de la disette.

La *Nouvelle Presse libre*, de Vienne, consacre un long article au discours de M. Asquith, annonçant le blocus de la faim. Le journal autrichien fait un tableau tragique des conséquences du blocus pour l'Allemagne et l'Autriche-Hongrie. Il demande si des milliers d'innocents doivent périr parce que l'Angleterre a décrété contre eux une loi impitoyable ; si les fabriques doivent être fermées, les ouvriers congédiés, les familles en proie à de nouveaux soucis parce que l'Angleterre possède la maîtrise des mers et empêche l'arrivage des matières premières.

La presse allemande consacre aussi de nombreux articles dans le même sens au blocus de disette et proteste en déclarant que la mesure est contraire au droit de la guerre. Berlin oublie et le langage de ses hommes d'État et de ses chefs militaires, et le précédent capital, celui de Paris en 1870. Le *Vorwärts*, avec droiture et courage, rappelle la théorie et les faits :

« Les militaires allemands ont dit souvent que « la guerre la plus « impitoyable serait la plus humaine, car elle abrégerait les terribles souf- « frances de la guerre ».

« En réalité, le moyen de guerre qui consiste à affamer est le plus ancien et, jusqu'ici, le plus privilégié par le droit des gens. Autrement, il n'y aurait ni siège de la guerre sur terre, ni droit de prise, de visite et de blocus dans la guerre maritime. »

Et l'organe socialiste ajoute :

« Des places assiégées peuvent être forcées à se rendre par le fait qu'on les a coupées de tout moyen de communication. C'est ainsi — c'est l'exemple le plus considérable de ce genre — que les millions d'habitants de Paris furent, en 1870-1871, amenés au bord de la famine — femmes, enfants, vieillards, malades, blessés — et contraints par là à la capitulation. »

L'Allemagne à son tour peut méditer l'ordonnance humoristique de son premier chancelier refusant le ravitaillement à Paris à moins de capitulation sans condition. « Un peu de diète, avait dit Bismarck à nos négociateurs, fera plutôt du bien à la santé de Paris. » On sait, au reste, que les hygiénistes allemands eux-mêmes blâment leurs compatriotes de trop manger.

(*La Libre Belgique*, n° 8, mars 1915, p. 4, col. 1.)

La Libre Belgique a aussi consacré un bon article général à l'épuisement économique de l'Allemagne.

Le ventre, le sang, les nerfs.

> « Nous avons des vivres à suffisance. »
> (Bethmann-Hollweg.)
> « La situation financière est excellente. » (Helfferich.)
> « La force de résistance de notre peuple est inépuisable. »
> (Journaux allemands.)

On a comparé la vie d'un peuple à la vie de l'homme. L'assimilation est juste. Comme l'individu, une nation possède sa digestion : c'est l'abondance de la nourriture ; elle possède sa circulation : ce sont ses finances ; elle possède son innervation : c'est sa force de résistance.

La première condition de la santé consiste dans l'alimentation. Où en est la nation allemande à cet égard ? Quelle est sa situation économique ? La *Kölnische Volkszeitung* du 24 décembre y répond d'une façon intéressante. Le froment, dit-elle, ne manque pas, ce qui n'empêche que la portion de pain accordée aux habitants est rudement congrue. Les pommes de terre sont en quantité assez abondante, pour qu'on en fasse une... équitable répartition ; mais, précisément, c'est là le hic ; cette juste répartition est impossible, et de là provient la disette en tubercules dans les milieux besogneux ; de là aussi les énormes prélèvements de pommes de terre en Belgique, expédiées en Allemagne et enlevées à la nourriture du peuple belge. Le lait est suffisant, poursuit le journal, pour les besoins... des enfants et des malades ; quant aux adultes, il leur conseille de s'en abstenir. Le fromage n'existe plus qu'à l'état de souvenir ! La viande est en pénurie, avoue la feuille de Cologne (malgré l'expédition du bétail belge), et son insuffisance provoque des « plaintes justifiées », mais elle fait remarquer qu'il est très hygiénique de n'en consommer que fort peu. Le bon billet ! La graisse : « nous ne nageons pas dans la graisse » ; les provisions en sont très limitées et il importe de se les partager parcimonieusement ; « celui qui épargne une livre de beurre ou de graisse contribue à servir la cause patriotique ; celui qui, volontairement, y renonce, se conforme à une nécessité de la situation ». C'est bien dit, mais...

Mais, que diable ! de quoi doit donc se nourrir ce peuple allemand si goulu ! Rationné pour le pain (le fameux K. K. !) et pour les pommes de terre, presque sevré de viande, privé de graisse, de beurre, de lait, de fromage, sans compter le reste ! Quel paradis, mes frères ! et quelle perspective de félicités futures ! Il est vrai qu'il peut se gaver des belles paroles de Bethmann : « Nous avons des vivres à suffisance », et de la littérature des journaux ; mais, substantiellement, c'est plutôt maigre ! Le proverbe ancien reste vrai : ventre affamé n'a point d'oreilles.....

On n'accusera pas la *Volkszeitung* d'avoir assombri son tableau. On peut affirmer qu'en réalité la situation économique est des plus graves en Allemagne, plus grave qu'on ne le soupçonne et qu'on n'ose l'avouer. Le prix des denrées alimentaires y est inabordable, gémit le *Vorwärts ;* c'est la disette ! Mais que doit être alors la situation en Autriche où le prix des aliments atteint presque le double de celui de Berlin ? On comprend dès lors les plaintes, les lamentations, les appels à la paix, les colères populaires dans ces deux empires : combien de temps pareille situation est-elle encore tolérable ?

*
* *

Si la digestion souffre, la circulation n'est pas en meilleur état ; le sang qui contient précisément les globules nummulaires, c'est-à-dire l'argent, perd de sa valeur et de sa force ; c'est à la Bourse que les argentiers tâtent le pouls d'un pays et reconnaissent sa faiblesse ou sa vigueur. Or, voici quelques données intéressantes des Bourses d'Amsterdam et Rotterdam (pays neutre) qui diagnostiquent exactement l'état financier de l'Allemagne et de l'Autriche. Le *Wisselkoers* (le change) y indique la valeur qu'on attribue à l'argent de ces deux pays. La valeur nominale du mark allemand est de 1ᶠ25, celle de la couronne autrichienne de 1ᶠo2 ; avant la guerre, la valeur réelle correspondait à la valeur nominale. Examinons la dépréciation, c'est-à-dire la perte de ces monnaies durant la guerre ; le tableau suivant est suggestif :

	MARK	KRONE
Janvier 1915	54,35 cents	42,5o cents
Février.	52,9o —	41,5o —
Mars.	51,20 —	41,5o —
Avril.	52,25 —	39,25 —
Mai	52,22 —	39,35 —
Juin	5o,85 —	38,10 —
Juillet	5o,67 —	37,5o —
Août.	5o,32 —	37,4o —
Septembre	5o,62 —	36,85 —
Octobre	5o,62 —	35,15 —
Novembre	47,oo —	34,65 —
Décembre	44,oo —	3o,5o —

Le cent vaut 2ᶜo8. Le mark vaut donc, en décembre 1915, 91ᶜ53 ; perte : 33ᶜ47, soit plus de 37 % !

La couronne vaut, en décembre 1915, 63ᶜ44 ; perte : 38ᶜ56, soit environ 40 % !

Quelle chute lamentable ! Plus les victoires des Austro-Allemands se multiplient en 1915, plus leur dégringolade financière s'accentue : bizarre ! C'est l'appauvrissement du sang de la nation, c'est la ruine. Et la transfusion du sang belge (les 4o millions mensuels soustraits aux provinces) n'a pu empêcher le dépérissement ! Après cela, que Helfferich vienne clamer que « la situation est excellente », la Bourse indépendante lui répond par des faits précis inattaquables.

***

La physiologie enseigne que, lorsque la nutrition est insuffisante et que le sang s'anémie, le système nerveux se trouble, se déprime et se révolte ; la résistance organique s'effondre, et, quand le médecin se trouve devant pareille déchéance vitale, il hoche la tête et jette un regard découragé sur l'entourage du malade.

Chez l'Allemagne aussi les nerfs ont des dépressions et des soubresauts. Gretchen a beau fermer hermétiquement les fenêtres de la chambre où elle languit, la censure a beau museler la presse, l'autorité a beau empêcher l'arrivée en Belgique de certains numéros des feuilles germanophiles de Hollande, la vérité n'en finit pas moins par filtrer à travers les interstices. La vérité, la voici : en Allemagne, le découragement confine au désespoir ; l'ère des émeutes y débute, avant-coureur de l'insurrection. La Germanie s'étiole, sa force de résistance décline, elle se sent à bout de forces. Quel encouragement pour ses soldats épuisés !

***

Hallali ! la bête est atteinte, la bête est en train d'agoniser ! Réjouis-toi, Belgique, innocente victime, si longtemps torturée par la bête ! Ta délivrance est proche.....

Ego.

(*La Libre Belgique*, d'après *L'Écho belge*, 16 mars 1916.)

3. L'optimisme en Belgique.

Tous ceux qui ont été en contact avec les Belges de Belgique ont été frappés de notre bonne humeur et de notre inaltérable confiance. Relisez les correspondances bruxelloises de *Nieuwe Rotterdamsche Courant* et des quotidiens allemands : toutes indistinctement expriment la stupéfaction, ou même l'indignation, devant l'incompréhensible attitude de la population : ne voilà-t-il pas que, malgré leurs épreuves, les Belges gardent la foi dans la victoire intégrale des Alliés ! Légèreté, pense le correspondant de *Nieuwe Rotterdamsche Courant*; aveuglement qui frise la bêtise, écrivent les Allemands.

La même impression défavorable nous a été communiquée par des Hollandais qui étaient venus en Belgique pendant l'occupation. « Comment pouvez-vous rester gais et souriants ;

seriez-vous assez naïfs pour croire encore à l'écrasement final des Allemands ? Vous êtes donc incapables de mesurer la formidable puissance militaire qui vous étreint ! »

Qui plus est, des Belges réfugiés en Hollande, en Angleterre ou en France, nous ont tenu à peu près le même langage. Eux aussi commençaient à douter de la possibilité de réduire le militarisme allemand.

Quel est le secret de notre optimisme tenace ? Est-il, comme le pensent les observateurs superficiels, dans un manque de réflexion ou de saine compréhension des circonstances présentes ? Non pas. Il tient à nos souffrances mêmes, à l'incessante tension qui nous est nécessaire pour lutter pied à pied contre les exigences de l'Allemand, — à notre volonté de ne pas nous laisser intimider par les menaces et les exécutions, — à la claire notion que nous avons de ses faiblesses et de ses fureurs impuissantes. En un mot, nous avons la foi, parce que nous agissons. Celui qui risque journellement sa liberté et sa vie, n'a pas le temps de s'abandonner au désespoir; et il n'y a plus en Belgique que des conspirateurs qui se sentent guettés par la police allemande ! Notre mentalité est en somme la même que celle du soldat de première ligne comparée à celle des troupiers qui se reposent à l'arrière : autant dans la tranchée règnent la bonne humeur et la confiance, autant les réserves broient du noir.

Cet état d'âme devait être esquissé pour faire saisir le ton des articles sur notre optimisme ; car la même mentalité imprégnant tous les Belges, nos journaux n'en parlent naturellement pas.

Quelques mots pourtant aux rares hypocondriaques :

Aux esprits chagrins.

A tort ou à raison, vous avez des inquiétudes. Vous broyez du noir. Vos affaires vont mal. Votre tranquillité en est troublée.

Je vous plains, mais je vous blâme d'aller pleurnichant. Souhaitez-vous que les autres aussi deviennent inquiets, sombres et décourageants ? Quel avantage auriez-vous à ce résultat ? Et quel profit y aurait-il pour la nation ?

Si vous ne trouvez pas en vous la confiance et la bonne humeur, souffrez au moins que d'autres soient pleins d'optimisme. Le plus grand service que vous puissiez rendre au pays, c'est de ne pas communiquer aux autres le mal qui vous consume.

Avant d'agir, de parler, de geindre, de soupirer, posez-vous ces questions : « A quoi bon répandre mon humeur chagrine ? Cela n'améliorera pas les choses. Est-il souhaitable que tout le monde soit soucieux comme moi ? L'optimisme, même si je le juge excessif, ne vaut-il pas mieux, pour l'ensemble de la nation, que le doute et le renfrognement ? » Votre réponse sera : « Oui, pour supporter les épreuves présentes et futures, il vaut mieux que les gens aient le cœur léger, même s'ils se nourrissent d'illusions. » Eh bien, votre devoir est de vous taire et de vous isoler. Car il y a en vous une contagion dangereuse pour votre prochain. Vous n'avez pas le droit de troubler sa tranquillité et ce qui le soutient. Si vous en usez autrement, vous faites acte de mauvais citoyen !

(La Vérité, n° 1, 2 mai 1915, p. 15.)

Voici maintenant un article de La Libre Belgique, où se reflète la confiance générale :

Patience, endurance, persévérance et confiance.

La terrible lutte imposée à l'Europe par l'aveugle fanatisme germain continue à développer ses désastreuses et lamentables péripéties avec une opiniâtreté monotone qui devient chaque jour plus obsédante et semble ne laisser entrevoir aucun prochain espoir d'une solution quelconque. Chaque jour, on apprend que des milliers d'existences humaines ont été immolées sur terre et sur mer au Moloch de la guerre, que des millions ont été engloutis et détruits, ou se sont évanouis en fumée ; les deuils et les regrets se succèdent et s'accumulent sans qu'apparaisse à l'horizon l'aurore de jours meilleurs et l'espoir d'un avenir de délivrance et de paix. Loin de s'atténuer et de restreindre ses ravages le fléau s'étend sur les territoires de plus en plus grands, sans qu'on aperçoive chez ceux qui ont déchaîné le simoun dévastateur le moindre signe de regret et de remords. Impassibles et opiniâtres, ils continuent sans arrêt à envoyer des milliers de victimes à la mort, à accumuler les ruines et les désolations, qu'ils cachent d'ailleurs à leurs peuples, quand ils ne peuvent les présenter comme des succès ou des victoires.

Nos compatriotes auraient cependant tort de tenir compte de cette impassibilité des Allemands. Elle est plus apparente que réelle, elle est surtout plus fausse que sincère, plus artificielle que fondée.

Nous ne voyons qu'une des faces de la situation, étant sous la tyrannie de l'occupant qui nous interdit la connaissance de la vérité et ne permet que la diffusion des informations qui lui plaisent et servent sa cause.

Nous n'apercevons rien des ruines commerciales et économiques de l'Allemagne résultant de l'arrêt complet de sa navigation, dû au nombre énorme des ouvriers envoyés au front, et du chiffre sans précédent des morts et des blessés. Ceux qui ont été à Berlin et dans certaines grandes villes de Prusse y ont été frappés par l'aspect lugubre des quartiers ouvriers. La discipline militaire et l'orgueil germanique n'y permettent pas la manifestation des sentiments populaires, mais, malgré la consigne, la vérité se fait jour de plus en plus sur l'échec du plan allemand.

A part le côté russe où la victoire ne couronne pas encore le Tsar, mais qui peut tenir presque indéfiniment à cause des réserves inépuisables en hommes que l'Empire moscovite renferme, il est clair que la tactique de Joffre et de French a, jusqu'à présent, été couronnée de succès et que l'usure des forces teutonnes progresse incessamment. Il serait presque impossible de calculer les pertes d'hommes et de capitaux que l'Empire a subies depuis dix mois, mais il est certain qu'elles sont colossales et inouïes dans l'histoire du monde. L'entrée en scène de l'Italie avec ses 2 millions de soldats n'est pas faite pour améliorer la situation des empires austro-germains, et l'Italie sera très probablement suivie de près par d'autres nations.

Il y a enfin à compter avec les « impondérables », c'est-à-dire avec la conscience de l'univers qui chaque jour se prononce davantage contre l'Allemagne, à cause de sa trahison envers la Belgique, de son mépris du droit des gens et de sa façon abominable de faire la guerre. Les Allemands eux-mêmes, en dépit de leur fanatisme chauvin, se rendront compte de cette réprobation universelle. Leur folie collective ne résistera pas toujours à l'évidence du sens commun. Pour eux aussi la vérité est en marche.

Nous devons donc avoir confiance. L'épreuve que nous subissons est longue et douloureuse, mais nous avons le bon droit pour nous. Persévérons avec patience et dignité. La victoire est certaine. Nous avons cent fois plus de raisons de dire comme le Kaiser : *Gott mit Uns — Dieu est avec nous.*   HELBÉ.

(*La Libre Belgique*, n° 27, juin 1915, p. 1, col. 1.)

Une seule chose pourrait à la longue ébranler notre courage, c'est la durée imprévue de notre calvaire. Aussi est-il utile de rappeler de temps en temps que, sous peine de voir recommencer la guerre dans peu d'années, la lutte actuelle doit être continuée jusqu'à l'aplatissement définitif de la puissance militariste allemande.

Voici, à titre d'exemple, la conclusion de l'article *Guerre aux Huns modernes* (*La Libre Belgique*, n° 39, août 1915) :

Les milliers de nos frères, de nos parents, qui sont tombés sur les champs de bataille ou sous la rage de nos envahisseurs, se lèveraient de leurs tombes si nous cessions la lutte avant d'avoir jugulé le monstre de la guerre.   HELBÉ.

Les journaux prohibés expriment l'avis de la masse. Les personnalités élevées nourrissent-elles le même optimisme ? Voici quelques extraits du mandement de carême de 1916, écrit par Mgr Mercier, à son retour de Rome :

Fête de Saint-Thomas d'Aquin 1916.

MES BIEN CHERS FRÈRES,

. . . .

... Il y a beaucoup de choses que je ne puis vous dire. Vous me comprendrez. La situation anormale que nous avons à subir nous interdit de vous exposer, à cœur ouvert, tout juste ce qu'il y a en notre âme de meilleur et de plus intime pour vous ; ce qui, venant de plus haut et vous touchant de plus près, est à moi mon plus ferme soutien et serait pour vous, si je pouvais parler, votre plus puissant réconfort : mais vous ne douterez pas de ma parole, vous me croirez lorsque je vous assure que mon voyage a été particulièrement béni, et que je vous reviens heureux, très heureux.....

. . . .

Vous avez eu déjà des échos, je pense, des acclamations qui, sur tout le parcours de notre voyage, à l'aller et au retour, en Suisse et en Italie, saluèrent le nom belge.

Supposé même, mes bien chers Frères, que l'issue finale du duel gigantesque engagé, en ce moment, en Europe et en Asie Mineure, fût encore incertaine, un fait acquis à la civilisation et à l'histoire, c'est le triomphe moral de la Belgique. En union avec votre Roi et votre Gouvernement, vous avez consenti à la patrie un sacrifice immense. Par respect pour notre parole d'honneur ; pour affirmer que, dans vos consciences, le droit prime tout, vous avez sacrifié vos biens, vos foyers, vos fils, vos époux, et, après dix-huit mois de contrainte, vous demeurez, comme le premier jour, fiers de votre geste ; l'héroïsme vous paraît si naturel, qu'il ne vous vient pas à la pensée d'en tirer gloire pour vous-mêmes : mais si vous aviez pu, comme nous, franchir nos frontières et contempler à distance la patrie belge ; si vous aviez entendu le peuple, « l'homme dans la rue », ainsi que s'expriment les Anglais, je veux dire, l'ouvrier manuel, le petit employé, la femme de la classe qui peine ; si vous aviez recueilli les témoignages, vivants ou écrits, de ceux qui représentent, avec autorité, les grandes forces sociales, la politique, la presse, la science, l'art, la diplomatie, la religion, vous auriez mieux pris conscience de la magnanimité de votre attitude, vos âmes auraient tressailli d'allégresse et même, je crois, d'orgueil.

Les expressions les plus vibrantes du respect, de l'admiration, du culte pour la grandeur morale, pour la noblesse d'âme, pour la patience calme et obstinée de la nation belge nous arrivaient des cités et des villages de Suisse, d'Italie, d'Espagne, de France, d'Angleterre et montaient, portées par l'enthousiasme, à ceux-là qui personnifient le patriotisme belge, nos Souverains, le Gouvernement, le clergé, notre vaillante armée.

Pour nous, les hommages que nous recevions, nous les reportions constamment vers vous, car un instinct secret nous rappelait toujours que c'est vous qui, par votre endurance, les méritiez et nous les attiriez.....

. . . .

La conviction, naturelle et surnaturelle, de notre victoire finale est, plus profondément que jamais, ancrée en mon âme. Si, d'ailleurs, elle avait pu être ébranlée, les assurances que m'ont fait partager plusieurs observateurs désintéressés et attentifs de la situation générale, appartenant notamment aux deux Amériques, l'eussent solidement raffermie.

Nous l'emporterons, n'en doutez pas, mais nous ne sommes pas au bout de nos souffrances.

La France, l'Angleterre, la Russie, se sont engagées à ne pas conclure de paix, tant que la Belgique n'aura pas recouvré son entière indépendance et n'aura pas été largement indemnisée. L'Italie, à son tour, a adhéré au pacte de Londres.

L'avenir n'est point douteux pour nous.

Mais il faut le préparer.....

. . . .

Imaginez une nation belligérante, sûre de ses corps d'armée, de ses munitions, de son commandement, en passe de remporter un triomphe : que Dieu laisse se propager dans les rangs les germes d'une épidémie, et voilà ruinées, sur l'heure, les prévisions les plus optimistes !.....

✝ D. J. Cardinal Mercier,
Archevêque de Malines.
Par mandement de S. Ém. le Cardinal Archevêque :
L. Meeus, *Secrétaire.*

Les Allemands se fâchèrent : l'imprimeur du mandement, M. Dessain, de Malines, fut condamné à un an de prison. Il est à Anrath, en Allemagne, dans une prison de droit commun. Les exemplaires du mandement furent saisis, et les prêtres reçurent l'ordre de ne pas en souffler mot (ce qui, bien entendu, ne les empêcha pas d'en donner lecture publiquement en chaire). Enfin, M. le gouverneur général élabora le monument que voici :

La lettre de Bissing au cardinal Mercier.

Voici le texte de la lettre impudente que le Bissing vient d'adresser au cardinal Mercier. Le texte en est publié, bien entendu, par les soins des journaux embochés de Belgique et par ordre de la Kommandantur :

UNE LETTRE DU GOUVERNEUR GÉNÉRAL EN BELGIQUE
A S. ÉM. LE CARDINAL MERCIER

A la suite de la lettre pastorale qui vient d'être lue dans toutes les églises de l'archidiocèse de Malines, le gouverneur général en Belgique a adressé, le 15 mars dernier, la lettre suivante à S. Ém. le cardinal Mercier :

Je porte ce qui suit à la connaissance de Votre Éminence :

Celui qui est le plus haut placé pour veiller à la sauvegarde des intérêts de l'Église catholique m'a certifié, de la manière la plus formelle et à différentes reprises, qu'à son retour de Rome, Votre Éminence observerait une attitude pleine de modération. En conséquence, je pouvais m'attendre à ce que Votre Éminence s'abstînt des manifestations qui continuent à jeter le désarroi dans l'esprit, si facile à surexciter, de la population belge. Dans cette attente, je m'étais gardé de discuter avec Votre Éminence des incidents provoqués par votre voyage et notamment la lettre collective des évêques belges et l'abus politique que vous avez fait du sauf-conduit que le Saint-Père avait sollicité pour vous permettre de vous rendre à Rome dans un but purement ecclésiastique.

Votre lettre pastorale me permet de dire que non seulement vous ne vous êtes pas conformé aux assurances que nous avait données la haute personnalité la mieux placée pour nous les donner, mais qu'en outre vous avez fait en sorte que vos rapports avec le pouvoir occupant soient plus tendus que jamais. Il ne peut naturellement faire doute pour personne que je n'empêcherai jamais Votre Éminence de transmettre aux fidèles les communications que le Saint-Père désirerait leur faire connaître par votre intermédiaire. Mais Votre Éminence se livre dans sa lettre pastorale à des commentaires purement politiques, et cela, je ne puis, en aucun cas, l'admettre.

Je ne puis admettre que Votre Éminence, à propos de l'issue de la guerre, cherche à susciter des espoirs non fondés et contraires à la réalité des faits. Notamment Votre Éminence, pour appuyer ses affirmations, cite des déclarations imprécises émanant de personnalités absolument étrangères aux événements et qu'il est absolument impossible de considérer comme compétentes. Dans un autre passage de votre lettre pastorale, vous cherchez à faire impression en disant que la décision que vous espérez pourrait être amenée par la propagation de maladies épidémiques. Par cette argumentation arbitraire, Votre Éminence ne peut que provoquer une surexcitation nuisible dans la population si crédule, et l'amener à opposer une résistance active ou passive à l'administration du pouvoir occupant.

Je dois signaler, comme particulièrement intolérable, l'allusion que vous faites dans votre lettre pastorale à une atteinte à la liberté religieuse de la population dans le territoire occupé. Votre Éminence sait mieux que personne combien cette insinuation est injuste.

Dans ces conditions, contrairement à la longanimité dont j'ai fait preuve jusqu'à présent, je poursuivrai désormais sans hésitation toute propagande politique tendant à fomenter des sentiments hostiles à l'égard de l'autorité légitime du pouvoir occupant, autorité reconnue par le droit des gens, même si cette propagande est fomentée sous le couvert de la liberté des cultes, comme c'est d'ailleurs mon devoir de le faire, en conformité avec mes décrets et en accomplissement de ma mission. Si j'ai jusqu'à présent signalé à Votre Éminence, pour qu'ils fussent punis suivant la discipline canonique, les écarts dont se sont rendus coupables des ecclésiastiques, je m'en abstiendrai désormais. En effet, Votre Éminence elle-même a donné l'exemple de l'insubordination, de telle sorte que son influence est maintenant sans poids. J'ai, en outre, l'obligation de rendre de plus en plus Votre Éminence moralement responsable des agissements regrettables auxquels de nombreux ecclésiastiques se laissent entraîner et qui attirent à certains d'entre eux des châtiments sévères.

Votre Éminence m'objectera sans doute de nouveau que j'ai mal compris certains passages de sa lettre pastorale ou que je leur ai donné une interprétation qui n'était pas dans sa pensée. Toute discussion de ce genre devant fatalement rester stérile, je n'ai pas l'intention de la reprendre. Je suis, au contraire, fermement résolu à ne plus tolérer à l'avenir que Votre Éminence, abusant de ses hautes fonctions et du respect dû à sa robe ecclésiastique, poursuive une propagande politique effrénée qui entraînerait pour tout simple citoyen des responsabilités pénales.

Je préviens donc Votre Éminence qu'elle aura à s'abstenir désormais de toute activité politique.

Agréez l'expression de notre considération distinguée.

(s.) Baron von Bissing,
Général-colonel.

(*La Belgique* [de Rotterdam], 28 mars 1916, p. 3, col. 3.)

Notre optimisme ne nous fait pourtant pas oublier combien l'heure est grave et triste : on montre un visage souriant, mais au dedans chacun est fort sérieux. Des visiteurs occasionnels ont pu se méprendre sur notre conduite et croire que la vie mondaine se poursuivait à Bruxelles. Erreur profonde : presque toutes les salles de spectacle sont fermées ; les estaminets eux-mêmes sont presque déserts. La lettre d'un bourgmestre, reproduite par *La Libre Belgique*, donne les raisons de notre gravité intime :

Plus de fêtes, fussent-elles des fêtes de bienfaisance !

Il existe à Bruxelles une catégorie de gens que la guerre n'atteint pas et qui sont trop indifférents ou trop égoïstes pour en souffrir. Ce sont ces gens-là qui constituent la clientèle la plus assidue des théâtres et des lieux de divertissement. Il en est d'autres aussi qui se persuadent à tort que la charité retirerait de l'organisation de fêtes ou de représentations théâtrales des profits plus abondants. Nous dédions aux premiers comme aux seconds cette lettre d'une si belle tenue et d'une si noble élévation de sentiments, adressée à la présidente d'une œuvre destinée au soutien des enfants en bas âge pendant la guerre par le bourgmestre d'une grosse commune de province, qui est en même temps une des personnalités les plus estimées du monde politique :

« Madame la Présidente,

« Vous me demandez de vous délivrer l'autorisation écrite d'organiser une fête de bienfaisance qui consistera en un concert payant.

« Je vous ferai remarquer qu'il ne m'appartient pas de vous accorder cette autorisation ; chacun est libre d'organiser, dans un local privé, tel divertissement qu'il lui plaît. Mais je ne vous cacherai pas que, si pareille autorisation m'était demandée pour une fête que je pourrais interdire, je n'hésiterais pas à la refuser.

« Et voici pourquoi :

« Si, au milieu de mes préoccupations et des tracas que me suscite ma charge, une chose m'a fait du bien, c'est de constater que notre population a compris la gravité et la tristesse de la situation.

« Le silence s'est fait dans la ville, ininterrompu depuis plus d'un an ; plus de chants dans les rues, plus de réunions d'aucune sorte ; les sociétés de musique se sont tues ; plus d'exécutions, plus de répétitions.

« J'ai senti là l'instinctive et délicate attention de l'âme populaire envers ceux qui souffrent du départ d'un époux, d'un fils ou d'un frère.

« Ce deuil, il faut qu'il dure jusqu'à l'heure où, notre indépendance reconquise, la liberté nous sera rendue.

« Aussi, j'en sais beaucoup qui souffriraient, au fond d'eux-mêmes, de tout ce qui, à cette heure douloureuse, nous distrairait de nos angoisses patriotiques. Donc, plus de fêtes, fussent-elles des fêtes de bienfaisance.

« Bien faire ! », chacun en a la stricte obligation, à tous les instants, et notre bourgeoisie n'y a pas manqué quand, dans des circonstances récentes, elle a mis, en deux journées, 20.000 francs à la disposition des malheureux, sur un simple appel fait au devoir, sans perspective d'un divertissement musical.

« Elle renouvellerait, s'il le fallait, ce mouvement généreux. Mais le soutien de « la soupe aux petits » ne réclame plus un tel effort, et je

pense qu'il ne serait pas difficile de réunir les quelques centaines de
francs que demande la bonne marche de l'œuvre.

« D'ailleurs, si vous aviez l'appréhension du contraire, je m'empres-
serais de vous rassurer en vous disant que j'apprécie assez l'utilité de
l'institution pour me charger de vous trouver, tous les mois, les ressources
nécessaires à son fonctionnement régulier.

« Mais, de grâce, chère Madame, pas de fête ! Et puis, êtes-vous certaine qu'elle réussirait ? N'y en a-t-il pas d'autres que moi qui auraient peur,
en y assistant, d'entendre, dans les intervalles des morceaux, la voix loin-
taine du canon pour rappeler qu'il y en a, là-bas, qui ne sont pas à la fête.

« Veuillez agréer, etc... »

(*La Libre Belgique,* d'après *L'Écho belge,* 21 mars 1916.)

Il convient de rappeler que dès les premiers jours de l'occupation un journal censuré, *Le Belge* (qui n'est pas *Le Belge*
clandestin), refusa d'insérer les réclames de théâtres, cinémas
et autres divertissements ; mais ce journal, trop peu souple,
fut bientôt supprimé.

4. L'esprit goguenard des Belges.

Il ne suffit pas qu'une nation reste ferme et confiante
devant l'oppression étrangère. Il faut encore qu'elle conserve
sa bonne humeur.

La contemplation journalière des casques à pointe et de la
Parade-Marsch n'a pas fait perdre au Bruxellois son esprit
frondeur, et la « zwanze » fleurit autant qu'en temps de paix. Les
auteurs de *La Libre Belgique* savent parfaitement que s'ils sont
pris ils risquent fort d'être placés devant le peloton d'exécution,
car l'Allemagne ne badine pas avec le crime de lèse-majesté ;
mais cette perspective ne les empêche pas d'envoyer les
Polizisten faire visite à la statue d'André Vésale ou à un
W. C. (p. 11). On ne se prive même pas du plaisir d'épin-
gler un numéro de *La Libre Belgique* au dos d'un soldat, qui
se charge ainsi de faire de la propagande gratuite pour le
journal traqué.

D'innombrables plaisanteries circulent en Belgique. Écrites
à la machine sur un bout de papier, elles passent rapidement
de main en main, laissant derrière elles un large sillage d'éclats

de rire. Voici quelques-unes de ces anecdotes, à titre d'échantillons :

Un paysan venait chaque jour en ville avec sa charrette attelée d'un âne. Le vieux landsturm [tout-venant avec 80 °/₀ de gros (¹)], qui était de faction à l'entrée de la ville, examine ses papiers et demande le nom de l'âne.

— Mon âne ! il n'a pas de nom !

— Il faudra lui en donner un. Chez nous, tous les ânes ont un nom. Je pourrais facilement vous en citer 93.

Quelques jours plus tard :

— Eh bien, dit le landsturm, avez-vous choisi un nom ?

— C'est que... je n'en trouve pas de convenable.

— Appelez-le donc Albert.

— Ah ! pardon ! riposte le paysan, ce serait injurieux pour mon Roi.

— Oh ! là ! là ! En voilà des scrupules ! Tenez ! appelez-le Guillaume !

— Ah ! pardon ! riposte le paysan, ce serait injurieux pour mon âne.

*
* *

Chez un paysan logent des soldats allemands. Ils ne tarissent pas en rodomontades sur la puissance de leur armée, sur son triomphe certain, sur les inépuisables réserves en hommes de l'Empire, sur l'excellence du pain K. K., etc. Un beau matin, ils annoncent l'arrivée de 100.000 nouveaux hommes sur le front de l'Yser. Le paysan se gratte la tête.

— Hein ! qu'en dites-vous ? 100.000 nouveaux !

Le paysan se gratte toujours la tête.

— Mais parlez donc, insistent les Teutons, dites ce que vous en pensez !

— J'en pense, dit enfin le Flamand, que c'est trop ! Je ne sais vraiment plus où nous trouverons encore de la place pour en enterrer 100.000.

*
* *

Tout au début de la guerre, ils avaient réquisitionné dans la campagne de Liége un homme pour les aider à enterrer leurs morts. La besogne ne manquait pas. Ils le forcèrent à les accompagner à Haelen, puis devant Anvers, enfin sur l'Yser. Il était de plus en plus surmené ; bientôt, la déformation professionnelle aidant, il en était arrivé à ne plus faire grande différence entre les morts et les vivants, et il enterrait indistinctement toute la bocherie qu'il ramassait. Si quelque blessé hurlait trop fort : « Je ne suis pas mort, moi ! » notre Liégeois se contentait de lui lancer un « oui, oui, vous dites ça ! » qui coupait court à toute discussion ; et le Boche dégringolait au fond du trou. « R. I. P. »

---

(1) C'est la formule classique des marchands de charbon à Bruxelles : leur tout-venant contient 80 °/₀ de gros. On désigne ainsi le landsturm. (Note de J. M.)

Pourtant sa façon d'agir vint aux oreilles de l'état-major, et on le fit passer en conseil de guerre ; non pas tant parce qu'on désapprouvait ses procédés (les blessés ne sont qu'un embarras pour une armée en campagne), mais pour se donner une contenance vis-à-vis des troupes.

— Est-il vrai, lui demanda-t-on d'un air sévère, que vous enfouissez aussi ceux qui vous déclarent qu'ils ne sont pas morts ?

— Ah ouiche ! répondit-il, si on les écoutait, ils ne seraient jamais morts.

Devant une telle fermeté de principe, il n'y avait qu'une chose à faire : on lui donna de l'avancement. C'est lui maintenant qui est préposé à l'incinération des Boches dans les hauts fourneaux de Seraing.

*
* *

Un Bruxellois causant dans la rue avec un camarade prononce à haute voix le mot « canaille ». Aussitôt un rhum-cognac (¹) s'avance et emmène mon homme à la Kommandantur. Après avoir été gardé à la diète pendant un jour ou deux, dans le grenier, le voici mis sur la sellette.

— Vous avez parlé de canaille ?

— Oui.

— De qui était-il question ?

— ... De personne en particulier.

— Si, si, vous faisiez allusion à un souverain.

— ... Soit ; je l'avoue ; je parlais de l'empereur de Chine.

— Ta ta ta ! Tout le monde sait que, lorsqu'on parle d'une canaille, c'est toujours de l'empereur d'Allemagne qu'il s'agit.

*
* *

Un cabaretier voit s'attabler chez lui un piquet de landsturm. Un soldat, avisant une bascule, veut se peser. « Inutile, dit le cabaretier, vous pesez 92 kilos. » Vérification faite, c'est le poids. A un deuxième soldat qui désire savoir s'il a bien profité de son séjour en Belgique, le patron dit aussi son poids d'avance : « 98 kilos. » Étonnement général : c'était tout à fait juste. Bref, tous les soldats se font dire leur poids avant de monter sur la bascule : 105 kilos, 89 kilos, 96 kilos, 110 kilos.

— Mais, lui dit-on, comment faites-vous pour deviner si exactement notre poids ?

— Affaire d'habitude, dit le Belge : je suis marchand de cochons.

*
* *

M. le baron von Bissing fils, professeur à l'Université de Munich, était

---

(1) Les policiers allemands étalent fièrement sur la poitrine une large plaque brillante en cuivre jaune, avec l'inscription *Polizei*. Dans les cafés, les bouteilles de liqueurs portent une plaque analogue, d'où le nom de rhum-cognac donné aux policiers. (Note de J. M.)

à Bruxelles. Comme il craignait, en sa qualité d'officier allemand, de s'exposer aux bombes que les aviateurs alliés pourraient lancer sur le château de Trois-Fontaines, où habite son père, il était descendu dans un hôtel de la place du Luxembourg. Il travaillait du matin au soir à dresser la liste des pendules à expédier en Allemagne comme butin de guerre. Il n'avait donc pas le temps de visiter la ville. La veille de son départ, il désira pourtant faire un tour dans Bruxelles, et il s'adressa à l'hôtelier : « Ne pourriez-vous pas, lui dit-il, me faire accompagner par quelqu'un qui me ferait voir les curiosités... s'il y en a. » L'hôtelier, flatté malgré tout d'héberger un si haut personnage, s'offrit comme guide.

Les voici au coin de la rue Royale et du boulevard Botanique. M. le baron jette un coup d'œil au paysage. « Oui, dit-il, c'est pas mal ; si nous avions ça à Berlin, nous en ferions quelque chose de kolossal. » — Sur la Grand'Place, il lorgne d'un monocle rapide l'Hôtel de Ville, la Maison du Roi et les Maisons des Corporations ; puis il consent à déclarer que « c'est gentil ; mais qu'à Berlin ils auraient fait ça en plus kolossal ».

L'hôtelier le mène vers le Palais de justice. M. von Bissing se promène devant la façade ; il admire les canons et les remparts, en sacs de terre, élevés par l'armée allemande ; il note soigneusement le nombre des sacs, leur couleur, les inscriptions qu'ils portent, leur volume et leur poids approximatif (car il prépare un important mémoire sur les fortifications de campagne construites dans les villes) ; il examine en connaisseur les débris des meubles que les soldats ont démolis dans les grandes salles du Palais ; il en prend un instantané destiné au *Livre Blanc* que le Gouvernement impérial va publier sur le respect des monuments par l'armée allemande ; il fait aussi une photographie des guérites aux élégantes rayures obliques et des mirlitaires qui se tiennent devant (pour son intéressant mémoire sur le sentiment esthétique chez les Allemands). Au moment de partir, M. von Bissing regarde aussi le Palais ; il le trouve bien, quoiqu'un peu mesquin, puis il fait remarquer que « si à Berlin on avait éprouvé le besoin d'avoir un Palais de justice, ce qui n'a pas été nécessaire jusqu'ici, mais le deviendra peut-être lorsque la Belgique sera annexée, car chacun sait combien la population belge est perfide et toujours prête à accomplir des actes *völkerrechtswidrig,* on en bâtira un qui sera kolossal ».

Devant ce parti pris, l'hôtelier ne pousse pas plus loin la visite. Mais le soir il dépose une forte tortue de jardin dans le lit de M. le baron. Quand celui-ci veut se coucher, il recule épouvanté devant l'horrible bête qui gigote entre ses draps. Comme il n'est pas fort brave (il est officier allemand), il se précipite sur la sonnette. L'hôtelier paraît en personne. « Là, tenez ! dans le lit ! » hurle M. von Bissing, blême de terreur. « Ça ! dit l'hôtelier d'un ton léger, c'est une puce, tout simplement ; en Belgique elles sont kolossales ! »

*
* *

Au prône de M. le curé.

« Mes chers paroissiens, ce ne sont pas toujours de bons Wallons qui ont habité ce pays. D'abord il y avait ici des Gaulois ; puis vinrent les Romains, qui introduisirent une civilisation déjà fort avancée. Ensuite eurent lieu les invasions des Barbares : les Burgondes, les Alains, les Huns, les Suèves, les Francs, les Normands, les Goths : d'abord les Visigoths, puis les Austrogoths, et en dernier lieu les Saligoths, encore appelés Salboches ou Ostroboches, qui sont les plus barbares de tous. »

*
* *

Des soldats allemands circulent dans Bruxelles. Tout à coup, passant au coin de la rue de l'Étuve et de la rue du Chêne, ils saluent militairement et se mettent au pas de l'oie. « Pourquoi ? » leur demande un Bruxellois. Ils montrent la statue de Mannekenpis : « Von Pissing ! » disent-ils.

*
* *

Saint Pierre inspecte le corps de garde à la porte du Paradis. Arrive l'âme d'un soldat allemand tué sur l'Yser.

— Qui êtes-vous ? demande saint Pierre.

L'âme fait d'abord semblant de ne pas entendre, car personne n'aime à avouer sa honte ; elle espère se tirer d'affaire en répétant : *Gott mit Huns ! Gott mit Huns !*

Saint Pierre, qui ne connaît pas cette nouvelle orthographe, est d'abord un peu ahuri ; mais il finit par poser de nouveau la question :

— Qui êtes-vous ?

L'âme se décide enfin à répondre :

— Je suis l'âme d'un soldat allemand.

— Arrière, menteur ! s'écrie saint Pierre ; je lis chaque jour les journaux publiés à Bruxelles sous la censure allemande ; ils n'ont pas encore annoncé la mort d'un seul soldat allemand.

L'instant d'après, arrive l'âme d'un Turc tué aux Dardanelles.

— Votre passeport ! demande saint Pierre... Bon, vous êtes Turc... Bienheureux les pauvres d'esprit ! Entrez !

— Je veux voir le Bon Dieu, dit le Turc.

— Comme vous y allez, vous ! Savez-vous bien que...

— Je veux voir le Bon Dieu ! Les prêtres disent que ceux qui tombent dans les combats peuvent voir le Bon Dieu. Je veux donc voir le Bon Dieu !

— Bien, bien... Seulement...

— C'est pas tout, ça : je veux voir le Bon Dieu !

— Écoutez, dit saint Pierre, on ne peut pas voir actuellement le Bon Dieu ; il est un peu indisposé.

— Ça ne fait rien. Je veux voir le Bon Dieu !

— Mais son état est plus grave que vous ne pensez. Il est atteint du délire des grandeurs : il se croit le Kaiser.

Quand ces propos parvinrent aux oreilles de Guillaume II, il en fut très affecté, car il a besoin du vieux Bon Dieu pour ses proclamations. Et vous comprenez, si on venait à savoir que le Bon Dieu n'a pas toute sa raison, son nom ne produira plus aucun effet.

De nombreuses notes, sur le modèle de celles du président Wilson, furent échangées entre la Wilhelmstrasse et le Ciel. On conclut finalement l'accord que voici : chacun restera à sa place, sans chercher à s'élever au-dessus de sa condition ; en échange, le Bon Dieu recevra des lettres patentes de noblesse et il pourra signer *von Gott*.

Pourvu, mon Dieu, que cette convention ne soit pas traitée de chiffon de papier !

Pas mal de plaisanteries ont aussi paru dans les prohibés réguliers. Rappelons-en quelques-unes :

Esprit liégeois.

Dans un tram de Liége, trois officiers parlant français détaillent avec force gestes et à voix très haute, les « cruautés » russes. Personne ne prête attention à leurs dires. Cependant, avant de descendre, un paysan dit bien haut à sa femme : « Je te l'avais bien dit, Bertine, les Russes ont été en Belgique. » Tout le monde de rire... les officiers plus fort que les autres. Et rentrés au logis, ils content à leur hôte forcé ce trait d'ignorance crasse des paysans belges qui croient encore que les Russes sont venus à leur secours... L'hôte a mis une heure à les détromper.

(*La Libre Belgique,* n° 45, septembre 1915, p. 4, col. 2.)

Ponchour, Madame...

Elle est arrivée...

Elle en a soupé du Berlin où l'on a faim, où l'Empereur — cet incorrigible bavard — est tellement baba qu'il a oublié de faire, le 1er janvier, une proclamation à son peuple...

Elle a pris ses cliques et ses claques et vite, vite, elle a rappliqué vers Brüssel.

Elle est ici...

Mais qui ça ? Elle ?

Elle ! la moitié de von Bissinge (¹)... Parfaitement. Depuis le 29 décembre, elle nous comble de sa présence, et ce qu'elle comble elle le comble bien.

Mais elle a mis Son Excellence dans le plus grand embarras.

Elle n'ose pas loger rue de la Loi : elle a peur de... sauter jusqu'aux étoiles... Elle n'a aucune confiance dans le château de Trois-Fontaines où réside son gouverneur : elle craint des chutes... d'étoiles...

---

(1) Si von Bissinge vaut deux singes, $\dfrac{\text{von Bissing}}{2} = 1$ singe.

Il a fallu pourtant mettre quelque part cette illustre personne.

On l'a remisée au Grand Hôtel.

Le séquestre, pour recevoir ce précieux dépôt, a mis sens dessus dessous tous les appartements qui donnent sur la rue Grétry.

Faute de pouvoir creuser des tranchées, il a élevé des barricades pour protéger la dame, et devant les cloisons il a semé des Polizei dont les plaques, frottées au tripoli, luisent comme des réflecteurs (¹)... Il a éparpillé un peu partout de la police aussi secrète qu'allemande... Il a planté sur le trottoir les plus « cholies » sentinelles qu'il a pu dénicher (²)...

Von Bissing a inspecté les lieux.

Dans la chambre à coucher, il y avait deux lits jumeaux. Il en a fait enlever un.

« C'est trop étroit pour teux, Exzellenz », a risqué avec respect le séquestre.

L'Excellence a répondu gravement :

« Che ne couge bas ici. Che couge à Schloss Trois-Fontaines. Ma femme a beur des pompes. Moi, che n'ai bas beur des pompes... Che fais la pompe... Ne le dites bas à ma femme, surtout, et mettez des Polizei bartout ! »

Et le gouverneur est parti mélancolique vers son auto grise.

On l'a entendu murmurer :

« Qu'est-ce qu'elle afait pesoin de fenir à Brüssel ? Quel krampon ! Mein Gott ! Ce qu'elle tient, elle le tient pien (³), celle-là ! »

Pauvre singe !

FIDELIS.

(*La Libre Belgique,* d'après *L'Écho belge,* 14 mars 1916, et d'après
La Belgique [de Rotterdam], 17 mars 1916.)

*
* *

L'occupant n'accorde la fourniture de pommes de terre, dans certaines régions spécialement éprouvées par la famine, qu'aux gens qui « travaillent pour lui ».

Un récipiendaire se présente devant les Boches et se déclare prêt, pour avoir des pommes de terre, à travailler pour eux, et même rien que pour eux. Et le bougre paraît vraiment bien décidé.

— Alors fous êtes brêt bour signer la déclarazion ?

— Oui, bien sûr !

— Et quel est fotre médier ?

— Fossoyeur !...

(*La Libre Belgique,* d'après *L'Écho belge,* 12 mars 1916.)

---

(1) Voir p. 95. (Note de J. M.)

(2) Si Madame le désire, on pourrait lui servir un abonnement à *La Libre Belgique.*

(3) Voir p. 123. (Note de J. M.)

Les farces qui ont eu le plus de succès sont le *Petit Diktionnaire de Boche* et la traduction flamande des noms de rues. La première a été répandue à la fois par la dactylographie et par l'imprimerie :

Petit Diktionnaire de Boche

Par le Dr KOLOSSAL KANDIDE
(Kouronné par l'Akadémie de Köpenick.)

K. — Konsonne usitée pour germaniser les mots d'origine latine et leur donner une forme appropriée à la Kultur teutonne.

K K. (prononcez « caca »). — Komestible exkluant, pour le konsommateur, toute krainte de konstipation.

KABOCHE. — Mot dérivant par kontraction du substantif latin *kaput* qui signifie *tête*, et de l'adjectif *boche*. Tête karrée, dont les parois sont parfaitement imperméables et dont le kôté facial ne présente aucune espèce de physionomie, sauf à l'heure de la soupe.

KABOTIN. — Voir le mot : *Kaiser*.

KAFARD. — Espion allemand. Mouchard de Boche.

KAKOPHONIE. — Effet musikal produit sur des oreilles non kultivées, par l'exécution des œuvres de Richard Wagner.

KAISER. — Bipède amphibie, de l'ordre des karnassiers, tribu des Hohenzollern. Sur terre, ses mœurs sont celles des grands félins ; sur mer, celles des squales. Cet animal, à l'état libre, est extrêmement prolifique, mais tout fait espérer qu'il ne se reproduit pas en kaptivité. Par suite de la chasse particulièrement active dont cette espèce est actuellement l'objet, elle tend à disparaître komplètement du monde civilisé.

KALAIS. — Ville konvoitée (Voir le mot : *Kalendes grecques*).

KANARD. — Produit volatil fabriqué en grosses kantités par la Maison Wolff, Berlin ; très assimilable pour les estomaks teutoniques, provoque des nausées chez les neutres.

KATHÉDRALE. — Cible pour les obus de 420 (voir les mots : *Kultur* et *Kristianisme*).

KANNIBALES. — Se dit des gens qui mangent leurs semblables ; applikable par konséquent aux Boches qui ne mangent que du kochon.

KAMARADE. — Terme s'appliquant au guerrier ennemi, lorsque celui-ci est le plus fort.

KAPOUT. — Terme définissant le sort du guerrier ennemi, lorsque celui-ci est le plus faible.

KALENDES GRECQUES. — Date présumée de l'entrée à Kalais des troupes du général von Kluck.

KAMELOTE. — Ensemble des produits de l'industrie allemande en temps de paix.

KANONS. — Ensemble des produits de l'industrie allemande en temps de guerre.

Kambrioleur. — Voir le mot : *Kronprinz*.

Kochons. — Source des « delikatessen » teutonnes. Terme principal d'un problème qui passionne l'Allemagne tout entière : les kochons doivent-ils manger toutes les pommes de terre ? Ou bien les Allemands doivent-ils manger tous les kochons ? Les pommes de terre pour les kochons ? Les épluchures pour les Teutons ?...

Kontrefaçon. — Procédé artistique, littéraire, scientifique et industriel, où s'est uniquement affirmé le génie de la race germanique.

Krétin. — Titre honorifique très recherché par les signataires du manifeste dit des 93 *Intellectuels* boches.

Kronprinz. — Espèce de Hohenzollern apparenté, par la forme de son bek, à l'ordre des rapaces, mais se rattachant à la tribu des mammifères supérieurs, en ceci qu'il a le pouce opposable aux autres doigts : cette particularité lui permet de saisir et de retenir avec la plus grande facilité tous les objets mobiliers.

Kristof Kolomb. — Explorateur allemand qui, sur l'ordre du Kaiser, annexa l'Amérique à la Prusse et inventa l'œuf dur.

Kopernik. — Savant allemand qui, sur l'ordre du Kaiser, régla le mouvement enveloppant de la terre autour du soleil et prépara l'annexion de cet astre à la Prusse (1543).

Kulot. — Se dit du résidu qui se trouve au fond du fourneau d'une pipe. Se dit aussi de ce qu'il y a au fond du tuyau, quand il s'agit d'un tuyau de l'*Agence Wolff*.

Kultur. — Vieil Heidelberg. Soulographies universitaires. Jeunesse studieuse buvant à pleines bottes la bière de mars et se tailladant la figure à coups de rapières. Littérature à forme de contes de nourrices (*Niebelungen, Walkyries, Lohengrin...* Ballades de Schiller... Divagations de *Faust*); philosophie à forme de brouillard (Leibnitz, Kant, Nietzsche); arts plastiques à forme de choucroute... Kolossales inventions prises à l'étranger... Chevaux kalkulateurs d'Elberfeld... Kapitaine Kœpenick... Gemütlichkeit et Delikatessen... Fabrication intensive de petits Allemands. Expansion germanique. Exportation de touristes à lunettes; viols, assassinats... Importation de pendules acquises à la foire d'empoigne... Kroix de fer... *Deutschland über Alles... Hoch! Hoch!* Karème; pain KK; katastrophe; kaptifs; korbeaux... kapouts !

Huns. — Peuple pacifique et kultivé des bords de l'Oder et de la Spree, dont le territoire fut envahi par des barbares appelés Belges, qui détruisirent tous les monuments de kúlte et de kultur, violèrent, puis massacrèrent hommes et femmes, vieillards et enfants.

Hélas. — Mot welsche adopté par le *Diktionnaire de Boche* après la bataille de la Marne.

(La Soupe, n° 353.)

Quant aux traductions des noms de rue, elles s'étaient propa-

gées longuement par tradition orale avant de cristalliser dans
La Libre Belgique :

La Libre Belgique a publié un petit dictionnaire à l'usage des receveurs
des tramways bruxellois. On s'en est beaucoup diverti. En voici quelques
extraits :

Rue de l'Empereur : Bloedighart-straat (1).
Rue du Gouvernement Provisoire : von Bissing-straat.
Rue du Bourgmestre : Onze Max-straat (2).
Rue de Paris : Achteruit-straat (3).
Rue des Comédiens : Bethmann-straat.
Rue des Dirigeables : Kapot-straat.
Rue de l'Éléphant : Zeppelin-straat.
Rue des Déménageurs : Kronprinz-straat.
Rue Meert : Kultur-straat.
Marché aux Porcs : Boche-markt.

(L'Écho belge, 15 février 1916.)

Les Belges ne négligent d'ailleurs jamais une occasion de
se moquer de leurs bourreaux. Lisez, par exemple, l'entrefilet
suivant, publié par *La Libre Belgique* (d'après *L'Écho. belge*
du 17 octobre 1916) :

Je ne lis jamais *Le Bruxellois,* cette ordure...

Mais j'ai tant et tant ri l'autre dimanche, en allant au bois, que je me
suis laissé mettre cet infect journal dans la main, par la marchande, sans
m'en douter...

Et voici pourquoi, ce dimanche, tous les promeneurs ont été secoués
d'un fou rire, qui redoublait quand un officier boche s'arrêtait furieux pour
voir passer des cyclistes dernier cri.

Une douzaine de fervents de la bécane, après avoir respectueusement obéi
aux ordres de Son Excellence von Bissinge en remettant leurs bandages,
ont cru pouvoir, usant du peu de liberté qui nous reste, pratiquer quand

---

(1) Littéralement : rue du Cœur saignant. Rappel du télégramme de l'Empereur au président Wilson où il déclare que « son cœur saigne ». A la suite de
cette affiche on disait, par à peu près avec Guillaume le Conquérant, « Guillaume au Cœur Saignant ». (Note de J. M.)

(2) Littéralement : rue de Notre Max. Le Bruxellois ne dit pas « Le Bourgmestre », mais « Notre Max ». (Note de J. M.)

(3) Littéralement : rue de la Marche rétrograde. Allusion à un jeu que les
gamins de Bruxelles se donnent le malin plaisir de jouer sous les yeux des soldats
allemands. Ils se mettent en rang, puis le plus grand commande avec l'accent à
la fois guttural et aboyant des officiers allemands : *Vorwärts ! Marsch !* Le rang
s'ébranle au pas de l'oie. — *Halt !* Arrêt brusque. — *Nach Paris ! Marsch !*
Ils se remettent en marche, mais à reculons. (Note de J. M.)

même leur sport favori. Ils ont donc été faire un tour de bois, en groupe. Ils roulaient sans pneus, tout simplement. Ça faisait un bruit de casserole, mais, à ça près, ils pédalaient vivement.

Les bons types, ils avaient tous, attachée à une corde en bandoulière, leur pompe. Sans doute, pour regonfler, le cas échéant, les Boches qui se seraient dégonflés d'émotion. Ils pensent à tout.

5. Le fruit de la victoire.

Copions aussi un article dans lequel on laisse entrevoir quelles seront les conséquences de la guerre :

Une Belgique agrandie.

Dernièrement nous avons entendu dire, non sans quelque étonnement, par un homme que ses fonctions devaient précisément rendre prudent et réservé en politique extérieure :

« A la conclusion de la paix, il faut qu'on rende justice à la Belgique en élargissant ses frontières. La Zélande doit nous appartenir comme complément de l'Escaut dont l'embouchure ne peut pas être fermée à ceux qui voudraient venir nous aider à défendre Anvers.

« Du côté de l'Est nous devons aussi avoir nos frontières plus logiquement dessinées. Notre pays est trop petit pour sa population. » Il ajoutait : « Ceux que nous annexerons seront enchantés d'être Belges. »

Comme ce n'est pas la première fois que nous entendons de tels propos, nous croyons utile de préciser à ce sujet ce que nous avons déjà dit dans notre premier numéro-programme :

1° Nous n'avons vu nulle part que des populations voisines aient témoigné le désir d'être Belges ;

2° La Belgique a vécu heureuse et prospère depuis 1839. Elle ne peut et ne doit vouloir à aucun prix et sous aucun prétexte s'annexer des terri- toires occupés par des étrangers indifférents ou hostiles. Si nous avons fait notre devoir et sauvé notre honneur en résistant à l'Allemagne qui, sous de faux prétextes, voulait nous annexer, nous et notre Congo, afin de nous imposer sa « Kultur » qu'elle estime supérieure à nos libertés constitutionnelles, ce n'est pas une raison de nous laisser gagner par la passion de la « Kilométrite », trop contagieuse, hélas ! chez la plupart des grandes et petites « puissances », de peur d'être amenés à devenir une nuisance. Nous voulons rester neutres, perpétuellement neutres. Après quatre-vingt-quatre ans de neutralité, nous venons de prouver à tous, même à la nation douée de la « Kultur », que la neutralité n'est nullement nuisible à la virilité. Cette preuve a généralement paru péremptoire à tout le monde intelligent. Cela suffit à notre ambition, qui est complè- tement étrangère à l'esprit et à toute envie de conquête.

Maîtres chez nous, nous entendons respecter la liberté d'autrui et n'avons aucune envie de nous mêler de ses affaires, jugeant cette prétention souverainement impertinente. A ceux qui voudraient nous faire adopter, en la modifiant, la devise de nos voisins et nous faire dire : *Belgien über Alles,* La Belgique au-dessus de tout, nous disons : Jamais ; nous préférons garder notre devise nationale. Nous voudrions seulement que « l'Union fait la Force » devînt la devise de toute l'Europe et même celle de l'univers.

Et nous croyons même que ce désir d'union internationale se réaliser progressivement, et nous espérons fermement que le commencement de cette réalisation aura lieu à la conclusion de la paix où justice nous sera rendue.

La guerre actuelle, ses désastres et ses atrocités extraordinaires, auront converti l'univers à l'union. L'excès du mal aura produit une fois de plus le bien.

Ce qui précède ne veut pas dire que nous repousserions une rectification de frontières régularisant le régime de l'Escaut ou élargissant notre territoire à l'Est, mais à une double condition, c'est que ces modifications seraient accomplies à l'amiable et avec l'assentiment de la très grande majorité des populations intéressées.

Nous pensons, d'ailleurs, que pour ce qui concerne l'Escaut, une convention avec nos anciens frères du Nord aboutirait au résultat désiré.

(La Libre Belgique, n° 10, mars 1915.)

Nous voilà renseignés sur les maigres avantages que la Belgique compte retirer de la victoire. Quant aux profits qu'escompte l'Allemagne, ils sont exposés dans un livre de M. J. Losch, *Der mitteleuropäische Wirtschaftsblock und der Schicksal Belgiens* (*Le Bloc économique de l'Europe centrale et le sort de la Belgique*). C'est le volume 13 d'une importante collection intitulée : *Zwischen Krieg und Frieden* (*Entre la guerre et la paix*), publiée chez Hirzel, à Leipzig. Dans cette même série ont paru notamment des ouvrages de M. Lamprecht et de M. v. Liszt. Celui de M. Losch est sorti de presse en décembre 1914, donc au début de la guerre. Il est l'un des premiers qui aient posé nettement le problème de l'annexion de la Belgique. *La Soupe* a donné la traduction du chapitre V :

Le sort de la Belgique.

Le problème belge se présente tout autrement. La question de savoir qui a violé la *neutralité* de cet État doit être laissée au sentiment d'équité des vrais neutres, et pour le reste abandonnée à la presse ennemie.

Il s'agit ici de faits réels, de considérations impartiales. Comme une phraséologie onctueuse, pleine d'excuses et d'hypocrisies ne convient pas aux Allemands, nous voulons déclarer sans détours : la guerre entre les trois grandes puissances européennes ne se fait pas seulement en Belgique, elle se fait aussi *pour* la Belgique.

I. Ce que l'Angleterre a toujours craint, et essayé d'éviter (avec raison à son point de vue), c'est qu'un même État possédât la côte belge de la mer du Nord et la côte française de Boulogne à l'embouchure de la Somme. C'est à cette préoccupation surtout que la Belgique doit, depuis 1831, son existence comme État *neutre* indépendant : dans l'intérêt de l'Angleterre la côte de Dunkerque aux bouches de l'Escaut ne devait pas appartenir à la France. Cette neutralisation était pour l'Angleterre moins coûteuse et moins dangereuse qu'une occupation par ses propres forces. Pour la France la perte du domaine des « alluvions des fleuves français », comme certains écrivains français appellent la Belgique, était douloureuse ; mais il y avait à cette perte une importante compensation : la Belgique était ainsi soustraite à l'autorité immédiate de l'Angleterre, et elle était le seul État de l'Europe où la langue française fût encore la langue officielle et prépondérante.

La Belgique était acquise aux influences françaises, entre autres à la politique financière, en même temps que les intérêts militaires de l'Angleterre étaient saufs. La Prusse dut accepter cette solution. Il valait mieux voir naître de l'époque post-napoléonienne un État-tampon entre l'Angleterre et la France, qu'une forteresse anglaise sur le continent, ou une absorption définitive de la région par la France. Cette dernière alternative eût été d'autant plus vraisemblable que toute la population de la Belgique, tant flamande que wallonne, était et est encore catholique. Ainsi donc l'équilibre était établi et il subsista pendant et après la guerre franco-allemande.

II. Pourtant, il est à remarquer que cet équilibre était au fond rompu, dès avant le début de la guerre, par des changements survenus dans toutes les parties.

En *Belgique* même, c'était moins la fondation de l'État du Congo (1882) par Léopold II et la proclamation de souveraineté et de neutralité de cet État à Berlin (1885), que son annexion par l'État-tampon *neutre* (1907-1908) qui préparait d'inévitables conflits extérieurs.

Le chiffre de sa population depuis sa création (3,5 millions) jusqu'en 1910 avait plus que doublé (7,4 millions), la fusion des Wallons et des Flamands avait non seulement échoué, mais conduit à de profondes oppositions et à une violente poussée de la partie non wallonne du peuple. Étant donnés ces contrastes géographiques et aussi une négligence incompréhensible pour tout ce qui concerne les écoles primaires et les devoirs de la politique sociale, la division des partis était arrivée à un antagonisme aigu.

Les *influences françaises* qui se faisaient sentir par Bruxelles sur les banques, la presse et le Gouvernement étaient néfastes au point de vue économique, parce qu'elles entraînaient le pays dans le monde de la spéculation internationale, tandis que l'Angleterre profitait du développement extraordinaire du commerce étranger, surtout du manque de flotte marchande belge. Mais les changements les plus importants vinrent cependant de l'Allemagne, et, à la vérité (il faut appuyer là-dessus), non avec intention, ni par politique, etc., mais uniquement par le fait des changements économiques survenus de part et d'autre. Il est reconnu que le port d'Anvers doit son fabuleux et récent développement surtout à son hinterland et au mouvement des bateaux allemands ; tout aussi incontestable est l'importance des commerçants allemands établis dans la ville. Mais ce qui est moins connu, c'est le changement survenu récemment dans les plus importantes industries belges, l'industrie charbonnière et celle du fer et de l'acier.

La Belgique possède deux grands gisements houillers dans la Sambre-Meuse ; c'est là que sont installés les plus grandes forges et les hauts fourneaux. Ils sont devenus tellement nombreux, leur domaine s'est tellement étendu, qu'il n'est plus en rapport avec la production du combustible. Tandis que la production du fer brut s'est élevée de 1.216 millions de tonnes en 1903, à 2.301 millions en 1912, et a donc presque doublé, la production du charbon tombe pendant la même période de 24 millions de tonnes à moins de 23 millions. La valeur totale de la production monte en même temps de 247 à 304 millions de marks. Il est vrai que les prix des charbons sont variables, les salaires et autres frais de production constituent précisément, en Belgique, un pourcentage de plus en plus considérable, qui augmente d'autant le prix de revient.

Qu'on examine la valeur commerciale en millions de marks :

	IMPORTATION DE BELGIQUE vers l'Allemagne				EXPORTATION D'ALLEMAGNE vers la Belgique			
	1910	1911	1912	1913	1910	1911	1912	1913
Charbons.	5,7	5,6	5,4	4,7	49,3	59,4	79,3	90,9
Cokes	(Insignifiant)				6,5	8,7	15,6	19,8
Agglomérés.	(Insignifiant)				3,1	3,2	4,8	7,6

Rien que pour ces trois produits essentiels, les importations de la Belgique ont monté dans ces quatre dernières années de 59 millions de marks à 118 millions, donc exactement au double. Malgré l'accès facile de la Belgique aux charbons anglais par voie de mer et par canaux, malgré un certain mouvement d'exportation vers l'Allemagne, il faut reconnaître qu'il s'est préparé ici une dépendance économique de la Belgique qui déjà en temps de paix aurait dû faire réfléchir les hommes d'État et les hommes politiques, d'autant plus qu'aucune aide n'est possible de la part de la France, qui se trouve dans une situation identique, et que les importations des charbons anglais pendant les trois années 1910-1912 n'ont été que d'une valeur de 14,14 à 15,15 millions de marks. Il semble que dans les milieux dirigeants en Belgique on n'ait prêté aucune attention à ces considérations. De tels états de choses deviennent d'autant plus significatifs pendant la guerre et lorsqu'il s'agit du sort économique futur de la Belgique. Le Gouvernement belge, ainsi que la famille royale, ont quitté le pays en emportant le trésor de l'État, l'or de la Banque nationale et les matrices des billets de banque. Pendant ce temps, les deux tiers au moins de la population du pays vit de vivres importés. La flotte anglaise défend ces importations et le Gouvernement anglais a donné officiellement comme prétexte de guerre contre l'Allemagne la protection de la Belgique ; c'est aussi ce qu'il a persuadé à sa population. Ainsi l'Europe assiste au spectacle extraordinaire de puissances neutres comme les États-Unis intervenant comme intéressés parce que l'Angleterre ne peut protéger le peuple belge ni ne veut le nourrir.

Au point de vue du but à atteindre dans cette guerre, le concours que prêta à cette intervention le gouverneur général allemand von der Goltz ne peut pas être approuvé ; il ne s'explique que par cette considération que l'Allemagne ne fait la guerre qu'à l'État belge et à son Gouvernement peu clairvoyant, mais non à la population de ce malheureux pays.

III. De ce qui précède résultent inévitablement les faits suivants :

1° Qu'il est impossible que tant de noble sang allemand ait été versé en vain, sur le sol wallon et flamand. Ni le chancelier ni même l'auguste personne de l'empereur Guillaume II ne pourraient persuader au peuple qu'après la guerre la Belgique subsisterait comme elle aurait subsisté si elle avait accédé à la première ou même à la seconde demande de l'Allemagne : le passage libre pour ses armées ;

2° Par mesure de sécurité militaire, non seulement toute la côte belge, mais aussi toutes les places fortes du pays doivent passer à l'Allemagne, surtout Liége qui constitue un voisinage immédiat dangereux ;

3° La réunion artificielle des Wallons et des Flamands doit prendre fin ;

4° Le pays entier devra être incorporé au futur « bloc économique » de l'Europe centrale. Avant tout, ni Anvers ni Zeebrugge ne peuvent devenir des ports libres. Par le fait que la Belgique, en tant que domaine douanier particulier, sera exclue du commerce international, elle ne pourra plus avoir de représentation politique auprès des États qui subsisteront en dehors du « bloc économique » de l'Europe centrale ;

5° Le réseau des chemins de fer de l'État tout entier, y compris le réseau des postes, télégraphes et téléphones, deviendra propriété de l'État allemand ;

6° La Banque nationale belge sera fermée et le pays sera soumis au régime monétaire allemand.

IV. Le sort politique de la Belgique n'est pas encore complètement réglé par la réalisation de ces projets. Il ne faut absolument pas perdre de vue ces objectifs économiques, car c'est par là seulement que le pays pourra être soudé sûrement au « bloc économique de l'Europe centrale » et constituer lui-même un « bloc économique ». Si le pays subsistera encore en tant qu'État politique, et de quelle façon ; ce qu'il adviendra de l'annexe congolaise, quelles langues seront autorisées et dans quelles limites, d'autres questions encore, en elles-mêmes très importantes, sont moins essentielles que les points traités plus haut.

C'est aussi une question secondaire que de savoir si la petite région de langue purement allemande, à l'est du pays, sera ajoutée aux provinces rhénanes, et comment le futur Parlement sera organisé. Il faut écarter l'idée d'un plébiscite exprimant les désirs de la population par suite de la diversité des langues, etc. A ce propos, les observations faites par exemple en Amérique sont sans objection : à notre connaissance, les Indiens de l'Amérique au Nord, les habitants de Panama et des Philippines n'ont pas été consultés par vote avant leur annexion.

V. En rapport étroit avec la question des destinées de la Belgique, il y a encore un point économique important. Un quart à un tiers de la population belge seulement peut être nourri par l'agriculture belge. Il n'est pas sage de déranger l'équilibre dans cette question si importante. De sorte qu'il devient indispensable d'annexer, comme compensation, une autre région, probablement à l'est ou au sud-est, dont l'apport des productions économiques correspondrait au moins aux besoins croissants de la Belgique.

*
* *

Un mot maintenant à nos coloniaux à tous crins. Ils ne sont pas suffisamment convaincus de cette vérité que, pour augmenter la puissance économique, il·faut tout d'abord élargir le territoire en Europe même. La première condition pour accroître la force coloniale, et même la force maritime, est de disposer d'une base territoriale et humaine suffisante ; et l'inverse n'est pas vrai. Celui qui joint la Belgique à l'Europe centrale aura aussi, tôt ou tard, le contrôle sur le Congo belge. Mais celui qui accepterait le Congo belge sans la Belgique, n'aurait qu'un cadeau des Danaïdes ; il compromettrait sa sécurité personnelle, telle qu'elle résulte forcément de toute la situation mondiale.

(La Soupe, n° 411, juillet 1915.)

Très intéressante aussi la carte postale qui a été reproduite par *La Libre Belgique* (pl. III.)

La comparaison des modestes désirs belges avec les exigences allemandes est-elle assez instructive !

Mais l'Allemagne ne compte pas uniquement s'emparer de notre territoire. Son appétit est plus grand : elle entend aussi nous enlever toutes les œuvres d'art qui lui seraient utiles. Et la Belgique, si débordante d'art, possède naturellement beau-

coup de choses qui feraient bon effet dans les musées de
Berlin, de Munich, de Dresde, etc. M. Emil Schaefer en a
fait l'énumération dans une importante revue d'outre-Rhin,
Kunst und Künstler (*L'Art et les Artistes*) Notre planche VI reproduit le début et la fin de la traduction publiée par *La Soupe* (¹)
(n° 293). La dernière page se rapporte au retable de l'Adora-
tion de l'Agneau Mystique, des frères Van Eyck. Nous pensons que le lecteur savourera tout particulièrement la note de
la rédaction qui termine l'article.

B. *L'AVERSION POUR LES ALLEMANDS*

1. Les démonstrations individuelles.

Si l'on en croyait les journalistes allemands, les sentiments
des Belges envers les pouvoirs occupants auraient passé par
les alternatives suivantes :

a) Tout au début de l'occupation, hostilité violente et
non dissimulée.

b) Depuis septembre 1914 jusqu'en mars 1915, l'aversion
première aurait fait place à des rapports beaucoup moins
aigres, parfois même assez sympathiques.

c) Mais ces affirmations étaient si manifestement contraires
à la vérité, — que dis-je, au simple bon sens, — que les
correspondants des journaux en sont revenus à leur première manière, et ils ne parlent plus maintenant que des
regards chargés de haine que leur lancent les passants.

En réalité, notre antipathie, faite à la fois de haine et de
mépris, n'a jamais fléchi un instant, et nous ne l'avons jamais
cachée. Loin de là, nous avons eu soin de l'étaler devant
eux, afin qu'ils ne puissent pas feindre de se méprendre sur
nos sentiments. L'un des moyens les plus communément
employés pour mettre en évidence notre germanophobie était
de porter ostensiblement à la boutonnière, soit une médaille
patriotique, — soit un petit portrait sur celluloïde du Roi,

______

(1) L'article a été publié en entier dans les *Cahiers documentaires,* n° 37.

de la Reine, du bourgmestre Max, du cardinal Mercier, etc.,
— soit une cocarde aux couleurs nationales, — soit quelque
autre insigne dont le sens ne prêtait pas à équivoque.

Pendant longtemps, nos tyrans ne sévirent pas ouvertement contre le port de ces emblèmes. Toutefois, ils agissaient en sourdine. Celui qui avait à se présenter dans un bureau allemand pour un passeport ou pour un papier quelconque, était prié d'enlever d'abord ces objets subversifs (¹); quand les policiers faisaient une perquisition dans un magasin, ils engageaient les marchands, « dans leur propre intérêt », à ne pas exposer ces insignes à la vitrine; de temps en temps, dans les trams ou aux carrefours, les mêmes policiers conseillaient aux porteurs de médailles patriotiques de ne plus les montrer, « afin de ne pas avoir l'air de provoquer les membres de l'armée allemande » !

Cette lutte sournoise se poursuivit jusqu'en juin 1915 :

Arrêté.

Quiconque porte, expose ou montre en public d'une façon provocatrice des insignes belges ou quiconque porte, expose ou montre en public, même d'une manière non provocatrice, des insignes d'autre pays en guerre avec l'Allemagne ou ses alliés, est passible d'une amende de 600 marks au plus ou d'une peine d'emprisonnement de six semaines au plus. Ces deux peines peuvent aussi être réunies.

Les contraventions seront jugées par les autorités ou les tribunaux militaires allemands.

Le présent arrêté entrera en vigueur le 1er juillet 1915.

Bruxelles, le 26 juin 1915.

Le Gouverneur général en Belgique,
Baron VON BISSING,
Général-colonel.

A partir de ce moment, on ne peut donc plus arborer aucun insigne, car il ne dépend évidemment que de l'arbitraire ou de l'humeur momentanée du policier de se sentir ou non « provoqué ».

----

(1) Voici un alinéa de l'arrêté, signé von Huene, disant comment les Anversois doivent se présenter au contrôle allemand à partir du 16 octobre 1916 : « Pendant le contrôle il est défendu de porter des insignes, de parler dans les rangs, de fumer ou de troubler l'ordre public. »

Beaucoup d'articles de nos prohibés reflètent la haine farouche, implacable, que les Allemands se sont attirée par leur violation de la neutralité belge et par leur conduite féroce envers nos populations. Citons-en deux, de genres différents :

Der heilige Hass.

Der heilige Hass ! La sainte haine !

Qu'on se rappelle le début de la guerre, la marche foudroyante et triomphale de l'armée allemande : c'était la victoire certaine et rapide. En même temps, c'était la terrorisation des pays occupés, les meurtres, les incendies, la destruction organisée, pendant qu'en Allemagne même les écrivains instillaient dans le cœur des populations teutonnes la haine, la sainte haine, *der heilige Hass*, envers les vaincus.

Depuis lors, les événements ont modifié la tournure des choses. Non seulement la victoire échappe aux armes allemandes, mais dans le lointain apparaît la vision de la débâcle finale. Et ce sont aujourd'hui des appels indirects à la paix, appels dont on entend l'écho dans tous les pays neutres.

En Allemagne même, le parti socialiste, veule domestique du Gouvernement impérial, a lancé dernièrement aux socialistes étrangers un document dont nous ne citerons qu'un passage : « *Nous désirons que, aussitôt que nous aurons obtenu toute garantie de sécurité et que nos ennemis seront disposés à la paix, la guerre prenne fin par une paix qui rende possible l'amitié avec les peuples voisins.* »

L'amitié ! ils osent parler d'amitié !

Libre aux autres peuples d'accepter plus tard la main, encore sanglante, que les Allemands leur tendent déjà...

Mais parler d'une amitié possible avec nous, Belges, nous qu'ils menacent d'annexer en cas de victoire !

Horreur ! Comme si jamais, aujourd'hui, demain, pendant le siècle en cours, un pareil sentiment pouvait lier le peuple assassin avec le peuple meurtri ! Comme si, entre eux et nous, il n'y avait pas un tel abîme qu'il ne pourra être franchi qu'après de longues générations.

Ah ! bandits, vous avez parlé de haine, de la sainte haine ! Eh oui ! elle existe cette haine, enracinée, irréductible, éternelle, horriblement sainte, dans le cœur de tout homme qui a l'honneur de porter le fier nom de Belge : c'est la haine des Teutons.

Teutons ! race maudite par nos mères, à qui vous avez arraché leurs fils ; par nos épouses, qui portent le deuil du veuvage ; par nos jeunes gens, qui meurent pour la patrie violée ; par nos filles, qui ne reverront plus leurs fiancés ; race maudite par notre peuple tout entier, témoin de vos abominables forfaits, de vos lâches assassinats de civils désarmés, de vos viols d'enfants et de vierges, de vos meurtres de vieillards et de nourrissons, de vos tueries de prêtres, de vos incendies criminels, de vos vols organisés, de vos emprisonnements d'innocents ; race maudite par l'univers civilisé, qui recule d'épouvante devant vos sanglantes ignominies ; race maudite par Dieu lui-même, que vous blasphémez par vos invocations théâtrales et ostentatoires ; Teutons, race infâme et dégradée par le crime, entre vous et nous, Belges, il n'y a plus de place que pour la haine.

Teutons ! qui, hier, nous flattiez pour nous endormir et qui, au mépris de vos serments, avez lâchement, par surprise, foulé aux pieds un petit peuple pacifique qui vous accueillait en amis, qui nourrissait et choyait vos pseudo-marchands devenus vos émissaires et vos espions ; Teutons, qui depuis plus d'un an nous avez enlevé notre sainte liberté, qui nous opprimez et nous torturez dans tout ce qui nous est cher, qui nous avez réduits à l'état de mendiants vivant de la charité étrangère ; Teutons, qui nous avez tout volé, notre existence, notre indépendance, notre royauté, nos biens, nos vies, qui même voulez nous arracher plus que tout cela, ce que nous aimons par-dessus tout, l'honneur ; qui nous accusez de félonie et de traîtrise, qui nous souillez dans votre infâme *Livre Blanc* et vos turpides brochures où vous nous représentez comme des brutes, des malfaiteurs, des fauves sanguinaires ; Teutons, à vous notre haine, toute notre haine, rien que notre haine !

Oh ! la grande, la sainte, la légitime haine qui unit les deux races de notre nation et se répercutera jusqu'aux enfants de nos petits-enfants !

Oui, la nation vous haït, parce qu'elle haït la lâcheté, le mensonge, la fourberie, le parjure, la trahison, la barbarie, et que vous quintessenciez tout cela !

Elle vous haït, parce qu'elle aime la droiture, la vérité, la justice, la loyauté, la sainteté des serments et que sa patrie personnifie tout cela !

* *

Les choses ont des larmes, elles ont aussi la haine.

Entendez-vous le sol patrial qui gémit sous le sabot de vos chevaux et le pas lourd de vos hordes ? C'est le gémissement de la haine !

Entendez-vous le murmure de nos ruisseaux rougis, le bruit sourd de nos fleuves déserts, le clapotement de nos plages abandonnées ? C'est le sourd murmure de la haine !

Entendez-vous le son expirant des dernières cloches de nos villes et villages incendiés se répandant en sanglots entre les pierres branlantes et les ruines informes ? C'est le sanglot de la haine !

Et nos petites cocardes, que vous avez arrachées de nos poitrines, petits emblèmes tricolores dont votre Bissinge, dans sa lourde raillerie de Germain, ricanait en disant : « C'est la manie de la couleur », savez-vous ce que disaient ces pauvres rubans ? Nous ne pouvions dans la rue cracher notre mépris sur votre face rubiconde ; pour nous, ces petits morceaux d'étoffe vous criaient notre haine !

*
* *

Est-ce bien moi qui ai écrit tout ceci, moi qui ai vécu en Allemagne, qui croyais la connaître, moi qui ai tant admiré ce peuple allemand dont je ne soupçonnais pas la fausseté et la fourberie, moi qui me suis nourri à sa science, qui ai tant vanté ses universités et ses docteurs, qui ai tant défendu sa prétendue civilisation, moi qui, Flamand, tiens un peu par là de son origine germanique ? « Être Flamand ne signifie pas être Allemand », écrivait, il y a quelques jours, le Bissinge fils ; c'est vrai, car autant j'aimais et j'admirais jadis la grande Allemagne, autant je la déteste aujourd'hui, je la méprise, je la hais — et pourtant je n'ai jamais connu la haine... Quelques mois ont suffi pour cela, quelques mois de crimes ininterrompus...

Et c'est avec un sentiment de volupté que je lui renvoie son chant de haine :

Deutschland,
Dich werden wir hassen mit langen Hass,
Wir werden nicht lassen von unserm Hass,
Hass zu Wasser und Hass zu Land,
Hass des Hauptes und Hass der Hand,
Hass der Haemmer und Hass der Kronen,
Drosselender Hass von sieben Millionen.
Wir lieben vereint, wir hassen vereint,
Wir haben alle nur einen Feind :
Deutschland !   D^r Z.

(*La Libre Belgique*, n° 50, octobre 1915, p. 3, col. 2.)

Flair rare.

Un officier prussien, de l'innombrable catégorie de ceux que nous avons hébergés pendant de longues années et qui en ont profité pour nous espionner tout à l'aise, était, ces derniers jours, de passage à Bruxelles. Voici en quels termes il a défini les sentiments que certaines villes belges professent à l'égard des Boches :

— A Liége, a-t-il dit, on nous méprise.

— A Namur, on nous craint.

— A Bruxelles, on se f...t de nous.

Ce soudard a de la psychologie des foules une notion très juste.

Gageons que notre excellent gouverneur partage son avis.

(*La Libre Belgique*, n° 37, juillet 1915, p. 4, col. 1.)

Nous disions plus haut que les Allemands ont été forcés de

rendre justice à notre haine. Voici deux articles qui le constatent :

Le chancre belge.

Le poignard le plus aigu, le poison
le plus actif et le plus durable, c'est la
plume en des mains sales.
Louis VEUILLOT.

Connaissez-vous le chancre belge ?... Ne cherchez pas : c'est l'ardent patriotisme qui anime nos populations. C'est le *Vaderland* qui a fait cette trouvaille ; sachons-lui-en gré.

Le *Vaderland* est un journal hollandais de principes solides ; inaccessible à la corruption monétaire, évidemment ; tout à la dévotion de la Germanie par pur principe, s'entend. Le *Vaderland* aime le patriotisme : sinon, s'appellerait-il *Vaderland* (patrie) ? Le *Vaderland,* à ce dûment autorisé (je n'ai pas dit stipendié, n'est-ce pas ?) par l'autorité allemande, vient journellement entretenir chez nous le saint amour de la patrie et relever notre moral chancelant, en nous arrosant chaque soir congrument de toutes les nouvelles qui peuvent faire plaisir aux Allemands ; ses renseignements sont impartiaux, mais sont fournis presque exclusivement par la très véridique Agence Wolff : c'est sa façon à lui de montrer sa reconnaissance à la Belgique. Si nous disions au *Vaderland* que, grâce à leur héroïque résistance, les troupes belges ont sauvé autant la Hollande que la Belgique de la domination teutonne, le *Vaderland* se gondolerait comme une petite folle ! ! De la reconnaissance ? Heu ! il ne daignerait s'abaisser à un sentiment aussi vulgaire, il est au-dessus de cela... Et voilà pourquoi, gardant une fière indépendance, il vient jusque chez nous prodiguer ses insultes à ceux des Belges qui n'ont pas sa mentalité ni sa compréhension du devoir patriotique.

Donc, le 21 septembre, le *Vaderland,* sitôt reproduit *con amore* par *La Belgique* et par *Le Bruxellois,* a parlé de la germanophilie en Belgique. Il affirme que les Belges sont profondément divisés en deux camps : d'un côté se trouvent les *gens sérieux, raisonnables, pratiques,* qui s'accommodent de la situation actuelle et ne refusent pas de donner un petit coup de main au Gouvernement allemand ; ces gens accordent entière créance à toutes les nouvelles du *Vaderland* et aux bourdes des incommensurables victoires germaines ; ils n'ont pas de « haine » pour les assassins de nos populations, n'ajoutent nulle foi aux récits des forfaits des barbares ; ce sont des courageux, des agneaux cruellement traqués par les « tigres ».

Les « tigres », ce sont ceux qui forment l'autre camp : lâches, ils persécutent leurs concitoyens qui acceptent le fait accompli ; ils osent traiter les allemanisants de « sales Boches », de *lielleken Deutsch ;* ils ne comprennent pas que certains Belges acceptent les offres et la méprisante aumône du vainqueur et vont jusqu'à les menacer : *Wacht maar tot dat d'alliés terug zijn* (attendez seulement le retour des Alliés) ; ils ont le toupet, malgré le régime de terreur qui nous opprime, de montrer publiquement leur patriotisme, un « patriotisme mal placé, jaloux et brouillon », bref ils supportent mal les germanophiles et, par leurs agissements odieux, ont provoqué le fameux arrêté de von Bissing punissant sévèrement ceux qui « offensent » les bons Allemands et les personnes qui leur sont sympathiques.

Et ce qui dépasse l'entendement du *Vaderland,* c'est que, parmi les *patriotards,* il n'y a pas que la « menue plèbe », mais des « personnes intelligentes, des hommes cultivés, professeurs d'université, juristes, artistes, etc. »; c'est qu'on rencontre dans leurs rangs des illuminés qui, comme le cardinal Mercier, s'exposent de gaieté de cœur à la détention, et d'autres encore qui, comme les bourgmestres Max et de Lalieux, paient de leur liberté, ou comme Lenoir, Frank, Baekelmans, de leur vie même, leurs écarts de jugement et d'imagination. Quelle aberration mentale ! Et cela indigne le *Vaderland.*

Ah ! ce n'est pas parmi les rédacteurs du *Vaderland* qu'on trouverait pareille engeance ! Nous confessons le croire en toute sincérité ; mais que voulez-vous ? nous ne sommes que des Belges ; comme tels, nous aimons par-dessus tout notre patrie, notre Roi, notre liberté ; nous sommes même devenus un tantinet chauvins et nous haïssons profondément l'étranger violateur, assassin et pillard, et, non moins que lui, ceux qui, chez nous, courbent bassement la tête devant l'oppresseur tout-puissant... Nous traitons d'un même mépris le Teuton et le Germanophile : c'est devenu « une maladie » chez nous !

Germanophiles ! hélas, il faut bien l'avouer, il en existe parmi les nôtres. Les connaissez-vous ? Du côté *femmes,* ce sont, comment dire ?... ces fleurs de pavé qu'on rencontre au bras des officiers allemands et dont la germanophilie est si intense qu'elle laisse souvent chez ces fils de Mars des traces durables... Du côté *hommes ?* Dans tout pays il existe, aux divers degrés de l'échelle sociale, une certaine population, sans honneur, sans idéal, vivant en marge de la loi, candidats ou habitués de la correctionnelle et des assises, capables de tout sauf d'une action honnête, se vendant à qui veut les acheter, n'ayant même pas la notion des mots patrie et patriotisme... C'est cette écume, dont chaque pays voudrait se débarrasser, qui, chez nous, montre des sentiments germanophiles... Tous deux, hommes et femmes, sont dignes des faveurs allemandes, et nous les laissons volontiers pour compte à nos ennemis : ils se valent.

Cependant, ô journal étranger, ô *Vaderland,* n'en exagérez pas le nombre. C'est l'infime exception, et, si vous les considérez comme des gens de sens rassis et pratique, nous jugeons qu'ils font tache dans cette grande et noble population belge qui, au sein des vexations et du malheur, lève fièrement la tête et regarde en face le Germain insolent. Si votre correspondant était capable de sentir battre le cœur à la vue d'un grand spectacle, il s'inclinerait devant ce petit peuple infortuné, rebelle aux puissants, fidèle à ses chefs exilés, et il conviendrait qu'il ne voit pas chez lui la platitude et la lâcheté qui caractérisèrent la nation prussienne aux temps de Napoléon Ier.

D^r Z.

(La Libre Belgique, n° 52, novembre 1915, p. 2, col. 2.)

Comment ils voient.

Ce qui suit est extrait d'un article, « Les Allemands en Belgique », publié dans le *Düsseldorfer General-Anzeiger* du 20 septembre 1915 par un M. Rudolph Bartsch qui doit être, dans le journalisme allemand, un personnage de qualité. Le *Düsseldorfer* nous apprend, en effet, qu'il fut « chargé par les Gouvernements allemand et autrichien d'observer le peuple allemand durant la guerre » ; ses articles paraissent dans les grands journaux autrichiens et, en Allemagne, dans la *Vossische Zeitung* et le *Düsseldorfer General-Anzeiger ;* ils constituent donc, pour la documentation du public allemand, un élément important.

Dans l'article susmentionné, l'auteur commence par nous expliquer qu'il ne venait pas sans répugnance dans notre pays :

« Bien que je me rendisse compte que la violation de la neutralité belge était *une dure nécessité,* bien que sachant que les Allemands n'ont fait que reprendre ici le procédé de Napoléon Ier, le sort de ce pays si riche et pourtant si malheureux me faisait mal au cœur. »

Heureusement pour sa conscience chatouilleuse, M. Bartsch apprit vite, chez nous, comment la Belgique avait elle-même rompu sa neutralité, en se mettant de mèche avec l'Angleterre. Il respira ! Puis, le voilà pénétrant dans l'intimité de l'âme belge, et il s'aperçoit *avec étonnement* que nous détestons le conquérant. Nous n'inventons pas :

« Haine ! La population urbaine ne connaît que cela, je dois le dire (dites-le, mon ami, dites-le !) à ma douleur *et à mon étonnement.* Abstraction faite des mille vexations et tentatives de complot, dans aucun œil humain je n'ai vu, comme là, passer ostensiblement le sauvage et obscur nuage de la tempête. »

Ça, M. Bartsch, c'est ce que l'on peut appeler une belle phrase — en allemand. Mais continuons, l'auteur va nous consoler des menus désagréments que nous a causés l'invasion, au moyen d'arguments inattendus :

« Certes, elles sont terribles à voir, les localités bombardées et brûlées, et, au début, je ne pouvais retenir mes larmes en voyant tant de bonheur familial détruit (la chère âme !), mais je pénétrai plus avant dans l'intimité du pays et pus me rendre compte que *si une somme incommensurable de beauté, de richesse et de culture a été conservée au pays frappé de terreur, c'est précisément parce que les premières sanctions contre les meurtres secrets et les bestialités des francs-tireurs furent immédiates et effrayantes.* Et je demeurai convaincu, moi aussi, que cet exemple valait mieux que le sang, l'incendie et les larmes qui sévirent pendant la guerre de Trente ans. »

En d'autres termes, nous pouvons nous estimer heureux de ce que les Prussiens aient bien voulu brûler quantité de villages, torturer et massacrer les habitants : c'était pour notre bien, ce fut même pour nous un bonheur. Ceci n'est pas de l'interprétation ; M. Bartsch va nous le dire lui-même, dans ce qui suit, fort explicitement :

« Partout où les troupes allemandes furent accueillies pacifiquement, elles se conduisirent de façon exemplaire ; et les soldats tinrent si scrupuleusement à la discipline et à l'honneur que les propriétaires de centaines de châteaux et de villas, qui avaient fui, retrouvèrent, rentrés chez eux, la moindre nippe à sa place. (Ils y ont même, assure-t-on, trouvé des choses qui n'y étaient pas... mais allons toujours.) Quand je songe aux horreurs russes en Galicie et dans la Prusse Orientale, *l'occupation de la Belgique m'apparaît plutôt comme un bonheur pour ce peuple* (kommt mir die Besetzung Belgiens eher noch wie ein *Glück* für dieses Volk vor). Il a ses fils chez lui, ses champs sont ensemencés, *la paix et le bien-être règnent partout* (Frieden und *Wohlstand* herrschen überall). »

Nous apprenons enfin, avec attendrissement, que, dès à présent, « nombreux sont les ouvriers belges qui s'en vont travailler en Allemagne, où ils apprennent à connaître les hautes paies, les ateliers sains, éclairés, les exemplaires institutions de bienfaisance... ».

Voilà ce que patronnent les Gouvernements allemand et autrichien, voilà comment ils éclairent l'opinion chez eux. Est-ce écœurant, odieux ou stupide, — ou le tout ensemble ?

(*La Libre Belgique*, n° 52, novembre 1915, p. 2, col. 2.)

M. le baron von Bissing, lui-même, dut convenir de l'aversion que les Belges nourrissent pour le régime allemand : d'abord dans la lettre au bourgmestre de Bruxelles (voir p. 24), puis dans son affiche sur la germanophobie (voir p. 66).

Les Allemands ne se sont pas résignés facilement à notre hostilité et à notre mépris.

Dès le milieu de l'année 1915, ils ont cherché à nous convertir à des sentiments moins aigres.

Il essayèrent d'abord de la persuasion. Voici une « Lettre ouverte du gouverneur général » qui a paru dans les journaux domestiqués :

L'administration du pays occupé.

Du gouverneur général baron von Bissing en date du 18 juillet 1915 :
La Convention de La Haye concernant les lois et coutumes de la guerre sur terre stipule ce qui suit :

« Art. 42. — Un territoire est considéré comme occupé lorsqu'il se trouve placé de fait sous l'autorité de l'armée ennemie.

« Art. 43. — L'autorité du pouvoir légal ayant passé de fait entre les mains de l'occupant, celui-ci prendra toutes les mesures qui dépendent de lui en vue de rétablir et d'assurer, autant qu'il est possible, l'ordre et la vie publics en respectant, sauf empêchement absolu, les lois en vigueur dans le pays. »

En exécution de ce devoir imposé par le droit des gens, S. M. l'Empereur allemand, après l'occupation du royaume de Belgique par nos troupes victorieuses, m'a confié l'administration de ce pays et m'a chargé d'exécuter les obligations résultant de la Convention de La Haye. En dirigeant l'administration du pays en ma qualité de gouverneur général, je n'agis nullement par amour du despotisme ni pour favoriser uniquement les intérêts de l'Empire allemand ; j'accomplis la mission difficile qui m'a été confiée et les multiples devoirs qu'elle m'impose envers la Belgique occupée.

Pour cette raison, je suis en droit d'attendre et j'attends de tout sujet belge, et surtout des autorités du pays qui ont pu être laissées en fonctions, que tous secondent mes efforts tendant à rétablir et assurer l'ordre et la vie publics. Je reconnais volontiers qu'un nombre relativement considérable de bourgmestres, de fonctionnaires de l'État, de membres du clergé, d'habitants des villes et de la campagne, et surtout de personnes charitables, a su comprendre mes intentions ; je reconnais qu'il en est résulté de sérieux avantages dont l'intérêt public — non leur intérêt personnel — a tiré profit. Nombreux sont cependant ceux qui opposent encore une résistance ouverte ou secrète aux mesures que je juge nécessaires d'appliquer. Beaucoup, me semble-t-il, estiment, bien à tort, faire acte de patriotisme ou de courage en contrecarrant les dispositions du pouvoir actuel ; d'aucuns croient qu'en secondant mes efforts ils s'attireraient des ennuis ou même courraient des dangers si, par la suite, l'ancien régime revenait au pouvoir.

Ces deux façons de penser sont très regrettables ; l'une provient d'un malentendu fondamental ; l'autre est l'indice d'un caractère peu digne.

Quelle que soit la destinée que l'avenir réserve à la Belgique, celle-ci est placée à présent sous l'administration allemande, sous mon administration, en vertu du droit des gens. Tout Belge qui obéit à cette administration ou seconde ses efforts ne sert pas le pouvoir occupant, mais sa propre patrie. Tout Belge qui résiste à l'administration établie de fait ne nuit pas à l'Empire allemand, mais à son pays, à la Belgique même, et une telle manière d'agir n'est ni courageuse ni patriotique. Jamais celui qui, sans réserve, coopérera au bien-être public, avec le pouvoir occupant, ne pourra, équitablement, être accusé de soumission à l'étranger ni de trahison envers sa patrie.

Je ne demande à personne de renoncer à ses idéals ou de désavouer hypocritement ses convictions. Mais j'exige que chacun tienne compte de l'état de choses existant ; j'exige que tous les Belges reconnaissent que le

droit des gens et le droit de la guerre m'obligent à administrer le pays;
j'exige qu'ils comprennent que j'ai légalement le droit de recourir à la
collaboration des autorités du pays, de ses chefs intellectuels, religieux et
laïques. Tous ceux qui, ayant de l'influence, s'abstiennent, par faux
patriotisme, de la mettre au service de la cause commune, desservent la
patrie qu'ils prétendent aimer.

Je respecte toute conviction religieuse, politique ou patriotique, et
j'accueille avec plaisir toute collaboration loyale, d'où qu'elle vienne.
Mais j'ai le devoir de sévir sans ménagement contre ceux qui troublent
ouvertement ou secrètement l'ordre dans le pays et s'efforcent d'empêcher
le rétablissement et le développement paisibles de la vie publique. Accomplissant ma mission, je punirai, sans égards pour la personnalité, tous
ceux qui résisteront par actes ou par paroles et, s'ils occupent des fonctions publiques, je les destituerai.

J'attends du bon sens de la population belge et de ses dirigeants que
mes paroles dissipent certaines idées fausses et fassent comprendre à tous,
sans distinction de classes, que je désire servir les intérêts du pays et
que, dans les circonstances présentes, le seul moyen de faire acte de vrai
patriotisme est de seconder mes efforts, de contribuer à leur réalisation.

(*La Belgique* [de Bruxelles], 20 juillet 1915.)

Cette tentative fut commentée par *La Libre Belgique :*

Réponse à notre gouverneur.

Excellence,

A raison de la sollicitude que vous professez pour les intérêts de notre
pays, vous devez être soucieux de vous renseigner exactement sur l'état
de l'opinion publique. Il vous sera donc utile, sinon agréable, de connaître
l'impression produite par votre manifeste du 18 juillet, où vous nous
assurez de votre bienveillance sur un ton si étrangement comminatoire.
Je viens donc vous exprimer mon appréciation, conforme, je le sais, à
celle d'un très grand nombre de Belges.

Ce fut pour nous tous, Excellence, un sujet de joyeuse surprise que
d'apprendre, un beau matin, que vous teniez à posséder la confiance de
vos administrés. Jusque-là, nous étions tous persuadés que vous vous
flattiez de nous réduire et de nous conduire par l'intimidation. Installé
chez nous par la force des armes, à la suite d'une agression aussi lâche
que perfide, chargé d'organiser dans notre pays le régime d'occupation,
vous avez accompli cette besogne avec un soin et une méthode où nous
n'avons jamais pu voir que le souci des intérêts militaires, économiques
et financiers de nos envahisseurs. La Belgique ruinée et meurtrie fut
frappée de lourdes contributions de guerre. Des réquisitions en masse
drainèrent les dernières ressources de notre pays ravagé. Des prestations
de tout genre pesèrent par surcroît sur la population des villes et des

campagnes, sans compter les abus individuels commis pas vos soldats. J'ignore dans quelle mesure ce système d'oppression et de vexations vous est imputable ; mais j'ai pu voir, comme tout le monde, que votre administration y a prêté main-forte. Elle a emprisonné toute la vie du peuple belge dans un réseau de règlements, de décrets et d'arrêtés, où s'exerce sans retenue le souci prépondérant, ou plutôt exclusif, des intérêts allemands. Quant aux sentiments du peuple belge, vous n'aviez pas l'air de vous en préoccuper beaucoup en ce temps-là. Votre police haute, basse et moyenne se chargeait de suppléer au bon vouloir des habitants. Amendes, arrestations préventives, détentions par mesure administrative, perquisitions domiciliaires, condamnations à la prison, condamnations à mort ont grêlé dru pendant toute la durée de votre règne. A vous voir faire, Excellence, on devrait se dire qu'il vous était indifférent d'être cordialement détesté. Puisqu'il vous a plu de nous signifier que la liberté de le croire nous était retirée, nous sommes bien forcés de vous dire que vous nous donnez en échange celle de rire à vos dépens.

En soi, c'est une plaisante idée que de réclamer la confiance par sommation officielle. Chez vous peut-être est-elle une contribution qu'on lève par voie administrative sur la docilité populaire comme on réquisitionne, par décret, le vieux cuivre, le pétrole ou les pommes de terre. Si cela réussit en Allemagne, cela prouve une fois de plus que les extrêmes se touchent et que la suprême « Kultur » confine à la simplicité primitive. Dans nos pays moins « kultivés », il n'est pas d'usage que l'autorité, quand le remords ou le dépit la démangent, se gratte aussi ostensiblement. L'Allemagne serait-elle donc le seul endroit du monde où le ridicule ne tue pas ? Ou bien la valeur allemande se doit-elle à elle-même de braver aussi cette mort-là ? Mais en ce cas, il conviendrait de montrer qu'on a regardé le danger bien en face et de ne pas se donner la figure d'un personnage plus comique qu'il ne s'en doute. Vous manquez un peu, Excellence, à cette précaution élémentaire.

Il aurait dû vous suffire d'invoquer, avec les airs pénétrés que vous y avez mis, les « Conventions de la Haye ». Le commentaire que vous nous faites des article 42 et 43 est savoureux à lire après celui que votre soldatesque et votre état-major nous ont donné de cet autre chiffon de papier. A vous entendre, vous seriez le seul bon juge de nos devoirs envers notre chère et malheureuse patrie. Nous n'aurions plus qu'une seule manière de la servir, et ce serait de nous mettre docilement aux ordres de ses oppresseurs et de ses bourreaux, de seconder l'autorité allemande, de travailler pour le compte de l'Administration allemande, de nous prêter aveuglément à tout ce que le pouvoir allemand décide être l'intérêt de la Belgique, devenu tout à coup identique à l'intérêt allemand.

« Tout Belge — je vous cite — tout Belge qui résiste à l'administration établie de fait, ne nuit pas à l'Empire allemand, mais à son pays, à la Belgique même, et une telle manière d'agir n'est ni courageuse ni patriotique. »

Vous auriez dû en rester là, Excellence, et vous tenir dans le ton de la force encore tempérée, que nous pouvions écouter avec une ironie bienveillante. Mais vous tombez dans la bouffonnerie odieuse quand vous vous oubliez à écrire que les Belges qui vous résistent le font par peur, c'est-à-dire par lâcheté. On sait pourtant ce qu'il en coûte de vous déplaire, et vous ne vous privez pas de le répéter assez haut dans ce même document où vous ne rougissez pas d'expliquer notre fidélité patriotique par ce mobile déshonorant. Vous nous aviez déjà donné d'autres exemples de cette étrange logique, notamment dans cette affiche demeurée célèbre, où vous commenciez par verser un pleur sur le sort misérable des Belges réfugiés en Angleterre, pour nous annoncer ensuite que vous veniez de faire fusiller, à Liége, huit de nos compatriotes.

Au gré de cette même logique sans doute, nous vous paraîtrions des foudres de bravoure et d'intrépidité, si nous consentions à trembler devant vos argousins, vos mouchards et vos juges.

De votre homélie nous retiendrons donc, Excellence, qu'il vous plairait fort de posséder la confiance des Belges et que vous nous la demandez... en allemand ! ! !

Il nous est assez difficile de voir ce que vous en ferez de bon, mais, puisque vous y tenez, il y aurait un moyen de la conquérir, dans la mesure où elle peut vous être nécessaire. Chargé de maintenir sous le joug une petite nation qui s'est courageusement sacrifiée pour son honneur et son devoir, montrez-lui, si discrètement que ce soit, que vous comprenez la tragique grandeur de sa conduite. Au lieu de proscrire jusque sur le cercueil de nos morts les manifestations les plus innocentes de notre loyalisme patriotique et de nos légitimes espérances, vous pourriez traiter comme un noble vaincu le peuple belge prisonnier dans son propre pays.

Affichez des airs victorieux et triomphants puisque cette morgue paraît être l'empois nécessaire d'un uniforme prussien ; mais sous cette armure laissez-nous deviner une âme de gentilhomme et de soldat, où le peuple de la libre Belgique retrouvera quelque chose des sentiments d'honneur et de fierté pour lesquels il s'est dévoué aux horreurs de sa situation présente. Alors, mais alors seulement, il consentira à croire que vous songez aux intérêts de son pays momentanément tombé sous votre garde. D'intérêt, nous n'en connaissons plus qu'un seul aujourd'hui : c'est celui pour lequel notre Roi, notre Gouvernement et notre armée unissent en ce moment leur courage, leurs efforts et leur bravoure, c'est celui auquel tout véritable Belge songe, jour et nuit, avec une obstination indomptable comme sa confiance. Quand vous nous aurez montré que vous comprenez ce sentiment et la place qu'il tient dans nos cœurs, nous consentirons joyeusement à croire que c'est pour le grand bien de l'agriculture belge que vos maquignons en uniforme enlèvent les derniers chevaux du pays.

Pour être sincère, je dois vous avouer que ce moyen de persuasion ne réussit généralement qu'à ceux qui ont l'âme assez haute pour le trouver eux-mêmes. Votre proclamation du 18 juillet montre que vous en êtes tout de même un peu loin. Si celle-ci doit devenir la charte de vos rapports avec vos administrés, il n'y aura pas grand'chose de changé dans la Belgique occupée. Il se trouvera encore des Belges bornés et pusillanimes pour refuser de comprendre qu'ils servent leur patrie en vous aidant à la réduire. Vos juges, s'ils les attrapent, continueront de les condamner et vous de les gracier après qu'ils seront morts.

Agréez, Excellence, l'expression de tous les sentiments de déférence dus à vos fonctions, dans les formes protocolaires prévues par les Conventions de La Haye.

Belga.

(*La Libre Belgique*, n° 40, août 1915, p. 1, col. 1.)

Comme les avances doucereuses nous laissaient insensibles, ils recoururent à des procédés plus conformes à leur tempérament : l'intimidation. Copions l'arrêté allemand d'octobre 1915 et la réponse publiée par *Le Belge*.

Nouvelles publiées par le Gouvernement allemand.

On connaît le résultat que l'offensive des Alliés, cette offensive annoncée depuis si longtemps, a atteint sur le front occidental. Les lignes allemandes ont résisté à une canonnade effrénée de soixante-dix heures et à la supériorité numérique considérable de l'ennemi. Les Français ont eu plusieurs centaines de milliers de tués et de blessés, tandis que les Anglais blancs et de couleur ont subi des pertes relativement plus élevées encore. Malgré le nombre énorme des vies humaines et les immenses quantités de munitions qu'ils ont sacrifiées sans ménagements, les ennemis de l'Empire allemand ne se sont rapprochés en rien de leur but, qui est de reconquérir la Belgique et le nord de la France.

Pendant que cette bataille décisive faisait fureur sur le front, j'ai eu à protéger le dos de l'armée allemande contre des manœuvres hostiles. A cette occasion j'ai été obligé de combattre des tendances dues, tout comme l'offensive désespérée des Alliés, à d'anciennes et vaines espérances, à la croyance en un prompt rétablissement de l'ancien état de choses. Certains milieux qui, plus que tout autre, devraient avoir à cœur de favoriser la paix intérieure, ont incité les esprits à la résistance ; des personnes qui s'étaient déclarées prêtes à coopérer avec moi à rétablir le bien-être dans le pays ont prêté de nouveau une oreille complaisante aux insinuations venant du Havre et de Londres ; de faux prophètes répandant de fausses nouvelles ont séduit des malheureux crédules et les ont amenés à commettre des actions criminelles. Par faux patriotisme, et plus encore par cupidité, des Belges se sont laissé entraîner à un espionnage qui a abouti au même échec que l'offensive ennemie.

Malgré tout, nous sommes parvenus à tenir à l'écart l'ennemi sournois et lâche qui, perfidement, menaçait la sécurité de l'armée allemande. Les peines les plus rigoureuses ont dû être appliquées sans pitié à ceux que de vains espoirs ont amenés à se rendre coupables d'actions criminelles. Les faits, qui parlent un langage éloquent, réfuteront par eux-mêmes tous les bruits de victoire de nos ennemis et les nouvelles annonçant que les armées allemandes évacuent le pays. Ce que nous tenons, nous le tenons bien.

Cette dernière déception impose aux Belges le devoir d'en tirer des enseignements quant à l'avenir et de ne plus prêter si crédulement foi à des nouvelles qui, le lendemain, forcément, se révéleront mensongères. Tous ceux qui, sous mon administration, travaillent, qui gagnent suffisamment et qui ont su acquérir la satisfaction intérieure du devoir accompli, doivent contribuer à faire jouir des mêmes bienfaits ceux de leurs prochains qui sont encore aveuglés. L'expérience des dernières semaines prouve que la sécurité des armées allemandes est assurée contre des complots les mieux tramés. Mais la sécurité de la vie active, qui seule peut guérir les maux de la Belgique souffrante, ne peut être garantie qu'à ceux qui, laissant aux soldats le soin de combattre, et secondant mes efforts, favorisent dans leur milieu la paix intérieure et la prospérité économique du pays. Les arrêtés que je promulgue poursuivent le même but; quiconque les enfreint subira, dans toute leur dureté, les peines qu'ils édictent. Ceux qui contrecarrent mes efforts doivent s'attendre à subir toutes les rigueurs de la loi martiale; ceux qui me secondent dans ma tâche viennent en aide, de la manière la plus efficace, à leur patrie, à leurs compatriotes et à eux-mêmes.

Le Gouverneur général en Belgique,
Baron von BISSING.

(*Le Bruxellois*, 13 octobre 1915.)

A nos maîtres.

Vous avez fait afficher le 11 octobre un imprimé non signé, pour nous dire que le patriotisme belge n'est que de la cupidité, pour nous parler de centaines de mille Français tués, de la satisfaction que donne le devoir accompli, de complots ténébreux, de faux prophètes, de vos bonnes intentions et de répressions sévères. Ce fatras, où le ridicule le dispute à l'odieux, devait nous préparer à recevoir l'annonce de vos derniers assassinats.

Vos mouchards, en se mêlant aux lecteurs de ces affiches, ont senti une fois de plus les colères contenues gronder à côté d'eux.

Votre nouveau monument de cynisme ne pouvait inspirer que de l'indignation et du mépris. C'est l'œuvre d'hypocrites, gorgés de puissance, qui se préparent à faire régner la terreur.

Vous voulez nous faire trembler et nous soumettre par la crainte. Mais vous ignorez donc que la violence ne peut rien contre un peuple conscient. Vous ne savez donc pas que les inquisiteurs et les tortionnaires n'ont jamais converti une seule de leurs victimes, et vous oubliez que les martyrs n'ont jamais servi qu'à sanctifier la cause qui fut la leur.

Vous voulez nous réduire par la peur, vous n'y parviendrez pas.

Nous ne relèverons ni vos mensonges ni vos insultes, mais sachez que sous le bâillon que vous leur avez imposé tous les Belges vous crient avec nous : assez d'affirmations stupides, assez de lourde vantardise, assez de calomnies; n'en jetez plus..., nous sommes largement convaincus de la faiblesse de vos arguments, de l'épaisseur de votre esprit et de l'énormité de votre infamie.

Mais vous cherchez peut-être à vous faire haïr davantage ?... en admettant que cela soit possible. Alors, continuez, vous êtes les maîtres. Continuez vos manières de terroristes, insultez vos victimes, torturez, mentez, fusillez, mais au moins cessez de faire les bons apôtres, cela ne prend plus chez nous.

Vous êtes classés dans l'opinion du monde ; vous tenez votre réputation et, comme le dirait votre scribe tudesque, vous la tenez bien.

  (*Le Belge,* n° 6, octobre 1915, p. 1.)

Mais la manière forte ne leur réussit pas mieux que la douceur. Ils essayèrent alors le chantage : ceux qui désiraient que leurs parents, prisonniers en Allemagne, fussent traités d'une façon plus humaine, devaient commencer par faire amende honorable.

Texte d'une récente affiche de l'autorité allemande.

Transfert de prisonniers de guerre d'un camp dans un autre.

« Les demandes adressées en vue d'obtenir le transfert de prisonniers de guerre d'un camp dans un autre se sont tellement multipliées en ces derniers temps, qu'il n'est plus possible d'y donner suite d'emblée, ne fût-ce qu'à cause des frais de transport trop onéreux, sans parler d'autres motifs qui s'y opposent. Le ministère de la Guerre à Berlin n'accueillera plus à l'avenir que les demandes qui seront spécialement motivées ; en outre il ne suffira plus que les solliciteurs soient méritants, il faudra aussi qu'ils aient rendu service à la cause et aux intérêts allemands et que ce fait soit prouvé.

« Le gouvernement général a ordonné que, pour toute demande du genre précité, il soit examiné minutieusement si les solliciteurs remplissent sous tous les rapports ces nouvelles conditions et surtout s'ils se sont conformés sans réserve à toutes les prescriptions des autorités allemandes. Dans ce cas seulement, les demandes pourront être accueillies favorablement. »

Voilà donc les souffrances et les privations de nos compatriotes prisonniers devenues un moyen de pousser leurs malheureuses familles à la trahison ou du moins à d'inacceptables connivences. L'odieux système des étapes se perpétue et se perfectionne. Et l'homme qui s'est donné pour le gardien loyal des intérêts du pays se prête à cette infâme exploitation de la douleur publique. Il met sous cette ignominie sa signature de soldat et de gentilhomme : *Freiherr von Bissing, Generaloberst*. Merci, Excellence, vous venez, une fois de plus, de nous montrer au naturel, dans un de ses meilleurs représentants, votre race, votre caste et votre pays.

Il ne leur suffit pas des légitimes ressentiments qu'ils ont accumulés contre eux, ils veulent absolument y ajouter notre mépris. C'est leur manière de nous prouver la transcendance de leur *Kultur !*

Mais alors, Excellence, pourquoi vous donnez-vous le ridicule de paraître désirer qu'on vous respecte ?

(*La Libre Belgique,* n° 55, décembre 1915, p. 2, col. 2.)

Nous n'avons parlé jusqu'ici que de haine. Pourtant notre aversion comprend encore plus de mépris que de haine. Seulement le dégoût ne s'extériorise pas aussi facilement, et les Allemands affectent de ne pas le remarquer. Peut-être, au fond, ne sont-ils pas capables de le sentir : leurs facultés psychologiques sont peu développées, tout le monde le sait.

Si la presse clandestine ne s'occupe guère de ce sentiment, c'est précisément parce qu'il est trop universel. Mais, je le répète, dans notre antipathie, le mépris tient une plus large place que l'exécration.

2. Les manifestations collectives.

L'autorité allemande avait défendu à Bruxelles toute démonstration pour la fête nationale du 21 juillet 1915 : elle interdisait notamment les réunions, les cortèges et le pavoisement.

Les Bruxellois manifestèrent d'une autre façon, bien plus émouvante.

On fit circuler des petits papiers demandant à tout le monde de fermer sa maison et de se promener en famille par les rues de la ville ('). *La Libre Belgique* lança le même appel dans son n° 35. Aussi pas un seul magasin ni un

---

(1) Voir *Comment les Belges résistent...*, p. 339.

seul café n'était-il ouvert, tandis qu'une foule énorme déambulait dans les rues de la capitale (¹).

Au début de juillet 1916, les Bruxellois firent circuler subrepticement l'avis suivant :

Citoyens belges,

Depuis bientôt deux ans, les Allemands ont violé notre neutralité, ne reculant devant aucun crime ni aucune forfaiture pour essayer de nous plier à leur joug de barbarie. Prouvons-leur par une nouvelle démonstration, plus formidable encore que celle de l'an dernier, que plus que jamais nous resterons fidèles à notre patrie, à notre Roi, à notre drapeau.

Belges, que le 21 juillet soit pour nous un jour de chômage complet et général.

Abstenez-vous de tout travail, n'entrez dans aucun magasin pour y acheter ni dans aucun café pour y consommer.

Promenez-vous en ville en costume de dimanche et portez à la boutonnière un insigne vert : symbole de l'espérance.

Fermez magasins, cafés, administrations, bureaux, etc., le samedi 22 juillet.

Vive la Belgique libre !

N. B. — Afin de faire boule de neige, copiez ceci plusieurs fois et remettez-le à différentes personnes.

L'union fait la force.

(*La Belgique* [de Rotterdam], 17 août 1916, p. 2, col. 1.)

Les Allemands ripostèrent par les deux arrêtés que voici : Le premier est du 12 juillet ; le second, imprimé sur papier rose, ne fut affiché que le 20. Le premier a soin de faire remarquer que la fête nationale du 21 juillet a été instituée par une loi belge : l'interdiction allemande n'en est que plus illégale. Ceci prouve, à toute évidence, que nos oppresseurs violent sciemment la légalité et désirent qu'on le sache. Le second défend de fermer les magasins le lendemain, 22 juillet, ainsi que le conseillait l'avis reproduit plus haut.

Il est défendu de célébrer d'une manière quelconque les fêtes nationales du 21 juillet 1916, déclarées jours fériés par la loi belge du 27 mai 1890.

Je préviens la population qu'elle devra s'abstenir de toute démonstration telle que réunions publiques, cortèges, rassemblements, harangues et

---

(1) Voir *Comment les Belges résistent...*, p. 340.

discours, fêtes scolaires, dépositions de fleurs devant certains monuments, etc., pavoisements d'édifices publics ou privés, fermeture des magasins ou cafés à des heures exceptionnelles. Les infractions seront punies soit d'une peine d'emprisonnement de six mois au plus et d'une amende pouvant atteindre 20.000 marks, soit d'une de ces deux peines à l'exclusion de l'autre ; seront passibles de ces peines non seulement les auteurs des infractions, mais aussi les fauteurs et les complices.

J'attire en outre l'attention du public sur ce qu'il est défendu d'afficher et de répandre des écrits non censurés et de porter des insignes d'une manière provocatrice.

Bruxelles, le 12 juillet 1916.

Der Gouverneur von Brüssel u. Brabant,

(S.) HURT,

Generalleutnant.

Mon interdiction de célébrer la fête nationale belge a déterminé un groupe de personnes irréfléchies à engager le public à résister à l'application de mon arrêté.

Afin d'éviter tout incident désagréable, je mets formellement les habitants en garde contre ces excitations qui ne peuvent que nuire aux vrais intérêts de la population paisible du pays.

La peine prévue sera appliquée avec la plus grande rigueur et sans indulgence à toute personne qui, le 21 juillet 1916 ou ultérieurement, participera à une démonstration quelconque, y compris la cessation du travail.

Bruxelles, le 20 juillet 1916.

Der Gouverneur von Brüssel u. Brabant,

(S.) HURT,

Generalleutnant.

(*Le XXᵉ Siècle,* 11 août 1916, p. 1, col. 5.)

Le 21 juillet 1916, *La Libre Belgique* paraissait avec un dessin entouré d'un cadre aux couleurs nationales (pl. IV). Un souffle patriotique plus ardent que d'habitude animait ses collaborateurs. Voici deux articles de ce nᵒ 83.

Vers la gloire.

En ce jour de fête nationale, à l'heure où le pays tout entier battant d'un même cœur se sent animé du même élan de foi patriotique, nos pensées se reportent deux ans en arrière, au 21 juillet de l'année tragique.

Comme chaque année, la Belgique célébrait ce jour-là l'anniversaire glorieux de son indépendance. Et tandis que dans tous nos sanctuaires, dans nos plus humbles églises de village comme sous les voûtes majestueuses de nos cathédrales, résonnaient les accents joyeux du *Te Deum,* tandis que dans nos villes et dans notre capitale la foule acclamait l'armée défilant dans nos rues aux accords entraînants de marches d'allégresse, de l'autre côté de la frontière, le Prussien, ennemi marqué à jamais du stigmate de la plus honteuse forfaiture, foulant aux pieds les lois de l'honneur les plus inviolables, décidait froidement d'écraser sous sa lourde botte le sol aimé de la Belgique en rêvant annexion. — Quinze jours plus tard, le crime était consommé...,

Sous l'étreinte d'une émotion profonde, mais se cabrant sous l'insulte, fièrement, la tête haute, l'œil décidé, avec dans l'âme la résolution de défendre au prix de leur sang le cinglant outrage, de leurs mâles poitrines les enfants de la petite Belgique barrèrent la route au colosse allemand, et aujourd'hui, après deux ans de luttes et de combats sans répit, là-bas, à l'Yser, le drapeau belge flotte toujours...

C'est vers ces superbes héros que nous tournons nos regards, maintenant surtout qu'un envahisseur despotique, mais impuissant, veut réduire notre patriotisme au silence ; c'est vers eux que s'envolent plus que jamais nos espoirs, c'est dans un hommage commun que nous leur adressons notre admiration reconnaissante.

Déjà le jour se lève où nos fiers soldats nous reviendront au son des marches triomphales ; où nos femmes iront au-devant d'eux, semant les fleurs sous leurs pas ; où le peuple entier, ivre de joie débordante, se ruera sur eux pour les serrer, les écraser contre leur cœur ; où tout le pays, dans la folie de son enthousiasme, se disputera l'honneur de porter en triomphe le Roi, l'Armée et le Drapeau.

Ce jour-là sera la fête de la gloire !

Fière et noble Belgique, tu es glorieuse par ton Roi qui, t'aimant jusqu'à l'héroïsme le plus sublime, a tiré l'épée pour venger l'insulte faite à ta loyauté ; tu es glorieuse par ta Reine, ange de douceur et de consolation, qui passe ses jours aux chevets de nos chers blessés et leur dispense maternellement des trésors de bonté et de tendresse ; tu es glorieuse par le digne héritier de ton grand Roi qui, bien qu'enfant encore, a revêtu l'uniforme du soldat et avec une belle énergie, tandis qu'autour de lui le canon crachait la mitraille, a juré devant le drapeau de te défendre jusqu'à la mort ; tu es glorieuse par tes enfants qui, superbes lions, se battent avec une vaillance, un courage, une ténacité indéfectible pour le maintien de ton indépendance et de tes plus chères libertés ; tu es glorieuse enfin par tes morts dont le sang a rougi le sol sacré de la patrie et sur les tombes desquels des mains pieuses et reconnaissantes, en attendant qu'elles leur élèvent plus tard un monument, déposent aujourd'hui la couronne de l'immortalité. Helbé.

(*La Libre Belgique*, n° 83, juillet 1916, p. 2, col. 1.)

Pour l'honneur !

Par trois fois Satan le tentateur voulut séduire Jésus. Il lui dit : « J'ai la gloire et j'ai la puissance ; je te donnerai tout cela si tu tombes à mes genoux et si tu me sers. »

Et la réponse fut : « Arrière, Satan ! Je n'adore que Dieu et ne sers que lui. »

Et les anges descendirent du Ciel et se prosternèrent devant Jésus.

Par trois fois Satan le moderne voulut tenter la Belgique.

Le 2 août 1914, il lui dit : « J'ai la gloire et j'ai la force ; j'ai le fer pour châtier et j'ai l'or pour récompenser ; donne-moi ton aide contre mes ennemis, et tu pourras entrer dans mon giron et tu partageras ma gloire et ma puissance... Sois félonne et sers-moi ! »

Et la réponse fut : « Je ne sers que l'honneur !... »

Alors se perpétra le crime initial : le pays qui servait l'honneur fut lâchement envahi ; le fer et le feu crachèrent la mort ; Liége l'héroïque tomba sous les coups de Satan.

Satan reprit : « Tu as servi l'honneur, et tu as vu ce qu'il t'en a coûté, rends-toi ! Si tu veux éviter de plus terribles châtiments, sers-moi ! »

Et la réponse fut encore : « Je ne sers que l'honneur !... »

Alors commença l'épouvantable martyre de la Belgique ; les campagnes furent dévastées, les villes furent détruites, les populations furent exterminées ; Bruxelles la capitale fut souillée par Satan.

Satan reprit pour la troisième fois : « En as-tu assez maintenant ? Tu as senti le poids de mon bras et l'effet de ma colère ; si tu veux échapper à l'anéantissement, sers-moi ! »

Et pour la troisième fois la réponse fut : « Je ne sers que l'honneur !... »

Alors se fit l'œuvre d'anéantissement ; Anvers la forte, le dernier refuge de la nation loyale, succomba sous les blocs d'airain, et le pays fut réduit en esclavage par Satan le moderne.

*
* *

Le sacrifice était consommé. Tout ce qu'une nation peut souffrir, la Belgique le souffrit. Son sol sacré fut piétiné par les hordes d'Attila ; les riantes campagnes furent ravagées ; le commerce et l'industrie furent ruinés ; le Roi et son Gouvernement furent exilés ; les villes furent livrées aux flammes, et leurs trésors d'art brûlés impitoyablement ; une partie de la population errait triste et misérable, cherchant un refuge chez l'étranger ; ce qui en restait fut retenu dans le pays transformé en immense prison, et fut séparé du monde extérieur ; les vierges furent odieusement outragées ; les femmes et leurs enfants furent lâchement assassinés, les hommes fusillés, et leurs cadavres furent enfouis dans des charniers... Partout la liberté fut profanée et à sa place régnaient la Terreur, l'Injustice et l'Arbitraire ; la fortune publique fut écrasée sous des impôts monstrueux ; les produits des champs furent volés, et la Belgique, hier encore heureuse dans son opulence, pour échapper à la famine fut réduite à accepter l'aumône de peuples compatissants.

La Belgique était devenue le pays du chaos, de la ruine et de la désolation, et l'immortel poète des Lamentations pouvait pleurer sur elle comme il pleura il y a vingt-cinq siècles sur Sion : « Hélas ! qu'elles sont tristes les routes qui conduisent à Moria... toutes les portes de la cité sont détruites ; ses prêtres gémissent, ses vierges sont sans parure et elle-même est noyée dans l'amertume. Oh ! vous qui passez par les chemins, voyez s'il est une douleur pareille à la mienne. Tous ceux qui traversent le pays, remplis d'effroi, joignent les mains, secouent la tête et disent : Est-ce là la cité magnifique, la beauté parfaite, la joie de la terre ? »

Et toutes ces indicibles horreurs, ce martyre sanglant, ce sacrifice cruel, cette immolation d'elle-même, la Belgique les a soufferts pour avoir servi l'honneur... Et de toutes ses richesses, de tout son bonheur, de toutes ses gloires du passé, il ne lui restait plus rien ; mais il lui restait l'honneur.

Et voilà que dans cet anéantissement, pareilles aux anges on vit les nations s'approcher d'elle pour l'admirer dans sa tombe et pour contempler en elle le grand principe moral de la civilisation, le principe de l'Honneur et de la Loyauté. Et l'on vit les poètes de tous les pays s'incliner devant elle, et ensemble chanter pour elle dans toutes les langues ce cantique sublime de l'Honneur, qui est le *Livre du roi Albert !*

*
* *

La petite Belgique semblait morte ; mais dans son tombeau une nouvelle Belgique naissait, plus belle, plus grande que l'ancienne, magnifiée et auréolée par l'honneur.

Trois fois dans le cours des siècles, la civilisation fut sauvée de la barbarie, et trois fois une petite nation fut choisie par l'Éternel pour accomplir ses desseins. Dans l'antiquité, la petite Grèce barra le chemin aux barbares de la Perse et de la Médie ; au Moyen Age, la pauvre Pologne, conduite par Sobieski, arrêta le flot des barbares de l'Islam ; aujourd'hui, la faible Belgique, entraînée par Albert le Loyal, enraie le torrent des barbares de la Kultur... Toutes trois servirent l'honneur, et toutes trois moururent — mais ceux qui sacrifient leur existence pour l'honneur ne meurent pas pour toujours : la Grèce a secoué le joug du Croissant, la Pologne attend sa résurrection prochaine ; la Belgique voit luire l'aube de sa délivrance.

Car voici qu'approche pour elle l'heure de la justice immanente : la puissance de son gigantesque bourreau fléchit ; pressé de toutes parts, il est acculé dans une inutile résistance, et déjà il sent venir le jour suprême du cataclysme final. Dans le lointain gronde le canon vengeur et ses échos nous parviennent comme l'annonce de la libération... Nos cœurs se gonflent d'espoir et de confiance...

Pour la seconde fois nos fêtes nationales sont des jours de deuil ; le drapeau de la patrie ne peut se déployer que dans l'intimité de nos demeures, comme notre amour pour elle se cache dans l'intimité de nos âmes.

Mais ce sera la dernière fois... Le soleil de la liberté va luire et ses rayons vont réchauffer nos enthousiasmes. A l'horizon brumeux, sur les rives de l'Yser, je vois nos trois couleurs se déployer au-dessus des landes de la vieille Flandre, dans ces plaines que César ne put enlever aux Morins, et que Guillaume ne put conquérir ; j'entends le bruit confus des marches de nos petits soldats... C'est la patrie qui ressuscite du sépulcre, qui se dresse dans toute sa fierté et toute sa gloire, et qui s'avance triomphante, tenant son labarum où ne se lit qu'un mot : Honneur !

Honneur à toi, ô ma Patrie, patrie des héros, patrie du devoir et de la fidélité, immortelle désormais et invincible ! Dans un siècle d'abjection et d'égoïsme, où si facilement l'on s'incline en silence devant la force bestiale, tu osas te lever, faible mais décidée, devant la barbarie d'une nation qui te violait au nom de la science et de la culture ; tu te donnas en holocauste pour la sainteté d'un principe, et le sang de tes enfants fut la rançon de la civilisation que tu sauvas. Honneur à toi qui sors de la tombe resplendissante de pureté et de lumière. Ton nom brillera à travers les siècles et les nations te salueront et te béniront à jamais comme l'incarnation de l'honneur !

EGO.

(*La Libre Belgique,* n° 83, juillet 1916, p. 3, col. 2.)

Empruntons aussi à *La Libre Belgique* une relation des événements qui se déroulèrent à Bruxelles le 21 juillet.

La grande journée du 21 juillet.

Depuis l'occupation allemande, la ville de Bruxelles a jeté au bac à ordures les noms d'un tas de gouverneurs. Nous pensions être encore sous la patte d'un nommé von Sauberschurke, et nous vivions sous celle de Hurt, pas von Hurt, Hurt tout court, un pauvre petit Hurt de rien du tout.

Le gouverneur *für Belgien* fit donc remarquer à ce mince gouverneur *für Brüssel* que le 21 juillet était « un sale chournée, un chournée danchereuse ».

Il s'agissait de mater les Bruxellois, ces « indécrottables » Bruxellois, comme nous appelle von Bissing.

Hurt, après avoir beaucoup réfléchi, prépara son plan de campagne.

D'abord il fit circuler dans le centre quelques mitrailleuses, bien convaincu que ces joujoux dangereux donneraient aux Bruxellois la chair de poule et le commencement de la sagesse.

Les mitrailleuses circulèrent et les chiens continuèrent à flairer, suivant des traditions plusieurs fois séculaires, le bas des murs.

Hurt alors rédigea une première affiche qui, tout en reconnaissant que le 21 juillet était jour férié légal, défendait les manifestations, notamment la fermeture des magasins, ateliers, etc., etc.

Hurt employait, pour se faire obéir, les grands moyens, la prison et l'amende : 20.000 marks.

Par le temps qui court, n'a pas 20.000 marks qui veut. On ne trouve pas cela sous les fers d'un Boche.

Cependant le Bruxellois garde le sourire.

Hurt surprit ce sourire. Il rédigea une affiche rose pour avertir la population qu'elle devait se défier des excitations de « quelques personnes irréfléchies... ». Le gouverneur était décidé à appliquer les pénalités sans aucune indulgence.

Bref, de l'affiche blanche on passait à l'affiche rose en attendant l'affiche rouge... Ces Allemands sont merveilleusement organisés.

Hurt était tranquille. Le 20 juillet au soir, on était allé jeter quelques fleurs place des Martyrs. Il fit barrer la place jusqu'à la rue Neuve.

Le bruit avait couru qu'on manifesterait le 22. Hurt avait menacé pour le 22 et jours suivants.

Les Bruxellois étaient bouclés... Ouais!

*
* *

Avec le 21 juillet monta dans le ciel bleu le plus rayonnant soleil qu'on pût rêver.

Hurt avait voulu que Bruxelles soit ouvert le 21 juillet, Bruxelles fut *tout vert* le 21 juillet.

Et comme le vert est la couleur de l'espérance, Hurt fut servi à souhait.

Dès les premières heures du jour, toute la population avait son ruban vert. Tous, hommes, femmes, enfants, *même les chiens* — parfaitement, Herr Fritz Norden! — et aussi les chevaux, chacun manifestait.

Les magasins étaient curieux à voir. Ici on avait vidé la vitrine, ou bien encore on avait tout caché sous du papier vert. Là on avait étalé les portraits du Roi et de la Reine. Dans telle grande maison, le gérant se promenait tout seul, portes grandes ouvertes, en habit de cérémonie.

C'était tordant.

*
* *

Rue Neuve, le spectacle changeait.

On ne pouvait aller déposer des fleurs sur la cendre des martyrs de l'indépendance. Des soldats allemands, baïonnette au canon, montaient la garde...

Que faire?

Une chose très simple et qui fut faite simplement, avec respect.

Tout Bruxelles défila rue Neuve. Les femmes s'inclinaient, les yeux tournés vers la blanche statue autour de laquelle les anges prient... Les hommes enlevaient leur chapeau, la tête tournée vers le monument...

C'était émotionnant. Et cela dura tout le jour au nez des polizei *verts* de colère...

Ils manifestaient eux aussi, malgré eux!

*
* *

Et dans les églises, quelle affluence ! Les fidèles en foule vont prier et communier pour la patrie.

Vers 10 heures, les cloches sonnent à la volée appelant les Belges, tous les Belges, pour jeter vers le ciel le cri de l'espérance.

Bientôt la foule ne trouve plus place. Elle stationne sur les parvis. Elle reste là, patiente et recueillie.

A Sainte-Marie, à Saint-Jacques, à Sainte-Croix, *partout*, c'est la même poussée. On chante la *Brabançonne*, *Vers l'Avenir*.

A Sainte-Gudule, à 10 heures, il y a plus de douze mille personnes entassées dans l'immense collégiale.

Les Allemands sont dans un état de fureur indescriptible. Rue d'Arenberg, deux soldats emmènent brutalement vers la Kommandantur une pauvre femme en cheveux. Quelques personnes suivent sans mot dire. Passe un groupe d'officiers. Un vieillard frôle de la manche le bras d'un de ces nobles guerriers. Aussitôt, le sang à la figure, l'écume et les gros mots sur les lèvres, le traîneur de sabre assomme d'un coup de poing le petit vieux. Et comme les quelques témoins de cet exploit poussent un cri d'indignation, le poing se lève encore, puis retombe, prudemment cette fois, car la foule s'amasse, et l'officier vient de remarquer la mer humaine qui bat les murailles de la vieille basilique... Ça pourrait mal finir...

Dans l'église, vers la fin de la grand'messe de 10 heures, Mgr le doyen annonce que dans quelques minutes, à 11 heures, un service funèbre sera célébré pour les soldats tombés à l'ennemi, que le cardinal prendra la parole et chantera l'absoute. Il demande qu'on s'abstienne de toute manifestation.

Une partie du public quitte le temple et est remplacée par ceux qui attendent au dehors.

L'office commence.

A l'Évangile, le cardinal, la chape aux épaules, la mitre au front, suivi solennellement par le Conseil communal de Bruxelles, M. Lemonnier en tête, s'avance au milieu d'une émotion poignante vers la chaire, au pied de laquelle nos édiles prennent place.

Le grand archevêque lit d'une voix ferme un discours d'une piété élevée, d'un patriotisme vibrant. Les feuillets tremblent dans ses mains. On sent que devant cette foule énorme, au milieu de laquelle ont pris place les magistrats de la cité, le cœur du prélat déborde de fierté et d'espérance...

La messe continue. L'absoute est dite.

La *Brabançonne* éclate, grave, lente, d'une lenteur voulue, lénifiante mais le peuple à qui on a recommandé d'être calme n'en peut plus...

Une voix claironnante a jeté trois mots dans l'air saturé : *Vive le Roi !* et alors, oh ! alors...

Pendant quelques minutes, c'est une clameur immense, énorme, qui va et vient, s'enfle, éclate, reprend de plus belle...

Vive le Roi ! Vive la Belgique ! Vive la Reine ! Vive le Cardinal ! Vive l'Armée ! Vivent les Princes !...

En vain l'orgue essaie de dominer cette tempête. Les bras tendus agitent des mouchoirs, des chapeaux...

On pleure, on rit, on est heureux.

Hurt, vous êtes trop petit, beaucoup trop petit... Votre Empereur avait avoué son impuissance en face de l'âme belge, et vous, Hurt, de quoi vous êtes-vous mêlé ? Hurt, pauvre petit Hurt !

*
* *

La foule maintenant attend le cardinal à la sortie.

Un Boche plus ou moins galonné est figé devant la porte du doyen. De temps à autre il invective la foule qui lui répond par des huées formidables et des bordées de sifflet.

Un soldat vient d'empoigner un jeune homme et le traîne vers l'officier. Celui-ci, qui sent croître de plus en plus le grondement de la foule, enguirlande son subordonné pâle de colère. On lâche le prisonnier qui s'en va tranquillement en rajustant ses vêtements.

Voilà le cardinal !

Des acclamations frénétiques éclatent. Le cordon d'agents de police est rompu...

*
* *

Toute l'après-midi une foule énorme parcourt la ville. Des incidents se produisent un peu partout provoqués par des officiers ou des polizei véritablement désorientés. A la place de Brouckère, les gradés se démènent, revolver au poing, et font évacuer le terre-plein par les soldats. Le public s'amuse visiblement.

Vers 8 heures, l'auto du cardinal s'arrête devant l'Institut Saint-Louis pour y prendre l'archevêque de Malines. En quelques minutes, une foule immense se presse sur le boulevard.

Quand paraît Mgr Mercier, souriant, une manifestation dont on ne se fait pas idée a lieu. Le prélat lève les stores de la voiture et salue...

C'est du délire !

L'auto avance difficilement. Les acclamations redoublent.

Quelques minutes après arrivent au pas de course les soldats boches, baïonnette au canon, revolver au poing. Ils frappent sur les femmes, sur les enfants. A quelques pas de moi, un soldat saute sur un passant inoffensif, lui cogne la tête sur le pavé et contre un arbre, avec une sauvagerie toute teutonne...

On hue copieusement l'ennemi, qui ne se sent pas à l'aise devant cette foule désarmée.

Si nos maîtres avaient pour un pfennig d'esprit, ils comprendraient qu'ils ont tout à gagner à nous laisser vivre tranquillement, passant notre chemin...

Que voulez-vous, c'est la mode en Allemagne. On y supprime la liberté quand elle gêne.

« Il faut aimer la liberté, a dit Jules Simon, surtout pour ses adversaires. Quand on ne l'aime que pour soi, on ne l'aime pas ; on n'est pas digne de l'aimer ; on n'est pas digne de la comprendre. »

Aujourd'hui, Hurt, le vainqueur ce n'est pas vous. De vous, on s'est magistralement moqué, Hurt, petit Hurt.

Et malgré vos mitrailleuses, vos placards, vos baïonnettes, vos revolvers, vos charges, le 21 juillet 1916,

> Le peuple toujours indompté
> Chanta d'une voix forte et fière
> Le Roi, la Loi, la Liberté.

FIDELIS.

(La Libre Belgique, n° 84, juillet 1916, p. 2, col. 2.)

L'Allemagne ne pouvait évidemment pas accepter le camouflet que lui infligeaient les Bruxellois. Faute de mieux, elle frappa la Ville de Bruxelles d'une amende de 1 million de marks. Voici le texte de la lettre, signée Hurt, qui annonce cette condamnation :

Bruxelles, 22 juillet 1916.

MONSIEUR LE BOURGMESTRE,

Vu les circonstances actuelles en Belgique, M. le gouverneur général avait pensé qu'une population sérieuse se serait dispensée de fêter l'anniversaire national. Suite à l'expérience acquise l'année dernière, il a cru néanmoins devoir publier des arrêtés pour prévenir tout désordre provoqué par les plus exaltés.

Dans l'intérêt de la population même, les autorités communales du Grand-Bruxelles ont prêté énergiquement leur appui à l'autorité allemande, de sorte qu'il a été possible pendant la journée d'hier d'éviter tout incident sérieux, quoique une partie moins raisonnable de la population ait voulu faire infraction aux mesures en répandant abondamment des circulaires.

La police allemande n'a pas fait attention aux cocardes vertes, parce que l'ordre public n'en fut pas dérangé.

Mais quand, au soir, le cardinal Mercier traversa la ville en auto, il y eut des manifestations en opposition directe avec les arrêtés allemands, qui excitèrent le peuple et pouvaient le stimuler à la résistance. Vous conviendrez avec moi, Monsieur le Bourgmestre, qu'aucune puissance occupante ne tolérerait cela.

Comme suite à ce qui précède, j'ai proposé au gouverneur général d'imposer une amende au Grand-Bruxelles.

M. le gouverneur général a donné suite à ma proposition et a imposé une amende de 1 million de marks ; en même temps il fait remarquer que, vu le grand effort fait par les autorités communales pour le maintien de l'ordre, l'amende est très modérée.

Hurt,
Lieutenant général et Gouverneur de Bruxelles et du Brabant.
(*L'Écho belge,* 31 juillet 1916, p. 1, col. 3.)

La Libre Belgique a commenté ce factum :

Chef-d'œuvre d'imposture.

Mes amis, conservez précieusement l'arrêté signé Hurt (typo, un **H** et pas un F, s. v. p.). Ce sous-laquais mal embouché a l'honneur d'annoncer *urbi et orbi* que son sympathique maître, von Bissing, celui qui a tant à cœur la prospérité et le bonheur du peuple belge, a daigné donner une nouvelle preuve de sa sollicitude paternelle en infligeant à la bonne ville de Bruxelles une amende de 1 million de marks (excusez du peu !), parce que...

Parce que le susdit sympathique ne parvient pas à digérer la journée du 21 juillet, et qu'une mauvaise digestion de Son Excellence vaut cette modeste somme.

Tordante, cette pièce qu'aurait dû signer Machiavel.

« Le gouverneur avait espéré qu'une *population sérieuse* aurait d'elle-même renoncé à *fêter sa fête* nationale. » Que voulez-vous, Messire, vous saviez cependant que nous ne sommes que des « enfants mal élevés », partant incapables de comprendre les leçons d'un homme de votre valeur ! Votre valet commet au surplus une légère erreur : les « enfants » de Bruxelles n'ont nullement *fêté ;* ils n'avaient guère le cœur à la joie... Ils ont simplement remémoré. Ils ont protesté contre l'infinité des forfaits allemands, ils ont publiquement et superbement manifesté leur attachement à la patrie et leur fidélité au Roi..., et ils se souviennent que votre prédécesseur, si malheureusement occis par ses amis turcs, leur avait solennellement promis de ne pas vouloir imposer silence à leurs sentiments patriotiques. Rien de plus, rien de moins ; et vous avez pu vous apercevoir que « les éléments légers et turbulents » forment l'universalité de la population. Cela peine peut-être votre bon cœur, mais il est un fait, c'est que jamais, ni en 1915, ni antérieurement, l'âme du peuple belge ne s'est montrée aussi unanimement fière et grande dans le malheur.

Votre valet avait reçu ordre de le menacer, ce peuple ! Vous « espériez » que par l'annonce de vos emprisonnements et de vos punitions exorbitantes, vous alliez étouffer sa voix. Comme vous connaissez mal les enfants ! Vos stupides menaces n'ont sur eux d'autre effet que d'accentuer leurs sentiments intimes : à ce point de vue, vous avez merveilleusement réussi...

« Les autorités communales ont loyalement, intelligemment et énergiquement soutenu les prescriptions de l'autorité allemande », proclame Hurt. Mon Dieu, nous sommes déjà tellement habitués à vos impudences et vos mensonges, qui semblent faire partie intégrante du caractère tudesque, que nous n'y faisons plus guère attention... Mais tout de même nous voudrions bien avoir l'opinion de M. Max sur vos... affirmations. Nous croyons bien que Max vous répondrait comme doivent vous répondre ses successeurs : Erreur ! erreur ! nous n'avons pas *soutenu* vos prescriptions, nous les avons *subies ;* nous nous inclinons devant elles, en tant qu'administration, comme on s'incline devant la force brutale, mais de cœur nous sommes avec cette vaillante population que nous aimons et admirons. En voulez-vous la preuve ? Pourquoi avez-vous *dû* mobiliser le ban et l'arrière-ban de vos argousins, de vos soldats encore disponibles, de vos répugnants espions, de vos infects policiers secrets? Pourquoi vos officiers ont-ils été obligés de se ravaler au sale rôle d'indicateurs habillés en civils? Est-ce que par hasard la police municipale n'était pas assez loyale ni assez énergique ?

Venons au morceau de résistance. L'ordre public, d'après Hurt, n'avait pas été troublé ; « lorsque, *dans la soirée,* le cardinal Mercier a traversé la ville en auto, il s'est produit des manifestations en opposition directe avec les prescriptions de l'autorité allemande et de nature à inciter la population à la résistance et à des actes irréfléchis. Vous conviendrez qu'aucune puissance occupante au monde ne peut souffrir de pareilles provocations ».

L'ordre public n'avait pas été troublé... Très bien ! Nous ajouterons que sans vos affiches menaçantes et sans la brutalité de vos sbires, armés de fusils et de revolvers, l'ordre public n'eût été troublé à aucun moment de la journée... Sans doute vous vous êtes cru à Saverne, vos subordonnés se sont plu à donner des coups de poing et de crosse, et leur face blême, surtout chez les sous-officiers, extériorisait suffisamment la douceur qui les animait; ils ont cru héroïque d'arrêter sans raison quelque quatre cents citoyens, dont quelques-uns étaient blessés par la mansuétude des procédés policiers allemands. Alors il y eut des protestations légitimes, et vos oreilles, ô Hurt, ont dû tinter à certains moments, car probablement en Allemagne, le pays de la musique, vous n'avez jamais pu savourer un aussi formidable concert de huées que vous avez entendu le 21 juillet... Mais vous l'aviez cherché et provoqué, et vous avez ainsi eu l'occasion de vous convaincre de l'ardente et générale sympathie que vous avez su inspirer chez nous.

Quant à l'incident Mercier, ne me fiant nullement à votre véracité, j'ai fait une enquête très impartiale qui ne concorde pas précisément avec vos affirmations. Voici ce qui s'est passé : Le cardinal Mercier a traversé deux fois la ville, *mais pas dans la soirée :* une première fois le matin, se rendant à Sainte-Gudule, la seconde fois à midi, pour en revenir. Les deux fois il a été l'objet du respect et de la vénération de la population, même de la partie non croyante. Le soir, *il n'a pas traversé la ville :* vers 8 heures, quittant l'Institut Saint-Louis, il a simplement traversé un boulevard de la ville, sur un parcours de 600 mètres, pour se diriger directement vers Malines. Que s'est-il passé ? A la sortie de Saint-Louis, le stationnement de son auto a attiré un certain nombre de curieux désireux de lui donner une dernière marque d'affection filiale... Mais, coïncidence étrange, devant l'Institut se trouvait rangée une jolie collection de brutes allemandes, fusils en main, commandée par un Forstner quelconque, ce qui attira beaucoup plus encore la masse de curieux. Si cet officier avait voulu réellement prévenir une « manifestation », il lui aurait fallu deux minutes pour faire circuler la... foule. Il n'en fit rien : avait-il peut-être reçu l'ordre de provoquer une manifestation ? Et que faisaient, dans son voisinage, les individus à face d'espions qui se mêlaient aux curieux ? Hurt parle de « provocation »... Que veut-il dire, qui veut-il désigner ? Évidemment il a en vue S. Ém. le cardinal, à moins qu'il ne veuille parler de ces individus louches. Or, le fait de retourner tranquillement chez soi, serait-ce un acte de provocation ? Son Éminence prit place dans la voiture, qui fut entourée par le public. On a crié : « Vive le Cardinal ! » Mais oui, et après ? Hurt se figure-t-il peut-être qu'on allait crier : « Vive Bissinge ! » En ce moment les soldats allemands, officier en tête, se sont rués sur la foule, ont tapé dans le tas à coups de crosse et ont procédé à deux ou trois arrestations... Toute la scène a duré cinq minutes !

Et voilà pourquoi Bissing, sur la proposition de son Hurt, a frappé la ville de Bruxelles d'une punition de 1 million de marks, « amende qui n'a été fixée à un chiffre aussi modéré que par égard à la collaboration loyale prêtée par les administrations communales au maintien de l'ordre » ! C'est en effet de la magnanimité, quand on songe que l'an dernier la ville fut frappée d'une amende de 5 millions parce qu'un agent de police avait manqué d'égards envers un mouchard tudesque !

Chose étonnante : précisément le jour où fut élaboré le Hurt-factum, était arrivé à la Kommandantur la bonne nouvelle que voici : dans l'Afrique Orientale, les troupes belges ont mis à mal les troupes allemandes et ont pris comme butin quarante coffres contenant de l'or... Von Bissing a sans doute cru digne de lui de prélever une somme correspondante dans la caisse communale. Pour un général c'est un exploit glorieux et sans danger (1)...

Un mot encore et je lâche Hurt : De l'ensemble de son factum ressort clairement que le sous-ordre a voulu mettre en opposition « la conduite loyale, intelligente et énergique de l'autorité communale » avec la conduite « provocatrice » de Mgr Mercier et de la population de la capitale. Le sac est cousu de fil par trop épais, mais sent bien la fourberie allemande, qui cherche par tous les moyens à diviser les citoyens. Mgr Mercier agit

---

(1) Von Bissing oublie une chose, c'est qu'au jour du règlement des comptes il devra rembourser le million... avec les intérêts.

comme M. Max, en patriote et aussi en homme réfléchi. Le matin même, il avait prêché le calme et la modération. Et Hurt se trompe s'il croit pouvoir injurier et calomnier l'Administration communale de Bruxelles, en l'opposant à ces deux nobles figures : M. Max et Mgr Mercier !

EGo.

(*La Libre Belgique,* n° 84, juillet 1916, p. 3, col. 2.)

Contrairement à ce que les journaux ont raconté, l'amende de 1 million de marks a été bel et bien maintenue.

A Gand, l'échevin de l'Instruction publique, M. Camille De Bruyne, professeur à l'Université (avant la guerre), avait accordé un jour de congé aux élèves des écoles, le 24 juillet, soit trois jours après la fête nationale. Résultat : arrestation et déportation en Allemagne.

On se rappelle qu'en 1915 l'autorité allemande avait défendu de commémorer la date du 4 août, anniversaire de la violation de la neutralité belge, mais que les Belges trouvèrent le moyen de manifester à leur façon (1). A la fin de juillet 1916, nouvel avertissement :

1° Il est défendu de se livrer, en public, à des manifestations politiques quelles qu'elles soient ; qu'il s'agisse soit de rassemblements dans les rues, soit de vociférations, acclamations ou invectives, soit de la fermeture de magasins, restaurants, etc., soit de démonstrations concertées et se produisant sous forme d'insignes spéciaux arborés ou d'unité de couleur exhibée dans les costumes.

2° Les infractions, à moins d'entraîner une sanction pénale plus sévère, seront passibles soit d'arrêts ou d'une peine d'emprisonnement ne dépassant pas six mois, soit d'une amende pouvant aller jusqu'à 20.000 marks au maximum. Les deux peines pourront s'appliquer simultanément.

Les infractions au présent arrêté seront jugées par les tribunaux et commandants militaires.

Bruxelles, le 30 juillet 1916.

Freiherr von Bissing.

(*La Belgique* [de Rotterdam], 9 août 1916, p. 2, col. 2.)

Que firent les Bruxellois? Ils se promenèrent tranquillement avec un insigne brun : couleur K. K. : décidément, on leur en fera voir de toutes les couleurs.

---

(1) *Comment les Belges résistent...,* p. 342.

3. Le boycottage.

Nous avons vu plus haut que les Belges ne peuvent plus arborer d'insigne patriotique pour exprimer leur aversion envers les bourreaux de la Belgique. Mais deux autres voies restent ouvertes : les manifestations muettes, dont nous venons de parler ([1]), et le boycottage.

La lettre suivante d'un négociant belge inaugure dès maintenant un procédé de défense que tous les Belges pratiqueront à la conclusion de la paix : la mise en interdit des produits allemands, quelle que soit leur nature et sous quelque étiquette qu'on les présente :

Un exemple à suivre.

La lettre que nous reproduisons ci-dessous dénote bien la mentalité des Teutons ; nous la faisons suivre de la réponse de notre compatriote, en engageant les Belges à suivre, le cas échéant, cet exemple :

« Cher Monsieur,

« Par la guerre, je suis seulement aujourd'hui dans la position de vous écrire, et je serais très bien aise si vous vouliez continuer nos agréables relations d'affaires, s'il vous plaît.

« J'attends avec plaisir vos aimables ordres pour l'avenir, et dans cette agréable espérance, j'ai l'honneur de vous présenter, cher Monsieur, mes plus sincères salutations. »

Voici la réponse :

« Monsieur,

« J'ai bien reçu votre carte du . . . . . et vos offres de services. Je vous dirai que je n'aurai plus à y avoir recours à l'avenir. Nous avons ici un compatriote très versé dans votre partie et qui nous libérera du concours de l'étranger.

« D'autres raisons spéciales, que vous connaissez ou devez deviner, me font un devoir strict de ne plus avoir recours à un produit allemand.

« Je constate que vous prenez plaisir à me « chérir ». Je regrette de ne pouvoir vous suivre dans cet ordre d'idées, car nous avons, nous, Belges, trop de raisons de haïr, sans trêve et sans cesse, tout ce qui porte un nom devenu odieux pour nous.

« Je me borne à ne répondre que tout juste à vos civilités déplacées. »

(*La Libre Belgique*, n° 23, mai 1915, p. 4, col. 1.)

---

(1) Voir aussi *Comment les Belges résistent...*, p. 339 ss.

Dans le même ordre d'idées, *La Libre Belgique* a engagé les Bruxellois à ne plus mettre les pieds dans un cinéma devenu allemand par voie de spoliation :

Boycottez.

Les Bruxellois savent-ils que les établissements de *Cinéma Pathé*, maisons françaises, sont placés sous séquestre?

Savent-ils, les Bruxellois, que le séquestre outrepassant ses pouvoirs, a vendu les films dont beaucoup n'étaient même pas la propriété des établissements Pathé? C'est le vol organisé.

Savent-ils, les Bruxellois, que le séquestre, *lisez voleur*, exploite les établissements sous la firme U. T., Union théâtrale *belge*, entendez-vous, alors que cette U. T. est du boche tout pur?

Si les Bruxellois, qui le jour de la réouverture du cinéma du boulevard du Nord ont assiégé la salle, pour la satisfaction du séquestre, ne savaient pas qu'ils donnaient leur argent aux Allemands, ils le savent aujourd'hui.

Conclusion : boycottez, boycottez sans pitié...

(*La Libre Belgique*, n° 44, septembre 1915, p. 4, col. 2.)

Plus tard, elle intervint de même pour mettre le public en garde contre un nouveau théâtre flamand :

Encore une affaire louche.

Nous avons signalé jadis à nos concitoyens l'exploitation du « cinéma U. T. », qui s'est installé dans le cinéma Pathé du boulevard du Nord. Notre avertissement a suffi pour faire déserter, par le public patriotique, ce trou boche.

Voici maintenant une nouvelle entreprise boche que nous signalons aux patriotes flamands; nous traduisons la réclame que lui fait le *Kölnische Volkszeitung* du 21 décembre 1915 :

« Bruxelles, avec ses 500.000 Flamands, possède maintenant un théâtre flamand, dont la direction et la mise en scène nous garantissent une exécution artistique de bon aloi. Aux Flamands maintenant à agir! *Tua res agitur!* Si les Flamands reconnaissent cela, leur devoir impérieux et le sentiment de leur existence propre les obligent à soutenir « leur » théâtre et à le fréquenter. Le soir de l'ouverture du théâtre en question, de « bons amis » avaient coupé la conduite de l'éclairage électrique : Que ceci serve de leçon aux Flamands et les incite à couper également les liens qui les unissent à certains milieux, pour autant que ces liens existent encore. »

L'entreprise en question est l'exploitation flamande du « Théâtre de l'Alhambra ».

Nous croyions que Bruxelles possédait déjà une scène flamande, rue de Laeken, et il nous semble qu'en ce temps de deuil et de tristesse, où tant de nos enfants souffrent et meurent dans les tranchées des Flandres, cette scène était plus que suffisante pour les familles flamandes de Bruxelles. Il faut croire que le « théâtre flamand » actuel ne donne pas assez de garanties aux Allemands, car ils éprouvent le besoin d'en faire surgir un nouveau, un concurrent. Ils veulent s'en faire un instrument, d'après le *Volkszeitung,* pour semer la division parmi la population de la capitale. Jusqu'ici la direction n'a pas protesté avec énergie contre ces insinuations. Qu'y a-t-il là-dessous ?

Nous croyons de notre devoir de signaler à notre peuple patriotique ces nouvelles manœuvres allemandes : il a boycotté le cinéma boche ; qu'il fasse de même du théâtre boche ! Flamands, vous ne mettrez pas le pied dans ces boîtes-là, « votre honneur l'exige » ! Un Belge ne se montre pas dans une maison recommandée par l'ennemi allemand pour servir de moyen de division nationale.

> (*La Libre Belgique,* n° 61, d'après *La Belgique* [de Rotterdam],
> 18 avril 1916.)

D'ailleurs les Allemands se rendent compte dès maintenant du danger économique auquel les expose l'aversion des Belges. Voir par exemple : *Les Boches sur la défensive* (pl. VII).

Un autre genre de boycottage consiste dans le refus d'écouter la musique allemande :

Un bel exemple.

Dimanche dernier la musique du régiment de la « Kultur », campé à Lessines, donnait un concert sur la place de cette ville.

Pas un seul habitant, remarquez le chiffre : pas un seul n'a été écouter les flons-flons des chaudronniers de la « Kultur ».

Les portes et fenêtres des maisons de la place étaient soigneusement fermées !

Inutile de dire la colère des gens de la « Kultur ». Ils ont défendu tout rassemblement, et forceront l'Administration à venir officiellement écouter leurs futurs « miaulements ».

Il paraît cependant que ladite Administration n'est pas d'avis de se laisser faire !

Voilà un bel exemple de dignité patriotique.

Braine-l'Alleud et d'autres localités ont agi de même en semblable circonstance.

Bruxellois, méditez et imitez ! ! !

> (*Récit d'un témoin oculaire.*)

> (*La Libre Belgique,* n° 19, mai 1915, p. 4, col. 2.)

Bravo !!!

La scène se passe dans la banlieue de Bruxelles, un dimanche, dans un café de campagne des plus fréquentés. (Nous préférons ne pas le nommer pour ne pas attirer d'ennuis à son propriétaire.)

Les consommateurs sont nombreux sur la terrasse et dans le jardin, car il fait beau et chaud et c'est le moment du repos : 4 heures. C'était aussi autrefois l'heure du concert.

Il fait calme et tranquille. Pas d'uniforme gris, rien qui nous rappelle l'esclavage et l'on se prend à désirer un peu de musique et à regretter l'absence des tziganes d'autrefois.

Tout à coup, une bande de soldats débouche du chemin. Ah ! ils ne se laissent pas longtemps oublier ! Ce sont des musiciens ; ils déballent leurs instruments et s'installent.

Changement à vue : tout le monde se lève et s'en va. Cette fois, la musique était revenue... mais les auditeurs étaient partis.

Bravo ! voilà une petite « manifestation tacite », si l'on peut s'exprimer ainsi, contre laquelle la *force* est complètement désarmée.

A moins (avec la « liberté », on peut s'attendre à tout), à moins que nous ne soyons un jour astreints à l'audition forcée des concerts de ces messieurs. Dans ce cas-là, une solution nous reste : l'ouate dans les oreilles.

HELBÉ.

(*La Libre Belgique*, n° 23, mai 1915, p. 4, col. 2.)

Le conseil donné par Helbé avait déjà été mis en pratique à Bruxelles. Pendant un concert donné à la Place Royale de Bruxelles, par une *Militär-Kapelle*, en septembre 1914, des dames qui traversaient la place se bouchaient les oreilles.

C'est sous le même angle qu'on doit envisager l'abstention du public bruxellois au concert donné par les Allemands au Théâtre de la Monnaie, en avril 1915. Seulement trois Bruxellois connus y assistèrent. L'un d'eux était professeur à l'Université de Bruxelles. Aussitôt celle-ci prit des mesures contre le collègue qui s'était méconduit. La punition a été ratifiée par l'unanimité de la population, et tout le monde se détourne de lui comme d'un pestiféré. Les journaux d'outre-Rhin ont naturellement fulminé contre nos autorités universitaires. *La Soupe* (n° 319) a publié divers documents intéressants sur cette affaire.

Il va de soi que les Allemands voulurent sévir contre l'Université. Mais à cette époque l'arrêté sur la germanophobie

(p. 66) n'avait pas encore paru et nos tyrans durent arrêter les poursuites.

Autre exemple de boycottage. Les Allemands ont remis en activité les chemins de fer belges. Mais nos compatriotes n'utilisent le train que s'il n'y a pas moyen de faire autrement. En règle générale, on prend le tram à vapeur ou une voiture. C'est ainsi, par exemple, qu'on va en tram de Bruxelles à Louvain, à Gand, à Turnhout, à Aerschot, à Hasselt, à Liége, à Maeseyck, à Charleroi, à Mons...

Enfin, citons encore un cas. On sait que les Allemands, après avoir incendié nos villes, affichent maintenant la prétention de les rebâtir à l'allemande. Les articles suivants indiquent l'avis des Belges sur ces projets :

Kulturdenkmal.

Von Bissing a des loisirs. Il les emploie à des choses éminemment utiles. L'autre jour, il a donné une conférence sur la reconstruction des villes belges détruites par les soldats allemands. C'était à Aix-la-Chapelle. A Bruxelles, il aurait pu parler devant des banquettes vides.

D'après le compte rendu des journaux hollandais tolérés par la censure, il y a débité des choses véritablement ahurissantes. « La reconstruction de nos villes le préoccupe beaucoup, tant par un noble souci d'art que pour enlever aux germanophobes un prétexte de critiques... Aussi voudrait-il que quelques ingénieurs visitassent l'Allemagne pour y apprendre leur art et nos villes reconstruites deviendraient un *Kulturdenkmal, un souvenir de la culture allemande.* »

Il faut un joli culot pour raconter des choses pareilles ! Malheureusement, ajoute-t-il naïvement, les communes belges ne veulent pas avancer l'argent en ce moment. La psychologie de notre peuple reste pour lui une insoluble énigme.

C'est véritablement savoureux ! von Bissing ne nous comprend pas. Notre mentalité lui échappe et notre psychologie reste pour lui une énigme, l'énigme belge.

Notre caractère, le voici en quelques mots : le Belge est essentiellement bon garçon, franc, loyal, mais indépendant, ne s'en laissant imposer par rien ni par personne ; hospitalier et confiant, il devient intraitable dès qu'on a abusé de sa confiance. Il est encore ce qu'il fut au cours des siècles : irréductible et incompressible. On peut se l'attacher par l'affection, mais on ne le domine pas.

Vous croyiez nous tenir sous la lourde botte allemande et vous vous étonnez de notre esprit d'indépendance, qui garde toute sa liberté d'allures. Ignorez-vous que, malgré les dominations étrangères, nous avons

tout un passé d'indépendance, alors qu'il y a un siècle à peine (1807!) **vos**
paysans prussiens étaient encore des serfs attachés à la glèbe.

Dans nos provinces belges naquirent les franchises communales, germe
de toutes les libertés modernes, à l'époque où s'y développait cette admirable architecture dont nos monuments témoignent encore.

Nous n'irons pas en Allemagne prendre le goût de ce qui est beau,
noble et élevé. A l'Exposition de Bruxelles, nous avons pu apprécier votre
architecture dans toute sa laideur. L'incendie mystérieux qui dévora en
une nuit la plus belle partie de l'Exposition s'arrêta stupéfait devant votre
pavillon et recula devant tant de lourdeur.

Vous et les vôtres, qui avez tout imité, tout contrefait, tout exploité,
vous n'avez rien à apprendre aux autres. Ce grand mouvement d'art qui
pénètre toute notre vie moderne, vos contrefacteurs n'en ont pas compris
la véritable beauté ; ils n'ont pu que l'industrialiser et le commercialiser.

Nous, nous avons une noble tradition d'art à continuer. Tout notre sol
fleurit de monuments qui redisent notre glorieux passé, ils attestent
l'incomparable génie de nos ouvriers d'art. Et vos musées s'enrichissent
des chefs-d'œuvre de nos peintres, les premiers du monde. Vos élèves
peuvent s'instruire à l'école de ces grands maîtres.

Vous ignorez peut-être que cette province rhénane dont vous vous
vantez était de notre sol ; les maîtres qui l'embellirent étaient nôtres par le
sang et par l'éducation, et leur génie éclate resplendissant à côté de
l'œuvre pitoyable de vos architectes, qui la déshonorent par leur style allemand lourd et disgracieux.

Nous voulons rester nous-mêmes. L'œuvre belge sera entièrement nôtre.
Elle réalisera ses propres aspirations en continuant la noble tradition de
nos ancêtres.

Si vous ignorez tout cela, vous êtes excusable quand vous nous pro-
posez d'aller étudier en Allemagne l'art de reconstruire nos villes que vos
barbares ont détruites. Ce n'est plus du cynisme, c'est de l'inconscience.

(*La Libre Belgique*, n° 51, novembre 1915, p. 4, col. 1.)

Leur impudence.

Pour les Prussiens, même civils, nos provinces sont une proie à
dévorer. Ne se sont-ils pas mis en tête de réédifier chez nous ce que
leurs troupes ont brûlé ou dynamité? Comble d'audace et d'impudence!
L'idée est grossière, cynique. On l'espérait fructueuse... Inutile d'ajouter
que nos sinistrés envoient promener les chacals de Germanie qui cherchent à ramasser de l'argent dans nos ruines!

Il y a là du travail pour *nos* architectes, *nos* entrepreneurs, *nos* brique-
tiers, *nos* carriers, *nos* ateliers de constructions, *nos* industries : toute la
nation en profitera!

Nos bâtisseurs sauront respecter les exigences de l'esthétique : en
reconstruisant une ferme, par exemple, ils feront une aimable ferme et

non une vilaine petite usine ; en restaurant un village bombardé, ils feront un joli village et non une banalité rectiligne ; pour rebâtir une gare, ils ne prendront point pour modèle celle de Colmar ! A bas le « pratique » abominable, les maisons en série, les carrés de béton, les hangars en dents de scie, les toits ondulés et autres horreurs ! Nos groupes de constructeurs comptent heureusement des artistes ; ils se rendent compte que la Belgique, terre historique, va devenir, pour le monde entier, un but de pèlerinage. Comme il n'en coûte pas plus de faire beau que de faire laid, *la restauration de la Belgique sera un embellissement*. Refusons les lourdeurs massives, les uniformités ennuyeuses ou les pastiches de l'architecture allemande ! Ayons confiance dans notre art national pour faire notre pays plus beau, plus attrayant !

*
* *

Un monument à la gloire des soldats allemands vient d'être érigé sur un champ de morts, près de Gand. Il faudra le mettre bas si tôt que possible. Paix aux morts, certes ; mais guerre à l'insultante outrecuidance des vivants !

(La Vérité, n° 5, 12 juin 1916, p. 12.)

4. L'Empereur et le gouverneur général.

Ainsi qu'il convient, le Belge réserve une place d'honneur dans son mépris à ceux qu'il regarde comme les auteurs responsables de tout le mal, l'Empereur et le gouverneur général.

Il nous suffira de copier quelques articulets relatifs à Guillaume II :

L'impérial menteur.

Une revue scientifique allemande, Der Fels, *contient dans son dernier numéro un article du publiciste catholique Lorenz Müller au sujet des faits reprochés à l'occupation allemande en Belgique. Nous en extrayons ce passage significatif :*

« Officiellement, il n'a pas été constaté un seul cas où des francs-tireurs auraient, avec la complicité des prêtres, tiré du haut des tours des églises. Ce qui, jusqu'ici, a été connu et a été l'objet d'une enquête, par rapport aux prétendues horreurs commises au cours de cette guerre par des prêtres catholiques, a été, sans aucune exception, reconnu comme faux, comme un pur produit de l'imagination. Notre Empereur a adressé au Président des États-Unis un télégramme affirmant que même des femmes et des prêtres s'étaient laissé entraîner à des horreurs au cours de cette guerre de guérillas, qu'ils avaient blessé des soldats, des médecins et des infirmières. Comment ce télégramme est-il conciliable avec le fait établi que pas un seul cas n'a pu, jusqu'ici, être établi à charge des prêtres, voilà ce que nous apprendrons seulement après la fin de cette guerre. »

La Liberté, *journal suisse, commente comme suit cette déclaration :*

« Nous avons là une réhabilitation des prêtres belges qui nous vient du côté allemand. Mais les quarante-neuf ecclésiastiques tombés comme victimes de la fureur allemande, pendant la période des débuts de cette guerre, ne se lèveront pas d'entre les morts pour se réjouir du jugement qui reconnaît leur parfaite innocence. »

(*La Libre Belgique*, n° 33, juillet 1915, p. 4, col. 1.)

Pardonnez-lui, Seigneur, car il ne sait ce qu'il dit.

Un chef-d'œuvre d'impériale impudence vient d'être affiché dans toute la Germanie et dans les pays occupés par l'armée allemande.

Il s'agit d'une proclamation de Guillaume II à l'occasion de l'anniversaire du 2 août 1914. Un Bruxellois a trouvé la meilleure réponse qu'il convienne de faire à ce document de la folie pangermaniste en traçant en grandes lettres à travers l'affiche les mots mis en tête de ces quelques lignes :

Pardonnez-lui, Seigneur, car il ne sait ce qu'il dit.

L'espace nous est trop mesuré dans ce bulletin pour analyser le factum impérial qui se distingue comme toujours par le mensonge, la calomnie et l'hypocrisie. Il mérite tout au plus un haussement d'épaules. C'est de cette manière que le bon sens belge l'a immédiatement accueilli.

(*La Libre Belgique*, n° 39, août 1915, p. 2, col. 1.)

Proclamations impériales.

Le 7 août 1914, à Berlin, Guillaume II en prenant congé de sa Garde impériale, commandée par son fils aîné le Kronprinz, lui adressait ces paroles :

« Souvenez-vous que le peuple allemand est le peuple élu de Dieu. Comme empereur allemand, *l'esprit de Dieu est descendu sur moi. Je suis son bouclier, son glaive et son incarnation.*

« Malheur aux désobéissants, mort aux poltrons et aux incrédules. »

Cette proclamation impériale était la troisième du monarque allemand depuis le 4 août. Elle constitue en somme le résumé, la quintessence des trois autres. Dans la première il affirmait faussement que l'Allemagne était menacée et, après avoir dit sa confiance en Dieu le Père, il ordonnait à toute la nation de consacrer la journée du 5 août à des prières publiques. Dans les deux autres manifestes, il répétait que la haine et la jalousie des adversaires de l'Empire le forçaient à prendre les armes, et après avoir dit d'abord le 6 août : « Que Dieu soit avec nous », il isait le d 8 août : « Dieu sera avec nous comme il fut avec nos ancêtres. »

Dans la bouche du chef suprême qui venait d'ordonner froidement la violation de notre neutralité au mépris du droit et des conventions internationales, les propos qu'il adresse à sa Garde ne peuvent être considérés que comme d'impudents blasphèmes. Et ces quatre proclamations démontrent qu'il n'est qu'un menteur, un hypocrite, le sinistre et infernal impresario de la plus effroyable tragédie que le monde ait jamais connue.

Quand on relit après un an de guerre ces manifestations théâtrales, on s'étonne que le côté ridicule, grotesque et odieux des prétentions du Kaiser n'ait soulevé dans un peuple de 70 millions d'âmes, qui se proclame à la tête de la civilisation et de la science, aucune protestation, pas même un haussement d'épaules ou une timide raillerie. C'est que l'esprit guerrier auquel le souverain fait plus expressément appel dans son second « manifeste aux armées de terre et de mer » est réellement prédominant dans la race. Il dirige non seulement les cœurs mais les intelligences, les consciences et les volontés. Le fanatisme militaire est à la fois la boussole du pilote et le vent qui enfle la voile de la barque nationale allemande. On comprend maintenant, à la lueur des incendies de la Wallonie et des Flandres, à la lecture des proclamations des généraux allemands, la sincérité des déclarations des aumôniers protestants et catholiques teutons : « Nous sommes Allemands d'abord, prêtres ensuite. » Cela n'est pas seulement exact chronologiquement, mais essentiellement, substantiellement, peut-on dire.

En Allemagne, le guerrier ne laisse guère subsister dans l'homme ce qui constitue ailleurs le citoyen, c'est-à-dire la liberté, le jugement, la conscience et la responsabilité qui résultent essentiellement du libre arbitre. L'Allemagne, éduquée à la prussienne depuis sa tendre enfance, est, par-dessus tout, un rouage de la grande machine militaire, même lorsque cette machine semble être au repos. Quand il s'agit de l'intérêt de la Grande Allemagne, son unique idole, il n'a d'autre pensée, d'autre opinion, d'autre règle de conduite que celle des chefs, celle du Kaiser, du chancelier et des généraux. Et dans ce pays hiérarchisé à outrance, celles-ci se résument finalement en une seule, celle de l'Empereur, le divin inspiré, le chef infaillible du peuple élu de Dieu. Il ne peut se tromper, il ne peut mentir, il ne peut se parjurer.

Un des vers les plus célèbres de Victor Hugo est ainsi conçu :

Ces deux moitiés de Dieu : le Pape et l'Empereur.

En Allemagne il n'y a qu'un représentant de Dieu, c'est Guillaume II. Et son infaillibilité est universelle et permanente, au contraire de celle du Pape qui n'est que relative aux questions de foi et de morale et ne s'exerce que dans des conditions très rares et très solennelles.

Le fanatisme pangermain permet de comprendre que les insanités et les énormités des allocutions de Guillaume II à ses soldats et à sa Garde impériale aient été accueillies avec une respectueuse déférence par ses sujets. Partout ailleurs qu'en Germanie elles auraient pour le moins soulevé le mépris et la pitié. On se serait même demandé si l'impérial orateur ne devait pas être interné dans une maison de santé.

Le monarque allemand mériterait en effet d'être qualifié d'insensé s'il n'était pas avant tout un comédien et un parjure et si son passé ne démontrait pas qu'après avoir été l'adorateur de la force, puis celui de la paix, il est devenu pangermaniste surtout par raison politique, pour conserver son influence sur ses courtisans et son peuple.

Notons d'ailleurs que sa démence est celle de toute une nation et n'est que l'exacerbation du sentiment patriotique et de l'esprit guerrier.

Sans aller jusqu'à se proclamer les élus de Dieu ou inspirés par Dieu, d'autres fanatiques de la guerre se rencontrent parmi des citoyens non germains ou même antigermains qui professent que la victoire crée le droit ou du moins le démontre parce que la force suppose et prouve la vertu. HELBÉ.

(*La Libre Belgique,* n° 43, septembre 1915, p. 2, col. 2.)

Une poésie résume nos sentiments à l'égard de l'Empereur :

Il ne faut pas qu'il meure!

On dit que dans l'ombre, à pas lents,
Courbé, comme un fantôme, il erre,
Loin du front, loin de ses uhlans,
Cachant sa honte et sa colère...
Lui qui, fanfaron, portait beau,
Voici que le remords l'effleure,
On dit qu'il va vers le tombeau...
Il ne faut pas qu'il meure !

Il faut qu'il vive pour savoir,
Pour réfléchir et pour entendre...
Il faut qu'il reste là pour voir.
Que le destin le fasse attendre.
Il faut qu'il sache avant sa fin
Que son rêve n'était qu'un leurre...
Il faut qu'il souffre et qu'il ait faim...
Il ne faut pas qu'il meure !

Il faut qu'il voie, au jour marqué,
Crouler l'empire qui s'effrite ;
Que comme une bête, traqué,
Il soit sans repos et sans gîte...
Que le suive le hurlement
De son peuple écrasé qui pleure...
Pour la beauté du châtiment,
Il ne faut pas qu'il meure !

Il faut qu'il sente autour de lui
Grandir l'effroi, monter la haine,
Et si son dernier jour a lui,
A la vie il faut qu'on l'enchaîne.
Qu'il soit seul, vieilli, faible et las,
Quand debout la France demeure...
Pour écouter sonner son glas,
Il ne faut pas qu'il meure !

Dieu, Toi qu'il ose encor prier
Malgré tous tes temples en cendres,
Entends-tu les mères crier
Et l'appel suppliant des Flandres...
Dieu, nous T'invoquons à genoux,
Sauve-le, retarde son heure ;
Sa vie est notre otage à nous...
Il ne faut pas qu'il meure ! ! !

(La Soupe, n° 170.)

M. le baron von Bissing a une presse encore plus abondante. Opérons une sélection.

Voici d'abord une petite étude synthétique :

Les Preux de Prusse.

> *Le gouverneur général ne se laisse guider, dans ses mesures, que par les principes d'équité et son désir de favoriser le bien-être du pays et de ses habitants.*
>
> (Von Bissing, 15 juin 1915.)

Le vieux général de cavalerie bombardé gouverneur impérial en Belgique ne peut se figurer que, dans le pays qu'il exploite, il existe un seul cœur qui ne le tienne pas en profonde exécration. Von Bissing inspire le dégoût par ses actes et par son hypocrisie ; depuis six mois, il dépouille nos compatriotes en répétant qu'il ne veut que leur bien ! Il pille, il rançonne les Belges, et il se rend odieux au suprême degré parce qu'il couvre son brigandage de stupides palliatifs : faisant le mal et le pis, il cherche à se donner des airs de bon apôtre ! Cette duplicité explique la malédiction dont les Belges accablent le chef de leurs spoliateurs, et l'écho de ces sentiments que nous entendons à l'étranger. Il récolte ce qu'il a semé !

Et d'abord, qui est-il, ce maître exacteur ? Un hobereau comme il y en a des milliers en Allemagne. Il représente obscurément cette caste militaire, nobiliaire et réactionnaire qu'on ne trouve plus ailleurs qu'en terre germanique. La noblesse gît dans l'âme et non dans les parchemins. Von

Bissing offre le type du Teuton cupide et fourbe, en même temps que celui du hobereau tyrannique. Une telle nature exclut tout scrupule et toute finesse. Pour se donner un semblant de raffinement, von Bissing assista à des concerts et organisa même une audition d'orgue au Conservatoire de Bruxelles ; il visita aussi les musées, sans oublier de s'y faire photographier (lui, insignifiant, en face du buste de notre grand Constantin Meunier !) ni de faire publier ce cliché en première page d'un illustré allemand vendu en Belgique...

Nous eûmes d'abord pour gouverneur von der Goltz pacha : il laissa d'exécrables souvenirs en préparant la besogne que son successeur devait accomplir.

Von Bissing, vieux panache de soixante-douze ans, commandait provisoirement un corps d'armée. Quand les hostilités éclatèrent, le VIIe corps partit... sans von Bissing ! Le ramollot ne quitta pas les bords du Rhin ! Mais ses troupes, en se ruant contre Liége, emportaient une proclamation que le conquérant en pantoufles leur avait dédiée afin qu'elles n'eussent point d'hésitation à répandre la terreur au delà de leur frontière. En guise d'adieu il adressa à ses hordes le papier suivant, où il mit toute son âme allemande :

« Lorsque les civils se permettent de tirer sur vous, les innocents doivent pâtir pour les coupables. A diverses reprises, les autorités militaires ont dit qu'il ne faut pas épargner de vies dans la répression de ces faits. Sans doute, il est regrettable que des maisons, des villages florissants, voire des villes entières, soient détruits ! Mais cela ne peut vous laisser entraîner à des sentiments de pitié intempestive ; tout cela ne vaut point la vie d'un seul soldat allemand. D'ailleurs, cela va de soi ; il est superflu d'y insister. »

De loin, l'auteur de cette sinistre proclamation put se délecter à la lecture des horreurs que l'invasion commit en Belgique : il restera, pour l'opprobre de son nom, l'un des fabricants ou des propagateurs de l'infâme légende des francs-tireurs belges qui servit à l'extermination de milliers de nos compatriotes — parmi lesquels beaucoup de vieillards des deux sexes, ainsi que des femmes en couches et nombre d'enfants ! Plus tard, von Bissing put voir de près, à Louvain et ailleurs, l'œuvre immonde des brutes auxquelles il avait par avance donné prétexte à tuer, piller et brûler ! Le chacal put parcourir ces cimetières d'innocents...

Demeuré à Dusseldorf, von Bissing s'embusqua dans l'administration intérieure : il devint — poste glorieux ! — inspecteur des camps de prisonniers... Or, ce bon apôtre découvrit que le public allemand, du moins la jeunesse, montrait un certain empressement auprès des baraquements où l'on parque les captifs ; à cet intérêt se mêlait parfois un peu de pitié... Vite von Bissing publia des avis « pour qu'on cesse d'étaler vis-à-vis des prisonniers un apitoiement déplacé » ! Une de ces diatribes vaut d'être citée : « Ayez donc plus de conscience allemande ? Dois-je encore répéter cette remontrance ? On le dirait ! D'après les rapports qui me sont transmis de Munster et d'ailleurs, on a encore offert aux prisonniers des friandises, notamment du chocolat, et ce malgré la défense faite. Votre âme compatissante, mais antiallemande, n'entend-elle pas les cris de détresse de nos prisonniers en France? Soyez sûrs que, là-bas, on ne leur donne point de chocolat!.. Ce sont surtout des enfants, des adolescents, en particulier des jeunes filles, qui se pressent continuellement autour des prisonniers. Elles manquent tout à fait d'éducation! Il appartient aux familles et aux écoles de changer cela : si les avertissements restent sans effet, on recourra efficacement à des punitions exemplaires pour réprimer ces façons d'agir antiallemandes. »

Avec sa mensongère allusion aux mauvaises conditions de vie des prisonniers allemands, ce texte constitue un document précieux. Retenons que la jeunesse allemande n'est pas incapable de sentiments généreux, mais que ses éducateurs s'accordent pour tuer ce bon germe. La pitié envers des ennemis désarmés est antiallemande : ils font entrer cela, et bien d'autres monstruosités, dans le cœur et dans la tête des enfants, soit par la persuasion, soit par la force! Étonnez-vous alors de la férocité des adultes! Instruction et barbarie obligatoires! Chez les cannibales, la bonne éducation consiste à dévorer les captifs; chez d'autres sauvages; on les empale ou on les scalpe. Von Bissing ne va pas si loin : il est « kultivé », lui? Noblement il enseigne qu'il faut mépriser les vaincus et n'avoir aucune compassion pour eux : voilà, Mesdemoiselles, la bonne éducation et la pure conscience allemandes!

Nous verrons les effets de ces principes sur von Bissing et sur sa famille. En décembre, il fit arrêter la comtesse de Mérode, femme du grand maréchal de la Cour de Belgique. A défaut du moindre semblant de culpabilité, le conseil de guerre dut acquitter l'inculpée. Alors, le preux « freiherr », selon les règles de la chevalerie prussienne, voulut user d'un droit extraordinaire dont il est investi et déporter Mme de Mérode en Allemagne! Il fallut les plus grands efforts pour obliger ce goujat à lâcher sa proie innocente! En mai, il parvint à prendre en défaut la femme de notre ministre de la Justice; du moins lui fit-il octroyer quelques mois de prison; puis, en vertu de son droit discrétionnaire, le butor décida que la relégation en Allemagne durerait jusqu'à la fin des hostilités! Voilà des exemples, entre cent, de sa parfaite éducation allemande!

Mais continuons avec ordre l'examen de la carrière de ce Jean-foudre-de-guerre. Après avoir banni des camps de prisonniers les petites marques d'intérêt qui auraient pu mitiger les pénibles souvenirs de captivité, von Bissing vint en Belgique. Il annonce d'abord par affiche son intention de faire renaître en Belgique l'activité économique et de soutenir les victimes de la guerre. Cela parut étrange, au moment où Berlin mettait tout en œuvre, mensonge et falsification, pour faire croire que la Belgique méritait ses châtiments. Les Belges pensèrent comme autrefois les Troyens : *Timeo Danaos, et dona ferentes* — traduction libre : Je me défie des Alboches, même quand ils promettent de nous aider   Ou la Belgique est innocente et tous les égards lui sont dus ; ou elle est coupable et ne mérite aucune sollicitude. Les Belges avaient raison de se défier ! En même temps qu'il publie ses bonnes intentions, von Bissing inflige au pays, qui se débat dans les pires difficultés, une nouvelle contribution de guerre de 48o millions ! Cela lui vaut de l'avancement : le voilà « generaloberst ». Le grade qu'il n'avait pu décrocher comme officier, il l'obtient comme spoliateur. *Gloria ! Victoria !*

L'hiver fut dur aux Belges. Von Bissing avait raflé les victuailles, vidé les étables et poussé les producteurs à dissimuler des vivres. Aux États-Unis, au Canada, au Chili, en Hollande, en Suisse, en Italie, on s'indigne vivement des extorsions d'argent commises en Belgique. Le gouverneur place sous la surveillance de ses bureaux les sociétés où des étrangers belligérants ont des intérêts ; ce qui permet à des banquiers allemands de se caser en Belgique aux frais desdites sociétés qu'ils dépouillent méthodiquement. La masse souffre de faim et de froid ; la détresse se généralise.

On ne voit le « generaloberst » que flanqué d'estafiers ; il ne sort qu'en auto. Ne croyez pas ses photographies, reproduites même en carte postale, où la retouche donne au « freiherr » décrépit un air martial : comme une vieille cocotte, il se fait rajeunir... En vérité, il est fort délabré. Tête antipathique au possible ; longue moustache horizontale, face osseuse et mâchoire lourde ; type bestial, annonçant une intelligence médiocre et une âme vulgaire. Sa carrière et ses actes confirment ce pronostic. Ses extorsions d'argent, grandes et petites, constituent véritablement du banditisme. De tels faits n'ont aucun précédent dans la guerre moderne ; ils n'ont d'équivalent dans nulle expédition militaire ; c'est une innovation spécifiquement allemande. En s'assurant le versement de 48o millions, von Bissing s'engagea à ne plus imposer ni provinces ni communes ; mais, ayant conservé son « droit » d'infliger des amendes, il en use et en abuse. En outre, il se rattrape sur les particuliers et crée notamment un impôt à charge des citoyens ayant quitté le pays !

Faute de chemins de fer, d'autos, de chevaux, certaines régions ne purent recevoir les vivres du Comité national ; aussi la nation belge connut-elle les pires privations. L'évasion de nos jeunes gens et l'introduction de fonds donnent beaucoup de tintouin à notre gouverneur ; il suffit de lui parler de cela pour voir frémir les muscles qui lui pendent sous le menton. La frontière hollando-belge est barrée de postes à pied et à cheval, avec réflecteurs et téléphone, de fils de fer, de fossés et de pièges. Autant il soigne ces organisations-là, autant il néglige les besoins du pays. Ainsi, il limite les déplacements dans les provinces ; puis il frappe d'interdit la plupart des produits industriels ; les transactions sont entravées. Voilà qui favorise à rebours la reprise des affaires ! Quand l'autorité prussienne édicte un tarif des denrées, des fourrages ou des viandes, c'est à seule fin de soustraire l'intendance militaire à la hausse générale, mais sans se soucier des intérêts de la nation. Dans tous les domaines, poursuites, amendes, vexations et spoliations continuent. Von Bissing provoque un conflit avec la Croix-Rouge de Belgique ; une fausse Croix-Rouge de Belgique est alors constituée par von Bissing, avec l'argent de la vraie qu'il a confisqué.

Dès les beaux jours de mai, le gouverneur se retire à la campagne. Quoi ? Au front ? En campagne ? Non, non ! Pas de ça ! Il s'octroie une villégiature : ayant jeté son dévolu sur une propriété des environs de Bruxelles, à Trois-Fontaines, il en dépossède le châtelain et s'y installe à sa place ! Pendant que lui et ses créatures vivent bien, la misère provoque des émeutes dans le bassin de Liége... Puis, dans la presse qui lui obéit, von Bissing expose que « ses *intentions* de faire renaître la vie économique sont remises en question » parce que les ouvriers de l'arsenal de Malines refusent de travailler ! Il s'agit que tout le personnel des cheminots prussiens soit mobilisé pour l'établissement d'une ligne stratégique d'Aix-la-Chapelle à Bruxelles. Nos ouvriers refusent de reprendre le travail.

Et sa mission de restaurer les affaires en Belgique ? Elle existe, mais toujours à l'état d'*intentions*. Depuis décembre, il les annonce. En juin, il les réitère. En attendant, il enlève nos machines-outils et nos matières premières, pour les envoyer en Allemagne ! Mais d'amélioration économique, due à son initiative, pas trace !

Sachez que cet homme providentiel fait... de l'assistance sociale ! Ne riez pas ! Cela se trouve imprimé dans le bulletin de la fausse Croix-Rouge de Belgique et confirmé par une conférence donnée à Berlin par la *freifrau* von Bissing en personne. Donc, cela aussi existe. N'en doutons pas. Tout cela existe... sur le papier. On le chercherait vainement ailleurs. Mais ce que l'on trouve dans toutes les provinces administrées par ce digne Prussien, c'est le banditisme sous les formes les plus répugnantes ; et c'est le désœuvrement forcé, avec la misère ; et c'est l'exécration de l'Allemagne ! L'histoire de son séjour à Bruxelles se résume en peu de mots : *continuelles extorsions d'argent ; entraves à l'activité industrielle des Belges ; aggravation de la détresse publique ; impuissance totale à rien améliorer*. Ce n'est pas l'encaisse de la vraie Croix-Rouge de Belgique (80.000 fr.), dont une petite partie serait distribuée à quelques douzaines de pauvresses par la fausse Croix-Rouge de Belgique, qui soulagerait les maux que von Bissing a répandus dans le pays entier ! Après tant d'autres bluffs prussiens, celui de l'assistance, comme les autres, ne laissera que... du papier.

Au reste, un menteur finit toujours par se faire prendre. Von Bissing a avoué lui-même son impuissance dans le domaine constructif : le 16 juin, un avis du gouverneur, publié dans la presse à tout faire, vint nous rappeler « son *désir* de favoriser le bien-être du pays ». Donc, six mois après sa première proclamation, il en est toujours à la période du « désir » et des « intentions ». Mais, en même temps, il unifie les ordonnances restrictives du commerce et de l'industrie en ce qui regarde les vivres, les machines métallurgiques, les moyens de transport, les métaux et minerais, les produits chimiques, les textiles, les huiles et graisses, les cuirs, le caoutchouc, le bois, le papier, etc. La liste des transactions soumises à autorisation est interminable. Bien entendu, toutes les affaires restent libres... vers l'Allemagne !

Au total, les uniques réalités qui marquent le règne de von Bissing en Belgique sont d'abord son brigandage et ensuite son favoritisme au profit des intérêts prussiens. Cela, ce sont des faits, attestés et signés par lui-même dans une série d'arrêtés publics. Le surplus (renaissance économique, assistance, souci du bien-être des Belges) est un composé d'impudent mensonge, de bluff puéril et de basse hypocrisie.

Par ses excitations barbares, von Bissing a participé aux massacres commis en Belgique. Par ses ordonnances, il y a organisé la rapine. Voilà son œuvre. Elle se traduit pour nous en un tas de cadavres et, pour lui, en un tas d'or. Et ce vieux bandit s'étonne que ses victimes le traînent sur la claie et que le monde entier lui jette l'anathème !

(La Vérité, n° 7, 29 juin 1915, p. 5.)

Dans le n° 30 de *La Libre Belgique,* le même qui donne aussi l'amusant portrait du gouverneur ([1]), on raconte son installation au château de Trois-Fontaines :

Inconvénients des grandeurs.

Les sommets attirent la foudre. M. le freiherr von Bissing, gouverneur général « oberst » de la Belgique, s'est installé gratis, on le sait, dans le beau domaine des Trois-Fontaines-lez-Vilvorde, appartenant à M. Orban, celui-ci ayant refusé de le lui louer. Des pancartes mises au coin des rues principales de Bruxelles annoncent à tout le monde la route qu'on doit prendre pour se rendre chez le bien-aimé gouverneur : *Zum Schloss Trois-Fontaines.* Or, il paraît qu'il vient de déménager à la suite de l'incident qui a marqué la chute des zeppelins d'Evere, de Mont-Saint-Amand-lez-Gand. Un des aviateurs anglais aurait, paraît-il, en passant par-dessus les Trois-Fontaines, salué irrespectueusement le château d'une bombe qui ne l'a pas atteint. M. von Bissing a jugé qu'il serait plus sûrement protégé contre ces manifestations intempestives, en logeant en dessous des greniers qui abritent momentanément les Belges signalés à la vindicte de la « Kommandantur allemande ». Les aviateurs alliés respecteront évidemment des citoyens aussi dignes d'égards.

Un conseil, M. von Bissing ; allez à Saint-Gilles, vous y serez certainement en sécurité, et la société qu'on y trouve actuellement est des plus honorables.

Helbé.

(La Libre Belgique, n° 30, juin 1915, p. 4, col. 1.)

([1]) Voir *Comment les Belges résistent...,* fig. 1.

Un article qui a dû faire particulièrement plaisir à notre gouverneur général est celui où l'on rappelle ses instincts de pillard :

Les exploits du gouverneur général en Belgique, baron von Bissing, pendant la guerre de 1870.

RÉCIT D'UN TÉMOIN AMÉRICAIN

Dans le numéro du 25 mars 1913, la revue *Le Correspondant* publiait une étude intitulée : « Le premier des correspondants de guerre », contenant l'histoire du célèbre Russell, correspondant du *Times,* sur les principaux théâtres des diverses guerres survenues depuis un demi-siècle. Au sujet de la guerre franco-allemande de 1870 et plus particulièrement de l'incendie de Saint-Cloud, nous trouvons page 1211 ce qui suit :

« Russell, chargé de suivre la campagne, ne voulut pas voir brûler Saint-Cloud, mais il eut les impressions toutes fraîches d'un de ses collègues, le Dr Scoffern, correspondant occasionnel d'un journal AMÉRICAIN. Celui-ci fut le seul civil qui se trouvait au château quand l'incendie éclata. Il profitait d'une accalmie du bombardement pour vérifier les dégâts causés par les obus.

« C'est seulement jeudi matin 17 octobre, dit-il, que je m'aventurai à visiter le palais et je suis bien content de l'avoir fait et d'avoir vu ces merveilles, même abîmées. Ce qu'il y avait de porcelaines, de lits, de pendules, de statues, etc., vous pouvez vous l'imaginer, mais cela ne peut se décrire. Le capitaine von Strautz, commandant du palais, m'avait donné la permission de ramasser tout ce que je voudrais de porcelaines brisées ; je l'ai fait, ne me doutant guère que, quelques heures plus tard, nous pourrions prendre autant de trésors que nous serions capables d'en emporter.

« Vers 2 heures, comme nous dînions, nous entendîmes un craquement si près qu'il nous étonne, quelque accoutumés que nous fussions à cette sorte de bruit. « Le palais brûle », crie un homme de garde. Nous laissâmes là notre champagne pour aller voir. C'était vrai, les flammes sortaient d'un grenier... Je rédigeai une dépêche et l'expédiai. Puis nous revînmes à notre champagne. « Messieurs, dit le capitaine von Strautz « avec solennité, je suis le dernier commandant de Saint-Cloud. Allons tous « dans les grands appartements. Nous en emporterons un dernier coup « d'œil et un souvenir. Prenez ce que vous voudrez : vins, tableaux, livres, « n'importe quoi. »

« J'y allai avec le lieutenant VON BISSING et le major von Glass ; voyant que je ne prenais rien pour moi, CES BONS CAMARADES ME PRESSÈRENT DE LE FAIRE. « Ma position, parmi vous, est délicate, Messieurs, répondis-je ; je « ne prendrai rien qui ne me soit offert. » SI VOUS LES AVIEZ VUS !! De tous côtés, de toutes les mains je recevais des objets aussi beaux que ceux qu'aurait pu imaginer un conteur arabe. Hélas! la nuit venait, les flammes et la fumée gagnaient. Les appartements du palais étaient un vrai labyrinthe ; je fus obligé d'abandonner des objets de grande valeur, car je n'aurais jamais pu les sauver. Dehors toute la surface du gazon était couverte de vases, de tableaux, de pendules, le tout éclairé par les feux de bivouac, autour desquels passaient des soldats enveloppés de rideaux en soie rouge, bleue, or, jaune, comme dans une pantomime. Un d'eux s'était enroulé dans le couvre-pieds en soie de l'impératrice ; un autre avait mis cuire des pommes de terre dans une soupière en Sèvres, marquée aux armes impériales.

« Près des deux tiers de la bibliothèque furent sauvés, mais comme il pleuvait, les livres furent quelque peu endommagés. Je vous laisse à penser ce que fut la fin de cette nuit ; je ne puis le dépeindre.

« Note. — Russell suivit les opérations de la IIIᵉ armée, grâce au bon vouloir du général von Blumenthal, chef d'état-major. Von Bissing, actuellement général de cavalerie, né le 3o janvier 1844, fit la campagne de 1870 comme lieutenant adjudant près le commandement supérieur de la IIIᵉ armée. »

Sans commentaire. — La Belgique est gouvernée par le pillard de Saint-Cloud !!!

(*La Libre Belgique*, n° 45, septembre 1915, p. 4, col. 1.)

Enfin, disons encore l'opinion excellente, et si juste, qu'on a de lui en Allemagne :

La vérité en Allemagne.

Extrait du journal allemand *Die Woche*, du 18 avril 1915 :

« Mais l'homme qui fit merveille en Belgique est le sympathique freiherr von Bissing, gouverneur général, qui sut se faire respecter par le peuple belge, devenir populaire, et qui est à présent la vénération du peuple belge. »

Oh ! là ! là !

(*La Libre Belgique*, n° 51, novembre 1915, p. 4, col. 2.)

C. *L'UNION MORALE DES BELGES*

Le jour de la Fête nationale, des Bruxellois appartenant à tous les partis politiques assistaient à la grand'messe à Sainte-Gudule. En effet, depuis l'occupation allemande, les Belges ont de commun accord oublié les anciens désaccords de parti. Ceux qui appartenaient aux groupements politiques les plus disparates siègent à présent dans les mêmes comités; jamais il n'y est question de ce qui les divisait ; ils ne parlent que de ce qui les unit : la lutte contre les oppresseurs et les tortionnaires. Les anciens antagonismes ont été aplanis, et les Belges sont entrés tous ensemble dans une même confrérie, l'antiprussianisme.

La plus belle manifestation de cette trêve des partis est la composition de nos feuilles clandestines : toutes donnent indistinctement des articles écrits par les personnalités politiques les plus diverses.

Quelle aubaine pour nos ennemis s'ils réussissaient à ranimer nos querelles de jadis, à dresser de nouveau les flamingants contre les Wallons, les doctrinaires contre les avancés, les socialistes contre les bourgeois, les libéraux contre les catholiques...

Dès le mois de septembre 1914, ils avaient aidé à la création d'un journal, *L'Écho de Bruxelles,* qui menait une campagne acharnée contre le Gouvernement et contre nos Alliés. En pure perte, d'ailleurs.

Un article de *La Vérité* résume les vains efforts de l'Allemand pour rompre l'accord patriotique des partis :

Défions-nous des Allemands.

Défions-nous comme de la peste des agents de l'Allemagne !

Il en est de diverses espèces. Tout d'abord, la bande militaire et civile qui se goberge à Bruxelles, à Anvers, à Liége, à Gand et dans une foule de localités moins importantes. Ces gens sont grassement payés : comme base de comparaison, sachez que von Bissing touche 100.000 francs l'an en qualité de gouverneur général. Tous ces parasites touchent de la guerre des profits immédiats.

Outre les embusqués à galons, von Bissing, von Kraewel, von Huene, etc., et les budgétivores des bureaux civils, von Sandt, Gerstein et des milliers d'autres, il y a toute une nuée d'immigrés (près de 10.000 à Bruxelles seulement) dont chacun est un agent de l'Allemagne.

L'autre catégorie est composée de Belges, oui, de Belges ! Ce sont les bavards peu perspicaces qui vont colportant les insanités ou les perfidies importées de Berlin. Le geignard qui se plaint de la lenteur des opérations ; le premier imbécile venu qui se permet de trancher les plus épineuses questions diplomatiques ou de donner des conseils de stratégie à Joffre ; le médisant qui écoute et répète des rumeurs malveillantes : voilà des agents de l'Allemagne ; car l'ennemi, surpris et irrité de la sourde insoumission des Belges, cherche à les diviser et se sert de l'irréflexion de certains individus.

Déjouons cette tactique ! Défions-nous de ces menées occultes ! A ceux qui s'y laissent prendre, ouvrons les yeux ; et, s'ils s'entêtent, dans leur incompréhension, ridiculisons-les de façon qu'ils perdent tout crédit.

On se rappelle les accusations lancées naguère contre trois notables d'Anvers. Cette calomnie se fondait sur un article du *Tijd,* lequel article n'avait qu'un défaut, celui de n'avoir jamais été publié dans ce journal hollandais ni dans aucun autre. Il en circula une prétendue copie, qui était l'œuvre des Allemands (¹). L'article et son contenu, tout était faux, archifaux ! Par ce moyen, on espérait diviser les Belges (¹) !

Défions-nous des pièges ! Plus récemment, des cervelles obscures, amies du dénigrement, ont découvert que le général Pau est brouillé avec le maréchal Joffre ! Pau avait un plan (évidemment admirable) pour libérer la Belgique, mais Joffre n'en voulut point. D'où le départ de Pau pour la Russie ! C'est donc par la faute de Joffre que nous restons envahis, car maintenant les conditions favorables sont changées... L'infamie berlinoise embaume ce radotage, destiné à rendre antipathique le généralissime français. Et il y a des Belges qui donnent dans ce panneau ! Cela fait pitié !

Une autre fable, colportée en ces derniers temps, opposait le Pape, créature de l'Autriche, au cardinal Mercier. Benoît XV aurait désavoué le prélat belge et celui-ci aurait fait acte de repentir... Cette trame est teutonne : elle tend à diviser les Belges sur la question religieuse. Remettons les discussions à plus tard et restons unis.

On a essayé également de mettre les Belges face à face au moyen de la question des langues. On place le français au dernier rang, on impose la traduction flamande au cinéma, on excite les flamingants et les wallingants. C'est peine perdue ! Pourtant, quelques gros malins, sans se douter du coup d'épaule qu'ils donnaient à l'ennemi, ont ébauché une querelle. Différons le débat, donnons-nous la main !

N'a-t-on pas fait courir le bruit, avec l'aide des gens à courte vue, que deux généraux belges, convaincus de trahison, étaient enfermés dans la tour de Londres ! ! ! Les esprits peu pénétrants et les gens qui cultivent le potin ont repris ce conte inepte où tout, à commencer par l'ingérence étrangère, révèle la manière berlinoise.

Celui qui écrit ces lignes connut la guerre de 1870 et peut attester que ce système de calomnies se pratiquait déjà alors.

On dit que les lettres anonymes pleuvent aux « Kommandanturs ». Mensonges ! Mais les faussaires qui ont altéré des documents trouvés à Bruxelles et publié de faux journaux belges (²) sont très capables de fabriquer des pseudo-dénonciations. Ne croyez pas ces ignominies ! Et n'oubliez

---

(1) Voir p. 28. (Note de J. M.)
(2) Voir p. 29. (Note de J. M.)

pas que des milliers de mouchards teutons épient les conversations, font jaser les bavards et font leur sale métier dans l'ombre.

La question des « absents » est du même tonneau... de Munich. Voilà à coup sûr une machine des Alboches. S'ils ne l'ont pas inventée, ils ont certes adapté à leurs manigances cette idée gantoise, qui leur parut un bon moyen de division. On ne sait trop comment, naguère, la campagne menée à Londres par quelques Belges contre le principe de la « taxe à charge des absents » dégénéra en querelle et opposa les Belges du dehors à ceux du dedans. Cette absurdité poussa sur la bonne cause comme un chancre sur l'arbre fruitier; mais l'énormité resta pour compte à son auteur, qui fut désavoué par ses compatriotes émigrés. Cet incident fut vite oublié. Or, cette affaire, déjà grossie ici dans son temps, revient sur le tapis. Des agents berlinois ont soufflé à quelques compères inconscients que les Belges de Londres vivent bien, s'enrichissent et se moquent de leurs compatriotes du continent. Sur ce thème méchant, injuste et bête, le compère peu intelligent brode un peu, se fait le propagandiste de l'accusation teutonne et lui donne de la dispersion. Évidemment, elle ne va pas loin, mais l'ensemble de ces rumeurs peut écœurer de braves gens mal informés. Ce qui fait écumer les Prussiens, songez-y donc, c'est que les Belges s'emploient utilement chez nos Alliés : nos ingénieurs, mécaniciens, contremaîtres, armuriers, métallurgistes, tourneurs, horlogers fabriquent des munitions d'artillerie; nos selliers et cordonniers travaillent pour la cavalerie; charpentiers, carrossiers, pour l'équipage; ouvriers et ouvrières de tissages et peignages, tailleurs, etc., s'occupent au vêtement, et ainsi de suite. Les armées en campagne leur doivent en partie leur bon équipement. N'est-ce pas servir son pays? Dans les services du railway, dans les usines françaises, dans les champs, les Belges remplacent ceux qui se trouvent au feu. N'est-ce pas se rendre utile à la cause commune? Mais voilà ce que les agents berlinois ne soufflent pas à leurs auditeurs trop crédules !

Il était matériellement et humainement impossible que tous les Belges prissent le chemin de l'étranger. Le droit de rester est aussi absolu que celui de partir. Ceux qui sont demeurés au pays et montent la garde dans nos villes et nos campagnes, protègent leurs foyers ou ceux des absents, préservent les récoltes, etc., ceux-là prouvent la sincérité de leur attachement au sol natal; ils se rendent utiles en maintenant, face à l'ennemi, l'union belge; ils aident au ravitaillement des affamés... et au recrutement des guerriers. Tout le long de l'histoire de l'occupation, on verra s'affirmer l'insoumission des Belges, libres quand même! Cela aussi était nécessaire.

A part la caste des commerçants exploiteurs qui s'avilit chez nous comme en Allemagne, en Hongrie, en France et même en Hollande, en Espagne, etc., et qui forme le clan indigne, tous les Belges ont accompli leur devoir.

Malgré l'inconsciente complicité des imbéciles, l'union morale de la nation en face des barbares n'a pas fléchi. Ce sera une des belles pages de la guerre.

Plus tard, nous redeviendrons catholiques ou anticléricaux, flamingants ou francophiles, royalistes ou républicains, socialistes ou réactionnaires. Mais, pour le moment, tout antagonisme doit rester en suspens. L'ennemi ne parviendra pas à nous diviser. Une immense fraternité unit les cœurs belges, français, anglais, contre l'ennemi commun : le Prussien.

Persévérons ! Entr'aidons-nous ! Aimons-nous ! Ne critiquons personne ; d'ailleurs, nous ne possédons aucun document complet pour juger les choses. Attendons unis, fermes et toujours confiants. Et continuons notre résistance. Nous ne demandons pas de folles témérités. Il suffit de n'aller au-devant d'aucun désir de l'ennemi et de se plier à ses ordres lorsque, ayant fait tout son possible pour s'y dérober, on reconnaît l'impossibilité d'y parvenir. Le pouvoir usurpateur est illégitime ; ses ordonnances, appuyées sur la force et la contrainte, n'ont aucune valeur ; les conventions imposées sont des chiffons de papier. Tâchons de ne pas entrer en conflit avec l'arbitraire et la brutalité de nos tyrans ; mais n'hésitons pas à faire tout ce qui peut leur nuire puisque nous ne sommes pas armés en face de leurs fusils, mitrailleuses et canons, combattons-les par notre attitude indépendante qui les démoralise. Que notre optimisme les démonte et les fasse douter d'eux-mêmes. Que notre constance et notre sourde hostilité les découragent ! Montrons nos couleurs nationales ! Avec cette insoumission continuelle et un complet éloignement des Prussiens qui infestent nos cités, en un mot *avec du mépris et de la dignité,* chacun de nous peut accomplir son devoir tel qu'on est en droit de l'attendre d'un bon citoyen.

(La Vérité, n° 1, 2 mars 1915, p. 9.)

Nous avons cité plus haut (p. 29) *Le Fouet,* organe manifestement inspiré par nos bourreaux, qui s'occupe de souffler la discorde entre libéraux et cléricaux, entre Wallons et flamingants, entre les Belges et les Alliés.

C'est surtout la querelle flamande-wallonne qu'ils essaient d'exploiter à leur profit, d'abord en créant de multiples journaux germanophiles flamands (p. 67), dont le principal rôle doit être, sans aucun doute, d'attirer sur eux, et par contre-coup sur les Flamands, la colère de la population wallonne ; puis en ouvrant à Bruxelles un théâtre flamand (p. 141). Mais ce ne sont là que deux des chaînons dans la longue série de tentatives faites pour raviver les animosités linguistiques. La flamandisation de l'Université de Gand en est un autre. Nous n'insisterons pas sur cette malencontreuse équipée, dont le fiasco est évident pour tout esprit raisonnable.

Il nous suffira de reproduire deux passages de la lettre

ouverte de **M.** **Wilmotte**, qui a circulé sous le manteau en Belgique :

Lettre ouverte du professeur Maurice Wilmotte au recteur de l'Université allemande de Gand.

Monsieur,

Je ne vous connais pas, et ne veux point vous connaître. Êtes-vous le pédagogue luxembourgeois dont le nom a été prononcé ? Êtes-vous l'inquiétant linguiste dont le cléricalisme foncé cachait mal les appétits de faveurs et de places ? Êtes-vous un juriste, un médecin ou un apothicaire ?

Je n'en sais rien, et il n'importe guère. Pour nous, Belges unis dans l'espoir d'une revanche, due à notre loyauté, tout homme qui pactise avec nos oppresseurs est un ennemi, dont nous souhaitons le châtiment. Si cet homme est, en outre, un pédagogue attitré et assermenté, s'il a charge d'âmes, son cas devient plus grave. Ce n'est pas lui seul qu'il déshonore, c'est le troupeau dont il est le mauvais berger, sur lequel il attire la malédiction des bons citoyens, restés fidèles à leur prince et aux institutions nationales. Corrupteur des esprits, il pèche plus criminellement par l'exemple et encourt une double responsabilité.

Sans doute nos collèges et nos écoles primaires sont restés ouverts ; mais, dans ces maisons où l'on n'a cessé de prêcher l'union de tous les Belges et le respect de nos lois, l'espionnage germain n'a pu exercer son action déprimante, et la vie scolaire, comme la vie administrative, n'a cessé de poursuivre son cours, prouvant à nos maîtres du moment que les habitants d'une terre libre gardaient, dans la pire calamité, des vertus intangibles.

Au contraire, nos étudiants sont, depuis de longs mois, — et ils auraient dû être toujours — appelés à remplir un devoir de solidarité sociale infiniment plus sacré que celui de s'instruire au contact de maîtres savants. Le grand maître de l'heure, c'est le canon, et il n'y a pas de voix qui puisse rendre plus attentif un jeune homme de vingt ans, dont la patrie est meurtrie sous les sabots des cavaliers ennemis. La place de nos étudiants est aux environs de Dixmude ; elle n'est pas dans les amphithéâtres désertés, que nos professeurs refusent unanimement d'animer de leur parole. Comme l'a dit admirablement le recteur de l'Université de Bruxelles, les rares élèves qui se proposent maintenant la conquête d'un diplôme ne valent pas la peine d'être enseignés...

. . . .

Il est, Monsieur qui n'êtes point mon cher collègue, ni mon collègue du tout, il est pour une telle apostasie des précédents historiques et des désignations consacrées. Je veux vous les épargner et je préfère vous envoyer l'expression du seul sentiment qui puisse survivre à votre égard dans un cœur belge, du sentiment de pitié.

M. Wilmotte.

(*L'Echo belge*, 10 juillet 1916, p. 1, col. 2.)

Hâtons-nous de dire que les chefs du mouvement flamand ont immédiatement compris la nécessité de déjouer les manœuvres allemandes. Ainsi, déjà en juillet 1915, ils faisaient circuler une déclaration animée du plus pur patriotisme. En voici la traduction :

> Les soussignés, Belges flamands, tiennent à faire la déclaration suivante :
> 1° Toute faveur que l'autorité allemande accorderait, contrairement aux lois belges, à une partie de la population, serait considérée comme indésirable et inacceptable ;
> 2° Ils déclarent que des journaux récemment créés qui, sous le manteau du flamingantisme, servent des intérêts autres que ceux de la Belgique, ne représentent aucune fraction du mouvement flamand ;
> 3° Ils font un appel à leurs compatriotes flamands et wallons, pour qu'on laisse reposer tous les différends linguistiques aussi longtemps que la liberté de la Belgique est entravée par l'occupation étrangère.

Traduisons aussi la déclaration qui est inscrite en épigraphe à la manchette de *De Vlaamsche Leeuw* (pl. VI) :

> En ces temps de deuil et d'épreuves, nous, Flamands, nous nous groupons sans condition, avec nos frères wallons, autour du drapeau tricolore belge et nous partageons avec eux les mêmes besoins et les mêmes dangers.
> Nous sommes convaincus que, lorsque la victoire finale sera obtenue, nous partagerons également ensemble les mêmes droits.

Aucun moyen n'est négligé par nos ennemis pour s'attirer la bienveillance des Flamands. N'ont-ils pas imaginé de proscrire les noms français des faubourgs de Bruxelles ! Et voyez comme ils réussissent bien. Le cachet que la poste allemande applique sur les lettres à Forest est ainsi conçu : *Vorst bij Brüssel—Belgien* (pl. XVI). Or *Vorst bij* (Forest près) sont des mots flamands, mais *Brüssel—Belgien* sont allemands.

D. *L'ARDEUR PATRIOTIQUE*

1. Le recrutement.

La patrie est en danger ! Cette pensée a immédiatement aplani nos petits dissentiments, si insignifiants devant nos angoisses actuelles. D'une commune ardeur, tout le monde s'est mis à l'œuvre. Les uns organisent l'opposition contre la bande de spoliateurs armés qui sévit sur notre pauvre pays ; d'autres s'occupent du ravitaillement ; les jeunes partent pour l'armée.

a) *Les difficultés.*

S'enrôler n'est pas chose facile, car les Allemands s'y opposent naturellement de toutes leurs forces. La Belgique est comme une grande cage, entourée d'une triple barrière de fils barbelés et de fils à haute tension. A tous les débouchés de la clôture veillent des sentinelles ; entre les postes circulent des patrouilles de fantassins accompagnés de chiens policiers, des cavaliers, des cyclistes, des canots automobiles. La nuit, les rayons des projecteurs balaient l'espace. Le long de la frontière, sur une largeur de 5 à 10 kilomètres, est une zone où nul ne peut circuler sans autorisation ; et il faut un autre permis pour pénétrer dans une dernière bordure, large de 200 mètres, où toutes les maisons ont été évacuées.

Malgré tout, plus de 20.000 jeunes gens se sont évadés de cette prison et ont pris du service dans l'armée belge. Des métallurgistes, en nombre au moins égal, sont allés vers les fabriques de munitions en Angleterre et en France. Même, des milliers de femmes et de jeunes filles ont bravé la mort par électrocution ou par fusillade, les unes pour rejoindre leurs maris, les autres pour s'engager comme infirmières dans nos ambulances, car à celles-ci aussi le Gouvernement allemand refuse systématiquement des passeports.

Comment passent-ils ? Le lecteur comprendra que nous ne puissions pas donner de détails. Contentons-nous de citer quelques faits que nous connaissons personnellement. En janvier 1916, 28 miliciens et 4 infirmières passèrent ensemble par la province d'Anvers. Pendant le mois de décembre 1916, 70 jeunes gens, après avoir abattu un officier et deux sentinelles, gagnèrent la Hollande par la frontière limbourgeoise ; un groupe de 20 Belges traversa la Meuse à la nage ; enfin, 42 hommes s'évadèrent par la frontière liégeoise, sur un remorqueur.

Il n'y a pas que des barrières physiques. Chaque fois qu'un Belge est tué à la frontière par le courant électrique, son cadavre reste accroché aux fils de fer pendant plusieurs jours, en guise d'épouvantail, par exemple le corps de M. Jacob, de Liége, en décembre 1915. Quand on en abat un à coups de fusil, les journaux domestiqués s'empressent d'apprendre sa mort à leurs lecteurs. Si les patrouilles réussissent à s'emparer d'un petit groupe de miliciens, leur condamnation est publiée dans les mêmes feuilles.

Par jugement du 11 février 1916, le tribunal militaire de Namur a condamné :

Franz Sacré, ouvrier d'usine à Grand-Manil; Joseph Bourgeaux, électricien; Paul Debroux, employé; Fernand Leclipteux, ébéniste; Hector Leroy, ouvrier; Marcel-Augustin Colin, typographe, tous domiciliés à Gembloux, à trois ans de prison pour avoir entrepris de passer la frontière sans la permission prescrite, dans le but de s'enrôler dans l'armée belge.

(*L'Ami de l'Ordre*, d'après *La Belgique* [de Rotterdam],
1er mars 1915, p. 2, col. 1.)

Nous avons vu plus haut (p. 67) que certains journaux, tombés encore plus bas, publient les noms de ceux qui cherchent à passer la frontière.

Une autre barrière morale est celle-ci. Les Belges en âge de milice doivent signer une déclaration disant qu'ils ne prendront pas les armes contre l'Allemagne; ceux qui refusent sont envoyés comme prisonniers de guerre dans un camp allemand (*L'Ami de l'Ordre*, 7 et 8 mai 1915). Les jeunes gens de l'agglomération bruxelloise doivent se présenter régulièrement au bureau allemand de milice (affiches du 17 mars 1915 et du 3 avril 1915.) Voici la dernière de ces deux affiches :

Avis officiel concernant les Belges qui doivent se faire inscrire.

Il résulte des listes remises par les communes de l'agglomération bruxelloise qu'un certain nombre de Belges ayant l'obligation de se faire inscrire, nés de 1892 à 1897 et habitant l'agglomération, ne se sont pas présentés personnellement à l'École militaire.

Il est accordé un dernier délai à ceux qui ne se sont pas encore fait inscrire jusqu'à présent; ceux-ci devront se présenter à l'École militaire les 8, 12, 13 et 16 avril, de 9 heures à midi ou de 3 à 6 heures (heure allemande).

Tout qui négligera de se faire inscrire sera puni.

Quant aux Belges qui, devant se faire inscrire, avaient quitté l'agglomération bruxelloise après le début de la guerre, leurs père, mère ou autres parents ou les personnes dont ils étaient les locataires ont l'obligation de communiquer l'adresse de ces Belges jusqu'au 16 avril prochain au bureau d'inscription allemand (Deutsches Meldeamt), 10, rue du Méridien. Les contrevenants s'exposent à être punis.

Der Gouverneur von Brüssel.

Pour pouvoir s'éloigner de Bruxelles, ils doivent demander une permission (affiche du 4 juin 1915). En décembre 1915, nouvelle affiche prescrivant aux pères de famille de s'assurer que les jeunes gens se sont fait inscrire (*L'Écho belge,* 17 déc. 1915, p. 1. col. 3).

b) Responsabilité des parents et des communes.

On voit par l'affiche, que l'on vient de citer, que les parents sont rendus responsables de leurs fils en âge de milice. Des pères et même des mères ont été emprisonnés parce que leurs enfants étaient allés remplir leur devoir envers leur patrie. Ainsi, à Bruxelles, M. Maurice Vauthier, secrétaire communal, professeur à l'Université de Bruxelles et membre de l'Académie royale de Belgique, a été arrêté pour cette raison.

Par jugement du tribunal militaire de Liége, M. Joseph Britte, voyageur à Verviers, a été condamné à 200 marks d'amende, pour n'avoir pas empêché le départ de son fils, militaire belge. Le même tribunal a condamné Mme veuve Marie Allard, née François, à 90 marks d'amende, pour le même motif.

Quant aux moyens qui sont mis en œuvre pour obtenir d'une mère l'aveu que son fils a cherché à rejoindre l'armée belge, en voici deux échantillons.

... La mère d'un jeune patriote suspect est arrêtée ; elle refuse de dénoncer son enfant. Le juge lui montre une pièce signée par son fils, où celui-ci avoue tout ! Le juge s'apitoie sur le sort du malheureux : « Courage, Madame, tout n'est peut-être pas perdu. Dites-moi comment les choses se sont passées ; il y a sans doute des circonstances atténuantes... votre enfant est jeune, nous savons qui l'a entraîné..., parlez franchement et je vous promets d'intervenir en sa faveur... » La malheureuse mère parla ; elle crut sauver son fils ; sans le savoir elle le trahissait ! La fameuse pièce contenant l'aveu de son fils était fausse.

Son fils avait signé un interrogatoire, où il avait tout nié ; mais, grâce au procédé du papier au carbone, sa signature avait été reproduite sur une feuille blanche, et les juges avaient rempli la feuille en y écrivant, au-dessus de la signature, l'aveu qu'il n'avait jamais fait.

Une mère est emprisonnée parce qu'on soupçonne son fils d'avoir voulu franchir la frontière et rejoindre l'armée belge ; la pauvre dame est accusée d'avoir coopéré à cette tentative ; elle est brutalement arrachée à sa famille, sans même pouvoir embrasser les petits enfants qui vont être privés de ses soins maternels. Entrant en prison, elle est saisie d'une crise nerveuse. Bonne aubaine ! C'est une nature impressionnable, on trouvera le moyen de la faire causer... Elle refuse, elle s'obstine. Quelques jours plus tard, on l'amène au cabinet du juge ; « Madame, lui dit-il, je dois vous annoncer une triste nouvelle ; votre plus jeune enfant est tombé gravement malade et le médecin vous réclame d'urgence. » Elle pâlit, croit que les portes de la prison vont s'ouvrir pour lui permettre de donner les derniers soins au bébé mourant. Non pas ! « Avant de vous permettre de partir, il faut que l'instruction soit terminée ; dites la vérité, avouez la faute de votre fils, nous serons indulgents, et vous pourrez voir votre pauvre petit. — Jamais, Monsieur. Mon enfant mourra sans moi ! »

Peut-on imaginer cruauté pareille ! Et connaissez-vous pareil héroïsme ? Cette femme belge n'atteint-elle pas à la sublime hauteur de la mère des Gracques ? Plus tard elle apprit que jamais son enfant n'avait été souffrant.

(*La Libre Belgique*, n° 80, juin 1916, d'après *Le XXe Siècle*, 7 août 1916.)

Bien plus, les communes elles-mêmes doivent se porter garantes.

Arrêté.

Les communes sont obligées de veiller à ce que les personnes placées sous le contrôle d'un « Meldeamt » ne quittent pas le district qu'elles doivent habiter conformément aux prescriptions du « Meldeamt » compétent. Si des personnes placées sous contrôle transfèrent leur domicile dans une autre localité sans y être autorisées, la commune sera passible d'une amende.

Si, par la suite, de telles contraventions continuent quand même, j'envisagerai l'application des mesures suivantes :

1° Placement sous contrôle de tous les habitants de la commune qui sont en état de porter les armes et sont âgés de dix-sept à cinquante ans, et exercice d'une surveillance plus rigoureuse à leur égard ;

2° Suppression pour tous les habitants du droit de transférer leur domicile dans une autre localité.

En outre, je rappelle que, selon l'arrêté du 26 janvier 1915, les personnes convaincues d'avoir voulu transférer leur résidence dans une autre localité sans en avoir le droit et même les membres de leur famille s'exposent à être punis.

Bruxelles, le 20 juillet 1915.

Le Gouverneur général en Belgique,
von Bissing,
Général-Colonel.

Rien n'est négligé, on le voit, pour agir sur l'esprit des miliciens et pour intéresser les parents et les autorités communales à ce que la jeunesse n'aille pas s'enrôler sous les drapeaux. Bien entendu, les arrêtés allemands n'empêchent ni les communes ni les parents de faire ce que le patriotisme leur commande. Jamais nous n'avons vu un père ou une mère déconseiller à son fils de partir pour la guerre; les parents acceptent courageusement les menaces allemandes, tout comme les fils savent qu'ils risquent d'être fusillés ou électrocutés, avant d'avoir pu seulement avertir l'armée belge qu'ils font un effort pour la rejoindre. N'est-ce pas de la part des vieux et des jeunes une preuve d'ardeur patriotique encore plus admirable que celle de nos soldats qui luttent sur l'Yser!

c) *Interdiction des communications entre les soldats et leurs parents.*

Les jeunes gens qui passent la frontière pour s'engager savent qu'ils s'exposent eux-mêmes et qu'ils exposent leurs parents à un autre genre de torture, une torture qui à la longue devient intolérable : la rupture de toute relation entre les soldats et leur famille. D'après un article du *Temps,* repris par *La Belgique* (de Rotterdam) du 30 novembre 1915, même des Allemands se seraient émus de la souffrance supplémentaire dont l'autorité allemande frappe les parents belges, et le journal socialiste *Vorwärts* aurait préconisé l'institution d'un poste de transmission qui recevrait périodiquement des nouvelles des combattants et les ferait parvenir aux familles. Un tel bureau, facile à établir dans un pays neutre, réduirait dans une large mesure les souffrances morales des non-combattants. Inutile d'ajouter que l'Allemagne s'est bien gardée de prendre aucune mesure qui pourrait alléger l'anxiété des Belges restés au pays; car la suppression de la correspondance a un double effet : elle amollit le courage de ceux qui

veulent partir en leur faisant entrevoir les angoisses de leurs
parents; elle déprime ceux qui restent et les fait aspirer à la
fin de la guerre. Aussi les Allemands ont-ils encore redoublé
de sévérité envers les braves cœurs qui, malgré toutes les
menaces, s'efforcent de rétablir les communications entre le
front et la Belgique occupée.

Comment réussit-on quand même à donner aux familles
des nouvelles de leurs fils? Il y a deux voies : le transport
clandestin de lettres par la frontière hollandaise et leur transmission à des intermédiaires habitant les pays neutres. L'un
et l'autre moyen sont également criminels aux yeux des
Allemands.

Des courriers hardis et habiles réussissent à se faufiler à
travers les multiples barrières de fils barbelés et de fils électrisés de notre frontière septentrionale; à chaque voyage, tant à
l'aller qu'au retour, ils emportent une pleine charge de lettres.
Plusieurs organismes, fonctionnant à la fois en Belgique et au
front, centralisent les correspondances; les deux plus connus
sont *Le Mot du soldat* et le *Bureau de la correspondance belge.*

Tant les courriers que les organisateurs sont traqués sans
pitié par la police allemande. Ainsi, M. Joseph Joppard,
charron à Etterbeek, fut condamné à mort et exécuté en
octobre 1915, à la requête de la Kommandantur de Gand,
pour s'être occupé du transport de lettres. Parmi les organisateurs, M. Laloux, de Liége, fut condamné à un an de prison et
5.000 marks d'amende; Mme Frick, la femme du bourgmestre
de Saint-Josse-ten-Noode, et M. Fr. Vandermissen, accusés
de s'être occupés du *Mot du soldat,* sont déportés en Allemagne
pour y purger une peine de onze mois de prison ([1]). L'une des
condamnations les plus odieuses qui aient été prononcées du
chef d'organisation d'une correspondance clandestine est celle
de M. W. van Rijckevorsel, vice-consul des Pays-Bas à
Dinant. Il s'était appliqué à sauver de la mort les enfants des
Dinantais fusillés pendant les journées sanglantes des 23 et
24 août 1914; puis il avait placé en Hollande un grand nombre

---

([1]) Mme Frick, devenue malade dans sa prison, a été remise en liberté en
novembre 1916.

de ces orphelins. Il a été condamné à mort pour s'être occupé
de la transmission de lettres entre les Dinantais et les familles
réfugiées en Hollande. De hautes interventions ont fait
commuer la peine de mort en celle des travaux forcés.

Chaque fois qu'un porteur de lettres tombe entre les mains
de nos ennemis, les condamnations pleuvent sur les destinataires des missives; car en Belgique celui à qui une lettre
prohibée est destinée, qu'il le sache ou non, est considéré
comme complice. Le plus souvent pourtant, on lui tend un
piège. Des espions, sous les apparences de bons patriotes
belges, vont remettre les lettres aux parents et s'offrent à
porter aussi la réponse. A peine ont-ils reçu celle-ci que les
parents sont arrêtés. Tel a été le cas pour M. Odeurs, chef de
bureau à l'Hôtel de Ville d'Anvers; son aventure a été racontée
par les journaux; nous pouvons donc citer son nom sans
danger. Voici un autre cas :

A Chièvres, le Dr Canon fait célébrer un service funèbre pour son fils,
le P. Paul Canon, jésuite, tombé au champ d'honneur à Lizerne, en se
dévouant pour relever les blessés. La famille était encore sous le coup de
cette fatale nouvelle, quand M. Canon père est mandé à la Kommandantur. L'officier prussien lui déclare : « Vous avez commandé un service
pour votre fils, soldat dans l'armée des Alliés. Comment avez-vous su
qu'il était mort? Vous communiquiez donc avec l'ennemi? Si jeudi (on
était le lundi) vous ne nous avez pas fait connaître vos moyens d'information, vous serez condamné à 10.000 marks d'amende. » Le Dr Canon
a payé l'amende.

(L'Écho belge, 6 novembre 1915, p. 1, col. 6.)

De temps en temps ils dépistent l'un des locaux où s'opère
la centralisation des correspondances. C'est ce qui eut lieu en
septembre 1915 pour l'estaminet « In de Zwaan », rue des
Émaux, à Anvers. Une souricière fut établie et tous ceux qui
pénétrèrent dans le café furent condamnés, qu'ils eussent ou
non des lettres sur eux. Une pauvre vieille de soixante-cinq
ans, qui apportait en toute confiance une lettre pour son fils à
l'Yser, fut condamnée à six mois de prison (L'Écho belge,
21 sept. 1915, p. 1, col. 3).

La correspondance par courriers est un moyen précaire et
fort dangereux, comme on le voit; du moins permet-elle de

donner des nouvelles qui ne passent pas par la censure allemande. Il n'en est pas de même pour l'autre procédé : la
correspondance par intermédiaires. Voici en quoi elle consiste.
Les Belges peuvent écrire à des personnes habitant le Danemark, l'Espagne, les États-Unis, la Hollande, la Norvège, la
Suède, la Suisse... Un bureau de censure allemande, installé
à Aix-la-Chapelle, examine les correspondances et y appose
son estampille ou, plus souvent, les jette simplement au panier.
Les parents envoient donc leurs cartes postales à une personne d'un pays neutre, et cet intermédiaire, qui sait à qui le
message est effectivement destiné, le renvoie au soldat belge.
On estime que, sur quatre ou cinq cartes expédiées de
Belgique, ou en Belgique, le bureau d'Aix-la-Chapelle en laisse
passer une.

Ce mode de correspondance est formellement défendu par
les Allemands. L'interdiction n'a jamais été publiée, à notre
connaissance, par voie d'affiche, mais uniquement par des
communiqués imposés aux journaux de Bruxelles, de Gand,
de Namur (¹), etc. Voici un communiqué de ce genre inséré
dans les journaux de Liége :

Il est rappelé au public que toute correspondance avec les pays
ennemis et en particulier avec le front, est défendue et sévèrement
réprimée. Se rendent également punissables les personnes qui correspondent illicitement par la poste et l'intermédiaire d'un tiers, séjournant
en pays neutre.

(D'après *L'Écho belge,* 10 avril 1916, p. 1, col. 4.)

L'Allemagne prit prétexte de cette correspondance indirecte pour supprimer, à la fin de 1915, tout échange de lettres
entre les Belges et les soldats internés en Hollande. La correspondance ne fut rétablie qu'en juin 1916.

d) *Sociétés secrètes favorisant l'exode des miliciens.*

Pour faciliter le départ de nos jeunes gens, des sociétés
secrètes se sont constituées dans tous les centres. De temps
en temps, les Allemands arrêtent quelques-uns des membres

______

(1) Voir *Comment les Belges résistent...*, p. 448.

de ces associations. Au début, on les condamnait aux travaux forcés ; mais, en présence des récidives, on passe maintenant par les armes la plupart de ceux qui sont convaincus de « trahison », ainsi que disent nos ennemis. Même, comme beaucoup de femmes font partie de ces bureaux de recrutement, nos tyrans ont cru bon de faire un exemple et, le 12 octobre 1915, ils ont tué Miss Edith Cavell.

Voici des affiches annonçant des condamnations aux travaux forcés, l'exécution de Léon Parrant et celles de Miss Cavell et de Ph. Baucq :

Avis.

Les tribunaux militaires ont eu à condamner, ces derniers temps, aux travaux forcés pour tentative de trahison, un grand nombre de Belges qui avaient aidé leurs compatriotes soumis au service militaire, dans leur essai de rejoindre l'armée ennemie.

Je mets de nouveau en garde contre de semblables crimes à l'égard des troupes allemandes, étant données les peines rigoureuses qu'ils font encourir.

Bruxelles, le 3 mars 1915.

Le Gouverneur général en Belgique,
Général von Bissing,
Général-Colonel.

Avis.

Le Belge Léon Parrant a été condamné à mort, par le tribunal militaire de la position d'Anvers, pour haute trahison. Il a fourni sans discontinuer des soldats et des volontaires de guerre à l'armée ennemie. Il se trouvait en rapport également avec des espions français ; il leur a prêté assistance et a hébergé chez lui un de ces espions.

Le jugement a été exécuté aujourd'hui par les balles.

Anvers, 8 décembre 1915.

Le Gouverneur,
von Huene.

Avis.

Par jugement du 9 octobre 1915, le tribunal de campagne a prononcé les condamnations suivantes pour trahison commise pendant l'état de guerre (pour avoir fait passer des recrues à l'ennemi) :

1. Philippe Baucq, architecte à Bruxelles, à la peine de mort ;
2. Louise Thuliez, professeur à Lille, à la peine de mort ;
3. Edith Cavell, directrice d'un institut médical à Bruxelles, à la peine de mort ;
4. Louis Severin, pharmacien à Bruxelles, à la peine de mort ;
5. Comtesse Jeanne de Belleville, à Montignies, à la peine de mort ;

6. Herman Capiau, ingénieur à Wasmes, à quinze ans de travaux forcés ;

7. Épouse Ada Bodart, à Bruxelles, à quinze ans de travaux forcés ;

8. Albert Libiez, avocat à Wasmes, à quinze ans de travaux forcés ;

9. Georges Derveau, pharmacien à Pâturages, à quinze ans de travaux forcés ;

10. Princesse Maria de Croy, à Bellignies, à dix ans de travaux forcés.

Dix-sept autres accusés ont été condamnés à des peines de travaux forcés ou d'emprisonnement allant de deux à huit ans.

Huit autres personnes, accusées de trahison commise pendant l'état de guerre, ont été acquittées.

Le jugement rendu contre Baucq et Cavell a déjà été exécuté.

Bruxelles, le 12 octobre 1915.

General-Gouvernement.

L'indignation soulevée dans le monde entier par l'exécution de Miss Cavell fut si vive que le pouvoir occupant crut devoir s'expliquer. Voici ce communiqué, qu'un journal asservi n'a pas rougi d'insérer :

Berlin, 26 octobre.

Le sous-secrétaire d'État au département des Affaires étrangères, le Dr Zimmermann, a eu l'occasion d'exposer au représentant à Berlin de l'*United Press* d'Amérique, M. Charles W. Ackerman, le point de vue allemand au sujet du cas de Miss Cavell. Il s'est exprimé à peu près comme suit :

« Il est certainement pénible qu'une femme doive être exécutée. Mais qu'adviendrait-il d'un État, surtout en temps de guerre, s'il laissait impunis des crimes commis contre la sûreté de ses armes, parce qu'ils ont été commis par une femme ? Le Code pénal ne connaît qu'un seul privilège pour le sexe féminin, celui, notamment, qu'une femme enceinte ne peut être exécutée. Hormis ce cas, l'homme et la femme sont égaux devant la loi, et ce n'est pas la gravité du cas qui crée une différence dans le jugement du crime et de ses conséquences. Le jugement a été très fortement motivé, après que le cas eût été entièrement examiné et éclairci dans ses moindres détails. Ce qui en est résulté est d'un si grand poids qu'aucun tribunal militaire n'aurait pu prononcer un autre jugement. Car il ne s'agit pas d'un acte commis dans un moment d'excitation passionnée par une seule personne, mais plutôt d'une conspiration bien préméditée et étendue au loin, qui a réussi, pendant neuf mois, à fournir à l'ennemi des services précieux au grand préjudice de notre armée. D'innombrables soldats belges, anglais et français, combattent de nouveau maintenant dans les rangs des Alliés, et ils doivent la possibilité d'avoir pu fuir hors de la Belgique à l'activité de la bande, maintenant condamnée et à la tête de laquelle se trouvait Miss Cavell. Les devoirs envers la sécurité de l'armée sont, en temps de guerre, supérieurs à tous les autres points de vue. Les condamnés savaient ce qu'ils faisaient.

« Dans de nombreux appels publics on faisait toujours ressortir qu'un appui aux armées ennemies doit être puni des peines les plus graves et même que le traître, en temps de guerre, encourt la peine de mort. Je veux reconnaître certainement que les raisons des condamnés n'étaient pas sans noblesse, qu'ils ont agi par patriotisme, mais en temps de guerre on doit être prêt à sceller son patriotisme de son sang. La peine a été exécutée, afin d'effrayer toutes les femmes qui, se prévalant des privilèges de leur sexe, participent à une entreprise qui est punie de la mort. Si on voulait reconnaître ces privilèges, ce serait ouvrir portes et fenêtres aux menées de femmes qui sont souvent plus habiles et plus rusées, dans ces choses, que l'espion le plus raffiné. Mais celui qui assume une responsabilité ne peut et ne doit pas reconnaître de tels privilèges. Inconscient du jugement du monde, il doit fréquemment suivre la voie souvent très dure du devoir. On dit que les soldats commandés pour l'exécution s'étaient d'abord refusés à tirer et qu'ils auraient finalement si mal touché la condamnée qu'un officier a dû lui donner le coup de grâce avec son revolver. Il n'y a pas un mot de vrai dans tout cela. Je possède le rapport officiel dans lequel il a été constaté que l'exécution a été accomplie dans les règles prescrites et que la mort a été instantanée à la première salve, comme l'a constaté le médecin qui y assistait. Vous voyez que cet incident est de nouveau exploité contre nous d'une façon mensongère et méchante, incident qui comporte sa propre justification et dont la légitimité ne peut être niée par quiconque se donne la peine de réfléchir sur cette affaire et de la juger sans prévention et sans opinion préconçue. »

(La Belgique [de Bruxelles], n° 349.)

En regard de ce vain essai de justification, publié dans un journal à tout faire, plaçons quelques articles de nos prohibés :

Nos miliciens.

Les miliciens belges continuent, malgré les sentinelles allemandes et la double ligne de fils de fer barbelés qui longe la frontière, à passer en Hollande tous les jours, pour de là se rendre en Angleterre, puis en France où ils sont enrégimentés.

Quelques-uns ont payé de leur vie leur vaillance.

Dans certains villages il ne reste plus un seul conscrit des classes de 1914 et de 1915. Dans un certain village il n'y a plus qu'un seul conscrit de la classe 1914 ; il n'ose se montrer. On cite un père de famille dont un des trois fils est mort au front, le deuxième est estropié par la mitraille, le troisième est au feu.

La liste des parents annonçant dernièrement un service funèbre à

Sainte-Gudule pour un volontaire belge, comprenait sept volontaires encore au feu.

On cite de nombreux cas de jeunes Belges qui à la première nouvelle de la guerre ont abandonné leurs entreprises, brillantes cependant, aux États-Unis, en Afrique, au Brésil, etc., et ont pris du service dans l'armée des Alliés.

César disait des Belges : « Ce sont les plus vaillants des Gaulois » (*Gallorum fortissimi Belgii*). Cela est resté vrai. Liége, Aerschot et l'Yser l'ont prouvé en 1914.

(*La Libre Belgique*, n° 1, février 1915, p. 4, col. 1.)

Excuse avant le crime.

La récente offensive des Alliés sur le front ouest a inquiété et irrité notre gouverneur général. Il vient de publier un nouveau manifeste, dans lequel il déclare :

1° Que « ce que nous (les Allemands) tenons, nous le tenons bien » (1) ;

2° Qu'en conséquence, le devoir des Belges est de seconder le gouvernement du Freiherr von Bissing ;

3° Que ledit paternel gouvernement punira avec la dernière sévérité les attentats sournois et lâches (*sic*) à l'armée allemande.

Cette dernière menace, véritable excuse avant le crime, n'était pas vaine. Par jugement du 9 octobre, la justice militaire a prononcé cinq condamnations à mort et une série de condamnations aux travaux forcés pour « trahison ». Appeler trahison la fidélité à sa patrie est le comble de l'aberration. La Belgique n'est pas annexée et les Belges ne reconnaissent qu'une seule autorité légitime : celle du roi Albert.

Deux de ces condamnés, M. Philippe Baucq et Miss Edith Cavell, ont été fusillés sans délai.

Nos tyrans essaient donc de nous terroriser. Mais ils feignent d'oublier que les justiciers ne sont pas loin et les enserrent étroitement et définitivement.

Quant à la Belgique, ils n'ont pu la dompter malgré leur force extraordinaire et leur absence absolue de scrupules.

Nous attendons la fin, Freiherr von Bissing, avec une confiance absolue dans la victoire du droit. Vos menaces nous laissent aussi fermes et résolus que vos protestations de bienveillance nous laissent impassibles.

Nous saluons avec émotion et avec le plus profond respect les héros, martyrs de la cause sacrée, frappés pour leur dévouement et leur fidélité au pays. Celui-ci pourra bientôt, nous l'espérons, reconnaître en toute liberté leur mérite et rendre à leur mémoire les honneurs qui lui sont dus.

(*La Libre Belgique*, n° 50, octobre 1915, p. 3, col. 1.)

------

(1) Voir p. 123. (Note de J. M.)

e) Calomnies allemandes contre l'armée.

Ne réussissant pas par l'intimidation à enrayer ni même à ralentir le recrutement, nos tortionnaires essayèrent d'un peu de calomnie. L'affiche suivante, placardée à Bruxelles, fait savoir à nos jeunes gens qu'ils commettraient une sottise en allant s'engager dans une armée aussi mal conduite :

Nouvelles publiées par le Gouvernement allemand.

Berlin, 3o octobre 1914.

Le correspondant spécial du *Berliner Lokalanzeiger,* à Rosendael, écrit à ce journal :

Des soldats belges, désarmés, qui ont pris part aux combats d'entre Dixmude et Nieuport, font le récit de la marche indomptable en avant des soldats allemands. Lorsque je demandai à un des ces garçons, à l'air totalement miséreux par suite des souffrances endurées, si les pertes des troupes, lors de leur passage sur l'Yser, avaient été grandes, il me répondit carrément : « Ces gaillards nous repoussent avec leurs canons si terriblement qu'ils n'ont que très peu d'hommes à sacrifier. Chez nous, c'est, hélas, le contraire : on nous jette aveuglément dans la bataille. Bien de mes camarades ont dit : Nos officiers ne savent rien ; si nous étions conduits par des Allemands, nous ferions notre affaire aussi bien que les soldats allemands. » Comme dans les combats antérieurs, les Belges ont surtout souffert des attaques irrésistibles nocturnes. « Nous ne comprenons pas, s'écrie un autre Belge désarmé, comment les Allemands parviennent à s'approcher de nous jusqu'à de très courtes distances, sans que nous les apercevions. Leur manière de tirer profit des localités est admirée par nos officiers. Ni les Français ni les Anglais n'y parviennent. Les bataillons allemands ont le pas d'airain ; lorsqu'on les entend arriver, on croirait qu'ils sont le double de leur nombre. » Parmi les Belges réfugiés, l'opinion est unanime : « Les Allemands vaincront. »

Le Gouvernement allemand.

Pour apprécier la valeur réelle de cette armée de « miséreux », il suffit de rappeler que c'est elle qui s'oppose, depuis octobre 1914, à la marche des Allemands vers Calais.

Un prohibé a donné une longue relation de la bataille de l'Yser (*La Vérité,* n° 6, 21 juin 1915, p. 6).

2. La famille royale.

Depuis que l'Allemagne a envahi notre pays, au mépris des traités, et qu'elle a massacré notre population civile, au mépris de l'humanité, patriotisme et loyalisme ne sont plus qu'un en Belgique.

Qu'il nous suffise de citer deux petites pièces de vers :

Le Roi.

Belges, les temps sont durs, mais déjà l'heure approche
Où l'ennemi traqué, fuyant en désarroi,
Entendra retentir du haut de nos beffrois
L'appel tumultueux et délirant des cloches.

Le temps vient où, sonnant d'héroïques clairons,
Sur la route qui va de la Gloire à la Flandre,
En bataillons serrés, sur nos villes en cendres
Et nos foyers détruits, les nôtres reviendront.

Rythmant leur pas au chant de l'*Entre-Sambre-et-Meuse,*
Suivis des Horseguards et des dragons français,
Ils reviendront ! Dixmude, Ypres, Furnes, Calais,
Vos noms seront inscrits sur leur face poudreuse...

Voici venir le jour où, plus grand qu'au départ,
Celui qui fit crouler comme un pan de montagne
L'orgueilleuse, féroce et barbare Allemagne,
Ramènera vers nous ses plus beaux étendards.

Massée aux carrefours, à flots pressés, la foule,
Dominant le fracas ferraillant des charrois,
Guette le haut colback des Grenadiers du Roi,
Il approche... Rumeur immense... Bruit de houle...

Baïonnette au canon, les plus fiers régiments
Précèdent Celui-là qui marchait à leur tête
Quand sonnaient sur l'Yser, comme aux grands jours de fête,
Les clochers secoués par le bombardement.

Le voici ! Son cheval a tourné l'avenue ;
Il passe, blême et droit, si sublime et si grand
Parmi tant de douleurs, que la foule en pleurant
Reste sans l'acclamer, muette et tête nue.

(La Libre Belgique, n° 16, avril 1915, p. 4, col. 2.)

Sainte Élisabeth.

De sainte Élisabeth la légende est charmante ;
Malades, malheureux, la voyaient chaque jour ;
Et sa grâce céleste et sa bonté touchante
Leur prodiguaient les soins d'un charitable amour.
Son noble époux, l'hiver, revenant de la chasse,
Rencontra, gravissant un chemin montagneux,
Sa compagne chérie : « Eh quoi ! le froid vous glace »,
Lui dit-il ; « que venez-vous donc faire en ces lieux ?
Qu'abritez-vous ainsi par-dessous votre mante ? »
La sainte répondit : « Je n'ai là que du pain ;
Dieu me garde à jamais qu'à mon Seigneur je mente. »
« Est-ce bien vrai », dit-il, et d'une prompte main,
Écartant le manteau, il trouve une corbeille,
Mais, miracle divin, par la grâce des cieux,
Le pain s'était changé, ravissante merveille,
En roses au parfum exquis, délicieux.

O Reine Élisabeth, douce petite reine,
Malades, pauvres gens, en des temps plus heureux,
Recevaient les bienfaits de ta bonté sereine ;
Rien n'arrêtait l'élan de ton cœur généreux.
Tu n'es plus auprès d'eux, ô pauvre reine errante,
Tu n'as plus de palais, tu n'as plus de maison.
La Belgique est en deuil, la Patrie est sanglante,
La guerre a fait partout sa terrible moisson.
Mais il nous reste un coin de notre territoire ;
Tu restes toujours là, près du Roi bien-aimé,
De ce Roi dont le nom est passé dans l'histoire,
Chevalier du courage et de la loyauté.
De nos soldats blessés c'est ta main blanche et fine
Qui panse la blessure et calme les douleurs ;
Et par ton pur regard et ta grâce divine,
Renouvelant pour eux le miracle des fleurs,
En sourires d'espoir tu fais changer les pleurs.
            (*La Libre Belgique*, n° 22, mai 1915, p. 4, col. 2.)

Inutile d'ajouter que les manifestations de sympathie pour le Roi et la famille royale sont sévèrement réprimées. M. Bloch, grand rabbin de Belgique, en sait quelque chose.

A l'occasion du Grand Pardon, M. Bloch dit textuellement aux fidèles assemblés dans le temple de la rue de la Régence qu' « il défendait le droit imprescriptible à un prêtre de prêcher la morale. Et que, dans cette morale, il avait le droit et le devoir de comprendre le dévouement à la patrie et à la famille royale. Ce prêche, ajouta-t-il, je le fais chaque année à cette époque. Je le ferai cette année comme je l'ai fait les années précédentes ». Suivit un éloge de la patrie, du Roi et de la Reine,

(L'Echo belge, 28 mai 1916, p. 1, col. 3.)

Aussitôt voilà le grand rabbin arrêté et mis en prison.

Toutefois, à l'occasion de la fête des Bar-Mitzwah, on lui accorda trois jours de congé, pour lui permettre d'officier.

3. Refus de travailler pour les Allemands.

Aucune parole n'est trop haute pour glorifier la vaillance de nos volontaires qui, pour rejoindre l'armée, bravent l'électrocution, la fusillade ou la déportation en Allemagne, et la résolution de nos infirmières qui, elles aussi, achètent au péril de leur vie le droit d'aller soigner leurs frères blessés.

Tout de même, l'Histoire exaltera encore davantage une autre catégorie de Belges : les obscurs travailleurs qui, sans ostentation, simplement parce que c'est leur devoir, acceptent la famine pour eux et pour leur famille, plutôt que de mettre leurs bras au service de l'ennemi. D'après le rapport de M. Walcott, délégué de l'Institut Rockefeller, qui s'occupe du ravitaillement de notre pays, il y avait chez nous, en février 1916, 3 millions d'habitants dont l'existence dépend uniquement des vivres distribués par la Commission américaine. « Qu'ils réparent les locomotives, disent les Allemands; qu'ils fabriquent des munitions, des fils de fer barbelés ou des sacs pour les tranchées; qu'ils aillent réparer nos routes; nous leur paierons de gros salaires ! — Arrière, tentateurs ! répondent les ouvriers, nous aimons mieux nous serrer la ceinture que de trahir notre patrie. — Nous crèverons de faim plutôt que de nous incliner », ont répondu ceux de Gand.

Il ne sera sans doute pas inutile de citer textuellement les articles 23 et 52 de la Convention de La Haye, qui sont systématiquement enfreints par l'autorité allemande.

Art. 23. — Il est également interdit à un belligérant de forcer les nationaux de la partie adverse à prendre part aux opérations de

*guerre dirigées contre leur pays, même dans le cas où ils auraient été à
son service avant le commencement de la guerre.*

Art. 52. — *Des réquisitions en nature et des services ne pourront être
réclamés des communes ou des habitants que pour les besoins de l'armée
d'occupation. Ils seront en rapport avec les ressources du pays et de
telle nature qu'ils n'impliquent pas pour les populations l'obligation de
prendre part aux opérations de la guerre contre leur patrie.....*

Constatons aussi, la chose est piquante, que les Allemands
violent leurs propres *Lois de la guerre,* si féroces qu'elles
soient (voir plus loin, p. 223). Leurs *Lois de la guerre* ne se-
raient-elles plus qu'un chiffon de papier ?

*Le principe qu'aucun habitant d'une région occupée ne peut être
contraint de prendre une part directe à la lutte menée contre son propre
pays subit cependant, d'après les lois généralement adoptées de la
guerre, une exception qui doit être mentionnée ici : à savoir l'emploi
d'habitants du pays comme guides dans des régions inconnues. (Les
Lois de la guerre continentale, traduites et annotées par P. Carpentier.
Paris, 1914, p. 110.)*

*De son côté, le gouvernement provisoire ne peut rien exiger de l'habi-
tant de ce qui apparaîtrait comme un crime contre sa propre patrie, ou
comme une participation directe ou indirecte à la guerre. (Ibid., p. 146.)*

L'autorité occupante avait tout de suite constaté le manque
de souplesse de notre population ouvrière, et, dès le mois de
septembre 1914, elle chercha à y mettre bon ordre. Chose
singulière, c'est par la douceur qu'elle débuta. Elle manda
d'Allemagne des chefs socialistes pour aller tâter le terrain.
Les premiers qui vinrent à Bruxelles en septembre 1914 ne
dirent pas ouvertement qu'ils étaient chargés d'obtenir des
syndicalistes belges l'engagement de faire travailler pour l'Allemagne (voir la relation ci-après). Mais, en novembre 1914, le
socialiste allemand Dittmann vint officiellement s'entretenir
dans ce but, à la Maison du Peuple de Bruxelles, avec nos
dirigeants du parti ouvrier. Il y fut bien reçu, comme on pense
(voir *La Soupe,* n° 129).

Une relation des premières visites, celles de septembre, fut
immédiatement rédigée par M. Dewinne. A cette époque il
n'y avait à Bruxelles aucune publication indépendante, et le
récit fut donc envoyé à l'étranger; il parut dans *L'Humanité,*

de Paris. Mais des numéros de ce journal furent aussitôt introduits chez nous, et des copies à la machine furent abondamment répandues. Puis *La Soupe* le réimprima dans son n° 28,
à des centaines d'exemplaires, en novembre 1914. Plus tard,
au début de 1915, le récit parut dans une brochure clandestine, *La Sozialdemokratie et la Guerre* (p. 21). On verra qu'il
est intéressant à beaucoup de titres :

Les députés socialdémocrates allemands à Bruxelles.

Septembre 1914.

Nous avons reçu ces jours derniers, à Bruxelles, la visite de plusieurs
députés et militants socialistes allemands. Ce fut d'abord *Wendel,* qui
fut si copieusement conspué par la presse germanique pour avoir osé
crier en plein Reichstag : « Vive la France ! » Nous ne fîmes que l'entrevoir. A la « Maison du Peuple », où il se rendit revêtu de son uniforme
d'officier de la réserve, les camarades lui firent un accueil si glacial qu'il
ne crut pas devoir prolonger l'entrevue. Ce fut ensuite *Karl Liebknecht,*
qui venait de Liége, dans une auto mise à sa disposition par le gouverneur
militaire de cette ville. Hier, nous vîmes arriver, dans une auto conduite
par des soldats allemands, *Noske,* le député de Chemnitz, accompagné
d'un militant socialiste de Hambourg. *Liebknecht* disait être venu en
Belgique pour voir son beau-frère, un étudiant russe de l'Université de
Liége ; *Noske* voulait s'entremettre entre la « Maison du Peuple » et le
gouvernement militaire de Bruxelles pour ravitailler nos coopérateurs.
Notre ville est, en ce moment, menacée de la famine, et *Noske* attribuait
la responsabilité de cette situation au bourgmestre, M. Max, qui, dans
ses rapports avec les autorités allemandes, se montrait, disait-il, par trop
désagréable. Le député de Chemnitz se faisait fort de faire venir de Vil-
vorde autant de farine que la « Maison du Peuple » en aurait voulu. Les
soldats allemands allaient réfectionner le canal et un bateau serait mis à
notre disposition. De même, si nous voulions acheter de la farine à Gand,
un train irait la chercher jusqu'aux avant-postes allemands.

Nos administrateurs de la « Maison du Peuple », très étonnés de cette
sollicitude subite des autorités allemandes pour les socialistes bruxellois,
se sont méfiés et ont demandé à réfléchir. Je vous dirai un autre jour
quelle décision fut prise.

Nous avons eu tous l'impression que nos visiteurs n'avaient pas uniquement comme intention de venir saluer des camarades, de s'entretenir
avec nous des derniers événements, de chercher à dissiper les malen-
tendus que la guerre a fait surgir au sein de l'Internationale, mais que
plusieurs d'entre eux avaient été chargés par les autorités allemandes
d'une mission officieuse auprès des socialistes belges. Laquelle ? Je ne

saurais naturellement pas la définir avec précision, mais je la devine. Le moment ne me semble pas venu d'en dire davantage.

Mais vous pensez bien que nous avons profité de la présence parmi nous des membres autorisés de la socialdémocratie pour les interroger sur leur attitude en face de la déclaration de guerre. Nous les avons pressés de questions. Était-il vrai que toute la fraction socialiste du Reichstag avait voté les crédits militaires? Comment ce vote avait-il pu être obtenu? Est-il vrai, ainsi qu'un socialiste allemand était venu nous le rapporter, que le chancelier de l'Empire avait mis sous les yeux des membres de la fraction parlementaire socialiste un document secret établissant que la guerre était voulue par deux puissances de la Triple Entente? Comment *Haase,* dans sa déclaration au nom du groupe, n'avait-il pas même protesté contre la violation du territoire belge, cette « atteinte au droit des gens », ainsi que l'avait avoué M. Bethmann-Hollweg lui-même? Que pensent les socialistes démocrates, que pensent les Allemands cultivés des atrocités sans nom commises en Belgique par la soldatesque du Kaiser, de nos villes détruites, de nos villages incendiés, de nos campagnes ravagées, de notre population civile massacrée, torturée, sans distinction d'âge ou de sexe et très souvent par ordre des officiers?

Comment pourra-t-on, après les haines de races que la guerre a déchaînées, reconstituer notre pauvre Internationale ouvrière?

Les réponses qui nous furent données ne brillaient pas toujours par la clarté, la précision et la logique. Elles étaient parfois accompagnées de réserves et d'hésitation. Néanmoins, je veux tâcher de les résumer globalement en y mettant le plus d'impartialité et d'objectivité que je pourrai. Je ne dirai pas de qui elles émanent plus particulièrement, je ne citerai pas de nom afin de ne compromettre personne.

La plupart de celles qui nous furent faites ont au surplus un tel caractère de parenté, que je ne crois pas beaucoup me tromper en disant qu'elles reflètent un état d'esprit général parmi la socialdémocratie allemande.

Je résume, comme suit, l'opinion d'un de nos interlocuteurs :

La guerre est *impopulaire* dans beaucoup de régions. La masse ouvrière la considère comme une guerre défensive. L'ennemi de l'Allemagne et aussi de la démocratie, c'est la Russie, le pays de l'absolutisme et du tsarisme. L'Allemagne a choisi son heure; demain c'eût été trop tard. C'est aussi une guerre préventive. La Russie s'apprêtait depuis longtemps à cette lutte contre l'Empire allemand. Tôt ou tard nous eussions eu à nous défendre contre les Slaves.

L'Allemagne est convaincue de l'heureuse issue de cette guerre : elle triomphera. Elle regrette d'avoir été obligée, par nécessité militaire, de violer la neutralité de la Belgique, d'avoir dû guerroyer contre les Belges. Dans un mois (ceci était dit le 7 septembre), nos armes auront eu raison de la France, et elles pourront alors tourner tout leur effort contre la

Russie. Quant à l'Angleterre, cette nation ne compte pas comme une force militaire continentale. Sa flotte, qui est certes supérieure en nombre et en qualité à la nôtre, ne saurait être un obstacle à notre succès, qui est certain. Même si notre flotte était détruite, on ne saurait escompter la défaite de l'Allemagne. L'Angleterre peut être maîtresse de la mer ; elle ne saurait nous empêcher d'être ravitaillés par la Hollande, l'Italie et la Suisse, la Suède, la Norvège, le Danemark, dont la neutralité sera respectée par la Grande-Bretagne, qui n'oserait faire autrement *en raison de son attachement à la théorie sur le droit des neutres !* Au surplus, les récoltes sont superbes. Nous avons des approvisionnements considérables. Nous avons beaucoup d'or, du crédit tant que nous voulons. Les vivres peuvent pénétrer en notre pays par le nord, l'est et le sud. Nous avons organisé la production agricole avec le concours des municipalités et poussé ainsi à un accroissement de nos ressources. Dans la pratique, le Gouvernement allemand met en application maintes théories de la social-démocratie : fixation des prix maxima, mainmise sur les denrées pour éviter l'accaparement, etc.

L'Allemagne se ravitaillera par des navires ennemis battant au besoin pavillon belge, anglais ou français.

— Alors, demandons-nous, tous les députés socialistes ont voté les crédits militaires ?

— Voici ce qui s'est passé. Le groupe parlementaire se réunit pour décider de l'attitude à prendre. La séance fut très orageuse. Au vote, *quatorze députés* se sont prononcés contre les crédits, dont *Haase,* qui donna sa démission de président du groupe. Sur les instances de *Kautsky,* cette démission fut retirée et *Haase* accepta de faire au Reichstag une déclaration au nom de la fraction socialdémocrate, afin de ne pas laisser cet honneur à un revisionniste !.....

La majorité s'étant prononcée, la minorité s'inclina. A la séance du Reichstag il n'y eut en réalité pas de vote. Après les discours du chancelier et des chefs des groupes bourgeois, *Haase* fit sa déclaration et le président leva immédiatement la séance au milieu des *hoch !* à l'Empereur.

Il est faux que le chancelier nous ait mis sous les yeux un document secret quelconque. Pour entraîner le vote de la Chambre, il a seulement prétendu que la neutralité de la Belgique avait déjà été violée par la France.

Le *Vorwärts* continue à paraître, mais, comme tous les journaux, il est soumis à la censure militaire. Il est dans la presse, avec trois autres journaux socialistes, de ceux qui n'approuvent pas sans réserves la guerre. Certains socialistes, notamment *Sudekum* et *Fischer,* peuvent écrire, sans qu'il soit possible à leurs collègues socialistes, ne partageant pas leur opinion, de répondre. *Fischer* a notamment écrit, dans la *Volkszeitung* de Zurich (journal de la socialdémocratie allemande), un article qui approuve, sans réserve, la guerre. Cet article a paru vers le 5 septembre.

Les autres députés socialistes allemands que nous avons vus tiennent un langage sensiblement le même. Ils ne s'expriment pas non plus différemment quand on leur parle des atrocités commises par les troupes allemandes en Belgique. On dirait qu'ils ne font que répéter certains articles de journaux allemands.

Ce sont les civils qui ont commencé par tirer sur les soldats allemands. Ils avaient à leur tête des prêtres ! La presse allemande a signalé nombre d'atrocités commises par les Belges sur nos troupes. A Cologne, il y a notamment des officiers dont les yeux ont été crevés et la gorge coupée. A Anvers et à Bruxelles, des sujets allemands ont été torturés et assassinés.

Nous avons déjà, en effet, lu tous ces audacieux mensonges dans la *Gazette de Cologne*. Nous nous étonnons seulement que des socialistes acceptent sans contrôle, sans enquête, les yeux fermés, les affirmations suspectes de la presse militariste. Nous ne dirons pas que les soldats allemands n'aient été, en aucun endroit, l'objet de malveillance et d'attaque de la part des Belges, ni que l'on n'ait nulle part tiré sur eux. Nous n'en savons rien, mais la chose est possible et même probable.

Était-ce une raison suffisante pour raser des villes entières, pour fusiller des vieillards, des femmes et des enfants, qui ne s'étaient livrés à aucun acte d'hostilité, pour répandre la dévastation, la ruine et la mort presque partout où les troupes allemandes ont passé ? Et puis, pourquoi l'incendie de la bibliothèque de l'Université de Louvain ? Pourquoi la destruction du cabinet de physique ? Pourquoi le bombardement de la cathédrale de Reims ? Les soldats allemands avaient emporté avec eux tout un attirail d'incendiaires. Pourquoi ?

A toutes ces questions nos interlocuteurs ont répondu que nous exagérions beaucoup. Si on a tiré sur la cathédrale de Reims, c'est que les Français avaient placé des canons sur les tours. Ne fallait-il pas riposter ? Certains autres faits signalés par nous leur semblent invraisemblables. L'armée qui a passé par Louvain comptait des professeurs, des avocats, des étudiants, l'élite de la population allemande. La grosse majorité des soldats appartient à la socialdémocratie.

A ce moment l'un de nous intervient et demande :

— Sont-ce les socialdémocrates qui ont éventré le coffre-fort de notre coopérative *Le Prolétaire* ?

— Pas possible, dit le député socialiste.

On lui met sous les yeux la photographie du coffre-fort et des bureaux saccagés du *Prolétaire*. Il finit par dire qu'il va se livrer à une enquête, nous assurant que si les accusations portées contre les soldats allemands étaient reconnues exactes, les coupables seraient punis avec la dernière rigueur.

— Les coupables sont trop nombreux, répondîmes-nous.

— Mais avec qui ferez-vous l'enquête, questionna l'un des nôtres. Les Belges refuseraient de répondre à des enquêteurs allemands. Voulez-vous que je vous accompagne pour que l'enquête ne paraisse pas unilatérale ?

La réponse fut évasive. On verra plus tard...

Ce qui nous a particulièrement frappé, c'est la foi robuste, inébranlable, que tous les socialistes allemands interrogés par nous ont dans la victoire complète de l'Allemagne. On ne s'attendait pas à la résistance de la Belgique, mais la victoire allemande ne sera retardée que de quelques semaines. Trois ou quatre jours suffiront pour se rendre maître d'Anvers et pour rendre disponibles 3oo.ooo soldats de troupes allemandes. *En Allemagne on considère la Belgique comme virtuellement annexée.*

— Et qu'y perdriez-vous, nous dit, avec un sérieux énorme, un député socialiste. Le prolétariat belge jouirait d'une législation sociale bien plus efficace que celle de son pays. Et puis, ne vaut-il pas mieux se résigner ? Il est urgent de reprendre le travail si l'on veut échapper aux affres de la misère. Le parti socialiste devrait s'efforcer de conseiller aux syndicats, aux ouvriers, de rentrer à la fabrique, à l'atelier. Le ministre des Travaux publics à Berlin a envisagé cette question et avait songé à envoyer des chômeurs allemands à Liége, au nombre de plusieurs milliers. Mais, réflexion faite, l'idée a été abandonnée, craignant que la présence d'ouvriers allemands dans l'industrie belge ne fût la cause de conflits constants entre les travailleurs. Et puis, l'envoi de 20.ooo à 3o.ooo ouvriers allemands ne pourrait être qu'un soulagement bien minime pour l'Allemagne, qui compte 3oo.ooo ou 4oo.ooo chômeurs. On renonça donc à ce projet, craignant de jeter le trouble le plus profond dans les rangs des travailleurs, de susciter des rivalités et des haines au sein des ateliers.

D'autres députés socialistes ont insisté sur cette nécessité de reprendre le travail, et il semble bien que cet objet fasse partie de leur mission. Mais ils se font illusion s'ils s'imaginent que les Belges sont déjà résignés à l'annexion. Quant à nos travailleurs, s'ils ont encore une législation sociale à conquérir, ils veulent la devoir à leurs propres efforts, non à la bienveillance des hobereaux prussiens et du Kaiser.

— Et l'Internationale, que devient-elle dans tout cela ?

— L'Internationale sera reconstituée !

— Mais *sans le prolétariat de Belgique,* interrompt avec colère l'un des nôtres.

— Nous sommes d'accord avec les socialistes danois, suédois, norvégiens, hollandais et anglais...

— Et sans doute aussi avec les Italiens ?

Notre interlocuteur répondit ces mots qui nous paraissent refléter la pensée profonde de l'Allemagne dirigeante :

— Oh ! les Italiens, ils sont de cette orgueilleuse race latine qui ne sait pas se résoudre à ne plus commander au monde !

(*L'Humanité.*)

Auguste Dewinne.

Au début de l'occupation, nos oppresseurs avaient obligé les Belges à creuser des tranchées. Mais quand ils prétendirent faire travailler pour eux nos ouvriers industriels, ils se heurtèrent à une forte organisation syndicaliste qui permit aux travailleurs de se concerter et de décider qu'ils déposeraient leurs outils.

Grâce aux fonds de chômage, la misère restait supportable. De même les mécaniciens des chemins de fer de l'État, qui refusent leurs services à l'armée allemande, continuaient à toucher une partie de leur salaire. Les Allemands sévirent alors contre ceux qui servaient d'intermédiaires entre l'État et les ouvriers.

Le premier article de *La Libre Belgique* sur ce sujet était consacré aux ouvriers de Luttre. Cet exposé a été repris depuis par la presse des deux mondes. On sait que, malgré tous les sévices, les ouvriers de Luttre refusèrent de réparer des machines pour les Allemands, et qu'ils furent finalement envoyés dans un camp de prisonniers en Allemagne. Là, à force de mauvais traitements, l'autorité finit par les réduire à merci. *La Soupe* (n° 439) a raconté les tortures subies par nos compatriotes. Ces récits ont été publiés aussi par les 18ᵉ et 19ᵉ rapports de la Commission d'Enquête belge (¹).

Viennent ensuite les mesures prises dans le sud de la Flandre belge et dans la Flandre française.

Une affiche placardée à Menin est particulièrement instructive, quant à la punition qui sera appliquée :

A Menin.

Ci-dessous nous donnons le texte de l'affiche placardée à Menin et à laquelle fait allusion notre collaborateur Helbé dans son article « Guerre aux Huns modernes » :

ORDRE

A partir d'aujourd'hui la ville ne peut plus accorder de secours — quel qu'il soit, même pour les familles, femmes et enfants — qu'aux seuls ouvriers qui travaillent régulièrement à des travaux militaires et autres ouvrages imposés.

Tous les autres ouvriers et leurs familles ne pourront plus désormais être secourus en aucune façon.

(*La Libre Belgique*, n° 39, août 1915, p. 2, col. 1.)

------

(1) Voir aussi *Comment les Belges résistent...*, p. 309.

Un autre article du même numéro de *La Libre Belgique*
est aussi à signaler :

Avis important.

Nous tenons de source absolument certaine que plusieurs Allemands
parcourent le pays, achetant et commandant des sacs aux paysans, aux
ouvriers et aux ouvrières. Ces sacs ne sont nullement destinés au commerce, mais à un usage militaire : remplis de sable, ils serviront soit à
construire des abris, à faire des barrages dans les canaux ou même à
combler ceux-ci à certains endroits. Attention donc ! Il ne faut pas que les
Belges involontairement servent l'armée allemande et lui fournissent des
armes défensives ou autres. Nous prions donc nos lecteurs de bien vouloir
faire répandre partout cet avis.

Nous savons qu'il suffira que les ouvriers belges soient avertis pour
qu'ils fassent leur devoir en refusant le gain qui leur est offert. Leurs
héroïques compagnons de Luttre et de Malines et d'ailleurs leur ont donné
un exemple magnifique et qui sera suivi.

La Convention votée à La Haye en 1907 à l'unanimité du monde civilisé interdit aux armées belligérantes et occupantes de forcer les civils à
travailler pour les troupes ennemies, sauf pour les besoins de l'alimentation. Cet article est clair et ne prête à aucune équivoque, comme le prétendent les autorités allemandes pour les besoins de la cause.

(*La Libre Belgique,* n° 39, août 1915, p. 4, col. 1.)

A Halluin, le commandant de place dit cyniquement son
intention de ne pas permettre aux habitants de protester lorsque les Allemands enfreignent l'article 52 de la Convention de
La Haye. A Roubaix, la Kommandantur se propose d'emprisonner les ouvriers récalcitrants et de déporter les notables (1).
A Gand, précisant une ordonnance antérieure (2), le commandant de l'étape rappelle que les Belges n'ont le droit d'invoquer
ni les lois belges ni les conventions internationales :

**Arrêté concernant les mesures destinées à assurer l'exécution des
travaux dans lesquels l'Administration militaire allemande a de
l'intérêt.**

Dans les derniers temps les ouvriers de différentes villes du rayon de
l'étape ont refusé, sans motif, de se conformer aux ordres des commandants militaires allemands prescrivant l'exécution de travaux urgents. Les
récalcitrants ont par là occasionné de graves préjudices aux communes
en question ainsi qu'à leurs concitoyens.

---

(1) *Comment les Belges résistent...,* p. 225.
(2) *Ibid.,* p. 139.

Pour éviter pareils incidents, et en vue de lancer un avertissement général, j'ordonne ce qui suit :

§ 1. — Quiconque, sans motif, refuse d'entreprendre ou de continuer un travail conforme à sa profession, et dans l'exécution duquel l'Administration militaire allemande a de l'intérêt, travail ordonné par un des commandants militaires allemands, sera — s'il est personnellement à même de faire cette besogne — passible d'une peine d'emprisonnement correctionnel d'un an au plus.

Aussi peut-il être déporté en Allemagne.

Le fait que l'on invoque des lois belges soi-disant contraires ou même des conventions internationales ne peut, en aucun cas, justifier le refus de travailler. Au sujet de l'admissibilité du travail exigé, le commandant a seul droit de prendre une décision.

§ 2. — Est passible d'une peine d'emprisonnement de cinq ans au plus quiconque, par contrainte, menaces, persuasions ou autres moyens, tente de décider une autre personne au refus désigné au paragraphe 1 sous menaces de peines.

§ 3. — Quiconque, sciemment, par des secours ou d'autres moyens, favorise le punissable refus de travailler, sera passible d'une amende pouvant aller jusqu'à 10.000 marks ; en outre, il pourra être condamné à une peine d'emprisonnement d'un an au plus.

Si des communes ou associations se sont rendues coupables d'une telle transgression, les chefs en seront punis en conséquence.

§ 4. — Indépendamment des pénalités, dont menacent les paragraphes 1-3 ci-devant, les autorités allemandes pourront, au cas de besoin, imposer aux communes, où, sans motif, l'exécution d'un travail a été refusée, une contribution ainsi que d'autres mesures coercitives de police.

§ 5. — Le présent arrêté entre immédiatement en vigueur.

Gand, le 12 octobre 1915.

Der Etappeninspekteur,
Von UNGER, Generalleutnant.

(*L'Écho belge,* 26 octobre 1915, p. 1, col. 4.)

Dans le n° 42, *La Libre Belgique* raconte le conflit survenu entre l'autorité allemande et le maire de Lille (*Un bel exemple de patriotisme*), et il donne aux Bruxellois des conseils de sagesse et de modération, mais en même temps de fermeté.

Aux patrons et aux ouvriers.

Les Allemands commencent à user à Bruxelles des procédés odieux et illégaux qu'ils ont employés à Menin, Luttre, Roubaix, Lille, etc., afin de forcer la population à travailler pour le compte du Gouvernement et de l'armée ennemis.

La Convention de La Haye défend expressément à l'occupant de contraindre les habitants d'un pays de travailler pour l'ennemi. Elle lui ordonne également de respecter les lois en vigueur avant l'occupation. Or, en Belgique, nous vivons sous le régime de la liberté et nous prétendons avoir le droit de garder la liberté entière ; celle de travailler comme celle de nous croiser les bras, lorsque nous jugeons le travail incompatible avec notre devoir ; celle d'ouvrir comme de fermer nos usines ; celle de donner aux ouvriers le salaire accepté par eux pour travailler, comme celle de les payer pour ne rien faire.

Nous adjurons nos concitoyens de suivre l'admirable exemple de ceux qui les ont devancés dans la lutte contre l'oppression. A Bruxelles ils ont pour eux le nombre, et le nombre est une force devant laquelle même le gouvernement actuel a dû plier. *Pas de révolte, pas d'émeute, la force d'inertie,* comme à Malines et comme le 21 juillet. On fera des exemples de répression, peut-être, et nos oppresseurs ne se tiendront pas si vite pour battus. Comme à Malines, ils finiront cependant par céder… *tout en se disant satisfaits et en proclamant par affiches que c'est nous qui avons cédé.* Comme à Malines aussi, sans doute, ils diront qu'ils ne demandent rien pour l'armée mais ont en vue uniquement le rétablissement de la vie économique. Ne nous fions ni à leurs promesses ni à leurs affirmations.

Honte aux mauvais patriotes qui céderaient devant la menace. L'ennemi demande des bras ; qu'il retire de ses armées les ouvriers dont il a besoin. *Tout Belge qui travaille pour l'Allemagne permet à un Allemand de prendre, au lieu de l'outil, le fusil.* C'est à peu près comme s'il se battait lui-même contre ses frères.

Souvenons-nous aussi qu'il y a à Bruxelles des représentants des puissances neutres auxquels nous pouvons adresser nos protestations contre des procédés aussi scandaleux, aussi contraires au droit.

(*La Libre Belgique*, n° 42, août 1915, p. 1, col. 1.)

Dans les carrières de Lessines, les Allemands voulaient faire préparer par le personnel ouvrier des pierrailles pour le béton armé des tranchées :

Les ouvriers carriers.

Les dirigeants et le personnel des carrières de Lessines ont décidé de refuser tout travail pour le compte des Boches. Ainsi la solidarité ouvrière s'affirme dans toutes les classes d'industrie, étroitement unies contre l'oppresseur.

Bravo !

(*La Libre Belgique*, n° 48, octobre 1915, p. 3, col. 1.)

Conclusion : le bourgmestre de Lessines condamné à quatre mois de prison, 1 maître de carrières à cinq années, 3 autres à un an, 6 contremaîtres à six mois, 160 ouvriers à six semaines (voir p. 192). N'importe ! Les ouvriers persistèrent à refuser le travail, et finalement les Allemands eurent recours aux prisonniers russes.

Les arrêtés du 14 août et du 15 août 1915 (voir ci-dessous) résument les exigences de nos oppresseurs en ce qui concerne le travail : toute besogne commandée par les Allemands doit être exécutée ; les chômeurs seront privés de secours. Il est bien vrai que le deuxième alinéa de l'article 1 parle du « droit des gens », mais les arrêtés de Halluin et de Gand (p. 187) nous donnent la mesure du respect qu'ont les Allemands pour la Convention de La Haye :

Arrêté concernant les mesures destinées à assurer l'exécution des travaux d'intérêt public.

Art. 1. — Quiconque, sans motif, refuse d'entreprendre ou de continuer un travail d'intérêt public conforme à sa profession et ordonné par une autorité allemande, sera passible d'une peine d'emprisonnement de police ou d'emprisonnement correctionnel d'un an au plus.

Tout motif concernant le refus de travailler sera valable s'il est admis par le droit des gens.

Art. 2. — L'article 2 de l'arrêté du 19 novembre 1914 (*Bulletin officiel des Lois et Arrêtés*, n° 17, p. 57) est remplacé par la disposition suivante :

« Est passible d'une peine d'emprisonnement de cinq ans au plus quiconque, par contrainte, menaces, persuasion ou d'autres moyens, tente d'empêcher d'autres personnes d'entreprendre ou de continuer un travail d'intérêt public conforme à leur profession et ordonné par une autorité allemande, ou un travail pour compte d'une autorité allemande ou pour compte d'un entrepreneur agissant en vertu d'un mandat d'une autorité allemande. »

Art. 3. — Quiconque, sciemment, par des secours ou d'autres moyens, favorise le refus de travailler punissable en vertu de l'article 1, sera passible d'une amende pouvant aller jusqu'à 10.000 marks ; en outre, il pourra être condamné à une peine d'emprisonnement d'un an au plus.

Art. 4. — Si des communes, associations ou d'autres groupements favorisent le refus de travailler de la manière prévue à l'article 3, les chefs en seront rendus responsables conformément à cet article.

Art. 5. — S'il est prouvé que certaines sommes sont destinées à secourir des personnes désignées à l'article 1, ces sommes seront confisquées au profit de la Croix-Rouge de Belgique.

Art. 6. — Les infractions au présent arrêté seront jugées par les tribunaux ou autorités militaires allemands.

Art. 7. — Indépendamment des prescriptions précédentes, les autorités compétentes pourront, quand il y aura lieu, imposer des contributions.

Art. 8. — Le présent arrêté entrera en vigueur le jour de sa publication. Bruxelles, le 14 août 1915.

Le Gouverneur général en Belgique,
Baron von Bissing,
Général-Colonel.

Arrêté concernant les chômeurs qui, par paresse, se soustraient au travail.

Art. 1. — Quiconque, sciemment ou par négligence, fait de fausses déclarations au sujet de sa situation personnelle lors d'une enquête destinée à établir son indigence, est passible d'une peine d'emprisonnement de six semaines au plus, à moins que les lois en vigueur ne prévoient l'application d'une peine plus forte ; en outre, il pourra être condamné à une amende pouvant aller jusqu'à 1.250 francs.

Art. 2. — Quiconque est secouru par l'Assistance publique ou privée et, sans motif suffisant, refuse d'entreprendre ou de continuer un travail qu'on lui a proposé et qui répond à ses capacités, ou quiconque, en refusant un tel travail, tombe à charge de l'Assistance publique ou privée, sera passible d'une peine d'emprisonnement de quatorze jours à six mois.

Tout motif concernant le refus de travailler sera valable s'il est admis par le droit des gens.

Le tribunal peut, en outre, ordonner l'application de la mesure prévue à l'article 14 de la loi du 27 novembre 1891 (Moniteur belge, p. 3531 et suivantes).

Art. 3. — Quiconque, sciemment, favorise par des secours ou d'autres moyens le refus de travailler punissable en vertu de l'article 2, est passible d'une amende pouvant aller jusqu'à 12.500 francs ; en outre, il pourra être condamné à une peine d'emprisonnement d'un an au plus.

Art. 4. — Si des communes, associations ou d'autres groupements favorisent le refus de travailler de la manière prévue à l'article 3, les chefs en seront rendus responsables conformément à cet article.

Art. 5. — S'il est prouvé que certaines sommes sont destinées à secourir les personnes désignées à l'article 2, ces sommes seront confisquées au profit de la Croix-Rouge de Belgique.

Art. 6. — Les infractions au présent arrêté seront jugées par les chambres correctionnelles des tribunaux belges de première instance.

Art. 7. — Le présent arrêté entrera en vigueur le jour de sa publication.

Bruxelles, le 15 août 1915.

Le Gouverneur général en Belgique,
Baron von Bissing,
Général-Colonel.

Aussitôt les condamnations se mirent à pleuvoir. Voici une affiche placardée à Bruxelles :

Avis.

Le gouverneur militaire de la province du Hainaut a fait publier l'avis suivant :

Pour n'avoir pas repris le travail malgré les sommations du séquestre, les ouvriers suivants ont été condamnés, le 1ᵉʳ octobre, par le tribunal de campagne :

Louis Lenoir, à cinq ans de prison ;
Victor Lepot, à un an de prison ;
Émile Lenoir, à un an de prison ;
Jules Brassart, à un an de prison ;
Louis Van Langenhove, à un an de prison ;
Émile Notté, à un an de prison ;
Adelin Lepoivre, à quatre mois de prison ;
Six contremaîtres, à six mois de prison ;
Quatre-vingt-un ouvriers, à huit semaines de prison ;
J'ai confirmé ce jugement.

Mons, le 2 octobre 1915.

***

Je porte cet avis à la connaissance de toute la population du territoire placé sous mes ordres.

Bruxelles, le 12 octobre 1915.

Le Gouverneur général en Belgique,
Baron von Bissing,
Général-Colonel.

L'articulet que voici nous apprend ce qu'est un séquestre :

Une copie d'une lettre existe — qui en dira long — adressée par le major allemand d'Anvers à M. Henne, administrateur délégué de la Société « Sambre-Escaut » à Fontaine-l'Évêque. En voici la traduction : « Étant donné que vous avez refusé de travailler pour l'administration de l'armée allemande et, conformément à une ordonnance du gouvernement général en Belgique du 25 juin 1915, votre fabrique de fils barbelés à Hemixem est mise sous séquestre et remise en marche sous la direction de l'administration de la position fortifiée d'Anvers. La question du dédommagement sera réglée plus tard. »

Le refus de M. Henne était basé sur le principe que les fils barbelés, d'après les conventions de La Haye, sont considérés comme matériel de guerre.

(*L'Écho belge*, 24 février 1916, p. 1, col. 3.)

***

Le 25 août 1915, l'autorité allemande convoqua à Bruxelles de nombreux industriels pour discuter ensemble la « reprise des affaires ». Voici un article du journal *Le Belge* sur cette tentative :

Toujours la « reprise des affaires ».

La grande réunion des industriels, convoquée par l'autorité allemande pour consacrer la reprise de l'activité et du travail en Belgique, a eu lieu le mardi 25 août. Cela a été un fiasco complet.

On s'était cependant mis en frais pour elle. Embusqués, industriels allemands, étaient là en groupe compact. Du grand quartier général de Mézières était tout exprès venu un général pour présider. Avec une franchise militaire, il a expliqué qu'en faisant marcher les ateliers et les mines, on supprimait les chômeurs, et avec les chômeurs, les causes de troubles, et avec les causes de troubles, la nécessité de maintenir de fortes garnisons pour les réprimer au besoin. On se doutait de la conclusion. L'Allemagne voudrait ne pas immobiliser dans nos régions industrielles des hommes dont elle a, au front, un besoin de plus en plus urgent. De là ses efforts pour enrayer le chômage, aux dépens des patrons et des ouvriers belges, qui seraient dupés par elle et plus ruinés encore, s'il est possible.

La malice était trop grosse pour réussir; on s'est séparé sans avoir abouti. On n'aboutira jamais.

Nous conseillons donc à tous ceux dont les démarches intéressées ou inconsidérées encouragent les Allemands à convoquer ces inutiles réunions à renoncer une bonne fois à leurs démarches. Nous parlons de certaines personnalités hollandaises trop remuantes, d'une part, et de certains hommes belges trop « impatients à se produire », de l'autre. Les premiers, depuis la fin de 1914, multiplient leurs efforts pour servir d'intermédiaires à un accord dont ils tireraient profit; les seconds, se persuadant qu'ils concourent à soulager les misères de leur pays, se laissent entraîner à des visites, à des entrevues compromettantes. En voilà assez.

A toutes les tentatives allemandes pour favoriser — jésuitiquement — la reprise du travail, mais en réalité pour fournir à l'Allemagne hommes, produits, matières et outils, il n'y a qu'une seule chose à opposer, la force d'inertie, et qu'un seul mot à répondre : Allez-vous-en !

(Le Belge, n° 3, septembre 1915, p. 5.)

Plus récemment les chefs d'industrie ont de nouveau opposé un refus formel à la proposition de travailler pour les Allemands :

Il y a quelques mois déjà que nous aurions voulu faire connaître M. Hinnenthal à nos lecteurs, car il caractérise un des types les plus particuliers de la civilisation allemande, en même temps qu'il personnifie par ses fonctions cette race d'agents serviles dont la haute Kultur se sert depuis son installation chez nous pour ruiner systématiquement notre pays.

M. Hinnenthal est un Boche élégant; il n'a ni la tête carrée, ni le col dans les épaules. A le voir en pékin, il a un certain cachet et il doit certainement passer pour un chic type... à Breslau, car c'est là qu'il exerce, en temps de paix, ses fonctions de directeur d'une grande usine sidérurgique.

M. Hinnenthal est un de ces embusqués de marque qui feront récompenser leur courage à... l'arrière, pour avoir si bien réussi à organiser le pillage des usines belges. C'est un valeureux soldat ; il en porte l'uniforme avec fierté.

M. Hinnenthal n'était pas, comme beaucoup d'autres, un étranger pour les Belges; non, il entretenait, avec la plupart de nos industriels, des relations d'affaires qui étaient toutes empreintes de cordialité. En un mot, c'était un ami d'outre-Rhin.

Ayant cherché à renouer ses anciennes relations d'amitié en Belgique, il a instamment prié les industriels belges, principalement les constructeurs de locomotives, de travailler pour lui.

L'État-major allemand avait précisément usé quelque 600 locomotives (on ne va pas pour rien de « devant Ypres » à « devant Riga » et vice versa) et il aurait bien voulu faire le travail de réparation en Belgique, puisque toutes les usines allemandes ne s'occupent plus que de faire des obus. M. Hinnenthal promettait de gros salaires, chaque usine aurait sa commande et... ferait son beurre. Du reste, il donnait sa parole d'Allemand que ces locomotives, une fois réparées, ne transporteraient que des Belges et serviraient pour le service intérieur du pays.

Il va de soi que M. Hinnenthal a été éconduit partout. Partout il a reçu cette réponse : réparer des locomotives, même destinées au transport des voyageurs et des marchandises belges, c'est libérer un nombre correspondant de machines qui conduiront au front des soldats et des munitions. Puisque ces réparations sont nécessaires, que l'État-major allemand les fasse entreprendre en Allemagne, où les usines feront un peu moins de munitions.

M. Hinnenthal ne s'était pas attendu à celle-là !

O naïf Allemand, ô prétentieux Teuton ! Vous avez donc cru qu'il y avait chez nous des âmes assez viles pour entreprendre pareil métier ! A quelle aune nous mesurez-vous donc ? Vous pouvez sans scrupules, vous autres, Monsieur le Hauptmann, vous livrer à toutes les turpitudes, lancer des lettres de cachet contre de paisibles commerçants, déporter des citoyens inoffensifs, condamner aux travaux forcés un maître de carrières qui n'a pas voulu faire du gravier de béton pour vos tranchées, imposer le régime de forteresse au bourgmestre de Bruxelles, faire fusiller des femmes, envoyer en prison jusqu'à des enfants. Vous pouvez aussi venir sans honte pratiquer chez nous le joli métier que vous faites. Malgré tout, vous ne nous effrayez pas, nous autres Belges.

Vous pourrez renouveler contre nos industriels vos sentences arbitraires, les menacer des foudres allemandes, ils ne céderont pas : ce sera leur gloire et leur honneur. Vous pourrez à votre aise occuper les usines, envoyer l'outillage en Allemagne, congédier le personnel ou le faire prisonnier, vous payer de plantureux appointements et réduire à rien nos moyens de production. Vous ne récolterez, vous et vos maîtres, que le mépris des neutres et la haine de la nation belge...

P.-S. — Au moment de mettre sous presse, nous apprenons que plusieurs usines belges sont placées sous séquestre et occupées militairement. M. Hinnenthal se venge !

(*La Libre Belgique*, d'après *L'Écho belge*, 8 mars 1916, et
d'après *La Belgique* [de Rotterdam], 11 mars 1916.)

*
* *

Devant l'insuccès constant de leurs tentatives, les Allemands ont essayé d'amener chez eux nos ouvriers. L'avantage serait le même pour eux, puisqu'ils pourraient tout aussi bien libérer leurs hommes et les envoyer au front.

Contrats de travail.

Les Allemands ne se contentent pas de forcer les ouvriers belges à travailler pour eux en Belgique, ils font aussi tous leurs efforts pour les attirer chez eux. Nous avons sous les yeux le texte du contrat qu'ils font signer aux ouvriers qu'ils réussissent à entraîner en faisant miroiter devant eux, non seulement l'appât du gain, mais les nombreux « avantages » réservés aux compagnons allemands et qui leur sont également promis : assurances, obligation d'accepter un logement désigné, lois de travail allemandes, etc. Nous avons aussi sous les yeux le texte d'autres contrats, plus intéressants encore ; contrats passés entre un certain M. H... (Allemand habitant Bruxelles) et des agents (Allemands aussi, parmi lesquels se glissent, hélas ! peut-être des Belges) chargés de recruter les ouvriers pour les mines et les usines d'Allemagne.

Nous répétons ici et le répétons avec énergie, priant nos lecteurs de nous aider à répandre cette vérité par tous les moyens : *Tout Belge qui travaille pour l'Allemagne permet à un Allemand de prendre, au lieu de l'outil, le fusil.*

Mais si le devoir de l'ouvrier est de ne pas travailler, celui des autres citoyens est de le soutenir, de lui rendre possible la résistance en lui permettant de vivre. Ne nous laissons pas influencer par les calomnies répandues contre les œuvres d'alimentation et de secours aux chômeurs. Certes il y a des abus : il y en aura toujours et il est juste et sage de tâcher de les faire disparaître, mais ce qui est l'absolue vérité c'est que les œuvres générales, si généreuses, si bien organisées soient-elles, ne peuvent répondre à tous les besoins.

Les chômeurs ont de la peine à vivre, et la charité et les œuvres privées doivent venir à l'aide des grands organismes de secours.

Les Allemands savent bien ce qu'ils font lorsqu'ils interdisent de soutenir les chômeurs (¹), ils savent que la faim est mauvaise conseillère et qu'il est dur pour un père de refuser un bon salaire quand il n'est pas sûr du lendemain pour ses enfants : l'exil, si pénible soit-il, est moins affreux que la plainte des petits.

Nos maîtres font tous leurs efforts pour attirer la classe ouvrière en Allemagne, et, pendant ce temps, les journaux à leur solde versent des larmes de crocodile en pensant à l'avenir de nos industries compromises par le chômage et par l'exode des travailleurs et des ingénieurs en Angleterre, exode qui inquiète même les grands industriels belges ! Ceux-ci protestent aussi, dit-on, contre les mesures prises par l'Angleterre pour empêcher l'importation en Belgique des matières premières destinées à l'industrie, malgré les assurances du baron von Bissing « que ces marchandises ne seront pas saisies ».

On sait ce que valent les assurances de M. von Bissing. Dans ce cas-ci cependant, nous lui accordons une certaine confiance : les matières premières ne seront pas saisies, nous le croyons volontiers ; il sera plus avantageux, en effet, d'attendre qu'elles soient confectionnées pour s'en emparer.

Que les Belges se résignent patriotiquement à se voir considérer par leurs Alliés comme faisant partie de l'Empire quand il s'agit de ces mesures de précautions contre l'ennemi.

C'est là un des moyens que nous, civils, prisonniers dans notre propre pays, avons de payer notre contribution à l'œuvre de délivrance commune. Payons-la généreusement et sans nous plaindre.

(*La Libre Belgique*, n° 45, septembre 1915, p. 3, col. 1.)

Quant au résultat de cette manœuvre, le voici : Sur les 27.000 mineurs du bassin de Liége, 640 sont partis pour l'Allemagne ; sur les 40.000 du bassin de Charleroi, 590 sont partis.

Nous avons tenu à donner la plupart des documents publiés par nos prohibés au sujet de la contrainte au travail militaire. Rien ne montre mieux le mépris de l'Allemagne pour les prescriptions de la *Convention de La Haye,* à laquelle elle a collaboré, qu'elle a approuvée et signée, et pour celles des *Lois de la guerre* qui sont entièrement son

---

(1) Voir p. 191. (Note de J. M.)

œuvre. D'autre part, on y voit aussi la froide résolution de notre population ouvrière résignée à « crever de faim », pour ne pas subir la contrainte. De tous les problèmes qui se posent aujourd'hui dans la Belgique occupée, aucun n'est plus angoissant. Hélas! c'est l'Allemagne qui détient la force, et notre peuple est menacé de mourir lentement d'inanition; mais il sait qu'il manquerait à ses devoirs s'il cédait à la force, et il s'obstinera dans sa roideur! Le Belge n'est pas de ceux qui plient.

Ne parvenant pas à faire travailler nos ouvriers pour l'armée allemande en Belgique, ni à obtenir qu'ils émigrent en Allemagne, nos ennemis ont eu finalement recours à une mesure dont l'iniquité crie vengeance au ciel : ils réduisent notre population ouvrière en esclavage et instituent la traite des Belges.

4. La fermeté devant les condamnations.

Dès le début de la guerre, l'Allemagne a prétendu nous soumettre par la terreur. Tout de suite des villes furent incendiées et leurs habitants fusillés ou déportés en Allemagne (¹). Plus tard d'abominables menaces furent placardées partout. Peine perdue : ni les atrocités commises ni les atrocités promises n'ont rendu le Belge plus souple devant les exigences; fort de son bon droit, il refuse énergiquement de se courber devant l'injustice.

L'Allemand est, on le sait, un piètre psychologue, incapable de pénétrer la mentalité d'autrui. Habitué à voir ses concitoyens s'aplatir devant l'autorité, il croit pouvoir nous appliquer la méthode comminatoire qui lui réussit si bien chez lui. En quoi il se trompe totalement.

---

(1) On évalue à 5.000 au moins le nombre des civils belges assassinés par l'armée allemande pendant les mois d'août et de septembre 1914. Quant au nombre de maisons brûlées ou détruites, un Allemand, le professeur W. von Bode, Exz., l'estime à 26.000, d'après le *Nieuwe Rotterdamsche Courant* du 27 juillet 1915, édition du soir, vendu à Bruxelles après autorisation de la censure allemande (*La Soupe,* n° 450). Dans la seule province du Brabant, 2.110 habitants ont été déportés en Allemagne en août et septembre 1914 (*La Soupe,* n° 354).

En décembre 1914 et en janvier 1915 sont revenus dans le Brabant les premiers déportés. Ces rapatriements de prisonniers civils, qui avaient été envoyés en Allemagne sans jugement, — que dis-je, sans même un simulacre de jugement, — ont été commentés par nos prohibés :

Un nouveau chapitre à ajouter aux atrocités allemandes.

La semaine dernière la Belgique a revu un assez grand nombre de ses enfants, prisonniers civils, retenus en Allemagne depuis quatre ou cinq mois au mépris des lois de la guerre. Il y avait parmi eux des femmes et des enfants et de paisibles promeneurs qui étaient allés voir les ruines de Louvain. Ils ont été emmenés ensemble en Allemagne, assis sur des planches dans des wagons à bestiaux, sur lesquels on avait inscrit en grandes lettres : *Civilisten.*

Ils sont restés ainsi à jeun, enfermés pendant quarante-cinq heures, sans pouvoir même se retourner du côté de la lucarne qui donne la lumière et l'air, et ce sous peine d'être fusillés.

Il est à peine besoin de dire que parmi ces prétendus francs-tireurs beaucoup n'avaient jamais tenu un fusil en main. Aucun, absolument aucun, n'avait tiré une seule cartouche.

Avant de les embarquer dans les wagons à bestiaux, on avait à la gare de Louvain fait ranger les hommes d'un côté, les femmes et les enfants de l'autre et l'on avait tué d'un coup de fusil un homme sur trois en les numérotant : on s'était arrêté au n° 12 par suite d'une reprise de la bataille. Cela se passait dix jours après le sac et l'incendie de Louvain, au milieu d'un combat où les Allemands, d'abord refoulés jusqu'à Louvain par les troupes régulières belges, avaient ensuite reçu de grands renforts et avaient repoussé nos soldats.

Les pauvres civils ainsi capturés ont été l'objet des insultes, des crachats et des violences de la population des villes allemandes par lesquelles ils ont passé, notamment à Friedrichsfeld et à Wesel.

A Wesel on leur a lancé le contenu de bacs à ordures.

Après ce voyage, accompli dans des conditions pires que celles qu'on a coutume d'imposer aux bêtes destinées à la boucherie, ils ont été parqués dans divers camps avec des prisonniers de guerre, soldats de diverses nationalités.

Pendant les quinze premiers jours ils ont dû dormir à la belle étoile par tous les temps. Quelques-uns sont morts.

On a édifié pendant ces quinze jours des baraquements où ils ont trouvé un abri, puis on a doté ces baraquements d'un plancher et enfin on a donné à ces malheureux de la paille, et enfin quelques matelas, et deux petites couvertures. Leur nourriture pendant les cinq mois de leur détention a consisté invariablement en une ration de café le matin, une

soupe de légumes (carottes, betteraves, féveroles), où les heureux favo-
risés par le hasard trouvaient parfois un morceau de morue ou de viande,
3oo grammes de pain bis (un pain de 5 livres partagé en sept) et le
soir encore du café avec un petit morceau de boudin.

Au retour, qui a duré trois jours, on leur a donné une fois du café et
une fois du pain.

On devine dans quel état misérable se trouvaient les 1.700 civils
brabançons qui ont ainsi regagné leur domicile.

En même temps qu'eux les gardes civiques du Limbourg ont, à ce
qu'on nous a assuré, été rapatriés.

(*La Libre Belgique,* n° 1, février 1915, p. 2, col. 1.)

Les carnages du début de la guerre ont fait place à des
exécutions méthodiquement réparties dans le temps et dans
l'espace : dans chaque ville importante paraît tous les deux
ou trois mois une affiche annonçant qu'un certain nombre de
Belges ont été passés par les armes :

Nos héros.

Freiherr von Bissing se charge de faire afficher sur nos murs un
tableau d'honneur comprenant les noms des patriotes belges qui paient
de leur sang les services qu'ils rendent à la patrie. La population l'en
remercie, car sans le tableau elle ignorerait longtemps encore les vaillants qui, soupçonnés d' « espionnage », bravent fièrement les tortures et
la mort.

Honneur et gloire à eux ! La patrie reconnaissante érigera un jour un
monument à ces grands citoyens, Flamands et Wallons, hommes et
femmes, qui l'ont servie au prix de leurs jours.

Nous avions déjà nos héros des champs de bataille qui, malgré leur
petit nombre, ont fait trembler les hordes teutonnes et ont rempli le
monde d'admiration. Ils sont morts loin de nous, couverts de lauriers,
après avoir sauvé l'Europe du despotisme des barbares.

Mais ceux qui meurent ici, au milieu de nous, inconnus, d'une mort
obscure, pour avoir contribué au salut de la Belgique, ne sont ni moins
grands ni moins glorieux ! Que dis-je, leur courage dépasse encore, si
c'est possible, celui de nos héroïques soldats. Ceux-ci tombent, entraînés
par la fougue et l'ardeur du combat, défendant chèrement leur vie...
Ceux-là tombent désarmés, sous les balles d'assassins, froidement,
stoïquement, dans quelque préau solitaire, abandonnés, au milieu d'ennemis, sans pouvoir se défendre, songeant dans une suprême vision aux
êtres chers qu'ils ne reverront plus, mais fixant aussi leur dernière pensée
sur la patrie et ayant, avant d'expirer, la fierté de jeter à la face des bourreaux un dernier cri : *Vive la Belgique !!!*

*Inclinons-nous devant les uns et les autres, ne les oublions jamais!
jamais!!!*

(*La Libre Belgique*, n° 49, octobre 1915, p. 1, col. 1.)

Quand ils ont à se débarrasser de quelqu'un contre qui
aucun prétexte, absolument aucun, ne peut être invoqué, ils
le mettent en prison « par mesure administrative », puis ils le
déportent en Allemagne. C'est ainsi qu'ils ont agi envers
M. Max, le bourgmestre de Bruxelles, qui leur tenait trop
efficacement tête, envers MM. P. Fredericq et Pirenne, professeurs à l'Université de Gand, qui ne voulaient pas se prêter
à la flamandisation de cet établissement, et envers bien
d'autres. Peut-on imaginer rien de plus arbitraire que cette
guillotine sèche!

Voici un articulet relatif à M. de Lalieux, bourgmestre de
Nivelles :

« Indésirable » comme M. Max.

Le respectable et très aimé bourgmestre de Nivelles vient d'être l'objet
d'une inqualifiable mesure de la part du gouverneur allemand. Cette
mesure a plongé sa famille et la ville de Nivelles dans un émoi bien
compréhensible.

M. de Lalieux avait été l'objet d'une sévère condamnation parce qu'il
avait fait son devoir en payant des fonctionnaires belges pour le compte
du Gouvernement du Havre. Il avait subi sa peine et était à la veille de
sortir de prison lorsque la Kommandantur, apprenant que ses administrés
se promettaient de fêter son retour, décida de l'emmener prisonnier en
Allemagne, sans lui permettre de rentrer chez lui. Le fait d'être bien vu
de ses concitoyens est sans doute considéré par nos maîtres comme un
crime, un attentat à l'honneur du *Deutschtum*.

On suppose du moins que c'est là la raison de cette mesure aussi arbitraire que cruelle, car ces messieurs n'ont pas même daigné répondre à
ceux qui demandaient à connaître quel était le nouveau crime reproché à
M. de Lalieux.

C'est à peine si Mme de Lalieux eut connaissance de l'inique décision
qui frappait son mari. Elle ne put, en faisant grande diligence, que l'entrevoir pendant quelques instants avant son départ pour l'exil.

La mesure qui frappe l'honorable bourgmestre est d'autant plus cruelle
qu'il est âgé et que son état de santé, constaté par trois médecins, dont
un docteur allemand, ne laisse pas que d'inspirer de sérieuses inquiétudes
à ceux qui l'aiment. Mais sa popularité porte ombrage au tout-puissant
Empire de l' « Élu de Dieu ». Qu'importe alors qu'il continue à vivre !
L'amour de ses concitoyens lui est un crime. La même règle doit lui être

appliquée à Nivelles comme à M. Max à Bruxelles. Tous deux étant
également indésirables aux yeux clairvoyants du freiherr von Bissing,
gouverneur, administrateur et souverain législateur provisoire de Belgique.

Helbé.

(*La Libre Belgique*, n° 39, août 1915, p. 3, col. 1.)

M. de Lalieux, nous apprend cet articulet, était en prison
lorsque sa déportation fut décidée. Il avait été arrêté en
avril 1915, avec une trentaine d'autres personnes, pour avoir
envoyé des secours aux chômeurs de Luttre (voir p. 186). La
lettre suivante, adressée à une dame qui avait demandé les
raisons de l'incarcération de son mari, prétend justifier ou
au moins expliquer ces arrestations :

Une lettre curieuse.

Le prince héritier de Ratibor a pu seulement m'apprendre et me dire
que l'arrestation a été faite par la police politique. Ce n'est ni le pouvoir
civil ni le pouvoir militaire qui sont intervenus.

Aujourd'hui après-midi (samedi 17 avril) j'ai été chez le chef de la
susdite police. Là on m'a dit qu'il s'agit seulement d'une arrestation de
sécurité. Par cette arrestation on veut empêcher certaines influences que
ces messieurs exerçaient et qui ne paraissaient pas désirables.

Cette arrestation n'a donc eu pour cause aucune accusation. Il ne s'en
suivra non plus aucun jugement. La chose est en réalité désagréable pour
les intéressés, mais n'est pas dangereuse.   (S.) Trimborn (1).

(*La Soupe*, n° 329.)

En septembre 1915, ce fut le tour de M. Théodor, bâtonnier
de l'Ordre des Avocats à Bruxelles. Depuis longtemps il était
la bête noire de l'Administration allemande, à cause de la
fermeté avec laquelle il maintenait les droits de la justice belge.
Ses lettres à M. von Sandt, chef de l'Administration civile, et
à M. von Bissing, ont été publiées par *La Soupe* (n°ˢ 141, 240,
260). Les journaux domestiqués ne les ont naturellement pas
reproduites, mais ils se sont empressés de publier le prétexte
donné à sa déportation :

Bruxelles, 7 septembre.

M. Théodor, bâtonnier de l'Ordre des Avocats à Bruxelles, a interdit à
un avocat de s'en référer, en défendant les intérêts de son client devant

---

(1) M. Trimborn est un juriste attaché au Gouvernement allemand en Belgique
(Note de J. M.).

les tribunaux, au décret du gouverneur général du 10 novembre 1914 concernant les loyers, et spécialement à un arrêt de la Cour d'appel de Bruxelles qui reconnaît que ce décret est valable en droit. En agissant ainsi, le bâtonnier s'est rendu coupable d'un abus de pouvoir commis au détriment du public qui demande justice et au détriment des avocats. Il a transgressé l'article 37 du décret sur les avocats du 14 décembre 1810, suivant lequel les avocats « exerceront librement leur ministère pour la défense de la justice et de la vérité ». C'est pourquoi le gouverneur général a fait transférer M. Théodor en Allemagne, où il restera jusqu'à la fin de la guerre.

(*La Belgique* [de Bruxelles], 9 septembre 1915.)

Voici un article de *La Libre Belgique* relatif à M. Théodor :

Malheur aux désobéissants !

Le gouverneur général provisoire de Belgique vient de prendre une mesure qui prouve une fois de plus le mépris qu'il professe pour la légalité et le droit des gens. Sous prétexte que M. Théodor, bâtonnier des avocats à la Cour de Bruxelles, aurait interdit à un de ses collègues d'invoquer en plaidant le règlement édicté par M. von Bissing pour trancher les différends entre locataires et propriétaires, règlement qui a été reconnu légal par la Cour de Bruxelles, tandis que la Cour d'appel de Liége l'a déclaré contraire à la loi, il l'a déporté en Allemagne dans un camp de concentration pour officiers, où il devra rester jusqu'à la fin de la guerre.

M. Théodor, dit l'arrêté du freiherr von Bissing, a porté atteinte à la liberté de l'avocat et a contrevenu ainsi aux règles du Barreau belge. Inutile de dire que le motif invoqué n'est qu'un prétexte. Ce qui le prouve, c'est la peine prononcée contre le prétendu délinquant. Cette peine doit durer autant que la guerre. Elle est donc indéterminée et peut être très longue et sans aucune proportion avec le fait allégué. M. Théodor n'a pu dicter à un confrère les motifs de sa plaidoirie ; il a pu tout au plus lui donner un conseil que ce confrère était libre de suivre ou de ne pas suivre. Et le gouverneur de Belgique met pour cela M. Théodor dans l'impossibilité d'exercer sa profession pendant des mois où des années, out comme un bourgmestre de Bruxelles ou de Nivelles. La vérité est que M. Théodor est un vaillant défenseur des droits du Barreau et de la légalité, comme MM. Max, de Lalieux et S. Ém. le cardinal de Malines étaient les intrépides défenseurs des droits de leurs concitoyens. M. von Bissing a reçu ordre d'en haut de ne plus toucher à ce dernier. On reconnaît là la prudence hypocrite teutonne. Il y a en Allemagne 40 % de catholiques. L'arrivée de Mgr Mercier prisonnier y ferait scandale et soulèverait des débats dangereux qu'il y a lieu d'éviter pour l'honneur déjà bien discuté de l'Empire. M. Théodor est condamné comme indésirable au même titre que MM. Max et de Lalieux. Il a protesté en plusieurs occasions contre les arrêtés bissingeois et récemment encore contre la confiscation d'un dossier par les Allemands chez les héritiers de Mᵉ Sam Wiener. Or M. von Bissing n'accepte pas qu'on discute. Il s'est vengé comme se vengent nos maîtres, c'est-à-dire en foulant aux pieds brutalement nos droits les plus intangibles. Malheur aux désobéissants, a dit Guillaume II le 7 août 1914 en faisant ses adieux à sa Garde impériale.

Les désobéissants parviendront cependant à tordre le cou à l'aigle impérial.

(*La Libre Belgique,* n° 46, septembre 1915, p. 4, col. 2.)

L'occupant avoue d'ailleurs inconsciemment ces arrestations arbitraires. N'a-t-il pas fait imprimer dans les journaux à sa solde le communiqué que voici :

Dans la presse anti-allemande on a toujours parlé de la soi-disant terreur allemande en Belgique dans le but de susciter de la méfiance à l'égard des tribunaux de campagne. On a même essayé de faire passer leurs jugements pour de la comédie.

Il va de soi qu'on n'a jamais réussi à avancer des preuves à l'appui de cette calomnie.

Chaque condamnation a pu être expliquée.

Étant donné que, nonobstant ce fait, il se trouve encore des naïfs qui prêtent une oreille bienveillante aux bruits répandus, nous publions ci-dessous la statistique des sentences prononcées depuis que nos tribunaux fonctionnent. Cette statistique a été dressée d'après des données officielles et irréfutables :

ÉPOQUES	Condamna-tions	ACQUITTEMENTS	
		Acquitte-ments simples	Ordonnances de non-lieu
Jusqu'au 30 avril 1915.	1.215	167	1.310
Du 1ᵉʳ mai au 31 juillet 1915 . . .	894	141	567
Du 1ᵉʳ août au 31 octobre 1915 . .	1.206	184	973
TOTAUX . . .	3.315	492	2.850

Ce qui fait 3.342 acquittements contre 3.315 condamnations.

De ces chiffres, il ressort que le nombre des acquittements dépasse celui des condamnations et que les tribunaux allemands prononcent leurs sentences impartialement et ne s'inspirent que de l'esprit du droit et de justice. Chaque juriste admettra que la statistique comporte un caractère qu'on trouverait favorable, même en temps de paix, et qu'elle atteste un esprit de tolérance dans le droit et non une application arbitraire de la loi.

(*L'Écho belge,* 16 février 1916, p. 1, col. 3.)

Le journal vraiment belge (paraissant en Hollande) auquel nous empruntons le communiqué, fait remarquer que sur 3.342 acquittements, il y a 2.850 ordonnances de non-lieu. « Ce que ceci prouve? ajoute-t-il : que les Belges sont arrêtés à tort et à travers, uniquement pour semer la terreur parmi la population. »

Faut-il s'étonner, devant cette rage d'arrestations, qu'on ait jeté en prison de paisibles scouts?

Une amusante méprise.

Douze instituteurs de la ville viennent d'être arrêtés dans la forêt de Soignes et d'être conduits par des uhlans à la prison de Saint-Gilles où ils ont été retenus pendant quarante-huit heures. Après quoi on les a relâchés sans leur faire d'excuses, leur innocence ayant pu être aisément établie.

Ne riez pas, l'histoire est tout à fait sérieuse. Ces douze professeurs ont été, deux jours durant, accusés de se livrer à l'espionnage. Et leurs familles ont pu croire un moment qu'elles ne les reverraient plus.

Ce qu'ils faisaient dans la forêt de Soignes? Du scouting tout simplement. Ces instituteurs ambitionnaient de devenir scoutmasters après la guerre et ils commençaient, sous la direction d'un vétéran, leur initiation. Un cycliste teuton, les ayant surpris tandis qu'ils travaillaient ainsi en commun, trouva leur attitude suspecte. Il s'en fut, aussi vite que le lui permettait sa bécane, prévenir le poste le plus voisin que des espions se trouvaient dans la forêt à tel endroit qu'il désigna. Quelques minutes plus tard, trois uhlans à cheval apparaissaient dans la clairière où les instituteurs s'exerçaient et procédaient à leur arrestation. Ils eurent beau expliquer qu'en se livrant aux joies du scouting ils ne faisaient rien que de parfaitement licite, les trois cavaliers ne « foulurent rien zavoir ». Ils escortèrent les douze fonctionnaires de la ville jusqu'à la prison de Saint-Gilles où on les mit tous au secret. Il fallut quarante-huit heures à la police allemande pour constater qu'il y avait eu là, une fois de plus, un regrettable excès de zèle.

L'Administration de M. von Bissing est si paternelle !!!

  (*La Libre Belgique*, n° 43, septembre 1915, p. 4, col. 2.)

A la suite de cette sotte équipée, le gouverneur de Bruxelles prit son mémorable arrêté du 21 août 1915 :

Arrêté.

Les sorties en groupe, cortèges et, en général, toute réunion publique quelconque, organisés par les boy-scouts ou d'autres sociétés du même genre, avec ou sans insignes, ne sont permis qu'avec mon autorisation expresse.

En cas de contravention au présent arrêté, les organisateurs et tous les participants sont passibles d'une peine d'emprisonnement de trois mois au plus et d'une amende pouvant aller jusqu'à 5oo marks, ou d'une de ces deux peines à l'exclusion de l'autre.

Si les contrevenants jouissent de l'impunité, leurs parents, tuteurs, maîtres, etc., seront rendus responsables à leur place.

Les contraventions seront jugées par les autorités ou tribunaux militaires allemands.

Bruxelles, le 21 août 1915.

Le Gouverneur de Bruxelles,
VON KRAEWEL,
Général-Lieutenant.

Or, le même jour, l'autorité allemande de Bruxelles défendait à nos policiers d'arrêter aucun Allemand, sauf en cas de flagrant délit lors de la perpétration d'un crime (*La Libre Belgique,* n° 49, octobre 1915).

La comparaison est piquante entre les procédés de la police allemande, arrêtant tout le monde sous le moindre prétexte et sans le moindre prétexte, et les entraves qu'on met à l'exercice de la police belge.

Pour finir, disons que le fait d'avoir été en prison n'est plus du tout regardé en Belgique comme infamant. Loin de là; la possession d'un casier judiciaire allemand est un titre à la considération publique. Le moment approche où l'on montrera du doigt, comme suspect, celui qui n'a jamais été arrêté. Ci un articulet de *La Libre Belgique :*

Petites nouvelles.

A Bruxelles. — Il y a en ce moment, à Saint-Gilles, 170 civils internés sous des prétextes quelconques, la plupart sans aucun fondement sérieux. Parmi ces prisonniers deux prêtres auxquels les Allemands reprochent leur langage trop patriotique. Si l'occupation allemande continue quelque temps encore, le fait d'avoir été interné à Saint-Gilles deviendra bientôt un certificat d'honorabilité exceptionnelle.

(*La Libre Belgique,* n° 7, mars 1915, col. 2.)

A Anvers, aller en prison se dit « passer ses vacances à l'Hôtel des Patriotes ». *La Belgique* (de Rotterdam) a donné dans ses numéros du 25 octobre au 12 novembre 1915 une intéressante relation faite par un de ses correspondants anversois qui a passé par cette villégiature. Le plus piquant est que, pendant sa réclusion, le collaborateur de *La Belgique* trouva moyen d'envoyer sa copie au journal prohibé dont *La Belgique* donne un fac-similé de l'en-tête (voir pl. VI). Pour comble d'ironie, cette feuille clandestine, conçue dans une prison, s'appelle *De Vrije Stem* (*La Voix libre*); elle déclare que les bureaux et la rédaction siègent : Hôtel des Patriotes, rue des Béguines, 42 (c'est l'adresse de la prison); comme adresse télégraphique elle donne : Kommandantur Anvers—Malines. Elle ajoute, suivant la formule consacrée d'il y a quelques siècles, qu'elle paraît « avec grâce et privilège ».

Une dame de nos connaissances, enfermée inopinément à la prison d'Anvers, se plaignait de son sort à l'infirmière qui la soignait. « Oh! Madame! lui dit celle-ci, ne vous en faites pas pour ça! Depuis que les Allemands occupent Anvers, notre clientèle n'est plus du tout ce qu'elle était avant : nous ne recevons plus maintenant que des gens du meilleur monde! »

COMMENT LES ALLEMANDS SE COMPORTENT EN BELGIQUE

La conduite des Belges envers leurs tyrans est dominée par les sentiments que voici : la confiance mûrement réfléchie dans la victoire; le patriotisme sous toutes ses formes, tant chez l'ouvrier qui brave la famine que chez le milicien et l'infirmière qui risquent l'électrocution; le mépris et la haine pour tout ce qui vient de l'ennemi.

Voyons à présent l'attitude des Allemands en Belgique. Pour tout dire en peu de mots, leur conduite est féroce, fausse, outrecuidante et rapace.

A. *LA FÉROCITÉ*

De nombreuses pages sont consacrées dans nos prohibés aux horreurs commises par l'armée allemande : les massacres d'Andenne (*Le Belge*, n° 6), de Surice (*La Libre Belgique*, n° 24; *La Soupe*, n° 253), de Dinant (*La Soupe*, n° 167); le meurtre du R. P. Dupierreux (*La Libre Belgique*, n° 38); les Barbares chez nous (*La Vérité*, n° 3), etc., etc. On a aussi reproduit des extraits de P. NOTHOMB, *La Belgique martyre,* dans *La Libre Belgique;* la brochure a d'ailleurs été réimprimée en entier. Plusieurs brochures clandestines, déjà citées (p. 8 et 20), s'occupent aussi des sévices allemands. Mais la plupart de ces récits ont été repris par la presse étrangère et par les Rapports de la Commission d'enquête; il serait donc superflu de les réimprimer.

1. Quelques exemples d'inhumanité.

Pour donner une idée du genre de relations qui ont paru en Belgique, nous copierons les trois premiers numéros des *Pages du Livre des douleurs de la Belgique*. Cette série a paru d'abord dans *La Soupe* (n°ˢ 276, 280, 315, 322, 403, 442, 449), puis en une brochure séparée (voir p. 20).

Dans les Fonds-de-Leffe, près de Dinant ([1]).

Les Allemands occupaient les villages du plateau, Sorinne, Thynes, Lisogne, etc., depuis le 14 ou le 15 août. Le 15 il y avait eu un combat à Dinant entre Allemands et Français.

Le samedi 22 ils arrivent dans la partie d'amont des Fonds-de-Leffe, près du château de M. Boucher. Ils entrent dans une maison en disant à la femme : « Votre mari a tiré sur nous ; nous venons de le voir dans les buissons. — C'est impossible, répondit-elle, mon mari est absent ; il est à la guerre. » Dans une deuxième maison, même accusation : là aussi le mari était parti comme soldat.

Dans une troisième habitation ils trouvent le père et le fils Jacquet : « Vous étiez derrière votre maison, disent les Allemands, d'où vous avez tiré sur nous. — Non, nous ne sommes pas sortis, et nous n'avons d'ailleurs pas d'armes. — Vous mentez, venez avec nous. » On leur lie les mains derrière le dos et on les emmène.

Dans une autre maison, ils prennent, toujours sous le même prétexte, un marbrier nommé Bertulot.

En même temps deux autres groupes de soldats descendent de Lisogne et de Thynes ; les premiers amènent huit hommes prisonniers, les seconds deux seulement.

D'autres troupes, au lieu de descendre directement dans la vallée, continuent par la route de Liége à Dinant. Eux aussi font prisonniers indistinctement tous les hommes qu'ils trouvent dans les maisons, notamment Louis Neiper et son fils, âgé de treize à quatorze ans. Arrivés devant la rangée de trente-trois petites maisons qui bordent la route dans le fond de la vallée, ils tirent des centaines de coups de feu dans les fenêtres.

Ce jour-là ils ne commettent pas d'autres méfaits.

Le dimanche 23 août, dès le matin, ils arrivent par milliers, descendant du plateau dans la vallée.

----

(1) C'est le village dont parle le soldat allemand Philipp, dans Bédier, *Les Crimes allemands*, p. 12 et fac-similé 4. Ce soldat cite quelques détails abominables. Voir aussi Bédier, *Comment l'Allemagne essaye de justifier ses crimes*, p. 17. (Note de J. M.)

Les trois hommes des Fonds-de-Leffe, pris la veille, les huit de Lisogne et les deux de Thynes, sont menés dans la prairie de M. Capelle. On en lie un à un arbre et on le tue à coups de fusil. Le cadavre est détaché, et on en lie un second à l'arbre; il est fusillé. Et ainsi de suite jusqu'au treizième qui a vu abattre successivement ses douze compagnons.

Pendant que cette exécution se poursuit, les Allemands fouillent les maisons et s'emparent systématiquement de toute la population masculine âgée de plus de treize ou quatorze ans. Dès qu'un groupe de soldats a capturé une demi-douzaine de civils, on les met contre un mur et on les fusille. Parfois le supplice a lieu en présence des femmes, des mères, des sœurs, des enfants. Lorsque les femmes n'assistent pas directement à l'exécution, on s'arrange tout au moins pour qu'elles soient dans le voisinage immédiat et qu'elles ne perdent rien des supplications des hommes, des jurons des officiers et des feux de peloton qui abattent les victimes.

Mon père et ma mère, ma sœur, mon beau-frère et leurs enfants s'étaient réfugiés chez nous. Tout à coup les soldats entrent et ordonnent à mon mari, à mon père et à mon beau-frère de les suivre; on les ajoute à un groupe de quatre autres hommes et on les conduit contre le moulin de Mme Coppée. Nous avons entendu les cris poussés par les malheureux; chacune de nous reconnaissait la voix de son mari ou de son père. Puis les coups de feu : des gémissements inarticulés; encore quelques coups de fusil. C'était fini.

Nous étions serrées les unes contre les autres, tremblantes, sans parler, sans pleurer. On a alors amené quatre autres hommes, parmi lesquels j'ai vu un frère de mon mari; il s'était caché depuis le matin dans une hutte sur le coteau boisé à gauche des Fonds-de-Leffe; mais les Allemands ont avec eux des chiens dressés à la chasse à l'homme, qui vont dépister les fuyards. Quelques instants après, des détonations nous disaient que le supplice était accompli.

Puis nous avons été traînées, avec une centaine de femmes et d'enfants, dans le moulin de Mme Coppée. Nous avons dû passer auprès des fusillés, on ne nous permettait pas de nous arrêter; j'ai pourtant reconnu mon père, dont le crâne était ouvert.

Nous sommes restées enfermées dans le moulin, jusqu'au mercredi 26 août, sans pouvoir sortir. On ne nous a pas donné la moindre nourriture, ni pour nous ni pour nos petits enfants. Mais quand la soif nous torturait par trop, on allait chercher pour nous de l'eau du ruisseau, de l'eau toute sale. Plusieurs fois, pendant ces quatre jours, les soldats apportèrent de la paille devant les fenêtres, et y mettaient le feu, pour nous brûler vives, disaient-ils. D'ailleurs, le dimanche, les officiers nous avaient déjà averties que si on ne réussissait pas à chasser les Français de Dinant, nous serions toutes fusillées.

Après nous avoir enfermées dans le moulin, les soldats descendent plus bas dans la vallée et continuent à capturer tous les hommes pour les fusiller. Ils pillent à fond toutes les maisons. Ils mettent aussi le feu, dans la

rangée de trente-trois habitations, aux dix maisons les plus proches de
nous. S'ils n'allument pas les autres, c'est qu'ils se sont rendu compte
qu'en agissant ainsi, ils interceptaient toute communication entre les
Fonds-de-Leffe et Dinant dans la vallée de la Meuse, puisque les Fonds-
de-Leffe sont tellement étroits qu'il n'y aurait pas eu moyen de passer à
côté des maisons en flammes.

L'après-midi de ce même jour, le dimanche 23, les Allemands avaient
fait venir huit hommes de Dinant pour enterrer les fusillés des Fonds-de-
Leffe. Le soir, les soldats ordonnent à ces huit hommes de creuser chacun
une fosse, puis ils en fusillent quatre et les font enterrer par leurs quatre
compagnons; ils se préparent à fusiller aussi ces survivants, lorsqu'un
officier qui passe leur fait grâce, à la condition que les jours suivants ils
continueront à enterrer les cadavres.

Le dimanche soir, les Allemands avaient donc fusillé, sans aucune
exception, tous les hommes qu'ils s'étaient procurés dans les Fonds-de-
Leffe. Mais il en restait quelques-uns de cachés, que les chiens
n'avaient pas pu découvrir. Le lendemain lundi on en trouva dix-sept.
Ceux-ci furent amenés sur le talus près de la Cliche de Bois, un cabaret
à l'entrée de la ville, en face de l'abbaye des Prémontrés. Un officier les
plaça devant un peloton de soldats et commanda le feu. Mais la plupart
des soldats tirèrent en l'air; les hommes, croyant se sauver, se laissèrent
tous tomber et firent le mort. Seulement, l'officier avait remarqué la
supercherie. Il fit avancer une mitrailleuse. Puis il dit à haute voix en
français que ceux qui n'étaient pas morts pouvaient s'en aller, qu'on ne
leur ferait plus de mal. A peine se furent-ils relevés que la mitrailleuse
les faucha.

Le dimanche matin, la population des Fonds-de-Leffe comprenait
251 hommes et garçons. Le lundi soir 243 avaient été fusillés. Aucun de
ceux qu'on avait pris n'avait été épargné. Les huit qui ont échappé au
massacre avaient réussi à s'enfuir et ils ne sont revenus que longtemps
après.

Heureusement que beaucoup de fils et de maris sont partis avec l'armée
et combattent sur l'Yser. Singulière guerre, où ceux qui sont soldats sont
moins exposés que les trop jeunes, les trop vieux et les infirmes, restés à
la maison.

Il n'y a donc plus guère dans les Fonds-de-Leffe que des femmes et des
enfants. Nous vivons comme nous pouvons dans les maisons saccagées,
dont les portes et les fenêtres, fracturées par les Allemands, ont été réparées tant bien que mal à l'aide de planches et de cartons bitumés.

La fabrique est rouverte, et j'y ai du travail trois jours toutes les deux
semaines. Grâce au Comité national de secours et d'alimentation, et au
Comité dinantais qui s'est constitué à Bruxelles, nous avons de la soupe,
du pain, des vêtements, du charbon. Tout le monde est misérable, mais
personne n'est mort de faim.

Bien plus à plaindre sont nos enfants qui ont assisté au massacre d'août.

Presque chaque nuit ma petite s'éveille en criant : « Maman, sauvons-nous,
ils viennent de nouveau tuer papa, bon-papa et les oncles ! »

A Sorinne, près de Dinant.

Les Allemands sont arrivés chez nous le 14 août au début de l'après-
midi, par Foy-Notre-Dame.

Le 15, ils sont allés combattre sur les hauteurs qui couronnent Dinant;
vers 16 heures ils sont revenus furieux et affamés. Ils exigeaient à boire
et à manger, mais n'attendaient pas qu'on le leur donnât; ils fracturaient
les portes et les fenêtres pour pénétrer plus vite dans les maisons. Ils ne
laissèrent pas la plus petite croûte de pain ni le moindre bout de lard
dans le village. Quand tout fut mangé ils tuèrent les porcs, les vaches,
les poules. Bref le village fut totalement dévalisé. Cela dura jusqu'au
jeudi 20.

Le 20, ils combattirent du côté de Thynes et d'Awagne, mais ils furent
repoussés. Ils revinrent l'après-midi, de nouveau furieux. Vers 17 heures,
nous avons entendu deux (ou trois) coups de canon, tirés tout près du
village. Une demi-heure après, quelques soldats entraient brusquement
dans chaque maison et commandaient à tout le monde de sortir. Ils ne
nous laissèrent pas le temps de mettre un chapeau ou des souliers; il
fallait s'en aller tel qu'on était. Pas un villageois ne resta dans une
maison. Nous fûmes tous conduits chez Moret, marchand de bétail, où
nous fûmes enfermés dans les écuries, les granges, les hangars, les
greniers.

Le soir, on nous fit sortir et on nous aligna tous, hommes, femmes,
enfants, vieillards, contre un mur; puis ils amenèrent notre curé, les
mains liées derrière le dos. Il nous dit : « Mes chers paroissiens, nous
allons tous être fusillés demain matin. Faisons un acte de contrition.
Ceux qui auront la chance d'échapper feront plus tard une confession
complète. »

Puis on nous fit rentrer dans les bâtiments de Moret où nous avons
passé la nuit. On nous fouilla pour chercher des armes, qu'on ne trouva
pas, mais on nous prit tous les objets durs que nous avions sur nous,
jusqu'à nos clefs.

Le 21, vers 9 heures du matin, nous fûmes de nouveau alignés contre
le mur. En face de nous il y avait des milliers de soldats. La haie avait
été coupée sur l'autre côté de la route, et dans la prairie des mitrailleuses
étaient braquées vers nous. Un aumônier allemand, parlant le français,
passa devant nous et serra la main aux hommes.

Puis un colonel arrive et dit en français que pour avoir tiré sur les
troupes allemandes, nous méritons d'être tous fusillés; mais que nous
serons seulement emmenés prisonniers en Ardenne. Il ajoute que nous
serons dorénavant tous pauvres et malheureux (nous n'avons pas compris
alors ce qu'il voulait dire).

On nous renvoie ensuite dans les bâtiments de Moret. Nous sommes alors environ 700, car à nous ont été joints : 1° les habitants de Sorinne qui s'étaient enfuis la veille quand on avait tiré les coups de canon, et qui s'étaient cachés pendant la nuit dans les bois et dans les haies, mais avaient été rattrapés le matin ; 2° des habitants de Gemechenne, des Fonds-de-Bouvigne et d'autres hameaux du voisinage, ainsi que deux Pères prémontrés de l'abbaye de Leffe, qui sont, je crois, des Anglais.

Quoiqu'on nous eût fouillés la veille au soir, et qu'on se fût assuré que nous n'avions pas d'armes, les fenêtres et les portes durent rester fermées pendant cette journée extrêmement étouffante. Ceux d'entre nous qui devaient sortir pour un besoin étaient accompagnés de soldats, baïonnette au canon. Nous sommes restés enfermés ainsi, sans boire et sans manger, jusqu'au samedi soir 22 août. Alors nous avons reçu chacun un petit morceau de viande, à moitié crue, provenant d'un cochon qu'on venait de tuer.

Le 22 août, vers 22 heures, on nous fit tous descendre, et on nous dit que nous allions être emmenés. En même temps on commençait à mettre le feu au village. Nous sommes partis en cinq groupes :

Premier groupe : les femmes ayant de petits enfants, dans des chariots conduits et escortés par des soldats ;

Deuxième groupe : les enfants de sept à treize ou quatorze ans, à pied ;

Troisième groupe : les jeunes filles et les femmes non accompagnées de petits enfants ;

Quatrième groupe : les vieillards ;

Cinquième groupe : les hommes. Ceux-ci ont dû marcher, en zigzag sur la chaussée, les bras et la tête levés. Dès qu'on laissait retomber les mains, on recevait des coups de crosse. Le curé et le bourgmestre, M. le baron de Villenfagne, avaient les mains liées derrière le dos. C'était surtout à ceux-ci et aux deux Pères blancs de Leffe qu'on en voulait. On prétendait que c'étaient eux qui avaient organisé les attaques de « francs-tireurs » (notez que pas un civil n'avait tiré un coup de feu), et on mena-çait à chaque instant de les fusiller. A droite et à gauche marchaient des soldats. De temps en temps les officiers tiraient dans la nuit des coups de revolver et accusaient aussitôt les hommes d'avoir tiré. Or ils ne nous avaient pas même laissé une clef.

Le dimanche 23, après trois ou quatre heures de marche, au milieu de la nuit, on arrive à Leignon. Les chariots retournent aussitôt à Sorinne pour prendre trois malades incapables de marcher, notamment un vieil-lard, Joseph Hardy, qui mourut le lendemain. Ces malades avaient passé la nuit en plein air à Sorinne. Parmi eux se trouvait Émile Haulo, qui s'était blessé et ne pouvait pas marcher. A Leignon les Allemands l'enle-vèrent du chariot et le jetèrent à l'entrée de l'église, puis lui ordonnèrent d'y entrer ; comme il ne marchait pas assez vite à leur gré, ils lui per-cèrent la cuisse d'un coup de baïonnette.

Nous sommes restés dans l'église de Leignon, couchés sur la paille,

jusqu'au 1ᵉʳ septembre. Deux autres d'entre nous y sont morts : un petit
enfant, Émile Gauthier, et un vieillard, Michel Monin. Pendant ces neuf
jours, les sentinelles qui étaient avec nous dans l'église tiraient de temps
en temps, toujours pendant la nuit, des coups de fusil pour nous effrayer ;
ils menaçaient alors de tuer tout le monde, en commençant par le curé,
les Pères blancs et le bourgmestre. Le curé, les mains liées derrière le
dos, avait été jeté dans un confessionnal ; on le tirait de là, plusieurs fois
certains jours, pour le cravacher devant ses paroissiens.

On nous apportait des pommes de terre cuites, mais le curé ne recevait
rien ; nous le nourrissions en cachette ; il fallait lui mettre les pommes de
terre dans la bouche, car on ne lui délia jamais les mains.

A plusieurs reprises, on fit mettre tous les hommes d'un côté de l'église
et les femmes de l'autre, puis on amenait le curé, le bourgmestre et les
deux Prémontrés, pour les fusiller. On les battait, puis on renvoyait
l'exécution à plus tard. Le curé et le bourgmestre avaient le corps tout
bleu de meurtrissures.

Le 1ᵉʳ septembre, un officier vint demander au curé s'il était vrai que
les soldats l'avaient battu, promettant de faire fusiller immédiatement les
coupables. Mais le curé assura que rien de désagréable ne lui était arrivé
de la part des soldats.

Puis chacun de nous dut donner aux Allemands tout son argent. Les
soldats déclaraient que, si la moindre pièce de monnaie était encore trouvée sur quelqu'un, il serait fusillé séance tenante. A midi, les femmes et
les enfants durent sortir de l'église, et on rendit à chacune l'argent qu'elle
avait remis le matin aux soldats. Elles furent mises en liberté, mais avec
défense de retourner vers Sorinne ou vers Dinant. La plupart d'entre elles
allèrent à Ciney. Puis 94 hommes furent conduits à Hotton, où ils
restèrent quatre jours sans manger. On les remit en liberté le 5 septembre. Quand ils passèrent à Marche-en-Famenne, comme le couvre-feu
était déjà sonné, ils furent de nouveau coffrés jusqu'au lendemain. Les
autres hommes furent relâchés, mais il leur était aussi défendu de rentrer
chez eux. Ils allèrent à Ciney auprès des femmes et des enfants.

Après trois semaines, ils reçurent un passeport leur permettant de
s'éloigner pour un jour. Ceux qui allèrent à Sorinne constatèrent que
toutes les maisons sans exception étaient brûlées, ainsi que les étables,
les écuries, les granges, les meules, les abris à foin ; bref, tout ce qui pouvait être incendié était réduit en cendres. Il ne restait debout dans tout le
village que le château, une ferme et l'église. Encore celle-ci avait-elle été
dévalisée : le tabernacle avait été forcé et violé ; le calice, les crucifix, les
chandeliers et tous les autres ornements avaient été enlevés.

Du bâtiment Moret, où nous avions été emprisonnés, il ne restait que
les murs. Nous avons appris alors le sort de trois hommes qui n'avaient
pas été avec nous à Leignon. Ils étaient restés cachés chez Moret. L'un,
le berger de la ferme de Gemechenne, s'était aventuré à sortir quand il
avait cru que le danger était passé, mais il avait été fusillé sur-le-champ.

Les deux autres, Jules et Albert Houzieaux, forgerons, avaient été repoussés dans la maison par les soldats et brûlés vifs.

Le martyre d'un soldat belge.

Les Allemands protestent avec indignation quand on les accuse d'avoir achevé des blessés ou maltraité des prisonniers de guerre. Tout au plus consentent-ils à admettre que des individus isolés, loin des officiers, aient pu commettre des actes répréhensibles ; mais, ajoutent-ils, ces soldats agissaient sous l'empire de la légitime exaspération produite par les « attaques de francs-tireurs » et par les « ignominies que de paisibles commerçants allemands avaient subies à Bruxelles et à Anvers ».

Voici un récit datant de la nuit du 4 au 5 août 1914.

La déclaration de guerre est arrivée à Bruxelles le 4 août, à 7 heures du matin. L'armée allemande était entrée en Belgique dans la nuit précédente ; dès le soir du 4 août, elle tentait un coup de main contre Liége. Les soldats dont voici les aventures combattaient dans l'intervalle entre deux forts.

23 heures.

« Nous étions dans la tranchée, à une cinquantaine de soldats du 9ᵉ de ligne, depuis le 4 au soir. Les ennemis cherchent à passer à droite et à gauche de nous. Nous sommes de plus en plus entourés... Deux ou trois régiments doivent être là... Les balles pleuvent de toutes parts, mais heureusement le tir de l'adversaire est fort mauvais.

« Prévoyant une charge à la baïonnette, j'enlève mon sac, j'y prends certaines choses, entre autres des bottines, et je recommence le feu.

« En effet, quelques minutes plus tard, les Allemands tentent un assaut repoussé par des feux de salve.

Jeudi 5 août, 1 heure du matin.

« La bataille continue toujours aussi ardente. Les Allemands ne savent à quelles forces ils ont affaire et n'osent pas s'avancer. L'obscurité nous est d'un très grand secours. De nombreux ennemis sont envoyés vers nous pour se rendre compte de la situation. Ils veulent couper les fils barbelés devant les tranchées, afin de faciliter leur assaut. Presque tous sont arrêtés en chemin ; un seul parvient grâce à l'ombre épaisse d'un arbre jusqu'au-dessus de notre tranchée... Il ne racontera plus jamais ce qu'il a vu.

1ʰ 30.

« Les cartouches diminuent, les fusils nous brûlent les mains, nos hommes sont comme des furieux. Cependant la fin approche.

« A 80 mètres, on aperçoit l'éclair des fusils allemands. Nos forts tirent avec une précision étonnante ; la lueur du projecteur passe, l'obus éclate à l'endroit même où a passé le raie lumineuse, au milieu des Allemands.

« Je tire... je me baisse pour recharger ; une balle traverse à ce moment-même mon shako.

« Il me reste quinze cartouches, mes coups se font de plus en plus rares... Chacun tire de loin en loin, à coup sûr. Les Allemands approchent toujours ; il en arrive jusqu'à 8 et 10 mètres de nous.

« Je les laisse venir et j'ai l'immense plaisir d'en voir tomber neuf en une demi-heure, sous mes dernières balles.

2^h 30.

« C'est la fin. Les dernières cartouches ont chacune abattu leur homme.

« Quatre heures durant, à une cinquantaine d'hommes, nous avons arrêté des centaines d'Allemands et nous périssons faute de munitions. Résultat admirable, car nous n'avons qu'un mort et deux blessés. J'ai tiré environ 280 cartouches.

« Inutile de tenter de fuir, car nous sommes cernés de toutes parts. Nous devons arborer le drapeau blanc.

« Les Allemands dégringolent dans la tranchée et, sans tenir compte du drapeau, ils nous lardent de coups de baïonnette. Bien que blessé à la cuisse, je me défends ; successivement j'entaille deux Allemands et dans l'un d'eux ma baïonnette se brise..., tout cela en l'espace de quelques secondes.

« Survient un sous-officier allemand. Il arrête l'attaque et procède à notre désarmement. Puis les Allemands, furieux d'avoir été tenus en échec par cette poignée d'hommes, abattent à bout portant quarante de mes camarades.

« Je sens une baïonnette s'enfoncer dans ma cuisse gauche et le coup de feu suivre ; je fais un bond et je retombe au fond de la tranchée.

« Alors commence le supplice le plus affreux qui se puisse imaginer. Les blessés se lamentent et crient pendant que les Allemands continuent leur barbare besogne ; ils tirent au hasard et s'entretuent même. Deux coups de crosse me sont encore assénés sur la tête, qui heureusement est solide. Finalement intervient un officier ; il arrête le carnage, abat à coups de revolver un de ses hommes, nous exprime ses regrets et ses félicitations. Toutefois, il permet à ses soldats de dépouiller les morts comme les vivants, sauf à ne pas prendre l'argent : naturellement tout est enlevé.

« Alors se produit spontanément de la part des rares Belges survivants une action généreuse et admirable. Ces hommes, enivrés par le combat et fous de rage, redeviennent instantanément calmes ; ils jettent tout ce qu'ils possèdent aux Allemands pour prodiguer leurs soins aux camarades blessés.

« Je tiens ici à remercier spécialement mon camarade Leconte ; sans crainte du danger, il arrange de son mieux ma plaie béante ; s'oubliant soi-même, il me donne tout ce que contient sa gourde.

« Sûr de ma fin, je lui confie mes derniers désirs dont il prend soigneusement note... Il est enlevé comme prisonnier... Avant de me quitter (car lui aussi croit que c'est fini pour moi), il m'embrasse, le brave, le bon ami. Au moment où nos quelques survivants valides sont emmenés, j'ai

la force de crier : « Au revoir, courage, vive le 9ᵉ ! » Mal m'en prend,
car je n'ai pas achevé qu'une baïonnette enfoncée dans ma jambe me
rappelle à l'ordre. Les camarades partis, nous voilà seuls, quelques blessés, abandonnés à 3 heures de la nuit sous une pluie battante. Il me
reste une veste, une chemise et mes bottines, Leconte m'ayant enlevé
mon pantalon pour me panser.

« Le matin même, ayant envisagé la possibilité d'être blessé et m'étant
rappelé certains récits de la guerre de 1870, j'avais pris la précaution de
remplir ma gourde et de n'y point toucher durant le cours de la journée.
La soif se fait sentir... ma gourde est là, intacte, à quelques mètres de
moi, mais... impossible de l'atteindre... je ne puis remuer. Un Allemand
passe, je le supplie dans sa langue de me la donner...

« — Que contient-elle ? me demande-t-il.

« — *Wasser,* lui réponds-je.

« — *Schön.*

« Il ramasse ma gourde, se désaltère, m'arrose avec le surplus et m'envoie sur la bouche un formidable coup de pied, qui m'enlève une dent.

« Deux Allemands successivement meurent près de moi ; je n'en suis
nullement émotionné.

« La pluie tombe toujours, fine et serrée ; les balles sifflent au-dessus
de nos têtes.

« Un Allemand passe, il m'aperçoit ; il se détourne de son chemin pour
me donner un coup de baïonnette au pouce et un coup de pied dans les
reins.

« Un Belge ayant trois balles dans le bras rampe jusqu'à moi ; de mon
mieux j'essaie de faire une ligature ; le malheureux a perdu déjà beaucoup de sang, et moi-même je ne suis plus bien fort. Mes soins sont
inutiles.

« Je sens ma faiblesse s'accentuer, car le sang continue à s'épandre. A
ma portée se trouve un paquet de chocolat tombé d'une poche ; je m'en
empare et j'en avale cinq bâtons. Je donne un morceau à mon camarade
blessé, couché près de moi ; il accepte avec plaisir. Quelques minutes
après, je lui tends un second morceau ; il ne me répond plus ; hélas !
dans sa main il tient encore serré son morceau inachevé. Il est mort sans
un râle, sans un cri, sans une plainte.

« A peine mon camarade d'un jour, camarade de combat, a-t-il rendu
son dernier soupir, que, sans respect pour la mort, j'attire à moi sa capote
pour me réchauffer un peu... Un nouveau groupe d'Allemands se montre ;
c'est avec terreur que nos pauvres blessés les regardent arriver. J'attrape
divers coups de pied et coups de crosse, notamment un coup sur le coude,
très douloureux celui-là, et qui paralysera mon bras pendant des semaines ; ils vont jusqu'à taper sur celui qui vient de s'éteindre à mes côtés.

« Une nouvelle distraction leur vient soudainement à l'esprit : du haut
des tranchées, ils nous couvrent de terre, de boue... Ils s'amusent folle-
ment !

« Toujours la pénible et cruelle attente... Que c'est long... Soudain un shrapnell éclate au-dessus de moi ; un éclat vient se loger dans mon dos...

« Le jour paraît enfin.

« A partir de ce moment mes souvenirs sont un peu confus. La dernière blessure ne me fait pas souffrir ; c'est le coup de feu à la cuisse qui provoque d'atroces douleurs, effaçant sans doute les autres.

« Je me rappelle des hurlements et des gémissements.

« Aucun secours n'arrive, personne ne peut et n'ose bouger. La soif, l'horrible soif, voilà le pire mal ; nos gorges sont en feu, nous ne respirons plus qu'avec effort. Toujours les mêmes plaintes. « A boire ! à boire ! » crient les blessés probablement tracassés par la fièvre.

« Nos gourdes sont toutes vides ; il faut attendre... La mort fait son œuvre. Des soins immédiats auraient été le salut pour plusieurs...

« Tout se trouble ; je crois que tout est fini... La pluie s'abat sur nous avec rage, de loin en loin une balle siffle encore au-dessus de nos têtes, une rumeur lugubre monte... s'éteint... Puis c'est le calme complet.

« Il me semble que je n'ai plus rien à attendre... et que je pars...

« Pendant des heures je demande de l'aide aux brancardiers allemands. Les uns font semblant de ne pas m'entendre, les autres me répondent qu'ils sont chargés de ramasser les Allemands et non pas de secourir les Belges, qui n'ont qu'à attendre.

« Je suis résigné... et j'attends.

« Combien de temps suis-je resté dans cet état ? Je l'ignore, j'allais dans mon demi-rêve vers les choses passées qui ne devaient plus revenir pour moi. La mort ne m'effrayait plus, j'étais résigné et sans crainte. J'avais lutté et luttais encore, mais sans espoir, avec une infinie tristesse pour ceux qui là-bas m'attendaient.... »

(La Soupe, n° 276, A, B, C.)

La presse clandestine s'est aussi occupée, cela se comprend, de la barbarie préméditée avec laquelle les Allemands conduisent la guerre. Il serait trop long de citer les articles relatifs au bombardement de villes ouvertes, aux gaz asphyxiants, aux liquides enflammés. Voici seulement quelques entrefilets sur la guerre sous-marine.

La mentalité des Allemands.

Dans un article, concernant la perte du *Lusitania*, paru dans le journal *Die Post,* M. le baron von Zedlitz, homme à haute Kultur, s'exprime comme suit :

« ... Entre temps, nos ennemis auront peu à peu compris que la vie et la santé d'un seul de nos hommes ont, pour nous, *plus de valeur que le* Lusitania *avec tous ses passagers ou la cathédrale de Reims,* et que, sans excuse, *nous détruisons tout* ce qui peut mettre en danger un seul de nos hommes. »

Et dire que sans le courage et la ténacité des vaillants soldats des armées alliées, nous aurions été gouvernés par des hommes à pareille mentalité.

Aussi, il est de notre devoir de continuer à nous imposer tous les sacrifices nécessaires, afin d'arriver à écraser définitivement cette race de Barbares.

(*La Libre Belgique*, n° 22, mai 1915, p. 4, col. 2.)

Leur mentalité.

Du *Lokal Anzeiger*, de Berlin :

« *Nous ne voulons pas gagner l'amour des Américains, mais leur respect, et la perte du* Lusitania *nous le procurera plutôt que cent batailles gagnées sur terre.* »

Quel est donc le sens du mot *respect*, en Allemagne?

(*La Libre Belgique*, n° 23, mai 1915, p. 4, col. 1.)

La presse allemande et le « Falaba ».

Les journaux allemands ne ressentent aucune honte de l'acte de piraterie commis contre le *Falaba;* ils s'en réjouissent même.

Une dépêche de Copenhague, que publie le *Daily Mail,* représente ainsi l'opinion manifestée par les journaux :

« La *Kreuz-Zeitung* considère le fait comme glorieux.

« Le *Lokal Anzeiger* dit : « Encore deux vapeurs anglais coulés et « 123 passagers noyés. »

« La *Gazette de l'Allemagne du Nord* parle de « l'activité de nos sous- « marins ».

(*La Libre Belgique*, n° 14, avril 1915, p. 4, col. 2.)

Les gens de cœur.

Le Matin a publié une nouvelle qui aura chez les assassins d'Allemagne un succès de fou rire. Imaginez-vous que des marins anglais armant un sous-marin ont rencontré, à portée de leurs torpilles, dans la mer de Marmara, des navires turcs chargés de femmes, d'enfants, de vieillards, d'un tas de réfugiés dont les contorsions auraient été des plus réjouissantes à contempler, si on les avait brusquement précipités à la mer, et ces imbéciles (c'est des marins anglais qu'il est question), au lieu de lancer *illico* leur engin et de couler tous ces navires, se sont mêlés de faire de la générosité ! Ils ont dit qu'ils étaient des soldats et ne faisaient la guerre qu'aux soldats ! Ils ont laissé tranquillement passer ces non-combattants au nom de la civilisation ! Poseurs, va !...

Parlez-moi des marins allemands ! En voilà qui ne s'embarrassent pas de vaines pruderies et qui savent s'amuser en toutes circonstances avec la destruction de n'importe quoi et la mort de n'importe qui ! Est-ce qu'ils ont hésité, eux, à couler le *Lusitania* et les deux mille passagers ou marins qu'il portait ? Est-ce qu'on ne les a pas vus, accoudés à la plate-forme de l'*U-26*, narguer avec de joyeux éclats de rire les gestes désespérés de leurs victimes, lors de l'éventrement du *Falaba*, et se donner le long et savoureux plaisir de tourner autour de la noyade, assez près pour n'en rien perdre, assez loin pour n'être pas obligés de sauver, malgré eux, un seul petit enfant.

— *Deutschland über Alles !* disent-ils.

C'est vrai ! Il n'y a que l'Allemagne pour atteindre à certains sommets d'infamie.

En attendant, vivent les bonnes bêtes et les braves gens d'Angleterre, et ceux de France, de Russie, de Serbie, de Belgique — et ceux d'Italie !

(*La Libre Belgique*, n° 29, juin 1915, p. 4, col. 2.)

Leur cynisme.

La Ligue navale allemande vient de publier un manifeste dont voici un extrait :

« La flotte allemande n'était pas en mesure d'arrêter par les méthodes ordinaires de blocus ce transport constant d'armes et de munitions destinées à nos ennemis. C'est pour l'Allemagne le plus sacré des devoirs de faire en sorte que le moins possible de ces envois américains parviennent en Grande-Bretagne.

« La perquisition des navires transportant de la contrebande est la plupart du temps impossible, surtout dans les cas où il s'agit de navires ayant le tonnage et la vitesse du *Lusitania*.

« Il y a là un fait que ne pourront contester même les conseillers navals du président Wilson. Un changement d'itinéraire de quelques points seulement les met hors de la portée de nos torpilles et aucun sous-marin ne possède les moyens de les arrêter.

« Il n'y avait donc qu'un moyen d'empêcher que la vie des soldats allemands fût mise en danger par les 5.400 caisses de munitions que transportait le *Lusitania* ; ce moyen était de couler le navire sans avertissement.

« Il doit continuer à en être ainsi.

« Notre armée a le droit d'attendre ce service de notre flotte.

« Ce que les capitalistes et les fabricants de munitions américains peuvent en penser nous est indifférent. »

On ne peut pas jeter par-dessus bord avec plus de désinvolture les lois et les conventions de la guerre. On ne peut pas non plus mettre plus de cynisme dans la déclaration du même principe déjà défendu par le chancelier de Bethmann : Nécessité fait loi, ou, si l'on préfère : La fin justifie les moyens.

« La flotte allemande n'est pas en mesure d'arrêter par les méthodes ordinaires (c'est-à-dire licites) le transport des munitions destinées à l'Angleterre. »

Remarquons que la Ligue navale ne conteste pas le droit des Américains de faire ce commerce, mais, puisque l'Allemagne n'a pas les moyens d'être honnête, force lui est de déchirer les conventions signées par elle.

« La perquisition des navires est la plupart du temps impossible... Il y a un fait... Il n'y a qu'un moyen pour nous, c'est de couler les navires sans avertissement. »

En d'autres termes : « Bon pour les Anglais d'observer cette loi de la perquisition des navires. Ils peuvent se payer le luxe d'être honnêtes ; nous pas. »

On le remarquera, il n'est plus question ici, pour excuser les crimes des sous-marins, ni du blocus de famine ni des pauvres populations civiles. Non ; il s'agit des soldats allemands.

Pensez donc !! Des neutres ont le toupet d'envoyer des munitions aux ennemis de l'Allemagne. Ces neutres méritent la mort ainsi que les civils qui ont l'imprudence de voyager quand les requins allemands se promènent en mer.

Mais s'ils avaient appliqué ces beaux principes de la Kultur, les Belges auraient certes pu renier les lois de la guerre. Qui plus qu'eux en face de l'agression brutale des Germains eût pu revendiquer le principe : Nécessité ne connaît pas de loi ?

Qu'était-ce que notre petite, quoique vaillante armée, en comparaison des millions d'agresseurs avec lesquels elle avait à lutter ? Si ces messieurs de la Kultur étaient logiques, ils devraient admettre le droit de tous les Belges de se lever en masse, francs-tireurs ou non. Mais les Belges ne l'ont pas fait ; le Gouvernement et les autorités, dès l'entrée de l'envahisseur, ont rappelé à tous le respect des lois de la guerre. Pour nous le droit est sacré et nous ne connaissons pas votre honteuse maxime.

On sait quels prétextes nos ennemis ont invoqués pour répandre le meurtre et l'incendie partout, quand le but de ces massacres était tout simplement de terroriser les populations.

En résumé les lois de la guerre sont ainsi considérées par les Allemands :

« Sur terre, disent-ils, obligeons nos adversaires à les observer ; quant à nous, nous sommes au-dessus de tout, car *nous sommes les plus forts.*

« Sur mer, nous ne sommes tenus d'observer aucune loi, rien ne doit nous arrêter quand il s'agit de la sécurité de nos armées et du ravitaillement de notre population, car *nous sommes les plus faibles* et *nécessité fait loi.* »   LIBER.

(*La Libre Belgique,* n° 35, juillet 1915, p. 2, col. 2.)

Un article de *La Vérité* résume la mentalité de nos ennemis :

La guerre à la prussienne.

Massacre des désarmés, tantôt des civils, tantôt des soldats blessés ; abus d'uniformes et de drapeaux ennemis, ainsi que du fanion blanc et de .

la Croix-Rouge ; destruction d'édifices d'art ; bombardement aérien et nocturne de villes ouvertes ; torpillage de navires non combattants ; emploi du poison : voilà quelques-uns des principes de la guerre à la prussienne !

La perversion de la race s'y trouve surabondamment.

Les premiers de ces méfaits sont bien connus. Le poison a un rôle marqué dans l'art militaire tel qu'on l'enseigne à la *Kriegsakademie* de Berlin. En Europe, l'usage de vapeurs toxiques se généralise et les « braves » guerriers de Germanie marchent au feu derrière un rideau de fumée qui les cache et qui asphyxie l'adversaire ! En Afrique, la prise de Swakopmund permit au général Botha de constater que six sources avaient été empoisonnées au moyen d'une préparation arsenicale : des sacs de poison furent trouvés dans les puits ! Les commandants allemands ne nient point le fait ; ils prétendent (ce que Botha déclare faux) que les populations étaient averties...

Cet avertissement est aussi l'excuse invoquée par l'Amirauté allemande, qui, faute de pouvoir se couvrir de gloire, continue à se couvrir de honte. Au torpillage de nombreux steamers de commerce, de chalutiers et barques de pêche, s'ajoute la destruction récente du *Lusitania :* 1.500 noyés, voilà le nécrologe de cette piraterie criminelle qui n'a rien de commun avec une opération militaire ! Cyniquement, la *Kölnische Zeitung* déclara *:* « Cette nouvelle sera reçue avec satisfaction par le peuple allemand ! » Toutefois, Berlin chercha des excuses. Il dit que le transatlantique était armé de deux canons ; c'est faux, réplique l'Amirauté anglaise ; c'est archifaux, confirme sous serment le capitaine Turner. Berlin ajoute que, selon toute vraisemblance, ce bâtiment contenait de la contrebande. Il était bien simple d'y aller voir ! Mais la visite, qui est de droit, n'eut pas lieu ; c'est une formalité que les barbares suppriment ; la *vraisemblance* leur suffit ! Enfin, dernier argument, les Américains furent prévenus du danger de naviguer dans la zone de guerre ! Comme le dit la presse de New-York, un assassin ne justifie pas son forfait en déclarant qu'il fut précédé de menaces !

Ces circonstances atténuantes deviennent des charges plus lourdes pour l'Amirauté berlinoise, car elles prouvent la criminelle préméditation. Telle est la méthode : une excuse prépare le méfait et le justifie en éludant les restrictions apportées par le droit international aux horreurs de la guerre ! Ainsi les barbares exterminent d'innocentes populations après avoir déclaré sans preuve qu'elles ont fait acte d'hostilité ; ils détruisent des édifices précieux après avoir affirmé faussement que l'ennemi les utilise à des fins militaires ; ils empoisonnent les sources d'eau potable pour arrêter la marche des troupes anglaises, etc. Quant aux navires, ils n'ont qu'à suspendre leur service ! C'est bien simple : obéissez-nous et il ne vous arrivera rien de mal ; mais si votre armée résiste, nous maltraiterons jusqu'aux non-combattants ; si vous défendez les villes que nous voulons prendre, nous les bombarderons ; nous emploierons la torpille et le poison, vous voilà prévenus ! Donc, ne venez pas vous plaindre si vous

vous attirez nos rigueurs ! Pour vous les épargner, il vous suffit de nous obéir.

Bref, voilà l'Amérique atteinte au vif : l'assassinat de deux cents de ses nationaux marque la rupture définitive des amitiés germano-américaines.

Le plus monstrueux, c'est que tout Allemand approuve et admire cette façon hideuse de mener la guerre ! Rappelez-vous qu'en avril une information affichée à Bruxelles déclara ceci : les équipages des submersibles tombés au pouvoir des Anglais se voient traités d'une façon « indigne » et « contraire au droit des gens »... Ils sont internés dans des pontons. En guise de représailles, un nombre égal de prisonniers anglais fut interné dans une maison de détention ! Une dépêche Wolff de Berlin, du 12 courant, a annoncé qu'à la Commission budgétaire du Reichstag ces mesures de représailles « furent généralement approuvées » ! Toute la foncière barbarie de la race ne s'étale-t-elle pas dans cette attitude ? Nos marins, disait encore l'affiche, ont « accompli fidèlement leur devoir ». Mais c'est justement ce « devoir » qui est infâme, et les sombres brutes qui l'acceptent et l'accomplissent méritent autre chose qu'un trop confortable ponton !

L'Océan représente une plaine liquide, avec des routes ouvertes à tous, et les navires sont des transports publics ; la route ferme avec son charroi n'en diffère point, au point de vue du droit. Eh bien, le « devoir » peut-il consister à miner les chaussées publiques et à dynamiter les transports pacifiques qui s'en servent ? Ce serait là du banditisme de grand chemin ; on ne mine pas les routes continentales et l'on n'y détruit pas le charroi civil ; tout au plus, l'autorité militaire exerce-t-elle une surveillance spéciale, avec visite et confiscation éventuelle des transports. Mais les routes maritimes, les Prussiens les sèment d'engins explosifs et ils y torpillent les transports non militaires ! *Ce sont même les seuls qu'ils aient visés jusqu'à présent !* Et cela sans enquête, sans avertissement ! Et quand le bâtiment coule, les barbares ne portent nul secours aux naufragés ! Au contraire (l'exemple du *Falaba* en donne l'horrible preuve), ils raillent, ils outragent les malheureux qui périssent ! C'est ce banditisme de pleine mer que la morale allemande appelle le « devoir » ! Pour ces monstres, elle réclame des égards ! Après avoir organisé la violation continuelle du droit des gens contre les non-combattants, de terre et de mer, elle ose invoquer ce même droit en faveur de ses pirates sanguinaires ! Cette dépravation du sentiment du bien et du mal existe uniquement dans l'âme allemande ; elle seule peut ne pas sentir ce qu'il y a d'abjection dans l'ordre donné d'assaillir aveuglément, sauvagement, des transports pacifiques, ni ce qu'il y a de turpitude dans le féroce accomplissement d'une telle mission, assimilée à un « devoir » !

Pour exterminer les civils sur terre, les armées se couvrent au moins d'un prétexte, se prétendent attaquées par des francs-tireurs. Pour tuer les civils sur mer, aucun expédient de ce genre n'est imaginé : c'est la criminalité sans phrases !

Autrefois, tout pirate pris était pendu à la première vergue !
L'Allemagne ne peut rien ajouter à son ignominie.

(La Vérité, n° 3, 20 mai 1915, p. 9.)

2. La justification, à l'allemande, des cruautés commises en Belgique.

a) Justification avant la lettre.

Ne pouvant pas essayer de nier entièrement les carnages et les incendies ordonnés par ses chefs militaires, l'Allemagne a expliqué leurs procédés en les décorant du nom de « représailles ».

Rien n'est plus instructif à ce point de vue que la lecture des Lois de la guerre d'après le grand État-major allemand (Kriegsbrauch im Landkriege, 1902). Malheureusement, il n'existe en Belgique qu'un assez petit nombre d'exemplaires de la traduction française de ce livre (voir p. 180). Comme il paraissait utile de répandre dans le public les instructions du grand État-major allemand et de faire ressortir leur froide cruauté, on joua à l'autorité allemande le tour que voici : on reprit simplement les passages les plus saillants et on les publia sans aucun commentaire, dans deux brochures à 10 centimes. Celles-ci, soumises à la censure, durent être autorisées par elle. Dans une troisième brochure, portant le même titre général : Pour instruire le public, on réunit une collection des affiches allemandes les plus abominables, celles qui violaient le plus ouvertement les lois de l'humanité et la Convention de La Haye, mais qui étaient, par cela même, conformes à l'esprit des Lois de la guerre d'après le grand État-major allemand.

Ces brochures forment les n°ˢ 12, 13 et 14 de la série éditée par M. Brian Hill. Les n°ˢ 1 à 10 ont été prohibés en bloc, quoiqu'ils fussent au fond beaucoup moins significatifs que les n°ˢ 12, 13 et 14. On emprisonna M. Brian Hill pour la brochure sur M. Adolphe Max (p. 5). Mais on dut se résigner à voir, en belle place, aux vitrines des libraires, les trois brochures Pour instruire le public.

Plus tard les idées du grand État-major ont été reprises, et commentées cette fois, dans les n°s 12 et 13 de *La Libre Belgique*. Comme les *Lois de la guerre* allemandes ont été mises au pilori dans tous les pays civilisés, nous croyons inutile de reproduire ces articles.

Dans d'autres cas aussi nous avons travaillé à la propagation d'ouvrages allemands. Ainsi l'un de nous avait remarqué à l'étalage d'une librairie de province un *Dictionnaire pour le sac du soldat* (*Tornister-Wörterbuch*), qui est en même temps un petit recueil de conversation usuelle. Les phrases de ce manuel sont tout à fait concluantes quant à la mentalité allemande : « *A la première tentative de fuite, vous serez fusillé. — Dites-nous la vérité. Le moindre mensonge pourrait vous coûter la vie. — A la première tentative de fuite, ou si vous essayez de m'égarer, je vous envoie une balle.* » Ces menaces sont adressées à des habitants que l'armée allemande contraint à servir de guides (d'accord avec ses *Lois de la guerre* [voir p. 180]).

Aussitôt notre ami acheta tous les exemplaires disponibles de cet aimable petit manuel, afin de les faire circuler à Bruxelles. Mais il n'y en avait pas assez. Nous désirions pouvoir les acheter à Bruxelles même, afin de les répandre plus largement. Nous sommes allés importuner la tenancière de la librairie allemande du boulevard du Nord, celle-là même dont le mari fit condamner M. le juge Ernst (voir p. 57), jusqu'à ce qu'elle en eût importé un stock suffisant.

A cette même librairie nous avions insisté pour obtenir des exemplaires de la brochure de propagande : *Die Wahrheit über den Krieg* (*La Vérité au sujet de la guerre*), dont nous parlerons plus loin (p. 238). En vain. Force nous fut de les faire venir directement d'Allemagne, procédé moins anonyme et par conséquent plus compromettant. Nous avons réussi tout de même à en obtenir une demi-douzaine, sans éveiller les susceptibilités de l'ombrageux pouvoir occupant.

Les *Lois de la Guerre* et le *Tornister-Wörterbuch* sont comme une justification avant la lettre des crimes allemands. D'après ces ouvrages, en effet, toutes les cruautés sont non seulement admissibles, mais méritoires, puisque « les considérations humanitaires, telles que les ménagements relatifs aux personnes et aux biens, ne peuvent faire question que si la nature et le but de la guerre s'en accommodent » [Brochure n° 12, p. 2 (1)], et puisque « la seule véritable humanité réside souvent dans l'emploi dépourvu de ménagements de ces sévérités » [*Ibid.*, p. 3 (2)]. Du reste, rappelons-nous l'un des arguments de l'Allemagne après le torpillage du *Lusitania :* elle s'était donné la peine, disait-elle, de prévenir les passagers du risque qu'ils couraient, et ils n'avaient donc pas à se plaindre d'avoir été torpillés. La Belgique, elle aussi, n'avait-elle pas été prévenue, d'abord par *Les Lois de la guerre,* puis par l'ultimatum allemand du 2 août 1914? Morale commode, et à la portée de tous les criminels qui préparent un mauvais coup! C'est la préméditation invoquée comme circonstance atténuante!

Toutefois l'Allemagne sent bien que ces explications ne suffisent pas à la blanchir entièrement. Aussi cherche-t-elle à se disculper d'autres manières :

a) Les dégâts causés par l'armée allemande sont moins considérables qu'on ne l'a dit;

b) Ce sont les Belges qui ont commencé;

c) L'Allemagne voulait simplement faire des exemples : grâce aux petits massacres et incendies du début, les Belges se sont tenus tranquilles par la suite.

Examinons comment nos prohibés ont répondu à ces « arguments ».

b) *Atténuation des dégâts.*

Il ne leur suffit pas de prétendre que les destructions ont été fortement exagérées. Plus important, en effet, serait-il de faire croire que les détériorations résultent de combats et de bombardements, c'est-à-dire que ce sont des faits de guerre, et non l'effet de la barbarie allemande.

Voici d'abord un exemple typique d'atténuation pure et simple.

---

(1) *Les Lois de la guerre continentale* (publication de la Section historique du grand État-major allemand, 1902), traduites et annotées par Paul CARPENTIER (Paris, 1904), p. 3.

(2) *Ibid.*, p. 7.

Le Gouvernement d'outre-Rhin publie depuis septembre 1914 une brochure mensuelle, éditée en beaucoup de langues, qui est envoyée gratuitement à des centaines de milliers d'exemplaires. L'édition française s'appela d'abord *Diaire de la Guerre*, puis *Journal de la Guerre*. La Belgique n'en a jamais reçu directement, à notre connaissance tout au moins. Mais nous avions bientôt importé des exemplaires hollandais, puis des exemplaires français (destinés à la Suisse). Les articles les plus caractéristiques furent répandus par *La Soupe* (n°ˢ 311 et 326). Voici le début du n° 311 :

Journal de la Guerre.

Depuis le mois de septembre, les Allemands inondent de brochures de propagande l'Amérique, la Hollande, les Pays scandinaves, la Suisse et les autres pays neutres.

La principale de ces publications est mensuelle : elle s'appelle en français *Journal de la Guerre*. Nous la connaissons aussi en allemand et en hollandais ; elle est traduite sans doute en d'autres langues. Chaque fascicule compte de 40 à 72 pages et renferme des renseignements généraux, une chronique de la guerre, des photographies et des dessins, des récits de combats, etc., bref tout ce qui peut influencer l'opinion publique des neutres. Il y a presque chaque fois un article tendant à montrer que l'Allemagne était obligée, pour sa défense personnelle, d'investir la Belgique, que celle-ci avait d'ailleurs violé d'avance sa neutralité, que les Belges méritèrent amplement leur sort par les traitements qu'ils infligèrent aux blessés (yeux crevés, etc.), par les scandaleuses attaques de francs-tireurs... Si les Allemands ont détruit des villes belges, c'est à contre-cœur qu'ils ont dû s'y résoudre ; ils cherchaient plutôt à les sauver. Ainsi dans un article sur le bombardement de la cathédrale de Reims, M. le Dʳ Maximilien Pfeiffer, bibliothécaire de la bibliothèque royale de Bavière, membre correspondant de la Société royale d'Archéologie de Bruxelles, dit textuellement : « En face de ces accusations on doit se rappeler que ce sont des soldats et des officiers allemands qui ont sauvé l'Hôtel de Ville et les trésors d'art à Louvain et à Liége. En Belgique, en général, — des témoins belges l'assurent — ce sont des soldats et officiers allemands qui ont pourvu à ce que les œuvres d'art restent aussi parfaitement conservées qu'elles l'étaient auparavant. » (Fascicule de septembre, p. 17.) Le numéro d'octobre donne d'ailleurs un plan de Louvain, dont voici la légende : « *La Vérité sur Louvain.* Explication : la partie non rayée est intacte. La carte ci-dessus prouve qu'on ne peut pas parler d'une complète destruction de la ville de Louvain. Seules les parties rayées ont été endommagées pendant le combat qui nous a été imposé. »

Un seul point montre combien ce plan est inexact. Tous ceux qui ont

visité Louvain depuis le désastre savent que le Vieux-Marché est entièrement brûlé (¹), sauf le collège des Joséphites et quelques maisons voisines. Or, d'après le plan le Vieux-Marché est absolument intact : les
abords ne sont nulle part rayés. Tout est à l'avenant.

(La Soupe, n° 311.)

Il était trop difficile de reproduire dans La Soupe le plan
de Louvain annexé au numéro d'octobre du Journal de la
Guerre. Nous le donnons ici (pl. X).

Ce plan porte bien d'autres inexactitudes que celles que
signale La Soupe. En voici deux. Aucune distinction n'est
faite entre la partie bâtie du territoire de Louvain et la
partie non bâtie. Ce plan donne l'impression que tout
ce qui est à l'intérieur des boulevards circulaires est garni
de maisons. Or, au moins la moitié de cet espace est
occupée par des cultures maraîchères. La surface incendiée
est donc proportionnellement amoindrie sur le plan allemand.
Puis faisons observer ceci. Pour augmenter l'étendue de ce
qui est resté indemne, le plan marque des pâtés de maisons
intactes, sur la Place du Peuple et sur le Marché au Grain.
Ces pâtés inexistants sont indiqués sur la planche X par de
petits cercles coupés d'une croix (ajoutés par nous). Remarquons enfin que la légende parle de combat ; chacun sait
en Belgique que ce combat a été inventé de toutes pièces par
nos ennemis.

Ce sont surtout les architectes et les artistes allemands
qui ont assumé la tâche de faire croire que les dégâts
sont imputables à des batailles et à des bombardements, ou
bien à des causes fortuites. MM. Clemen, v. Falke, Stübben
et v. Bode se sont distingués dans ce genre de mensonges.
La Soupe a publié en entier la traduction (n° 468) d'une conférence faite par M. Stübben à l'occasion de la fête organisée en
l'honneur de l'architecte allemand Schinkel ; dans son n° 348,
elle avait commenté un passage de la conférence :

La véracité d'un architecte allemand.

M. Stübben, architecte berlinois, est bien connu en Belgique. Il
s'occupe surtout de plans de villes et est l'auteur d'un gros livre sur

---

(1) Voir Comment les Belges résistent..., fig. 20. (Note de J. M.)

l'esthétique des agglomérations urbaines. Il a été échevin, puis bourg-mestre de Cologne, où il a fait le Ring.

En Belgique il fit des projets pour le quartier du port à Bruges, pour les extensions d'Ostende et d'Ixelles, pour l'aménagement de nouveaux quartiers à Louvain ; il dressa les plans des cités balnéaires de Duin-bergen et du Zoute ; il fut consulté sur les transformations à faire subir aux fortifications d'Anvers. Bref la Belgique était son meilleur client.

Il vient de publier dans le *Journal hebdomadaire de l'Union des archi-tectes à Berlin* une conférence jubilaire où il décrit les destructions pro-voquées par la guerre actuelle, et où il expose ensuite la façon d'opérer les reconstructions. Inutile de dire que les architectes allemands ont seuls qualité pour s'occuper de la réédification de nos villes détruites. Cela va de soi : après que leurs soldats ont incendié nos villes, leurs architectes viendront les refaire, dans le goût allemand qu'on peut si bien apprécier à Bruxelles, à la Deutsche Bank de la rue d'Arenberg. On sait d'ailleurs, n'est-ce pas, que des Allemands se sont déjà proposés pour reconstruire Louvain et Malines, et qu'ils ont été éconduits avec tout le respect que commande une pareille délicatesse de sentiments.

Occupons-nous seulement de ce que dit M. Stübben relativement aux destructions des villes en Belgique. Voici un extrait de sa conférence :

La Guerre et l'Architecture (*Krieg und Baukunst*), conférence jubilaire faite par le conseiller intime supérieur d'architecture, docteur-ingénieur Stübben. Dans *Wochenschrift des Architekten-Vereins zu Berlin,* 10ᵉ année, nᵒˢ 14 et 15 (3 et 10 avril 1915).

« ... Pauvre Belgique ! Ton gouvernement était égaré par l'Angleterre ; ta population, embarrassée par sa propre sottise, était ameutée par les fransquillons ; et tu te précipitas dans la ruine. Ton Roi inexpérimenté n'avait pas la clarté de jugement d'un Léopold, ton peuple débandé ne connaissait pas la discipline que donnent l'instruction obligatoire et le service militaire personnel. Sa passion et son excitation devinrent de la sournoiserie. Et voilà que Louvain, Aerschot, Visé et Liége, Termonde et Ypres sont en ruines. A Visé, à Aerschot et à Louvain, c'est la population elle-même qui par sa fureur provoqua l'anéantissement de ses foyers. A Lierre, à Termonde et à Ypres, au contraire, ce fut et c'est encore le violent conflit de l'attaque et de la défense qui sacrifia à la fois les mai-sons et les nobles édifices publics.

« Lierre, bombardée à la fois par amis et par ennemis, lors des terribles batailles du siège d'Anvers, est atrocement dévastée. La belle église gothique tertiaire de Saint-Gommaire, les chapelles de Saint-Pierre et de Saint-Jacques sont fortement endommagées.

« A Termonde, qui pendant ces mêmes combats fut bombardée neuf fois par les Allemands et par les Belges, les trois quarts des habitations sont détruites, ainsi que l'Hôtel de Ville.

« Ypres, la pittoresque ville de la Flandre occidentale, une églantine assoupie, a été terriblement éprouvée ; depuis des mois elle est le point de mire de puissants canons. Son sort final est entre les mains de Dieu. La vénérable Halle aux draps avec ses merveilleuses fresques, le haut beffroi, l'Hôtel de Ville connu sous le nom de Nieuwwerk, la cathédrale et le musée, sont, pour autant qu'on le sache, démolis ou tout au moins détériorés... et le malheur s'étend chaque jour.

« Des batailles meurtrières ont fortement endommagé Dinant et Malines, Dixmude (où le célèbre jubé de l'église Saint-Nicolas fut réduit en cendres), Furnes et Nieuport. Ce qui existe encore des trois dernières localités citées, et ce qui en restera finalement, n'est pas connu, mais ce ne sera sans doute pas grand'chose... »

*
* *

Voyons ce qu'il y a de vrai dans les assertions de M. Stübben.

Visé. — Brûlé le 15-16 août 1914, parce qu'un commandant allemand avait été tué sur la place de la Station. Les soldats, d'ailleurs ivres, ne se sont pas donné la peine de rechercher par qui l'officier avait été atteint : ils ont brûlé l'église, la maison communale, les écoles et 575 maisons, c'est-à-dire presque tout Visé, sauf les faubourgs (Devant-le-Pont et Souvré). Les maisons non brûlées de Visé et des faubourgs ont été consciencieusement pillées. Une quarantaine d'habitants furent fusillés, le 4 et le 16 août.

Aerschot. — Incendié le 19 août. L'incendie et le massacre furent ordonnés par le général Jacobi parce que le général Stenger avait été tué sur le balcon du bourgmestre. Les Allemands accusèrent le fils du bourgmestre, un enfant inoffensif; il est démontré maintenant que le coup de fusil a été tiré par un soldat polonais. Le feu fut mis à l'église, mais elle ne brûla pas. L'Hôtel de Ville et 386 maisons furent incendiés; 151 civils furent fusillés. Toutes les maisons non brûlées ont été saccagées; on a retrouvé partout les traces d'ivrognerie.

Louvain. — Incendié surtout le 25-26 août; le prétexte fut que les habitants avaient tiré sur les soldats; en vérité, les Allemands avaient tiré les uns sur les autres. 1.120 maisons furent détruites; 500 fortement endommagées. Beaucoup de monuments ont été brûlés. Au moins 150 civils furent tués.

Dans les faubourgs de Louvain :

129 maisons furent incendiées à Corbeek-Loo.
312 —   —   à Herent.
95   —   —   à Heverlé.
461 —   —   à Kessel-Loo.
57   —   —   à Winxele.

Toutes les maisons non brûlées ont été pillées.

Lierre. — La ville fut bombardée à diverses reprises, surtout par les Allemands, entre le 28 septembre et le 4 octobre. Le nombre des maisons qui ont souffert du bombardement est de 753; mais le dommage est en général facilement réparable. L'église Saint-Gommaire, l'église des Jésuites, plusieurs chapelles, l'école normale de l'État, l'école moyenne de l'État, l'Académie de dessin et 659 maisons ont été brûlées complètement, entre le 8 et le 10 octobre, alors que tous les habitants avaient fui et qu'il n'y avait plus aucun combat dans les environs. Toutes les maisons non brûlées ont été pillées.

Termonde. — La ville a été bombardée, mais ce ne sont pas les dégâts causés par les obus qui sont les plus graves : ils n'intéressent que les maisons et les fabriques situées contre la Porte d'Eau, tout près de l'Escaut. Les dommages les plus importants ont été causés par l'incendie intentionnel, allumé le 5 septembre, après la retraite des troupes belges. L'Hôtel de Ville, plusieurs églises, des écoles, presque toutes les usines, l'hôpital et environ 1.300 maisons sont réduits en cendres. On peut encore voir en certains points de quelle manière les troupes allemandes préparaient les maisons pour y mettre plus facilement le feu.

Dans le faubourg de Saint-Gilles, l'église, la maison communale et 152 maisons ont été entièrement détruites par le feu, 250 maisons sont fortement endommagées, dont quelques-unes, peu nombreuses, par le bombardement.

Ypres, Nieuport, Furnes, Dixmude, ont été bombardés par les Allemands. L'église de Dixmude possédait un jubé dont M. Stübben lui-même disait récemment que s'il était anéanti ce serait une perte irréparable (*Die Bauwelt*, 14 janvier 1915, p. 15). Or ce jubé fameux avait résisté par miracle au bombardement, mais il succomba à la visite que lui firent, à coups de crosse de fusil, les soldats allemands qui prirent la ville (*Le Petit Parisien*, 17 décembre 1914).

Dinant. — N'a jamais été bombardé, mais incendié le 23 et le 24 août par les Allemands, qui ne donnèrent même pas de prétexte. La collégiale et plusieurs autres églises sont ou bien détériorées par le feu ou bien brûlées complètement.

L'Hôtel de Ville, des écoles et 1.263 maisons sont brûlés. Tout a été pillé. Plus de 700 habitants ont été fusillés.

Malines. — Pas une bombe belge n'a touché la ville, mais quelques-unes sont tombées dans les faubourgs. Malines fut bombardé pour la dernière fois le 27 septembre 1914 par les batteries allemandes établies à Hofstade. Ce qui prouve à tout évidence que le bombardement de Malines a été opéré par les Allemands, et non par les Belges, c'est que partout où l'on peut localiser avec précision le sens du bombardement, par exemple sur la cathédrale de Saint-Rombaut, on constate que les dégâts siègent uniquement du côté du sud et de l'est. Le 27 et le 28 septembre tous les habitants s'enfuirent. A ce moment la place des Bailles de Fer était encore intacte, sauf quelques toits troués par les obus et facilement réparables. Mais entre le 28 septembre et le 10 octobre les Allemands pillèrent à fond toute la ville. En même temps ils mirent le feu à plusieurs quartiers : place des Bailles, rue Léopold, et l'hôtel Busleyden avec ses environs. Il y a à Malines 358 maisons entièrement détruites, 216 à moitié détruites, 401 gravement endommagées.

*
* *

On voit donc que, sauf en Flandre occidentale, ce n'est pas le bombardement mais l'incendie volontaire qui a commis le plus de dégâts. M. le conseiller intime supérieur d'architecture, docteur-ingénieur Stübben, se trompe par conséquent. Nous admettons provisoirement qu'il a été induit en erreur, tout comme les 93 intellectuels : ceux-ci assurent en effet que jamais les troupes allemandes n'ont touché à la personne ou aux biens des Belges sans y être forcés par la plus amère nécessité. Il est sans doute convaincu, lui aussi, que c'est sous l'empire de la nécessité que les Allemands ont mis le feu en vingt et un endroits à l'église Saint-Pierre à Louvain, et qu'ils ont fusillé le R. P. Dupierreux, dans la poche duquel on avait trouvé un carnet avec des réflexions simplement désobligeantes pour les Allemands.

Heureusement M. Stübben est venu en Belgique depuis qu'il a écrit sa conférence. Il a visité notamment Louvain où il a eu l'occasion de se renseigner *de visu*. Il a sans doute été dans d'autres villes ruinées. Aussi pouvons-nous nous attendre à lire prochainement un article où M. le conseiller intime supérieur d'architecture, docteur-ingénieur, reconnaîtra qu'il a été trompé, et où il dira la vérité aux 93.

(La Soupe, n° 348.)

Du reste, pour permettre à chacun de juger de l'étendue des crimes allemands en Belgique, *La Soupe* a donné, dans ses n°ˢ 354 et 380, des tableaux qui ont été reproduits par le deuxième volume des Rapports de la Commission d'enquête belge, tableaux donnant pour chaque commune du Brabant le nombre de maisons incendiées, celui des maisons pillées, celui des civils tués et celui des civils envoyés comme prisonniers civils en Allemagne (n° 354); la statistique des maisons incendiées ou démolies des provinces d'Anvers, de Liége et de Namur (n° 380).

c) *Accusations contre la population civile de Belgique.*

Il est malheureusement vrai, disent les Allemands, que nous avons dû sévir contre les villes et les villages de Belgique, mais c'est parce que les habitants étaient des francs-tireurs et commettaient contre nos troupes les pires atrocités.

Sur quoi les Allemands basent-ils leurs affirmations? Sur

des enquêtes conduites par eux-mêmes. Dans le seul résultat d'enquête publié officiellement, le *Livre Blanc* qui a paru en mai 1915, ne figurent pour ainsi dire que des témoignages de militaires allemands. Le *Livre Blanc* a été commenté par *La Libre Belgique* :

Le « Livre Blanc ».

Le Gouvernement de Berlin a enfin livré au jugement du monde contemporain, de la postérité et de l'histoire le fameux *Livre Blanc* qui doit le justifier des crimes commis par ses armées en Belgique. Nous devons convenir que ce document est remarquable. Il est très fort au moins en ce sens que la mauvaise foi et la maladresse teutonnes y ont réalisé le tour impossible de se surpasser elles-mêmes. Certes, aucun de ceux qui ont appris à connaître la chancellerie de la Wilhelmstrasse n'en attendait dans le cas présent rien d'habile ni d'honnête. L'État-major allemand, ayant à répondre des atrocités commises avec son approbation et par ses ordres, se trouve dans un cas qui n'est pas plus excusable qu'il n'est niable. On savait d'avance que les plumitifs officiels qui ont accepté la mission de blanchir ce nègre n'y épargneraient pas les ressources propres de leur malpropre industrie. Ils ont donné assez de preuves de l'aplomb impudent qui leur permet de contester l'évidence, de dénaturer les faits les plus notoires et d'affirmer, la main sur le cœur, que deux et deux font cinq ou tout au moins quatre et demi. Néanmoins, il y a des bornes à tout, et il y en a notamment à ce qu'il est possible d'affirmer avec quelque chance d'être cru. On pouvait donc s'attendre à voir filtrer, à travers les mensonges et les dénégations cyniques du *Livre Blanc*, quelques aveux inspirés non point par la probité ou par le remords, mais par la nécessité de garder au moins une ombre de vraisemblance.

Il n'y en a pas. Le Gouvernement de Berlin ne se repent de rien, il ne regrette rien, il n'a rien à se reprocher. Il se présente devant le monde civilisé avec le calme de l'innocence ou plutôt avec la tranquille impudeur d'un Canaque. Le maître a voulu que le *Livre Blanc* ne fût que le commentaire de la célèbre dépêche, où il soulageait les affres de son cœur saignant des inévitables rigueurs qu'il ne lui avait pas été permis de tempérer.

Et, pour lui complaire, les scribes de sa chancellerie se sont mis à triturer la vérité, aussi servilement que les généraux auxquels il commande une opération insensée envoient des Polonais ou des Bavarois à la boucherie. Donc il n'y a pas eu d'atrocités allemandes en Belgique. Les troupes de S. M. Impériale et Royale y sont entrées animées des meilleures intentions et pourvues des instructions les plus pacifiques. Si elles y ont un peu pillé, un peu incendié, un peu mitraillé, si elles ont expédié quelques milliers d'habitants en Allemagne ou dans l'autre monde, c'est qu'elles y ont été forcées de se protéger contre des francs-tireurs des deux sexes et de tous les âges, de trois semaines à quatre-vingt-dix ans.

Voilà ce que le *Livre Blanc* nous révèle, ce que l'Agence Wolff répète et ce que le monde civilisé est prié de croire.

Sérieusement, se promettent-ils en Allemagne qu'il le croira? Nous mettons à part celui qui a commandé la manœuvre et à qui nulle expérience ne persuadera jamais qu'une idée sortie de sa tête puisse ne pas être géniale. Mais les autres, ceux qui ont encore à compter avec la réalité, avec les faits et avec le sens commun, qu'en pensent-ils, s'ils ont seulement un peu de prévoyance ou de mémoire?

Au fait, nous sommes bien simples de nous demander ce qu'ils en pensent. Cela n'a aucune importance, aucune absolument. Le reste du monde a maintenant son opinion faite par les soins des Teutons euxmêmes. Venant quelques semaines plus tôt, le *Livre Blanc* aurait encore pu en imposer à quelques âmes honnêtes, à qui les horreurs imputées aux armées de la « Kultur » paraissaient dépasser toutes les bornes de la vraisemblance. Mais la chancellerie teutonne n'est pas plus expéditive que la stratégie teutonne ne l'aura été pour passer l'Yser. On a plus tôt fait de brûler une ville et de massacrer une population que de trouver une explication congruente de ces exploits. Pendant que les rédacteurs du *Livre Blanc* s'escrimaient sur ce thème impossible, la « Kultur » des armées de terre et de mer de S. M. Impériale et Royale continuait de faire des siennes. Ses pirates coulaient le *Lusitania :* l'Amirauté, l'Agence Wolff, toute la presse allemande, tout le peuple allemand, saluaient par des cris de joie féroces la mort de 1.5oo. victimes innocentes, sans même paraître comprendre, les sots ! que, du même coup, ils faisaient la preuve des atrocités commises par leur armée, de la préméditation froide qui les avait préparées et de l'assentiment moral qu'elles avaient rencontré dans la masse de la nation allemande.

Venant là-dessus, le *Livre Blanc* n'est plus qu'un nouveau trait de la démence furieuse qui entraîne à l'abîme l'empire des Hohenzollern. Soyons sans crainte sur le genre de succès qu'il rencontrera.

Pour nous, Belges, c'est assurément une épreuve cruelle que d'assister garrottés et bâillonnés aux simagrées hypocrites de l'ennemi, qui profite de son omnipotence d'un jour pour chercher à déshonorer notre malheureuse patrie après l'avoir dévastée, ruinée et ensanglantée. Mais cette épreuve est aussi de celles dont il faut savoir tirer profit. Et volontiers nous dirions à nos compatriotes : lisez, faites lire et répandez le *Livre Blanc.* Il n'y a pas de meilleur moyen pour propager et enraciner partout le *mépris* de la domination que nous subissons. Il y a encore chez nous des esprits timides ou accessibles à la suggestion qui croient les nouvelles allemandes, qui s'effraient des affiches allemandes et qui prennent au sérieux les communiqués allemands. Rien ne les en guérira mieux que la lecture de ce *factum* qui, pour toutes les consciences belges, sue le mensonge par toutes les lignes. Et si, au début au moins, l'organisation de

nos ennemis a pu nous donner une inquiétante impression de leur force,
le *Livre Blanc* nous donnera à toutes les pages la preuve de leur perfidie
et celle de leur stupidité.

C'est faire œuvre de patriotisme que de coopérer largement à la diffusion de cette preuve.

(*La Libre Belgique*, n° 31, juin 1915, p. 2, col. 2.)

Au printemps de 1916 a paru en Belgique un livre
clandestin : *L'Armée allemande à Louvain et le* Livre Blanc
— *Traduction et réfutation de la partie du* Livre Blanc
relative au sac de Louvain (¹). Cet ouvrage reprend une
à une toutes les dépositions et les réfute en les opposant
les unes aux autres ou en montrant leur contradiction avec
des faits que le premier venu peut constater à Louvain
(pl. IX).

Le *Livre Blanc* ne reproduit guère, disions-nous, que des
dépositions allemandes. Pourtant l'autorité occupante fait aussi
en Belgique des enquêtes où des Belges sont entendus. Comment fonctionnent ces enquêtes, quelques articles clandestins
nous le diront :

Comment ils font les enquêtes.

Le journal catholique hollandais, *De Tijd*, rapporte que le cardinal
Mercier avait demandé, dans le courant de janvier, qu'une enquête officielle impartiale fût ouverte sur l'accusation formulée contre des prêtres
d'avoir tiré contre les Allemands. Une commission d'officiers a interrogé
les Flamands et les Wallons au sujet des actes des francs-tireurs ; elle a
dressé les procès-verbaux de dépositions en allemand, alors que les
témoins ne connaissent pas un traître mot de cette langue, et a obligé ces
derniers à les signer.

Mgr Ladeuze, principal de l'École supérieure de Louvain, interrogé sur
le point de savoir si des femmes avaient été maltraitées à Louvain, répondit que dans les faubourgs il avait été témoin d'actes de violences
commis par des soldats. On l'arrêta aussitôt : « Vous sortez de la question, il s'agit de Louvain et pas des faubourgs. » Et la réponse de
Mgr Ladeuze ne fut pas portée au procès-verbal.

Poursuivant, Mgr Ladeuze déclara :

— De ma maison, le jour de la destruction de Louvain, je vis deux
soldats qui faisaient feu contre l'Institut Arenberg.

— Avez-vous réellement vu ?

---

(1) Ce volume va être réimprimé par les soins du Gouvernement belge.

— J'ai vu de mes yeux et j'avais à mes côtés un de mes adjoints.

— Eh bien, dit un officier, membre de la commission, cela n'avait aucune importance.

Et l'incident ne figure pas dans la déposition.

(*La Libre Belgique,* nº 17, avril 1915, p. 3, col. 1.)

Il y a des juges à Berlin !!!

Les feuilles à la solde de l'Agence Wolff nous apprennent que le Gouvernement impérial publiera prochainement un *Livre Blanc* sur les affaires de Louvain, Malines, Dinant et autres lieux, qui ont spécialement joui des lumières enflammantes de la « Kultur » teutonne. L'Agence Wolff ne dit pas encore aujourd'hui, mais elle dira demain que ce *Livre Blanc* est tout ce que l'on aura jamais pu écrire de plus impartial, de plus sincère, de plus objectif, de plus consciencieux et de plus irréfutable. Nous n'avons pas besoin d'en avoir lu une seule ligne pour annoncer que ce livre nous montrera quelque chose de plus blanc que sa couverture : ce sera l'âme candide et innocente de ces bons Teutons faussement accusés d'avoir mis en Belgique tant de villes et de villages dans l'état où on les voit aujourd'hui, et d'y avoir supprimé tant d'habitants qu'on n'en voit plus. Erreur, mensonge et calomnie ! Tout ce qu'on en a dit est de pure invention : le *Livre Blanc* le prouve et l'Agence Wolff répétera aux quatre vents du ciel que la preuve est aussi décisive que les victoires de l'armée allemande en Flandre, et particulièrement à l'Yser, d'après les bulletins du grand État-major. Sur le papier cela va toujours et, comme dit le proverbe : quand on prend du galon, on n'en saurait trop prendre.

En attendant qu'il nous soit donné de contempler la « Kultur » allemande dans sa robe d'innocence en papier blanc, voici un petit exemple de la simplicité ingénue avec laquelle procèdent les enquêteurs qui opèrent pour la chancellerie impériale (département des mensonges internationaux). Quand le moment sera venu, on mettra les noms propres à cette histoire.

Durant la première période de l'invasion, les habitants du village de X... sont emmenés par les gens de la « Kultur » sur le territoire de la commune de Z... où ils sont fusillés. Ce fait-divers ayant attiré l'attention des indiscrets, les préposés au blanchissage de la « Kultur » se transportent sur les lieux illustrés par les soldats de ladite « Kultur ». Enquête, interrogatoire des témoins, procès-verbal, le tout se passe dans les formes protocolaires, avec une correction impeccable. Les survivants du drame prêtent serment, parlent suivant leur conscience et signent leurs dépositions. La « Kultur » sort de là blanche comme neige. Au bourgmestre de X..., les enquêteurs demandent d'attester que personne n'a été fusillé sur le territoire de sa commune : la chose est vraie et le mayeur de X... est forcé d'en convenir. On ne lui pose pas d'autre question et le brave homme n'a pas l'occasion d'ajouter que ses administrés emmenés à Z... n'en sont jamais revenus et pour cause. Personne n'a été fusillé à X... Et d'un ! Maintenant c'est le tour du bourgmestre de Z... « Quelqu'un de Z... a-t-il été fusillé ? — Personne. » Il n'y a rien à redire, c'est l'exacte vérité. L'interrogatoire s'arrête là, le procès-verbal *idem*, et la « Kultur », lavée à blanc, réapparaît reluisante et immaculée.

Il y avait autrefois des juges à Berlin ; il n'y en a plus. Il n'y reste que des robins dignes de la cause qu'ils croient servir. La chancellerie impériale et l'Agence Wolff ont les pourvoyeurs qui leur conviennent. Mais il reste dans le monde des gens qui savent lire et ceux que le *Livre Blanc* aura un moment égarés ouvriront de grands yeux quand on pourra le leur commenter.

(La Libre Belgique, n° 24, mai 1915, p. 1, col. 2.)

Ce que le « Livre Blanc » ne dira pas
ou ce que les journaux muselés ne publieront pas.

Après la déposition du journaliste américain Fox, innocentant les Allemands, voici des témoignages de Belges. Faut-il croire que, pris de remords au souvenir des 526 civils massacrés le 22 août à Tamines, — uniquement pour venger la mort d'un grand nombre des leurs fauchés dans ce village par les mitrailleuses françaises (¹), — les *Gott mit uns* ont tenu à se laver, devant l'Europe civilisée, de ce forfait particulièrement odieux ?

Toujours est-il qu'à Tamines ils circulent de maison en maison à l'effet de recueillir des témoignages à décharge. Le revolver sous le nez les Taminiens sont priés de signer un papier comme quoi ce sont les Français qui ont mitraillé leurs concitoyens. A Jemappes, ils ont déjà usé d'un procédé analogue, en vue de faire déclarer par les habitants que c'étaient les Anglais qui ont brûlé leurs maisons.

Le revolver est persuasif de sa nature. Il l'emporte de beaucoup sur toute figure de rhétorique. Si Quintilien l'avait connu, il l'aurait placé au premier rang des moyens oratoires. Les Prussiens, gens avisés, se sont révélés supérieurs à Quintilien. Évidemment, un témoignage obtenu par cet engin n'a qu'une valeur relative ; mais les Boches ne sont pas si regardants. Ils envoient donc leurs procès-verbaux d'enquête au revolver, *Comptoir du mensonge,* Wilhelmstrasse, à Berlin.

Là, le maître en truquage, Herr Otto Hammann, procède au dépouillement et expédie à ses reptiles et aux nations neutres des communiqués dans ce genre-ci :

« Entre autres crimes dont les Belges accusent notre brave armée,

---

(1) On sait que les soldats allemands hésitèrent à tirer sur les malheureux civils, qu'ils savaient innocents. Mais l'officier, après les avoir sévèrement admonestés, manœuvra lui-même la mitrailleuse. A la conclusion de la paix, les Alliés se feront livrer ce chef de bandits, dont le nom est connu.

nous citerons les mitraillades de Tamines et les incendies de Jemappes. Or, ces atrocités sont le fait des Français, d'une part, et des Anglais, de l'autre. Témoins les attestations suivantes, émanant de personnes honorables de ces deux localités, recueillies sous la foi du serment, qui vengent une fois de plus nos soldats des légendes calomnieuses (*verleumderische Märchen*), comme dit le Freiherr von Bissing, répandues sur leur compte. Nous tenons ces signatures à la disposition de quiconque voudra les contrôler, car nous, hommes de la « Kultur », nous agissons au grand soleil. »

Ah ! Mᵍʳ Mercier avait bien raison de dire : Refusez toute estime à ces gens-là.

(La Libre Belgique, n° 25, mai 1915, p. 4, col. 1.)

Aucune des dépositions relatées ci-dessus n'a été publiée, que nous sachions. Par contre, en voici deux qui ont été reproduites par nos ennemis.

Dans le n° 2 des feuillets de propagande émanant du *Bureau des deutschen Handelstages* (voir p. 43) figurent les lignes suivantes reproduites par *La Soupe* dans son n° 303, qui est consacré à la propagande allemande en Belgique :

La propagande allemande en Belgique.

Louvain. — Un télégramme du Gouvernement belge au Gouvernement anglais s'exprime en ces termes : « Un corps d'armée allemand s'est retiré en fuite sur Louvain. La garnison allemande de cette dernière ville, incertaine sur cette affluence de fuyards, les a pris pour des Belges et a ouvert le feu sur ses propres compatriotes. Mais afin de pallier leur erreur, les troupes de la garnison ont prétendu que la fusillade ainsi engagée provenait du fait des habitants. » Un récit aussi insensé ne saurait trouver accueil auprès de toute personne impartiale. La vérité est que les autorités belges avaient organisé le soulèvement populaire, installé des dépôts d'armes, chaque fusil portant le nom de l'habitant auquel il était destiné. Louvain s'était rendu, la population semblait garder une attitude paisible. Elle fit concorder une attaque criminelle dans les rues avec une sortie de la garnison d'Anvers. De toutes les fenêtres, de tous les toits, la fusillade fut engagée, même avec des mitrailleuses que servaient des étudiants. Il fallut vingt-quatre heures avant que le feu ne fût complètement éteint.

Témoignage des Pères dominicains belges (*Kölnische Volkszeitung*) :

« Dans l'après-midi du 25 août, à 5 heures, arrivèrent de nouvelles troupes allemandes, qui furent logées dans la ville comme les précédentes, lesquelles avaient quitté Louvain. Bientôt après, le bruit circula que les Anglais et les Français marchaient sur la ville de deux côtés. On entendit en même temps une canonnade et une fusillade. Quelques coups de feu isolés furent déjà tirés des maisons sur les soldats, et en conséquence, ceux-ci se trouvaient rassemblés sous les armes à 7ʰ3o du soir. Les citoyens commencèrent alors à tirer en grand nombre des maisons sur les Allemands. Ceux-ci ripostèrent par une fusillade et le feu des mitrailleuses. Le combat se prolongea toute la nuit. Déjà des maisons étaient en flammes, principalement dans la rue de la gare. Chaque individu se montrant à la fenêtre servait immédiatement de cible aux coups de feu. On se saisit de nouveau des otages pour les conduire à l'Hôtel de Ville. Parmi eux se trouvaient Mᵍʳ Coenraets, vice-recteur de l'Université, le sous-prieur des Dominicains et encore deux prêtres. De l'Hôtel de Ville, ces otages furent conduits sous escorte par les rues de la ville, afin d'exhorter les habitants au calme, par des discours en français et en flamand, aux différents carrefours. Cela dura jusqu'à 4 heures du matin, et pendant ce temps le feu continua à être dirigé des maisons. Les soldats y répondaient et les incendies augmentèrent. Le mercredi à midi, les otages furent conduits de nouveau par les rues, annonçant dans les deux langues qu'ils allaient être eux-mêmes fusillés, si la résistance ne cessait pas. Vains efforts, le feu ne fut même pas interrompu pendant cette promenade, et même on tira sur les soldats qui accompagnaient les otages, ainsi que sur le médecin. Ces scènes honteuses se prolongèrent pendant toute la nuit jusqu'au jeudi. »

Le magnifique Hôtel de Ville fut épargné par les troupes allemandes ; de même, dans la mesure du possible, l'église Saint-Pierre, bien qu'on y eût trouvé un dépôt d'armes. Seule, la toiture de cette église a été endommagée. Th. Wolff écrit dans le *Berliner Tageblatt :* « Impossible de garantir une sûreté complète, si l'autel de Van Dyck sert à cacher des assassins. »

(La Soupe, n° 3o3.)

L'autre témoignage publié se rapporte également à Louvain. Nous l'avons connu par une brochure de propagande : *Die Wahrheit über den Krieg* (*La Vérité au sujet de la guerre*). La soi-disant déclaration de Mᵍʳ Coenraets a été reproduite par *La Soupe,* qui y a ajouté le démenti formel de l'intéressé :

La sincérité allemande.

Les Allemands ont fait grand bruit autour d'une prétendue déposition faite par Mᵍʳ Coenraets, vice-recteur de l'Université de Louvain, qui fut otage à Louvain.

Voici le récit que lui attribuent les Allemands. Il est traduit de *Die Wahrheit über den Krieg* (*La Vérité au sujet de la guerre*) (E. S. Mittler und Sohn, Berlin, 1914. 2ᵉ édition, 20 sept. 1914, p. 66).

« Quand j'entrai en fonctions le 25 août, l'après-midi, on commença à tirer formidablement sur les troupes allemandes. Ce n'étaient pas des troupes régulières qui tiraient puisqu'il n'y avait plus de soldats belges à Louvain.

« Comme nous étions perplexes et effrayés dans la chambre, un officier supérieur allemand entra, nous déclarant qu'une conjuration avait dû être préparée. Quand vers le soir le tir cessa, nous nous promenâmes rue de la Station pour recommander le calme aux habitants. Le père Dillon parla en flamand, le sénateur Orban de Xivry en français. Nous retournâmes alors à l'Hôtel de Ville et allâmes nous coucher.

« Le lendemain matin on nous conduisit à la gare pour nous loger dans des wagons de chemin de fer. Dans la salle d'attente les officiers allemands préparaient une proclamation qui devait être lue en ville, voici ce qu'elle disait :

« Nous avons de vous des otages. Si un seul coup est encore tiré, nous « les fusillons. La ville sera punie et nous exigerons une contribution de « 20 millions de francs. »

« Nous avons parcouru la ville avec cette proclamation. Le père Dillon l'a lue quarante à cinquante fois; à côté de nous deux officiers tenaient leur revolver sur nous, prêts à tirer. Vingt fantassins allemands suivaient, des sœurs de charité se joignirent au cortège.

« Des femmes, des enfants, des hommes pleuraient autour de nous, levant les bras et criant qu'ils feraient tout pour nous sauver de la mort. Pendant que nous lisions la proclamation au coin de la rue Frédéric Lints des coups furent de nouveau tirés sur les Allemands. Nous avons ainsi parcouru les rues pendant cinq heures en lisant la proclamation.

« Puis je demandai de pouvoir aller à la maison, le temps de mes fonctions étant écoulé. Un médecin-major allemand, le Dr Berghausen, de Cologne, s'offrit généreusement à me reconduire. C'est à lui que je dois la vie.

« Nous étions déjà arrivés rue Léopold, quand un coup éclata de la rue Marché-aux-Grains. Aussitôt des soldats allemands s'apprêtent de l'autre côté à tirer sur moi. Mon compagnon se précipite devant moi, me couvre de son corps, et je suis sauvé. »

UN DÉMENTI DE Mgr COENRAETS

La Métropole (paraissant à Londres) du 8 avril 1915 :

Il est bon que nous mettions sous les yeux de nos lecteurs la lettre que le vice-recteur de l'Université de Louvain a adressée au *Tijd* en réponse à l'accusation allemande au sujet de prétendus francs-tireurs :

« Je vous autorise à publier ce qui suit : Jamais je n'ai fait un récit à la *Rheinisch-Westfälische Zeitung;* on ne me l'a jamais demandé; je n'ai jamais vu aucun reporter de ce journal et — faut-il l'ajouter? — je n'ai jamais rien dit de ce qu'on ose écrire dans cette feuille.

« Il y a quelques mois, d'autres journaux ont publié des informations de ce genre. J'ai fait alors insérer dans des journaux belges et hollandais le démenti suivant :

« Des journaux induisent leurs lecteurs en erreur en disant que, suivant mon témoignage, des civils de Louvain auraient tiré sur des soldats allemands. Vous me permettrez à ce propos de déclarer publiquement et avec énergie par la présente que j'ignore totalement de qui venaient les premiers coups de feu, que j'entendis de loin seulement et qui n'étaient certainement pas dirigés sur les soldats qui m'accompagnaient. Je n'ai aucune connaissance d'un seul coup de fusil tiré par un seul civil de Louvain. »

(s) E. COENRAETS,

(*La Soupe*, n°. 287.)   *Vice-Recteur.*

A côté des enquêtes officielles, il y a eu en Belgique des instructions ouvertes par des délégués ecclésiastiques. Les deux plus connues ont été faites par l'Association de prêtres rhénans, *Pax*, et par l'Association sacerdotale de Vienne.

M. Julius Bachem, directeur du principal journal catholique de l'ouest de l'Allemagne, *Kölnische Volkszeitung*, exposa le résultat de l'enquête *Pax* dans un travail sur la situation religieuse en Belgique. Voici le début d'un article de *La Libre Belgique* :

Lettre ouverte à quelques « Kulturés ».

Vous vous êtes ingéniés, Messieurs de la « Kultur », à condenser dans le tome d'avril de la *Süddeutsche Monatshefte*, tout ce qu'en deux cents pages on peut mettre d'inexactitudes, de mensonges et d'injures au sujet de la Belgique et des Belges. Permettez-nous cependant de trouver dans ce fumier une perle : l'aveu de Herr Doctor Julius Bachem de Cologne. Vous démontrez longuement, Herr Doctor (p. 31 et suiv.), qu'il n'y a jamais eu de francs-tireurs parmi les prêtres belges, contrairement aux affirmations des journaux officieux comme la *Frankfurter Zeitung*. Vous concluez (p. 36) que toutes les accusations répandues « sont absolument fausses, produites par une imagination en 'délire ». Ainsi donc, Herr Doctor, votre *Kaiser mentait*, quand il écrivait au président Wilson cette lettre, monument de cynisme impérial, qui affirmait que « les femmes, enfants et prêtres » massacraient ses soldats. Vous ne démentez qu'en ce qui concerne le clergé, mais convenez, Herr Doctor, que les pauvres innocents qui s'appellent Marcel Bovy (âgé de cinq ans), Edmond Gustin (trois ans), Joseph Dupont (huit ans), Félix Fivet (*trois semaines*), Claire Stuvay (deux ans et demi), Jean Rodrigue (six mois), etc., et qui figurent sur la liste officielle, établie sous le contrôle allemand, des 594 Dinantais massacrés, — avouez que ces petits martyrs ne pouvaient être des francs-

tireurs. Sans doute, Herr Doctor (p. 33), « la masse entière du peuple
belge est animée de sentiments peu amicaux pour l'Allemagne » ; sans
doute (p. 37), « la haine pour les Allemands domine tout ». Mais vous
vous trompez grossièrement en ajoutant que ces sentiments changeront
avec le temps. Non, sept millions de fois non ! Ayant semé la haine, vous
récolterez la haine — une haine vigoureuse qui ne désarmera jamais,
parce qu'elle ne procède pas seulement de l'amour des siens, mais aussi
du mépris brûlant que tout honnête homme doit éprouver pour votre
race de bandits, dont le chef, vous le démontrez admirablement, Herr
Doctor Julius Bachem, non content d'assassiner, se fait un piédestal des
cadavres de ses victimes pour mieux les insulter...

(La Libre Belgique, n° 26, juin 1915, p. 4, col. 1.)

Au sujet de l'enquête ouverte par l'Association sacerdotale
de Vienne, *La Libre Belgique* reproduit en son n° 51 (novembre 1915) les conclusions du rapport bien connu du
T. R. M. Aloijsius van den Bergh, Hollandais d'origine,
mais naturalisé autrichien (¹).

Nous avons dit plus haut un mot d'une enquête dont les
résultats ont fait l'objet du livre intitulé *La Presse allemande et
le Catholicisme* (p. 39). Une autre enquête, par des Alliés de la
Belgique, fut faite à Londres sous la présidence du vicomte
Bryce. Les autorités allemandes récusent naturellement ses
témoignages.

Les audaces du chancelier.

Dans son dernier discours au Reichstag, M. von Bethmann-Hollweg a
osé parler en ces termes des atrocités commises en août et en septembre
1914 à Louvain, Dinant, Andenne, Tamines, Aerschot, etc., par les
soldats et les officiers de la « Kultur » :

« Le Gouvernement britannique ose publier un document contenant des
dépositions de témoins, dont il ne fournit pas les noms, relativement *aux
prétendues cruautés* commises en Belgique, *cruautés si monstrueuses
qu'il n'y a que des cerveaux de fous qui puissent y ajouter foi.* »

Le plus éminent des hommes d'État modernes, d'après le professeur
berlinois Lasson, a encore effrontément menti en prononçant les paroles
ci-dessus.

Comme chef du service administratif politique de l'Empire, il a eu
certainement connaissance des enquêtes faites par les Allemands eux-
mêmes en Belgique, depuis que les faits odieux reprochés aux Allemands
se sont passés. Entre autres enquêtes, il y en eut une, faite en novembre

----

(1) Voir *Cahiers documentaires,* 31, 32, 35, 36.

1914, sur les lieux à Louvain, par M. von Bissing lui-même, et où le gouverneur général de Belgique fut piloté longuement par le professeur Nerinckx, le dévoué faisant fonction de bourgmestre louvaniste.

Des témoins nombreux ont assisté à distance aux pourparlers de M. von Bissing et de M. Nerinckx, et ont pu voir que le gouverneur temporaire de la Belgique ne paraissait nullement fier des agissements des détracteurs de la cité universitaire.

D'autres personnages importants ont également passé par Louvain depuis dix mois. Le chancelier n'a pu ignorer l'impression qu'ils ont ressentie et les rapports qu'ils ont faits de leur visite. Il doit donc être bien convaincu de la réalité des horreurs commises par l'armée envahissante ; elles dépassent, en effet, ce que peut concevoir un cerveau bien équilibré. Sous ce rapport, M. von Bethmann n'a pas exagéré la vérité. Mais il nie ces horreurs dans l'intérêt de la Grande Allemagne. Comme il l'a proclamé lui-même, au 4 août 1914, dans une séance à jamais historique : « Nécessité ne connaît pas de loi. Quand on lutte pour un bien suprême, *on s'arrange comme on peut.* »

M. le chancelier reste fidèle à ses principes. Cela lui est très facile, puisque ces principes sont d'une élasticité vraiment idéale. Ils sont l'élasticité même.

HELBÉ.

(*La Libre Belgique,* n° 29, juin 1915, p. 1, col. 1.)

Résumons. Les témoignages belges produits devant les commissions allemandes officielles sont soit écartés, soit falsifiés ; les témoignages produits devant des commissions non officielles, allemandes ou autrichiennes, sont passés sous silence par l'autorité ; les témoignages recueillis par les Alliés sont déclarés apocryphes. Que nous restait-il à faire ? Provoquer une enquête dont les résultats ne pussent être révoqués par personne, c'est-à-dire une enquête poursuivie contradictoirement par des Allemands et par des Belges, en nombre égal, sous la présidence d'un neutre ; elle a été offerte une dizaine de fois à l'Allemagne ; en dernier lieu, en mars 1916, par l'auteur de ce livre, s'adressant aux 93 signataires de l'*Appel aux Intellectuels.* Le refus opposé par les Allemands à un examen loyal et impartial des crimes commis en Belgique, en dit long sur leur sincérité. N'insistons pas.

Non contents de s'esquiver courageusement chaque fois qu'on leur propose une enquête honnête, ils continuent à lancer sans répit leurs accusations contre notre population civile. En voici encore deux exemples.

D'abord un articulet de *L'Ami de l'Ordre,* commenté par *L'Écho belge :*

On peut lire dans un journal imprimé en Belgique la petite infamie que voici :

« Henri Collin, cocher à Givet, a participé aux combats près de Givet en qualité de franc-tireur. Il a fait le coup de feu sur les soldats allemands au moyen d'un fusil militaire français. Le tribunal l'a condamné à cinq ans de travaux forcés. »

A cela, deux mots de réponse : si, vraiment, Henri Collin avait tiré sur des soldats allemands, le tribunal l'eût condamné à mort. Il y a eu des précédents. Il n'y a pas d'exemple, dans les annales judiciaires en Belgique, depuis l'invasion, d'une telle générosité dans l'application d'une peine. Cinq ans de prison pour avoir tiré sur des soldats boches, c'est pour rien, quand on sait la sévérité de nos ennemis pour ce genre de délit.

On voit par là, cependant, que les Teutons essaient toujours d'accréditer la légende des « frank-tireurs ». Seulement, ça ne prend pas. Nous savons à quoi nous en tenir...

(L'Écho belge, 17 février 1916, p. 1, col. 5.)

Puis un article de *La Libre Belgique :*

Un écrivain averti et consciencieux.

On sait que les notabilités catholiques d'Allemagne ont chargé le professeur Rosenberg de Paderborn, de répondre au livre français : *La Guerre allemande et le Catholicisme,* de Mgr Baudrillart, qui a attaqué « méchamment et injustement » l'Allemagne et son armée.

L'écrivain allemand, qualifié par ses compatriotes d'« homme qui a mis au service de la vérité une conscience scrupuleuse et la stricte observation des règles scientifiques », s'appuie — avec la plus naïve bonne foi — sur une série de rapports « officiels » mensongers et de dépositions sous serment, où le ridicule le dispute à la fausseté. Le digne homme part de cette idée que « le Gouvernement belge a organisé la guerre des francs-tireurs ». C'est le *leitmotiv* de sa « Réponse ». Cela suffit pour nous fixer sur la valeur de cet écrit. Il admet comme article de foi cette affirmation du ministre des Affaires étrangères de Berlin, à savoir que « sur les lignes principales de la marche en avant des Allemands, *la population civile de toutes les classes, de tout âge et de tout sexe a pris part à la lutte avec la plus grande fureur et le plus grand acharnement* » (p. 70). Accepter tout cela sans la moindre défiance, et tabler là-dessus, c'est ce que les Allemands appellent « mettre au service de la vérité une conscience scrupuleuse et la stricte observation des règles scientifiques ». Faut-il rire ou pleurer ?

Dans des lettres supérieurement écrites, S. Ém. le Cardinal de Malines et les évêques de Liége, Namur et Tournai ont mis à néant ces calomnies tudesques et vengé l'honneur du nom belge. Néanmoins, nous voulons donner ci-après un spécimen de la documentation du docte et consciencieux professeur Rosenberg.

Un maréchal des logis allemand dépose que le 25 août 1914 il fut, étant blessé, transporté au couvent de Champion. « A la pointe du jour, dit-il, dans une maison juste en face de l'entrée principale du couvent et habitée par un ecclésiastique, nous trouvâmes environ quarante caisses de dynamite et près de trente caisses de cartouches de fusil. » (Ceci pour prouver la participation du clergé belge à la guerre des francs-tireurs [p. 66].) Le témoin ajoute : « J'ai assisté moi-même à la constatation, par un artificier, du nombre et du contenu de ces pièces. »

Dans une note très étendue que Mgr Heylen a remise, il y a quelques semaines, à S. Exc. von Bissing (et que Son Excellence cachera soigneusement), il réfute toutes les accusations se rapportant à son diocèse (Champion relève de Namur) :

« Sur quoi reposent les accusations relatives à Champion? écrit l'évêque. Sur l'affirmation du sergent Evers, du feldwebel Schulze et de quelques grenadiers. Elles remplissent deux pages du *Livre Blanc*.

« Si, au lieu d'accepter naïvement ces puérilités, le général allemand avait ordonné une enquête, il aurait découvert que ces prétendues caisses *de* dynamite n'étaient que des caisses *à* dynamite, vides, que le génie belge avait abandonnées en plein air contre la façade de l'aumônerie, où il avait établi un bureau ([1]). Ces caisses avaient été manipulées par les Allemands dès le dimanche (23 août). Et c'est le mardi seulement qu'on s'en émeut, au cours de la fusillade.

« Quant aux caisses de cartouches, elles avaient été de même abandonnées par l'armée belge, non pas dans la maison de l'aumônier, — comme le dit le véridique témoin boche, — mais dans une habitation fort éloignée. »

Pas de commentaires, n'est-ce pas?

Cet exemple, ajouté à celui plus typique encore, que tous nos lecteurs auront remarqué dans l'annexe de la lettre des évêques, au sujet des attentats sur les religieuses, donne une idée de la « conscience scrupuleuse » de M. Rosenberg et de la valeur des « règles scientifiques » qu'il a « strictement » observées !

MASTIX.

(*La Libre Belgique*, n° 62, février 1916, p. 3, col. 1.)

---

(1) Il faut pardonner aux Teutons, qui ignorent les finesses de la langue, de confondre le sens des prépositions *de* et *à* : *botte de sardines* et *bottes à sardines ; tasse de thé* et *tasse à thé,* etc. Pas toujours cependant, car le plus épais d'entre eux sait parfaitement distinguer entre bouteille de champagne et bouteille à champagne, entre boîte de saucissons et boîte à saucissons, etc.

On pourrait aligner indéfiniment les actes de mauvaise foi
des Allemands en matière d'enquête ; montrer que jamais une
instruction faite par eux n'a été publiée sans avoir subi d'abord
une falsification soignée, et qu'ils ont repoussé indistinctement
toutes les enquêtes bilatérales qui leur étaient proposées. Mais
à quoi bon ? Les nations civilisées savent à quoi s'en tenir sur
les francs-tireurs. Si même, au moment de l'invasion de la
Belgique, elles avaient peut-être quelques doutes sur la conduite des Belges, elles ont dû être édifiées quand les Allemands,
en novembre 1916, essayèrent de justifier exactement de la
même manière les atrocités commises contre les Roumains
(voir *Norddeutsche Allgemeine Zeitung*, 19 novembre 1916,
2ᵉ édition). On se rappellera aussi que l'Allemagne traite de
francs-tireurs les navires marchands qui tentent de résister à
ses sous-marins, et que c'est sous ce prétexte que le capitaine
Fryatt a été fusillé. D'ailleurs, lors des premiers raids aériens
sur l'Angleterre, nos ennemis se sont plaints véhémentement
de ce que des coups de fusil eussent été tirés contre les
zeppelins.

Il y a là une conception pour le moins abusive qui doit
disparaître du droit des gens : celle du caractère sacré de
l'armée et de ses membres. Comment ! parce qu'un navire ou
un ballon fait partie des forces militaires, il devient par cela
même inviolable, et quelques horreurs qu'il plaise à son équipage de commettre, aucun civil, même directement attaqué,
ne peut lui résister ? Nous avons vu en Belgique ce qui arrive,
quand un non-militaire a la témérité de s'opposer à une brute
revêtue d'un uniforme. Les lignes suivantes sont extraites de
L.-H. Grondijs, *Les Allemands en Belgique : Louvain et Aerschot,*
page 35 (Berger-Levrault, éditeurs, 1915) :

> Le village de Linden a été incendié parce qu'un habitant a tué un soldat
> allemand. Celui-ci, en compagnie d'un autre, avait violé une jeune fille,
> après avoir attaché ses parents à des chaises. Le père se dégagea de ses
> liens et tua l'un des agresseurs. Les officiers allemands ordonnèrent de
> mettre le feu aux maisons, et les parents de la jeune fille, de nouveau
> attachés à des meubles, périrent dans les flammes.....

Les articles de M. Grondijs ont paru d'abord dans le *Nieuwe*

Rotterdamsche Courant. Nous avions lu à Bruxelles le récit ci-dessus dans le numéro du soir du 7 septembre 1914, vendu avec l'autorisation de la censure allemande.

d) *Nécessité de l'intimidation.*

« Ne valait-il pas mieux, disent encore les Allemands, terroriser les Belges tout au début de la guerre ? Nous leur avons montré, par quelques échantillons de notre savoir-faire, à quoi ils s'exposeraient s'ils nous attaquaient, et nous leur avons épargné ainsi de plus grands malheurs. Bref, c'est pour leur bien que nous les avons massacrés et que nous avons fait flamber leurs villes et leurs villages. » Nos journaux clandestins ont fait mieux que de discuter ces déclarations : il leur a suffi de les reproduire textuellement pour en faire toucher toute l'horreur. *La Soupe,* dans son n° 213, et *Le Belge,* dans ses n°ˢ 2 et 3, ont publié la traduction française de l'article de M. Walter Bloem dans *Kölnische Zeitung* du 10 juin 1915 [1]. C'est un article qui deviendra classique comme un exemple frappant d'une déformation professionnelle conduisant à l'inhumanité cyniquement préméditée. Il est bon de dire que M. W. Bloem, un littérateur connu, est capitaine dans l'armée allemande et adjudant de M. le gouverneur général von Bissing. Il peut donc s'exprimer avec clarté et il sait ce qu'il veut dire. Il nous suffira de citer un passage de son article, celui dans lequel il justifie le principe d'après lequel, pour la faute d'un seul, toute la collectivité doit être punie.

Ce principe peut paraître dur et cruel, mais il est d'application constante dans l'histoire des guerres anciennes et modernes, et « reconnu » pour autant que l'on puisse employer ce terme. De plus, il trouve sa justification dans une théorie de la terrorisation. Les innocents doivent payer avec les coupables, et, si ceux-ci ne sont pas découverts, ils doivent payer pour eux, non pas tant parce qu'un attentat a été commis, mais pour qu'il n'en soit plus commis dans la suite.

Tout incendie de village, toute fusillade d'otages, tout massacre partiel (*Dezimierung*) de la population d'un village dont les habitants ont pris les armes contre nous, ce sont là beaucoup moins des actes de vengeance que des avertissements pour la partie du pays qui n'est pas encore occupée.

------

(1) Voir *Comment les Belges résistent...,* p. 232.

Et il n'y a pas à en douter : les incendies de Battice, Herve, Louvain, Dinant, ont servi d'avertissement. Les incendies auxquels nous avons été contraints, les effusions de sang des premiers jours de guerre ont préservé les grandes villes belges de la tentation d'attaquer les faibles garnisons que nous pouvions y laisser.

Y a-t-il au monde un homme qui s'imagine que la capitale de la Belgique nous aurait permis de régner chez elle comme si nous étions dans notre propre pays, si notre vengeance ne l'avait fait trembler alors et maintenant?

(Le Belge, n° 3, septembre 1915, p. 6.)

Dans son laborieux exposé, *La Belgique sous l'administration allemande* (dans le numéro d'avril de *Süddeutsche Monatshefte*), M. le baron F.-W. von Bissing, professeur à l'Université de Munich, fils du gouverneur général en Belgique, a soutenu la même idée. « J'ai entendu dire à plusieurs reprises à Bruxelles :
« L'incendie de Louvain nous a épargné un malheur semblable
« qui aurait eu des suites plus terribles encore ([1]). »

Voilà qui s'appelle parler : le massacre de 5.000 hommes, enfants, femmes et vieillards, l'incendie d'une bonne vingtaine de milliers de maisons, n'ont été faits qu'en guise d'avertissement !

On croirait peut-être qu'ils ont renoncé à la manière forte, au moins dans la Belgique occupée. Erreur ! La violence est trop intimement ancrée dans leur mentalité ! Ainsi ils ont menacé les villes belges de mettre des notables comme otages dans les locaux occupés par les autorités allemandes. A Anvers ils ont mis à exécution leur menace : en octobre 1916, quatre échevins, MM. Aelbrecht, Cools, Franck et Strauss, sont obligés de rester de 19 heures à 7 heures dans les hôtels qu'occupent les Allemands, l'hôtel Saint-Antoine et le Grand Hôtel. Voilà les aviateurs alliés avertis.

*
* *

On voit par les exemples des pages précédentes que les prohibés belges, et notamment *La Soupe,* reproduisent volon-

---

([1]) La traduction intégrale de ce travail a paru dans le n° 344 de *La Soupe.* Voir aussi *Comment les Belges résistent...,* p. 409.

tiers pour la propagande anti-allemande les ouvrages destinés à la propagande allemande. Ce mode d'activité de notre presse clandestine est généralement ignoré au dehors.

Nous ne pourrions mieux terminer le chapitre relatif à la férocité allemande qu'en copiant quelques passages d'une « lettre ouverte » publiée par *La Soupe* :

Lettre ouverte d'une mère belge à l'Impératrice allemande.

Madame,

Je lis dans les journaux que votre fils Joachim est rentré blessé à Berlin, que vous vous êtes rendue à sa rencontre et... que vous avez contemplé avec orgueil la Croix de fer fixée sur sa poitrine.

Moi aussi, Madame, j'ai un fils à l'armée ; il fut blessé comme le vôtre, mais on ne me l'a pas envoyé. Je n'ai pu l'avoir chez moi. J'ai même passé trois semaines à prier pour lui, dans l'ignorance de son sort.

Il ne s'est pas battu, Dieu merci, sous le même drapeau que le prince Joachim, mais, femme et mère, je comprends la joie que vous avez éprouvée de voir votre fils vivant. Je ne ressens d'ailleurs aucune amertume contre vos soldats qui ont blessé le mien sur le champ de bataille ; c'est la fortune de la guerre. Seulement, je songe que c'est dans la pauvre Belgique que votre fils a combattu et sans doute commandé. C'est ici, au milieu d'une soldatesque livrée aux rapines, aux assassinats, au délire des horreurs les plus bestiales, qu'il aurait mérité sa Croix de fer !. . . . .

Alors, Madame, vous seriez-vous sentie, en le regardant, aussi fière qu'on le dit ? Aucune arrière-pensée ne vous aurait-elle troublée ? Et, à moins que vous n'ignoriez tout de l'horrible ruée des bêtes d'enfer, parmi lesquelles a commandé et combattu le prince Joachim, vous êtes-vous bien assurée que sa Croix de fer ne porte aucune souillure, qu'elle honore des actes de soldat et ne peut couvrir aucune part de la responsabilité dans les forfaits dont ma patrie est victime de la part des vôtres ?. . . . . . .

... Je n'envie point votre fierté, Madame, vis-à-vis de votre fils rentrant des régions saccagées de Visé, Dinant, Aerschot, Louvain, Termonde...

(La Soupe, n° 318.)

B. *LA FOURBERIE*

C'est certainement l'amour du mensonge qui anime les Allemands, car souvent ils mentent sans nécessité, pour le plaisir. On ne voit pas, par exemple, la raison pour laquelle *Illustrierter Kriegskurier* dit que les marins allemands entrent à

Anvers plutôt qu'à Bruxelles (p. 48) ni pourquoi *Die Woche* nous montre des otages à Woluwe, près de Bruxelles, où il n'y en a jamais eu (p. 47 et pl. XI).

Nous ne relèverons parmi les articles consacrés à la fausseté allemande que ceux qui se rapportent à l'origine de la guerre et à la violation de la neutralité belge :

1. Qui a déchaîné la guerre ?

Tout commentaire serait superflu : il n'y a plus personne au monde dont l'opinion ne soit faite.

Nos périodiques clandestins avaient une besogne fort ardue, puisque aucune publication pouvant éclairer la Belgique n'y était admise et que nous devions donc les obtenir par fraude. *La Soupe* a publié *La dernière entrevue de Sir E. Goschen avec le chancelier* (n° 6), des extraits du *Livre Bleu* anglais (n° 7), du *Livre Jaune* français (n° 8), etc.

Copions, pour montrer le ton de nos clandestins, un article dans *Le Belge :*

Un menteur.

Avec le tact surprenant qui les distingue, les Allemands ont tenu à nous fournir la preuve de leur audacieuse duplicité. Sur tous nos murs, en longues colonnes, a été affiché le discours prononcé à la rentrée du Reichstag par le chancelier de l'Empire. La foule passe et ne lit guère ; ou bien elle hausse les épaules à la lecture de ces impudentes contre-vérités.

M. de Bethmann-Hollweg n'a certes pas improvisé.

Depuis un an tout entier, il prépare sa harangue et s'attache à la rédiger de façon à faire oublier les premiers aveux échappés à son émotion. Il polit ses mensonges. Persuader à l'Allemagne qu'elle a été attaquée et qu'elle se défend est chose facile ; elle ne demande qu'à le croire. On n'en est pas avec elle à une fausseté de plus ou de moins. Pour les autres, c'est différent, et Sir Edward Grey, imprudemment accusé, a donné au chancelier impérial un de ses démentis cruels dans lesquels il excelle et qui lui sont rendus faciles par les documents dont ses mains sont remplies.

Avec des pièces, des dates, des faits irréfutables, il a fait crouler le laborieux échafaudage de M. de Bethmann-Hollweg ; il a montré comment, depuis des années, l'Allemagne tentait de *rouler* l'Angleterre et de lui lier les bras pendant que l'on tomberait sur la France, contre

laquelle on montait un mauvais coup. Le piège était trop visible ;
l'Angleterre n'était pas assez naïve pour s'y laisser prendre. A ce démenti
cinglant, le chancelier a tenté de faire répliquer par son officieuse
Gazette de l'Allemagne du Nord. Sir Edward Grey a de nouveau riposté
par des papiers diplomatiques qui n'ont plus laissé le moindre doute sur
la rouerie et sur la suffisance des diplomates allemands. A présent, la
lumière est éblouissante. Dans les pays neutres les plus bienveillants
pour l'Allemagne, on est forcé d'en convenir ; M. de Bethmann-Hollweg
a une presse déplorable.

Mais avant Sir Edward Grey, notre si clairvoyant et si distingué
ministre à Berlin, le baron Beyens, dans son admirable note sur *La
Semaine tragique*, avait montré ce qu'il fallait penser des affirmations
de M. de Bethmann-Hollweg et du rôle pitoyable qu'il a joué dans toute la
crise qui a précipité la guerre. Nous le citons :

« Le samedi 1er août, dans l'après-midi, MM. de Jagow, ministre des
Affaires étrangères, et Zimmermann, sous-secrétaire d'État (*je le tiens de
ce dernier*), coururent chez le chancelier et chez l'Empereur afin d'obtenir
que l'ordre de mobilisation ne fût pas lancé encore et que Sa Majesté
attendît jusqu'au jour suivant... Leurs efforts se brisèrent contre l'opposition irréductible du ministre de la Guerre et des chefs de l'armée...
L'ordre de mobilisation de l'armée et de la flotte fut donné à 5 heures de
l'après-midi. »

Le chancelier, chef responsable de la politique, et ses deux principaux
collaborateurs étaient donc mis en échec par les généraux et sans crédit
devant l'Empereur qui, sourd à leurs appels, déchaînait sur le monde la
plus effroyable des calamités qui l'aient jamais désolé.

A ce moment, terrifié, désolé, M. de Bethmann-Hollweg ne savait
comment se justifier ; l'ultimatum de l'Angleterre d'avoir à respecter la
Belgique le rendit presque fou.

On sait quels incohérents propos il tint alors à l'ambassadeur Goschen.

Depuis, il s'est ressaisi. Il a cru se tirer d'affaire en mentant ; il mentira
toujours de plus en plus, entassant les faussetés les unes sur les autres. —
C'est fatal.

Le *Livre Blanc* dans lequel il a rassemblé les pièces relatives à la
crise de juillet 1914, révélait déjà sa mentalité et sa méthode. Il y procé-
dait, on l'a bien dit, par *omissions méthodiques*. Affirmations sans preuves
ou contraires à la vérité, non datées, volontairement dérangées de leur
ordre chronologique pour amener la confusion, suppression des pièces
principales, les seules qui eussent été probantes, parce qu'elles auraient
établi les origines réelles de la guerre et les excitations parties de Berlin,
on y trouve tous les *trucs* employés, en les perfectionnant, par M. de
Bethmann-Hollweg dans son dernier discours.

Feuilletez le *Livre Blanc* par exemple, et vous n'y trouverez pas la
réponse de la Belgique à l'ultimatum allemand. Jamais l'Allemagne n'en
a connu la teneur. Quand le général von Arnim entra à Bruxelles, il

déclara à M. le bourgmestre Max que nous n'avions pas daigné répondre à l'Empereur et que nous avions, en traîtres, arrêté l'armée allemande s'avançant dans un pays qui avait caché ses intentions de lui barrer le passage.

Et voilà ce que vaut la parole du chancelier.

Mais à son maître qui n'a rien voulu entendre, à lui qui n'a rien osé dire, la postérité imprimera un ineffaçable stigmate. Criminel le maître, complice le valet, qu'ils soient tous deux maudits, châtiés, flétris jusqu'à la troisième génération pour tout le sang dont ils ont inondé l'Europe !

(Le Belge, n° 3, septembre 1915, p. 1.)

2. La violation de la neutralité belge.

Ceci est un point auquel les Belges sont fort sensibles, autant, sinon plus, qu'aux « représailles contre les francs-tireurs ».

A diverses reprises, l'Allemagne a fait répandre en Belgique des brochures destinées à montrer que, même en l'absence des fameuses *Conventions anglo-belges,* elle avait le droit et le devoir d'envahir la Belgique. Nos prohibés ont répondu à ces libelles. Mais comme il serait trop long de reproduire ceux-ci, il n'y aurait pas grand intérêt pour le lecteur à posséder les ripostes belges. Un mot seulement.

La première brochure émanait d'un religieux allemand de Chicago. Elle voulait démontrer que la parole du chancelier « *Not kennt kein Gebot* » (nécessité ne connaît pas de loi), était parfaitement justifiée, puisque l'Allemagne était en état de légitime défense. Le n° 9 de *La Libre Belgique* (mars 1915) combat cette curieuse théorie ; il montre la différence entre une personne morale et une personne physique.

Puis vint l'article de dom MORIN, un bénédictin français établi à Munich depuis huit ans : *Appel à la foi et au bon sens des catholiques belges.* Cet appel parut dans *L'Information,* une feuille de choucroute, comme on dit à Bruxelles, rédigée par des Allemands. On le réimprima ensuite en une brochure qui fut vendue — comble de perfidie — au profit des pauvres des environs de l'abbaye de Maredsous, siège du principal couvent de bénédictins en Belgique. Non content de déclarer que les Belges ont eu tort de s'opposer à la nation

allemande, si morale, si religieuse et si forte, il ose ajouter que
les Belges continuent leur mauvaise action en résistant à l'autorité occupante. *La Libre Belgique* a répondu dans son n° 5o
(octobre 1915).

Le plus considérable de ces ouvrages est celui de M. Fritz
NORDEN : *La Belgique neutre et l'Allemagne, d'après les hommes d'État et les juristes belges*. Celui-ci avait la prétention de
nous faire croire que la Belgique avait de sa neutralité une
conception fausse ; qu'elle n'avait pas le droit de défendre par
les armes sa soi-disant inviolabilité (¹). *Le Belge* consacre huit
pages à la discussion de cette théorie, dans le supplément à
son n° 4 (septembre 1915). *La Libre Belgique* la passe au
crible dans son n° 49 (octobre 1915). Elle examine dans le
même numéro la personnalité de l'auteur :

Une saleté.

Il s'appelle Fritz comme les neuf dixièmes des Boches.

Mais ce qui karactérise ce Fritz-là, c'est qu'il est Norden.

Et ce Fritz Norden est un type à peu près unique en son genre.

Au lieu de vendre des fourrures comme ses parents, ce gros garçon a
voulu s'élever d'un kran : il est avokat.

Parfaitement...

Avokat à la Cour d'appel de Bruxelles. En effet, on a eu la faiblesse
d'admettre au stage, au serment et d'inscrire au tableau de l'Ordre quelques étrangers et notamment ce juif d'outre-Rhin.

Encore une réforme qui s'imposera après la guerre.

*
* *

Avant la guerre, on le blaguait volontiers, car il était de ceux qu'on
faisait aisément monter à l'arbre. Quand éclata la guerre, la plupart des
confrères ne le regardaient plus, et le pauvre Fritz, désolé, navré, pleura
dans le gilet d'avocats compatissants. Il ne savait pas assez déclarer son
regret de n'être pas Belge. *Il reniait l'Allemagne de tout cœur.*

Quand les hordes du Kaiser souillèrent les pavés de Bruxelles en général
et les marches du Palais de Justice en particulier, Fritz Norden redressa
son buste épais et on ne vit plus que lui à la Kommandantur.

Il reniait la Belgique du moment que les fifres emplissaient la rue aux
Laines (où niche ce locataire du prince d'Arenberg) de la belle musique
que vous savez.

---

(1) Les idées de M. Norden sont discutées dans le dernier livre de WAXWEILER,
Le Procès de la neutralité belge.

Au lieu de s'effacer proprement, ledit Norden traîna dans tous les coins. Il plaidait toutes les affaires louches des Boches, empochant sans sourciller affronts sur affronts, dénonçant rue de la Loi tout ce qu'il pouvait dénoncer, collaborant à toutes les mesures vexatoires inventées par la Bissingerie.

Chose inouïe, il se trouvait des avocats — rares, il est vrai — assez naïfs pour frayer avec ce lapin-là.

Pour bien marquer ce qu'était ce Boche, il suffira de raconter une plaisante aventure.

Il est strictement défendu aux avocats de faire de la réclame et de se créer une clientèle grâce à cette réclame.

Un jour, le Norden en question, rouge d'indignation — cela se passait il y a deux ou trois ans — signale à un membre du Conseil de l'Ordre que plusieurs avocats, presque tous d'origine teutonne, font de la réclame dans une revue allemande.

Et il apporte, à l'appui de ses dires, un exemplaire de la revue.

Effectivement, le grand X..., le mince Y..., l'épais Z..., battaient la caisse chez les Germains.

Norden trouvait cela dégoûtant.

Or, à quelques jours de là, le membre du Conseil de l'Ordre, pour se documenter, demande à un autre avocat allemand — il y en a beaucoup à Bruxelles — s'il connaît la revue en question...

— Comment donc, répond l'interpellé, je connais celle-là et encore une autre revue dans laquelle le petit Norden fait de la réclame en Allemagne...

— Pas possible ! ! !

Le lendemain, la preuve est faite et le membre du Conseil de l'Ordre, ahuri, constate que, moyennant un abonnement de 5 marks et une souscription de 20 marks, le joli koko de Norden faisait précisément ce qu'il trouvait dégoûtant chez les autres.

Mouchard et hypocrite, c'est dans leur sang.

Voilà l'homme qui a toutes ses entrées à la Kommandantur.

Or, ce qui est ignoble, ce qui dépasse les bornes de l'inconscience, c'est ce que vient de faire cet individu.

Avec une outrecuidance toute prussienne, oubliant que, jusqu'à nouvel ordre, il est toujours avocat, lié par son serment, — on oublie tant de choses en Allemagne — avec un manque de tact effarant, il a, cet homme, écrit et publié un livre, *La Belgique neutre et l'Allemagne,* qui est une infamie. Cauteleusement, se sachant à l'abri derrière les baïonnettes prussiennes, il insulte notre patriotisme.

On n'analyse pas un livre pareil. On le lit avec douleur, on le ferme avec dégoût.

La Kommandantur a chaudement accueilli cette saleté. Elle la place partout bien en vue.

Norden a mérité la Croix de fer. Ça manquait à son genre de beauté.

Si ce gaillard-là ne file pas un quart d'heure avant le dernier soldat allemand, il risque fort d'aller à Saint-Gilles, quand, les honnêtes gens quittant leurs cellules, on y remisera les krapules.

*
* *

C'est égal, s'il reste encore un seul avocat belge pour serrer la main du Norden en question, c'est à douter de tout.

FIDELIS.

P.-S. — Voici l'épitaphe qu'on a composée illico pour ce monsieur, qu'on peut considérer comme décédé... moralement.

> Ci-gît Maître Norden, doctor ès-trahison,
> Avocat et mouchard, historien punique,
> Juif évoquant le Christ, Boche sous un faux nom ;
> L'honneur est marchandise, il en tenait boutique ;
> Ayant de qui tenir : Judas de la Belgique.
>
> (*La Libre Belgique*, n° 49, octobre 1915, p. 3, col. 2.)

Une même objection s'applique à toutes ces attaques contre la Belgique : Si c'est nous qui avons tort, pourquoi le chancelier, dans son discours au Reichstag du 4 août 1914, a-t-il dit que c'est l'Allemagne qui a tort : « En envahissant la Belgique, nous commettons une injustice ? »

Il est vrai que le même jour, dans une conversation avec l'ambassadeur anglais, il a prononcé une autre parole historique : « Un traité est un chiffon de papier. » Depuis lors, il s'est aperçu de sa sottise et il a essayé de rattraper ses paroles, notamment dans une interview accordée à un correspondant de l'*Associated Press*. Voici en entier un article prohibé sur ce sujet. Il ne contient à la vérité rien qui ne soit amplement connu à présent ; mais nous croyons intéressant de montrer par un exemple typique que les frontières belges, si hermétiquement fermées en apparence, ne sont pourtant pas tout à fait étanches, et que les documents étrangers nous parviennent malgré tous les obstacles allemands.

Le chiffon de papier (des traités de 1831, 1839 et 1870), les broubelages du chancelier prussien M. von Bethmann-Hollweg et la réponse de Sir E. Grey, secrétaire des Affaires étrangères d'Angleterre.

L'*Associated Press* publie le récit d'une interview que son correspondant près de l'état-major allemand dans une ville du nord de la France a eue avec M. von Bethmann-Hollweg, le chancelier impérial.

M. von Bethmann dans le cours de la conversation lui a dit :

« Je suis surpris d'apprendre que l'expression *un chiffon de papier* dont j'ai usé dans ma dernière conversation avec l'ambassadeur britannique en parlant du traité relatif à la neutralité belge, a pu causer une telle impression défavorable aux États-Unis.

« L'expression avait une tout autre signification que celle qui ressort du rapport de Sir Edw. Goschen. Le tour qui lui est donné dans les commentaires ambigus de nos ennemis est certainement la cause de cette mauvaise impression (¹). »

Le chancelier improvisa alors une explication de cette réelle signification ; la voici en substance : il a parlé du traité non comme d'un chiffon de papier pour l'Allemagne, mais comme d'un acte qui était devenu comme un chiffon de papier parce que la Belgique avait contrevenu elle-même à sa neutralité et que l'Angleterre avait tant d'autres raisons d'entrer en guerre, que le traité de neutralité qu'elle invoquait n'était qu'un chiffon de papier, en comparaison de ces raisons.

« Ma conversation avec Sir E. Goschen, dit-il, eut lieu le 4 août.

« Je venais de déclarer au Reichstag que seule une cruelle nécessité, la lutte pour l'existence, avait forcé l'Allemagne à marcher à travers la Belgique, mais qu'elle était prête à réparer le tort commis. Quand je parlais ainsi j'avais déjà certaines indications — mais pas de preuves absolues pouvant servir de base à une accusation publique — que la Belgique avait depuis longtemps abandonné sa neutralité dans ses relations avec l'Angleterre. Néanmoins, je prenais tellement au sérieux les responsabilités de l'Allemagne vis-à-vis des États neutres, que je parlai ouvertement du mal commis par l'Allemagne.

« Quelle fut l'attitude de l'Angleterre dans cette même question ? Le jour avant ma conversation avec l'ambassadeur britannique, Sir Edward Grey avait prononcé au Parlement son discours bien connu, dans lequel, tout en ne disant pas expressément que l'Angleterre prendrait part à la guerre, il laisse cependant fort peu de doute à ce propos. Il suffit de lire attentivement ce discours pour connaître la cause de l'intervention de l'Angleterre dans la guerre.

« Au milieu de toutes ces belles phrases sur l'honneur de l'Angleterre et sur les obligations de l'Angleterre, nous trouvons sans cesse exprimé de nouveau que les intérêts de l'Angleterre, ses seuls intérêts, l'appelaient à participer au conflit parce qu'il n'était pas dans les intérêts de l'Angleterre que l'Allemagne sortît victorieuse et par conséquent plus forte de cette guerre.

« Le vieux principe de la politique anglaise, c'est-à-dire prendre comme seule règle de ses actions ses intérêts privés, sans égard pour le droit, la raison ou les considérations d'humanité, est exprimé dans ce

____

(1) Voir p. 60 le texte authentique et le texte falsifié par la censure allemande. (Note de J. M.)

discours de Gladstone en 1870 sur la neutralité belge, discours que Sir Edward a rappelé.

« L'Angleterre, a insisté le chancelier prussien, a tiré l'épée uniquement parce qu'elle croyait que ses intérêts le demandaient. La neutralité belge seule ne l'eût jamais entraînée à la guerre.

« C'était ce que je voulais dire quand, dans ce dernier entretien avec Sir Goschen, étant assis et causant intimement, d'homme à d'homme, je lui dis que, parmi les raisons qui poussaient l'Angleterre à se battre, la neutralité belge n'avait eu pour elle que la valeur d'un chiffon de papier. J'ai pu être un peu excité et animé ; qui ne l'eût pas été en voyant les espoirs et le travail de toute une partie de ma vie de chancelier s'en aller à la dérive ?

« Je rappelai à l'ambassadeur mes efforts durant des années pour arriver à une entente entre l'Allemagne et l'Angleterre, une entente qui, je le lui rappelai, eût rendu impossible une guerre générale et eût absolument garanti la paix de l'Europe. Une telle entente eût formé les bases sur lesquelles nous aurions pu rapprocher les États-Unis comme troisième partenaire. Mais l'Angleterre n'avait pas adopté ce plan et par son entrée en guerre détruisait pour toujours l'espoir de son accomplissement. En présence de conséquences si importantes le traité n'était-il pas un chiffon de papier ? L'Angleterre devrait réellement cesser de « jouer de la harpe » sur ce thème de la neutralité belge.

« Herr von Bethmann-Hollweg affirme que les papiers « que nous avons trouvés dans les archives du ministère des Affaires étrangères à Bruxelles, montrent que l'Angleterre, en 1911, était déterminée à jeter des troupes en Belgique sans l'assentiment du Gouvernement belge si la guerre avait éclaté », en d'autres mots, de faire exactement ce qu'elle reproche maintenant à l'Allemagne avec une si vertueuse indignation ».

« Dans un dernier rapport, Sir Edward Grey, je crois, informa la Belgique qu'il ne croyait pas que l'Angleterre aurait pris une telle décision parce qu'il ne pensait pas que l'opinion publique anglaise eût ratifié une action semblable. Et cependant il y a des gens aux États-Unis qui s'étonnent que j'ai traité de chiffon de papier, un traité dont l'observation, selon l'avis d'hommes d'État responsables anglais, aurait dépendu du bon plaisir de l'opinion publique anglaise, un traité que l'Angleterre avait depuis longtemps sourdement détruit par des accords militaires avec la Belgique.

« Souvenez-vous que Sir Edward Grey a expressément refusé de nous assurer de la neutralité anglaise même si l'Allemagne respectait la neutralité belge. Aussi je comprends le déplaisir de l'Angleterre en m'entendant caractériser le traité de 1839 de « chiffon de papier », car ce chiffon de papier avait pour l'Angleterre une extrême valeur ; il lui fournissait devant le monde une excuse pour s'embarquer dans cette guerre.

« J'espère donc qu'aux États-Unis vous penserez nettement que dans cette affaire l'Angleterre a agi seulement d'après ce principe : Que cela soit juste ou non, mes intérêts avant tout. »

Le secrétaire d'État aux Affaires étrangères répond ainsi à l'interview récemment accordée par le chancelier allemand à un correspondant américain :

« Il n'est pas étonnant que le chancelier allemand croit nécessaire de donner de nouvelles explications au sujet de sa phrase désormais historique sur le traité simple « chiffon de papier ». La phrase a fait une profonde impression parce que le progrès du monde dépend grandement du respect des conventions entre individus et entre nations et que la politique révélée par la phrase de Herr von Bethmann-Hollweg tend à abaisser le niveau de la civilisation au point de vue légal et moral.

« Ce qu'a dit le chancelier allemand est ceci : l'Angleterre en exigeant que l'Allemagne respecte la neutralité de la Belgique va faire la guerre « seulement pour un mot, seulement pour un chiffon de papier », c'est-à-dire que l'Angleterre faisait d'une taupinière une montagne. Il demande maintenant aux Américains de croire qu'il voulait dire exactement le contraire de ce qu'il a dit : Que c'est l'Angleterre qui en réalité regardait la neutralité de la Belgique comme une bagatelle et que l'Allemagne prenait au sérieux ses responsabilités envers les États neutres.

« Les arguments par lesquels Herr von Bethmann-Hollweg cherche à asseoir sa défense sont en flagrante contradiction avec les faits :

« Le chancelier allemand allègue que « l'Angleterre en 1911 était « déterminée à jeter des troupes en Belgique sans l'assentiment du Gou « vernement belge ». Cette allégation est absolument fausse. Elle est basée sur certains documents trouvés à Bruxelles qui ont trait à des conversations entre officiers belges et anglais en 1906 et de nouveau en 1911. Le fait qu'aucune trace de ces conversations ne se trouve ni au ministère des Affaires étrangères anglais ni au ministère de la Guerre anglais montre qu'elles avaient un caractère non officiel et qu'aucune convention militaire d'aucune sorte eut été jamais faite entre les deux Gouvernements (¹). »

« Avant que ces conversations aient eu lieu entre officiers anglais et belges, il avait été expressément établi du côté anglais que les engagements devant résulter des événements militaires seraient rédigés de telle sorte qu'en cas de nécessité l'assistance de l'Angleterre puisse être donnée à la Belgique de la manière la plus efficace pour *la défense de sa neutralité;* et du côté belge une note en marge du document expliquait que *l'entrée des Anglais en Belgique aurait lieu seulement après la violation de la neutralité par l'Allemagne.*

« Dans la conversation de 1911, l'officier belge dit à l'officier anglais : « *C'est avec notre consentement seulement que vous pourrez entrer dans*

---

(1) On pourrait ajouter que les Allemands ont falsifié le document de 1911 en supprimant sa fin : voir *Comment les Belges résistent...,* p. 42. (Note de J. M.)

notre pays » et, en 1913, Sir Edward Grey donnait au Gouvernement belge l'assurance catégorique que le Gouvernement britannique ne violerait pas la neutralité belge ; et qu'aussi longtemps qu'elle ne serait pas violée par aucune autre puissance nous n'enverrions certainement pas nos troupes dans son territoire.

« La manière du chancelier d'abuser de ce document peut être citée à ce sujet :

« Il représente Sir Edward Grey comme disant qu'« 'il ne croyait pas que l'Angleterre aurait pris une telle décision parce qu'il ne pensait pas que l'opinion publique anglaise aurait approuvé une telle action ». Ce que Sir Edward Grey écrivait alors était : « Je disais que j'étais sûr que ce Gouvernement ne violerait pas le premier la neutralité belge et que je ne croyais pas qu'aucun Gouvernement britannique serait le premier à le faire, ni que l'opinion publique d'ici approuverait jamais cela. »

LES DESSEINS DE L'ALLEMAGNE SUR LA BELGIQUE

« Si le chancelier désire connaître pourquoi il y eut des conversations sur des sujets militaires entre officiers britanniques et belges, il peut en trouver la raison dans un fait bien connu de lui, savoir : que les Allemands avaient établi un réseau préparé de chemins de fer stratégiques, conduisant du Rhin à la frontière belge et traversant une contrée nue et très peu peuplée, chemin de fer délibérément construit pour permettre une attaque soudaine sur la Belgique, telle que celle qui s'est produite en août dernier. Ce fait seul justifiait toutes les conversations entre la Belgique et les autres puissances en vue de décider que la neutralité belge ne serait violée que dans le cas où une autre puissance l'aurait violée auparavant. La Belgique n'a jamais eu des communications sur d'autres bases que celles-là.

« En dépit de ces faits le chancelier allemand parle de la Belgique comme ayant par ce moyen « abandonné » et « aliéné » sa neutralité, et dit qu'il n'aurait pas parlé de l'invasion allemande comme d'un tort ou d'une injustice s'il avait connu alors les conversations de 1906 et 1911. Il paraît découler de cela que, selon le code de Herr von Bethmann-Hollweg, une injustice devient un droit, si la partie qui doit être la victime de cette injustice en prévoit la possibilité et se prépare à y résister. Ceux qui se contentent d'un idéal plus vieux et plus généralement accepté seront plutôt de l'avis du cardinal Mercier ; il dit dans sa lettre pastorale : « La Belgique était engagée d'honneur à défendre son indépendance. Elle a gardé son serment. Les autres puissances étaient tenues de respecter et de protéger sa neutralité. L'Allemagne a violé son serment, l'Angleterre y est fidèle. Voilà les faits. »

LA VÉRITABLE RAISON DE L'INVASION

« A l'appui de la seconde partie de la thèse du chancelier allemand, savoir, que l'Allemagne a sérieusement saisi ses responsabilités envers les États neutres, il allègue seulement qu'il a parlé franchement de l'injustice commise par l'Allemagne en envahissant la Belgique.

« Qu'un homme connaissant ce qui est juste commette l'injustice, cela n'est ordinairement pas accepté comme une preuve de sérieuse délicatesse de conscience.

« La nature réelle du point de vue allemand au sujet de « ses responsabilités envers les États neutres » peut être apprise par une autorité qui ne peut être discutée, la lecture du *Livre Bleu* anglais.

« Si ces responsabilités étaient réellement prises au sérieux par l'Allemagne, pourquoi a-t-elle refusé de répondre, quand on lui a demandé de respecter la neutralité belge si elle était respectée par la France ?

« Quand on a posé à la France la question correspondante, elle a accepté. Ceci aurait garanti l'Allemagne de tout danger d'une attaque par la Belgique.

« La raison du refus de l'Allemagne est donnée par le collègue de Herr von Bethmann-Hollweg. Cela peut être paraphrasé dans la glose bien connue sur Shakespeare : « Il est armé trois fois celui qui a une querelle juste, quatre fois s'il a porté le premier coup. » « Ils devaient avancer en France, dit Herr von Jagow, par la route la plus courte et la plus facile, afin d'être bien en tête pour leurs opérations et d'essayer de frapper un coup décisif aussitôt que possible. »

« L'attitude réelle de l'Allemagne envers la Belgique fut ainsi franchement donnée par le secrétaire des Affaires étrangères allemand à l'ambassadeur britannique, et le chancelier allemand, dans son discours au Reichstag, réclamait le droit de commettre une injustice en vertu de la nécessité militaire de « tailler une route au travers ». Le traité qui défendait l'injustice était en comparaison un « simple chiffon de papier ». La vérité fut dite dans ces premières déclarations des deux ministres allemands. Toutes les apologies et les arguments qui ont suivi sont des réflexions tardives faites pour excuser et expliquer une flagrante injustice. D'ailleurs toutes attaques contre la Grande-Bretagne par rapport à ce sujet et toutes les conversations touchant les « responsabilités envers les États neutres » viennent vraiment mal de l'homme qui le 20 juillet demandait à la Grande-Bretagne de conclure un marché qui ferait excuser la violation de la neutralité de la Belgique.

LE PRIX D'UNE ENTENTE ANGLO-ALLEMANDE

« Le chancelier allemand a parlé à un correspondant américain de ses efforts durant des années pour amener une entente entre l'Allemagne et l'Angleterre, « entente, ajoute-t-il, qui devait absolument garantir la paix de l'Europe ». Il omettait de mentionner ce que M. Asquith a rendu public dans son discours à Cardiff; que l'Allemagne requérait, comme prix de cette entente, un engagement sans conditions de la neutralité de l'Angleterre. Le Gouvernement britannique était prêt à s'engager à ne prendre part à aucune agression contre l'Allemagne ; il n'était pas préparé à engager sa neutralité en cas d'agression par l'Allemagne.

« Une entente anglo-allemande dans ces derniers termes n'aurait pas donné une garantie absolue pour la paix de l'Europe, mais elle aurait donné une absolue liberté d'action à l'Allemagne, en ce qui concernait l'Angleterre, pour rompre la paix de l'Europe.

« Le chancelier disait que dans sa conversation avec l'ambassadeur britannique en août dernier il « pouvait avoir été un peu excité en voyant ses espérances et le travail de toute sa carrière de chancelier aller à rien ». Si l'on considère qu'à la date de la conversation (4 août) l'Allemagne était déjà en guerre avec la France, la conclusion naturelle est que le naufrage des espérances du chancelier consistait, non dans le fait d'une guerre européenne, mais dans le fait que l'Angleterre n'avait pas accepté de n'y point prendre part.

UN TÉMOIGNAGE DU PEU DE SINCÉRITÉ DE L'ALLEMAGNE

« La sincérité des déclarations du chancelier allemand au correspondant américain peut être montré par un simple témoignage, dont l'application vient ici très à propos parce qu'il sert à rappeler les principaux faits qui ont produit la guerre présente. Herr von Bethmann-Hollweg refusa la proposition faite par l'Angleterre et à laquelle la France, l'Italie et la Russie devaient prendre part. L'Angleterre proposait une conférence où la dispute eût été arrangée en termes honorables et clairs, sans guerre. Si réellement il désirait agir avec l'Angleterre pour conserver la paix, pourquoi n'a-t-il pas accepté cette proposition ? Il devait savoir, après la conférence des Balkans à Londres, qu'il pouvait avoir toute confiance dans l'Angleterre. Herr von Jagow a rendu témoignage au Reichstag de la bonne foi de l'Angleterre dans ces négociations.

« La proposition d'une seconde conférence entre les puissances fut faite par Sir Edward Grey, en exprimant les mêmes désirs de paix qu'en 1912 et 1913. Le chancelier allemand rejeta ce moyen d'éviter la guerre. Celui qui ne veut pas les moyens ne doit pas se plaindre si la fin n'est pas ce qu'il désire. »

La seconde partie de l'entrevue avec le correspondant américain consistait dans un discours sur la moralité de la guerre.

Les choses que l'Allemagne a faites en Belgique et en France ont été certifiées devant le monde par ceux qui en ont souffert et qui les connaissent de première main. Après cela il n'appartient pas au chancelier d'apprendre aux autres belligérants la conduite à tenir en guerre.

(*La Libre Belgique,* n° 2, février 1915, p. 1, col. 1.)

On a vu plus haut que la censure ennemie ne permet pas qu'on parle du chiffon de papier (p. 60).

Le chancelier ne fut pas le seul, le 4 août 1914, à tenir des propos inconsidérés. Son secrétaire d'État, M. von Jagow, fit à notre ministre, M. le baron Beyens, des déclarations qu'il a dû amèrement regretter depuis : n'affirmait-il pas, en effet, que l'Allemagne n'avait rien à reprocher à la Belgique !

Morale à double face.

C'était le 4 août 1914, le jour où l'Allemagne commença sur le territoire belge la longue série des crimes épouvantables qui devaient laisser sur les traces de l'armée teutonne un immense fleuve de sang.

Ce jour-là, à 9 heures du matin, eut lieu, au ministère des Affaires étrangères de Berlin, une entrevue poignante, désormais historique, entre von Jagow, secrétaire d'État, et le baron Beyens, ambassadeur belge.

Après avoir, avec une patriotique énergie et une fière indignation, fustigé l'acte de forfaiture commis par l'empire germanique, le diplomate belge, s'adressant directement à la conscience de son contradicteur, le somma de dire d'une façon formelle son opinion sur la violation d'un pays « auquel (venait de reconnaître le ministre allemand) l'Allemagne n'avait rien à reprocher et dont l'attitude avait toujours été correcte ». Pris à l'improviste, le ministre rougit et, d'une voix tremblante, balbutia : « ...Je le reconnais, je comprends votre réponse..., je la comprends en tant qu'homme privé, mais comme secrétaire d'État je n'ai pas d'appréciation à donner... »

Ces paroles infâmes, qui auraient dû brûler les lèvres de celui qui les prononça, sont rappelées loyalement par le *Livre Gris* belge ; elles sont tellement déshonorantes, tellement flétrissantes pour la diplomatie allemande que le Gouvernement de ce « pays de menteurs » a cru nécessaire de les... rectifier et, dans une note officieuse de la *Norddeutsche Allgemeine Zeitung,* fait dire que von Jagow a simplement dit que « ce qui est vrai pour l'individu ne peut s'appliquer à l'État ! ! ».

Franchement, j'avoue ne pas savoir lequel des deux est le plus méprisable, ou le Jagow qui rougit, ou le Gouvernement allemand qui se cache derrière un journal pour faire connaître au monde pareil sentiment !

Voilà bien la mentalité teutonne peinte par elle-même ! Pour elle, il est donc avéré qu'il existe deux morales : l'une à l'usage des simples citoyens, l'autre à l'usage des États et de ceux qui les gouvernent ; tel acte, réputé criminel pour les premiers, devient vertueux pour les seconds ; ce qui est malhonnête pour les uns, devient honnête pour les autres...

Rêvons-nous ? Dans notre candeur naïve, nous avions cru qu'il n'existe qu'une justice, toujours la même, basée sur le droit éternel et inviolable ; que cette justice — qu'elle s'applique à un homme isolé ou à une collectivité d'hommes — est toujours une, identique à elle-même, ne se pliant ni aux circonstances, ni aux nécessités, ni aux intérêts d'un particulier ou d'un État ; que cette justice domine tout et condamne tout acte criminel, toute forfaiture, toute félonie, tout manquement au droit, au devoir, à l'honneur.

Sans ce grand principe, universellement admis depuis le Christ, la morale n'existe plus; le devoir, le bien, l'honneur ne sont que des mots vides de sens; sans lui, il n'y a plus de place, dans la conscience individuelle et publique, que pour l'anarchie; sans lui, c'est l'effondrement des fondements sacrés sur lesquels repose l'ordre moral et social.

Si l'on supprime ce principe essentiel et primordial, l'odieuse thèse nietzschéenne, qui prétend que *la force crée le droit,* que *la force est le droit,* apparaît supérieure au concept — le seul juste et vrai — qui veut que la force soit uniquement le soutien du droit et ne puisse être mise en action que pour faire triompher le droit.

Quel infranchissable abîme entre la mentalité cultivée de l'Allemand et celle de l'homme civilisé, entre le culte de la force et la pratique du bien !

Parlant de la violation de la neutralité belge, Gladstone disait : *c'est un crime dont aucune nation ne pourrait se rendre coupable.* Le *great old man* parlait comme un sage ancien; il ne connaissait pas l'Allemagne, il ne connaissait pas la « morale à double face » inventée par ce pays.

Parlant de la Belgique, Benoît XV proclamait, le 22 janvier 1915, que NUL *ne peut, pour* QUELQUE RAISON QUE CE SOIT, *violer la justice.* Benoît XV parlait comme un docteur des temps révolus. L'Allemagne a changé tout cela : *Not kennt kein Gebot.* La nécessité domine tout, le droit, la justice, la morale, tout !

La nouvelle philosophie, la *Real-Politik,* est au-dessus de tout, *Deutschland über Alles...* Tout doit plier devant elle, même les principes immatériels de l'universelle justice.

Et dire que cette conception nouvelle du droit a été frénétiquement applaudie par le Parlement allemand tout entier, c'est-à-dire par le peuple allemand tout entier.

Quand, dans le silence et la solitude du soir, des hommes tels que Erzberger et Pfeiffer, qui se donnent pour les champions de la vérité et de la morale chrétiennes, se trouvent en face du Crucifié, qui a donné au monde les grands principes du Droit et qui est mort pour consacrer ce Droit, que doivent-ils ressentir au fond de leur conscience?

Et cet empereur maudit, en regardant ses mains dégouttantes de sang innocent, ne doit-il pas frémir quand il prononce le nom de Dieu, auquel il ne croit pas, à moins d'être le plus grand criminel que l'humanité ait enfanté?   D^r Z.

(*La Libre Belgique,* n° 55, décembre 1915, p. 2, col. 1.)

*
* *

L'Allemagne a-t-elle au moins tiré profit de sa félonie? S'est-elle assuré des avantages qui compensent sa flétrissure? La violation de la neutralité belge lui a-t-elle permis, par exemple, d'écraser la France et de prendre Paris ?

L'échec de l'agression brusquée contre la France n'est pas le seul salaire qu'a reçu la diplomatie d'outre-Rhin pour son indigne conduite vis-à-vis de notre pays. Il ne paraît pas douteux que c'est aussi la méfiance pour les promesses allemandes qui a mis l'Italie aux côtés des Alliés.

Le châtiment.

L'intervention de l'Italie, qui probablement mettra fin aux hésitations des États balkaniques, semble revêtir tout particulièrement le caractère d'un châtiment pour la criminelle et odieuse invasion de la Belgique. Peu de jours avant la déclaration de guerre de l'Italie, un Teuton qui avait passé les neuf derniers mois à Rome se lamentait en ces termes, dans le *Vorwärts* de Berlin, sur l'échec des négociations astucieuses menées par von Bulöw :

« La publication des négociations politiques prouvera *combien fut néfaste la pensée toujours présente que les traités ne sont que des chiffons de papier.* »

(*La Libre Belgique,* n° 26, juin 1915, p. 4, col. 2.)

Les audaces du chancelier teuton.

Nous nous sommes expliqués au sujet de la rupture de la Triple Alliance par l'Italie, mais le discours de M. de Bethmann-Hollweg au Reichstag nous fournit l'occasion de montrer jusqu'à quel point va l'aveuglement germain quand il s'agit de la morale et de la fidélité aux traités.

Ce discours commence en demandant pourquoi Rome a refusé d'un cœur si léger les propositions de Vienne, qui accordaient à l'Italie tant de concessions au Trentin et sur l'Adriatique. A ce sujet le chancelier ose dire qu'il n'appartient pas à l'Italie de juger à quel degré les autres nations méritent la confiance, en prenant pour mesure le degré de loyauté avec laquelle elle-même observe les traités.

Et ce chancelier ose ajouter :

« L'Allemagne garantissait de sa parole que les concessions promises par l'Autriche seraient observées. *Il n'y avait donc aucun motif de se méfier.* »

Comment ces paroles n'ont-elles pas brûlé les lèvres de celui qui proclamait jadis à la même tribune et aux applaudissements des mêmes auditeurs que *nécessité n'a pas de loi,* que, lorsqu'on défend un bien suprême, on peut violer le droit des gens et qu'on *s'arrange comme on peut.* Et le même monsieur qui déclarait à l'ambassadeur de Londres, il y a dix mois, que le traité qui obligeait les grandes puissances et la Prusse à respecter la Belgique et même au besoin à la défendre n'était qu'un chiffon de papier, interdit à l'Italie le droit de juger à quel point l'Allemagne, qui fait profession de mépriser également les lois de la guerre, mérite confiance.

Il est vraiment prodigieux ce chancelier, le plus éminent des hommes, au dire du professeur Lasson, de Berlin (l'un des signataires du fameux manifeste des intellectuels allemands en septembre 1914). Il est même kolossal, pour employer une des expressions favorites aux hommes de la « Kultur ».

Mais ils sont également kolossaux et dignes de la « Kultur » les membres du Reichstag qui ont couvert plusieurs fois de *tonnerres d'applaudissements* l'exorde du même chancelier de chiffon. Celui-ci leur a d'abord fait croire que les Anglais, les Français, les Belges et les Russes étaient absolument trompés par leurs gouvernements et leurs presses au sujet de la marche des affaires en Russie et même en France, puis il a terminé ainsi, sans qu'aucun de ses auditeurs ait soupçonné l'amère ironie qui se cachait derrière les prétentions allemandes :

« Dans cette guerre, ce n'est pas la haine qui nous inspire, c'est l'indignation (*Vifs applaudissements*), la sainte indignation (*Nouveau tonnerre d'applaudissements sur tous les bancs*). Plus est grand le danger auquel nous avons à faire face, entourés que nous sommes de tous côtés par des ennemis, plus profondément l'amour de nos foyers étreint nos cœurs, plus jalousement nous devons veiller à la protection de nos enfants, de nos petits-enfants, plus nous devons tout endurer et tenir bon jusqu'à ce que nous ayons conquis toutes les garanties d'assurance possibles qu'aucun ennemi, soit seul, soit coalisé, n'osera jamais plus se mesurer avec nous les armes à la main. (*Tonnerre d'applaudissements.*)

« Plus sauvagement sévit la tempête autour de nous, et plus solidement nous devons établir les fondations de notre maison. Pour cette conscience de l'union de ses forces, pour ce courage inébranlable, pour ce dévouement sans borne que lui affirme le peuple tout entier, et pour la loyale coopération que vous, Messieurs, n'avez, dès les premiers jours, jamais cessé d'accorder à la patrie, je vous apporte, à vous, les représentants de la nation tout entière, les remerciements chaleureux du Kaiser.

« Pleins de la confiance mutuelle que nous sommes tous unis, nous vaincrons en dépit d'un monde d'ennemis. » (*Applaudissements frénétiques et prolongés.*)

Nous osons croire, au contraire, nous, petits Belges, que si le Kaiser avait à recommencer 1914, il continuerait à jouer les Lohengrin et laisserait là les Attila.

Helbé.

(*La Libre Belgique*, n° 28, juin 1915, p. 2, col. 2.)

N'oublions pas que la Belgique est aussi en guerre avec

l'Autriche. En « brillant second », celle-ci s'est montrée aussi fourbe que l'Allemagne.

Leurs complices.

N'ayant aucune raison pour nous déclarer la guerre, l'Allemagne dut se rabattre sur la nécessité, pour son agression contre la France, d'aller le plus vite possible. Mais l'Autriche-Hongrie ne put rien alléguer pour nous traiter en ennemis. La déclaration de guerre du Kaiser autrichien à la Belgique date du 28 août : elle devait légitimer l'emploi, contre nos forts, de la grosse artillerie autrichienne. Or, en mars dernier, le Gouvernement belge obtint la preuve (et la publia sans recevoir de démenti) que ces obusiers se trouvaient déjà devant Namur le 16 août, donc une douzaine de jours avant que nous fussions en guerre avec l'Autriche !

Du 4 au 28 août, pendant la première phase de notre résistance, Autrichiens et Hongrois demeurèrent à Bruxelles, à Anvers, à Liége, à Namur, etc. Ni les personnages diplomatiques ni les particuliers de cette nationalité ne se virent inquiétés : ils purent renseigner leurs alliés sur les mouvements des troupes belges, de même que sur la présence de forces françaises dans notre Luxembourg et anglaises dans notre Hainaut...

Ce perfide subterfuge, consistant à rompre avec la Belgique seulement après l'occupation de Bruxelles, permit à l'espionnage autrichien de s'exercer sans entraves jusqu'à la venue des « camarades ».

Une telle attitude est à retenir ! Elle confond et égalise dans la turpitude les complices germaniques ; elle les unit dans la répulsion que tout Belge nourrit à l'endroit d'un aussi vil ennemi.

(La Vérité, n° 4, 3 juin 1915, p. 15.)

3. Un exemple caractéristique de la manière allemande.

Nous pourrions clore ici le chapitre traitant de la perfidie allemande. Faisons pourtant un dernier emprunt à nos prohibés, tant le cas que voici abonde en mensonges variés :

Les Allemands au séminaire de Tournai.

CONTRIBUTION A L'HISTOIRE MILITAIRE ET DIPLOMATIQUE DE L'ALLEMAGNE
CONTEMPORAINE

Vers la fin de l'année dernière, quelques semaines après l'occupation de Tournai par les armées de la Kultur, il prit fantaisie au commandant militaire allemand de s'installer dans les locaux du séminaire épiscopal. L'immeuble ne pouvait être considéré comme vacant, bien qu'il eût perdu une grande partie de ses habitants, appelés sous les drapeaux de l'armée belge en qualité de brancardiers. Mais l'autorité allemande le trouvait à sa convenance ; elle décida qu'il était disponible et donna ordre de l'occuper. Ce fait d'armes fut exécuté le dimanche 22 novembre. Ce jour-là avait eu lieu une ordination sacerdotale. Les nouveaux prêtres, évincés de leur réfectoire, durent dîner dans un corridor. Puis ils quittèrent le séminaire pour n'y plus rentrer. Seuls les professeurs furent autorisés à y conserver leur logement, et lorsqu'en janvier 1915 le séminaire rouvrit ses cours, les étudiants, relativement rares, qui répondirent à l'appel durent aller chercher un gîte au village de Kain.

Une fois dans la place, les Teutons étalèrent impudemment l'intention de ne plus s'en aller. Aux réclamations des possesseurs expulsés, ils opposèrent le dédain transcendant qui leur sert de réponse à toute obligation comme à toute vérité qui les dérange. Cet état de choses durait déjà depuis plus de huit mois, quand les journaux non censurés donnèrent connaissance d'une lettre écrite le 6 juillet par le secrétaire d'État du souverain Pontife, cardinal Gaspari, à M. J. Van den Heuvel, ministre de Belgique près le Vatican. On y pouvait lire entre autres choses :

« Ces visites (de S. Ém. le nonce apostolique) contribuèrent à faire délivrer à l'évêque de Namur, ainsi qu'à l'évêque de Liége et à leurs vicaires généraux, le permis de libre circulation dans leur diocèse, *à faire ordonner que l'ambulance militaire fût évacuée du séminaire diocésain de Tournai*, et à obtenir d'autres avantages importants dont, pour être bref, nous omettons l'énumération. »

Grande fut la surprise dans la cité des Choncq Clotiers. Le séminaire évacué ? C'étaient donc les séminaristes belges que l'on voyait entrer et sortir de la vieille maison de la rue des Jésuites, bottés, éperonnés, coiffés et armés comme des aumôniers allemands ? La population tournaisienne n'eut pas l'irrévérence de croire que le secrétaire d'État avait voulu plaisanter, mais elle ne se priva pas de penser et de dire qu'on s'était moqué de lui kolossalement.

Les intéressés crurent avoir trouvé l'occasion propice qui les ferait rentrer, eux dans leur habitation et le cardinal Gaspari dans la réalité des choses. Depuis quelque temps déjà Tournai avait été exclu de la zone de guerre et rattaché au gouvernement de S. Exc. le baron von Bissing. Qu'on le pardonne aux évincés, ce ne fut pas de ce côté que se tournèrent leurs espérances. Ils préférèrent soumettre leurs représentations à un très haut et très bienveillant personnage qui se trouvait en situation de dissiper les illusions de la secrétairerie d'État. Le malheur voulut que ce haut personnage fût, pour des raisons d'étiquette diplomatique, obligé de demander des explications à la plus mauvaise adresse.

A beau mentir qui vient de loin. Mais le grand chef interpellé ne venait pas de loin. Il put donc avec un plein succès affirmer que le séminaire était évacué. On le crut ou on ne le crut pas, peu importe ; il avait mis fin à la conversation d'autant plus sûrement que son interlocuteur ne pouvait, à aucun prix, courir le risque d'être amené à lui dire : « Excellence, vos renseignements sont faux. »

Les choses en restèrent donc là. Le séminaire « évacué » grouillait d'Allemands autant que jamais lorsque, tout récemment, la situation prit fin à l'improviste. Dans le courant du mois d'août, un pince-sans-rire tournaisien, mis en rapport avec un officier allemand, lui dit avec l'air de n'y pas toucher : « Il paraît que le nonce doit venir prochainement visiter le séminaire. » A ces simples mots, l'Allemand prit la figure d'un homme qui découvre tout à coup un horizon immense. Le nonce au séminaire. Le cas devenait grave.

Sur-le-champ, l'exode ou plutôt l'hégire commença. A tout seigneur tout honneur. La marche s'ouvrit par un peloton de soldats escortant six magnifiques cochons, six bêtes de la plus belle race allemande, étalant une prestance de cuirassiers blancs, qui défilèrent par la ville en grognonnant comme de vrais *Unteroffizieren*. Le reste du campement suivit avec armes et bagages, moins ce que l'imminence du péril ne permit pas de déménager.

Le dimanche 22 août, une foule de curieux allèrent contempler le séminaire évacué pour tout de bon cette fois, tels les Troyens allant visiter le camp délaissé par les Grecs, qui avaient fait aussi une retraite stratégique.

Juvat ire et dorica castra desertos videre locos...

Hélas ! sans y songer, nous avons dit le mot de la situation : le mot malsonnant qui peint au vif l'impression causée par un tel spectacle. Ils sont donc les mêmes partout. L'herbe poussera plus que jamais là où les Teutons ont passé. Sur le sol où ils ont laissé l'empreinte de leurs talons ferrés, on peut se demander ce que l'on vient de fouler : une compagnie de landsturm ou un troupeau de mulets. Mais dans les lieux qu'ils ont habités en nombre, le doute n'est jamais possible. On les reconnaît à ce qu'ils emportent et à ce qu'ils abandonnent.

Au séminaire de Tournai la cave était vide, mais la cour était encombrée de literies d'une malpropreté ignoble. D'immondes chaussettes étaient amoncelées dans le réfectoire et des inscriptions de même odeur s'épanouissaient sur les murs. L'une d'elles portait : « *Nach den Aborten.* » On en lit autant dans toutes les gares ; mais au-dessous se trouvait un avis complémentaire impossible à traduire : « Pour ceux qui sont soumis à un traitement spécial, par ici ; pour les autres, par là. »

Il y en avait donc qui se dénonçaient par le chemin qu'ils prenaient, et pour un temps la confession publique aura été en usage au séminaire de Tournai.

Ainsi finit l'histoire de l'occupation allemande au séminaire diocésain. Nous ne la donnons pas pour exceptionnellement importante. Il en est de plus tristes, il en est de plus drôles ; elle ne pose pas en héros d'épopée les jeunes clercs expulsés de leur cassine. Elle a cependant pour nous l'intérêt d'un symbole prophétique. Entré par la force dans la maison d'autrui, nos maîtres s'y maintiennent par la ruse, puis, sur le point d'être convaincus d'avoir menti au chef de la catholicité, ils détalent dans un appareil comique. Ainsi ont-ils envahi notre pays, ainsi en partiront-ils, et le cortège final pourrait fort bien ne pas se dérouler suivant le cérémonial qui aura été réglé par la dernière affiche de notre gouverneur.

Excellence, Excellence ! puisque vous paraissez vouloir que votre règne s'achève dans une atmosphère apaisée, ce n'est pas à nous seuls qu'il faut adresser vos conseils. Tournez-vous vers ceux qui vous ont fait affirmer officiellement des choses qui ne sont pas. Ils ont déjà fortement écorné votre prestige. Si vous leur confiez aussi votre honneur, ils le mettront en charpie. C'est votre affaire plus que la nôtre, et rien ne nous oblige à vous inculquer la seule manière de conduire le peuple belge. Mais pour l'heure des adieux, nous vous souhaiterions, Excellence, d'avoir su le forcer à vous estimer.

Belga.

(La Libre Belgique, n° 46, septembre 1915, p. 4, col. 1.)

C. *L'OUTRECUIDANCE*

Cette face-ci du caractère allemand est trop connue ([1]) et a été trop fustigée dans ces derniers mois, pour qu'il faille reproduire beaucoup d'articles de nos prohibés : ceux-ci, pour personnels qu'ils soient, n'ajouteraient pas grand'chose à ce que le lecteur sait déjà. Contentons-nous de quelques articles, parmi les plus typiques.

1. La « Kultur ».

D'abord la « Kultur », c'est-à-dire, si l'on en croit le Kaiser, cette perfection intime, si supérieure à la civilisation, toute extérieure, des autres nations :

La « Kultur ».

Qu'est-ce donc que la « Kultur » allemande (prononcez *koultour*) dont les occupants provisoires de la Belgique sont si fiers et qui les rend si arrogants, si méprisants pour le reste de l'humanité ?

([1]) Citons, par exemple, les deux lettres de M. Lasson, reproduites par *La Soupe,* n° 162.

La « Kultur » n'a rien de commun avec la culture française, belge,
anglaise, espagnole, italienne, américaine, etc. Elle n'est pas la civilisation ; la façon dont les Allemands envahisseurs se sont conduits chez
nous et dans le nord de la France, depuis le 4 août dernier, le démontre
sans contestations possibles.

On peut être civilisé instruit, gentilhomme accompli, appartenir à l'élite
d'une nation cultivée et honorée et n'avoir point la « Kultur », pour cette
péremptoire raison que pour avoir la « Kultur », il faut être Allemand
d'origine et surtout Allemand de cœur ; il faut, de toute nécessité, être
foncièrement convaincu de la supériorité morale, intellectuelle, scientifique
et matérielle de l'Allemagne, et surtout de son droit indéniable, imprescriptible et essentiel à la domination sur l'univers.

Deutschland über Alles, telle est la devise de tout homme qui possède
la « Kultur ». « L'Allemagne au-dessus de tout » est la pensée dominante,
la suprême règle de conduite de tout citoyen qui a l'insigne honneur et
l'insigne bonheur d'être doué de « Kultur ». Ce don supérieur lui confère
d'ailleurs tous les droits et tient lieu de toutes les qualités ; il peut tout se
permettre envers les êtres inférieurs qui n'ont pas la « Kultur ». Celui qui
l'a reçue peut être arrogant vis-à-vis de ces malheureux, sauf à être plat
comme une punaise quand par accident les tristes créatures privées de
« Kultur » sont gens puissants et fortunés. Dans ces cas, il conserve le
droit imprescriptible de les mépriser intérieurement et de se dire à lui-
même qu'ils ont un sort dont ils sont indignes. Il conserve, d'ailleurs, le
droit de les dépouiller de tout ce qu'ils possèdent à la première occasion
favorable.

Un professeur de Berlin, M. Lasson, a fait sur ce sujet quelques
déclarations qui nous feront mieux saisir ce que c'est que la « Kultur ».
Nous n'en donnons que la crème :

« L'organisation allemande et le peuple allemand *sont le chef-d'œuvre
de la création.*

« *Nous sommes sans égaux.*

« Le peuple allemand a la science, la douceur, *toutes les vertus
chrétiennes.* Il est le peuple *le plus libre parce qu'il sait le mieux obéir.*

« M. von Bethmann-Hollweg est l'homme le plus éminent de l'Europe. »

Le chancelier prussien a montré surtout son éminence dans la déclaration sinistre qu'il a faite le 4 août au Reichstag, lorsqu'il a avoué que
l'Allemagne, en envahissant la Belgique, a attenté au droit des gens, mais
que la nécessité ne connaît pas de loi.

Un autre professeur, qui habite Iéna, a fait récemment une déclaration
qui a été reproduite dans le *Nieuwe Rotterdamsche Courant* de février,
dans laquelle il reconnaît qu'il y a des pays civilisés en Europe et en Amérique, mais que seuls les Allemands ont la « Kultur ».

On peut considérer cette déclaration comme résumant exactement la
doctrine allemande sur la « Kultur ».

En somme, la « Kultur », si on l'analyse avec soin, n'est autre chose que l'infatuation germanique, un composé d'orgueil, de vanité, de suffisance, de naïveté et de rapacité sans frein.

Ajoutons, pour la déterminer plus complètement, ce détail important : la « Kultur » exige beaucoup d'engrais. C'est pourquoi beaucoup d'officiers allemands, qui ont séjourné pendant la guerre en Belgique et dans le nord de la France, ont laissé, dans les maisons et les châteaux qu'ils ont « honorés » de leur présence, la preuve odorante de la vérité de la définition naturaliste, d'après laquelle l'homme est surtout un tube digestif.

Il ne faut pas oublier non plus, pour bien apprécier la « Kultur », cette maxime dont l'expérience des siècles a vérifié la sagesse : « L'orgueil est le père de tous les vices. »

(La Libre Belgique, n° 5, mars 1915, p. 4, col. 2.)

Incroyable.

Sous ce titre, la *Gazette de Cologne* publie ingénument la communication suivante qu'elle a reçue d'un de ses abonnés de Bonn (Prusse rhénane) (Le texte est donné en français et en allemand) :

« Un négociant de Bonn, ayant adressé à la Maison Roulet, de Bienne (Suisse), un chèque de 5.000 marks, à l'appui d'une commande de rubis pour montres, a vu revenir son chèque avec cette mention :

« *La Maison ne fait d'affaires qu'avec les nations civilisées.* »

Ni l'abonné ni la *Gazette de Cologne* n'ont sans doute compris la leçon.

(La Libre Belgique, n° 15, avril 1915, p. 4, col. 2.)

2. Le pangermanisme.

La manifestation la plus dangereuse pour nous de l'orgueil allemand est sans contredit le pangermanisme, d'après lequel la Belgique, ou tout au moins sa partie nord, doit être englobée dans la Grande Allemagne.

Le fanatisme pangermanique.

Dans notre cinquième bulletin nous avons consacré un article à la « Kultur » que les Allemands, ou du moins les plus turbulents et les plus audacieux, déclarent seuls posséder et dans laquelle ils croient trouver une base sérieuse à leur droit de domination sur l'Europe et le monde. Nous jugeons utile de revenir sur ce sujet, auquel les voisins de l'Allemagne et nous-mêmes n'ont pas cru devoir prêter attention, parce qu'ils pensaient que la prétention pangermaniste n'était adoptée en Allemagne que par une minorité de toqués, composée surtout d'officiers retraités désireux de se faire valoir.

La guerre déchaînée brutalement en 1914 par le Kaiser, et toutes les circonstances qui l'ont accompagnée, ont démontré que les classes dirigeantes de l'Allemagne sont malheureusement imprégnées de pangermanisme, que ce fanatisme les domine et les mène, et qu'à cause des universités, de l'enseignement officiel et de la caserne, il règne sur une grande partie de la nation et réagit même sur les meilleurs éléments, voire sur les plus religieux et les plus moraux, dont il fausse la conscience et pervertit les sentiments.

Le patriotisme en Allemagne est devenu, peut-on dire, la religion principale. *Deutschland über Alles,* la devise chère à l'Empereur, remplace en pratique la devise chrétienne : « Aimer Dieu par-dessus tout et votre prochain comme vous-même. » L'Allemagne est la nation élue et le Kaiser est l'élu de Dieu. Il en est persuadé et le proclame sans cesse.

Fin février 1914, ont paru dans la *Post,* journal de Berlin, deux articles significatifs appelant la guerre prochaine, *une guerre formidable, offensive, foudroyante et sans merci ;* il faut profiter de la première occasion, de la première difficulté diplomatique, la situation devenant intolérable et ne pouvant se dénouer que par l'épée, *les 70 millions d'Allemands ne devant pas renoncer au rôle de nation dirigeante de l'Europe.* On crut généralement que ce journal, non officiel, n'était pas un organe sérieux ; les événements ont prouvé qu'il reflétait la pensée gouvernementale.

Le général allemand von Bernhardi, après avoir émis l'opinion que l'Allemagne, voyant sa population augmenter sans cesse, serait acculée à la nécessité de déverser le trop-plein à l'extérieur, ajoutait qu'elle ne devra pas augmenter la puissance de ses rivaux par le flot de ses émigrants. Il continuait en disant :

« *Il nous faut prendre* des terres nouvelles aux États voisins ou bien les acquérir d'accord avec eux. Nous devons devenir une puissance coloniale. Ce que nous voulons, il nous faut l'*obtenir par la force, même au risque d'une guerre.* A cet effet, le *Deutschtum doit affirmer avant tout sa position au cœur de l'Europe.* »

Dans une conférence en 1913, à Berlin, devant la Société coloniale, le professeur Heutsch fait remarquer que la Belgique et le Portugal *n'avaient rien fait* qui justifiât de vastes territoires au Congo.

Cette phrase et celle de von Bernhardi (¹) nous feront comprendre pourquoi l'Allemagne a violé la neutralité belge.

Un volume de 400 pages a été consacré avant 1914 par un écrivain nommé J. L. Reimer, au pangermanisme, sous le titre de : *Une Allemagne pangermaniste.* Voici, d'après ce livre, le résumé de la doctrine :

« La race allemande doit imposer aux autres peuples les bienfaits de sa civilisation supérieure, *en les germanisant.*

« Comment ce plan s'exécutera-t-il ? Par la force :

« L'Allemagne envahira la France et la réduira à merci. Elle établira

______

(1) Voir p. 279. (Note de J. M.)

d'abord sa domination jusqu'à l'Atlantique et la Méditerranée. Puis l'État expropriera les non-Germains, là où ils sont mêlés aux Germains. Ensuite, dans les provinces où il n'y a que des non-Germains, on prendra les mesures les meilleures pour les faire disparaître : travaux les plus périlleux et les plus nuisibles à la santé, et autres malaxations économiques ou morales sur lesquelles nous ne pouvons donner d'explications, notre bulletin étant envoyé chez d'honnêtes familles.

« Ceux des non-Germains qui résisteraient seraient exportés dans l'Amérique du Sud ou en Asie, particulièrement en Chine ; enfin, les gens sans enfants verraient leurs propriétés remplacées par une pension aux frais de l'État. Une germanisation plus faible serait appliquée aux Néerlandais, aux Flamands et aux États scandinaves, dont l'auteur estime qu'on ferait plus facilement de bons Germains, partisans du *Deutschland über Alles.* »

Nous ferons ici observer que parmi les moyens odieux préconisés par l'auteur, il en est que l'Allemagne officielle emploie déjà pour germaniser la Pologne prussienne : l'expropriation. Elle y emploie aussi les verges pour désapprendre aux enfants polonais leur langue et les forcer à dire leurs prières en allemand. Le langage de M. Reimer ne leur a donc pas paru effronté comme à nous et n'a pu aucunement les scandaliser.

L'empereur Guillaume a lui-même un jour dit : « L'Allemagne doit être à la tête du monde. » Le général von der Goltz dont les proclamations cyniques ont été si remarquées à Bruxelles, a dit en parlant de « la guerre future que toute l'Allemagne attendait » en 1913, et qui a éclaté en août avec la soudaineté de la tempête :

« Elle sera violente et sérieuse comme l'est toute lutte décisive entre peuples dont *l'un veut faire reconnaître sa suprématie sur les autres.* »

Cette expression laconique est à méditer profondément. Elle fera comprendre à tous que la lutte actuelle est une lutte d'une grandeur et d'une importance primordiales et que la Belgique n'y combat pas seulement pour son existence et son honneur, mais pour la liberté des peuples de tout l'univers menacée par le monstre pangermain.

Cette lutte doit être continuée jusqu'à ce que ce monstre rende le dernier soupir et en expirant délivre à la fois l'Europe centrale et le monde.

(La Libre Belgique, n° 9, mars 1915, p. 1, col. 1.)

Citations du Chancelier... et d'autres !

LA MODESTIE TEUTONNE

Jamais, a proclamé le chancelier impérial, l'Allemagne n'a recherché la domination du monde. M. de Bethmann-Hollweg est docteur et s'en honore. Cela permet de lui supposer quelque lecture. Qu'il nous autorise à lui citer un certain nombre d'auteurs qui ne sont pas dépourvus de mérite et qui rendent assez aventurée sa pétition de principe.

Henri Heine, d'abord, n'avait-il pas écrit dans la préface de sa *Germania :*

« *Oui, le monde entier sera allemand. J'ai souvent pensé à cette
mission, à cette domination universelle de l'Allemagne, lorsque je me
promenais avec mes rêves sous les sapins éternellement verts de ma
patrie.* »

Vous m'objecterez qu'il ne faut voir là que l'aveu enthousiaste d'un
poète, entraîné par sa fantaisie, et que je ferais mieux de consulter un de
ces spécialistes, érudits et consciencieux, qui font la gloire de la science
allemande. Interrogeons, par exemple, le Dr Reimer ; nous trouvons dans
son livre : *Une Allemagne pangermanique,* que la race germanique a le
droit de prétendre à l'hégémonie. « *Elle arrivera à l'exercer,* dit-il, *si elle
a conscience de sa force et la volonté d'employer cette force à se faire la
place qui lui revient. L'Allemagne doit s'unir aux populations auxquelles
la rattache une communauté d'origine, et doit dénationaliser toutes les
autres.* »

Cela au moins est dit par un homme grave, c'est scientifique, c'est
précis. Mais un professeur, fût-il dix fois docteur, qu'est-ce en Allemagne
à côté d'un officier ? Or voici ce que pense un militaire comme le général
von Meissendorf, auteur de *La France sous les armes* (¹) : « *De même que la
Prusse a été le noyau de l'Allemagne, de même l'Allemagne régénérée
sera le noyau du futur empire d'occident. Et afin que nul n'en ignore,
nous proclamons dès à présent que notre nation continentale a droit à
la mer, non seulement à la mer du Nord, mais encore à la Méditerranée
et à l'Atlantique.* »

C'est catégorique, c'est net comme un coup d'épée, mais von Meissendorf n'est que général, peut-être ne pense-t-il pas comme il convient.
Voyons plus haut, l'avis d'un feldmaréchal, que dis-je, d'un pacha, de
celui-là même à qui nous devons la phrase heureuse qui sert de devise au
Belge. Voici ce qu'écrivit von der Goltz dans son chef-d'œuvre : *La
Nation armée* (²) : « *Il est nécessaire avant tout que nous comprenions et
que nous fassions comprendre à la génération que nous élevons que le
temps du repos n'est pas encore venu, que la prédiction d'une lutte finale
pour assurer l'existence et la grandeur de l'Allemagne n'est pas une
chimère née dans la tête de fous ambitieux, mais qu'elle viendra un
jour inévitablement, violente et sérieuse comme l'est toute lutte décisive
entre peuples* dont l'un veut faire reconnaître définitivement sa
suprématie sur les autres. »

Et maintenant, voici une citation impériale..... presque divine. Guillaume II, sur le point de partir en représentation au Maroc, laissa tomber
de ses augustes lèvres, le 23 mai 1905, un discours dont voici une des
gemmes, tenez-vous bien :

« *Si plus tard, on doit parler dans l'histoire d'un empire universel allemand ou d'une domination universelle des Hohenzollern, il faudra que*

---

(1) Trad. de Jæglé, p. 458.
(2) Trad. Hennebert, p. 375.

cette domination soit établie non par des conquêtes militaires, mais sur la confiance réciproque des nations qui poursuivent toutes un même idéal. Il faut que vous ayez la ferme conviction que le bon Dieu ne se serait jamais donné autant de peine pour notre patrie allemande et pour son peuple, s'il ne nous réservait pas une grande destinée. Nous sommes le sel de la terre..... »

Eh bien, d'après le chancelier de l'Empire, tous ces gens-là ne sont que des mazettes; poètes, historiens, généraux, empereur et, s'il faut en croire l'Empereur, Dieu lui-même, tous se sont trompés.

M. de Bethmann-Hollweg seul détient la vérité : « L'Allemagne n'a jamais cherché à dominer l'Europe. »

Il est vrai que des gens très sérieux prétendent qu'il n'en serait pas à son premier mensonge.

(Le Belge, n° 3, septembre 1915, p. 3.)

3. Leur talent d'organisation.

Enfin, leur fameux talent d'organisation !

Leur administration.

Finissons-en une bonne fois avec la tapée des stratèges politico-mystiques en chambre qui nous assomment de leur bavardage, qu'ils tâchent de rendre solennel, en pontifiant le pessimisme. « On a beau dire, répètent-ils sur un ton entendu, l'Allemagne est le pays par excellence de l'organisation...! »

Si « organisation » veut dire multiplicité des avis, arrêtés, prescriptions, etc... et si cela suffit, il n'y a pas à dire, l'Allemagne est d'une force sans pareille. On n'a qu'à parcourir jusqu'à nos plus modestes bourgades, et l'on verra les murs enduits d'une couche épaisse de papiers administratifs de tous calibres. Si cela suffit à nos bonshommes pour chanter la gloire des Boches, que grand bien leur fasse !

Il serait néanmoins intéressant de faire un bout d'enquête pour voir à quoi rime tout ce papier. Or, il appert que très souvent ces élucubrations, aussi savantes qu'impérieuses, ne sont que... lettre morte : du bluff et encore du bluff. Plus tard les badauds resteront bouche bée devant la sagesse de l'occupant, qui a su tout réglementer, tout prévoir. Il sera bon alors de pouvoir opposer à cette documentation la constatation de son inefficacité.

Nous nous proposions de relever ici des faits précis, mais, après réflexion, nous craignons de rendre service à l'ennemi bien plus qu'aux nôtres. Qu'il nous suffise de signaler la chose. Un peu d'attention fera recueillir des observations inappréciables. A propos de la plupart des ordonnances qu'on note donc leur inexistence pratique. Non seulement toutes ces mesures ne sont pas appliquées, mais souvent elles ne le sont pas du fait même des entraves que le législateur (le mot est bien gros!) apporte à l'exécution de ses propres décisions.

(*Revue hebdomadaire de la Presse française*, n° 52, p. 236.)

Leur organisation.

Il paraît qu'il se trouve en Belgique des gens que l'organisation allemande réussit à épater. Vraiment ces gens sont encore plus extraordinaires que les Allemands. Ont-ils perdu tout à fait le souvenir de ce qui se passait ici avant la guerre?

Nous ne voulons pas parler de l'organisation militaire; celle-là est réellement épatante, de malhonnêteté surtout, et de duplicité. Ils étaient certes organisés et informés supérieurement, les officiers qui, arrivant dans nos villes et nos villages savaient exactement, mieux parfois que les autorités communales, comment ils pourraient loger leurs hommes, leurs chevaux et leurs canons, de combien de chambres se composait l'habitation du maire, du notaire ou du médecin; où se trouvaient dans les caves le bon vin; dans les châteaux, les meubles dignes de faire un voyage en Germanie; dans les usines, les réserves de métal ou de coton.

Il n'y a pas à dire, c'est très beau cette organisation et il y a de quoi en être fier. Superbe aussi d'être prêt à se jeter à la gorge d'un ennemi cent fois moins fort que soi, de l'espionner et d'endormir sa confiance tout en préparant son meurtre dans l'ombre et le mystère; superbe encore de mobiliser ses troupes bien avant les menaces de guerre, pendant que les pourparlers de paix se prolongent et que l'ennemi, non le petit voisin dont on ne fera qu'une bouchée, mais l'autre, le grand, ne bouge pas pour montrer son désir de conciliation et ne pas déchaîner l'orage. Nous vous l'accordons, elle est vraiment épatante cette organisation du crime et de la rapine.

Mais ce n'est pas cette organisation-là que certains Belges admirent, c'est celle du territoire occupé. Pensez donc, après dix mois d'occupation (non, soyons généreux, après sept ou huit, puisque depuis déjà quelque temps cela marche ainsi) pensez donc, les chemins de fer roulent; ils roulent même sans accroc, sans accident. Pas de rencontre, jamais; ils roulent bien sagement sur leurs rails et jusqu'ici pas un n'a eu la fantaisie de quitter la voie montante pour aller sur la voie descendante; ce serait pourtant le seul moyen de faire un petit accident puisqu'il n'y a pas de croisements et que les lignes secondaires ne sont pas exploitées; jamais non plus un train ne s'est emballé au point de tamponner celui qui le précédait de plusieurs heures. Je sais bien qu'il faudrait pour cela que le machiniste de l'un d'eux s'endorme sur sa machine, les trains étant si fréquents. Mais enfin ça pourrait arriver tout de même... si l'organisation n'était pas si parfaite.

Pour être juste pourtant, il nous faut mentionner les beaux accidents du plan incliné de Liége. Ça c'était soigné et vraiment réussi.

Et le transport des marchandises et des petits colis. Quelle rapidité ! Et les passeports !! Tout cela marche comme sur des roulettes. Voyager est redevenu un plaisir et un plaisir si bon marché !!

Jamais en huit mois, c'est bien certain, les Belges n'auraient réussi à rebâtir les ponts détruits et les voies endommagées ni à faire marcher des trains dessus. Ce prodige d'organisation est bien au-dessus de l'intelligence de nos ingénieurs.

Sérieusement, croit-on qu'en France, dans la région dévastée que les armées alliées ont reconquise entre la Marne et l'Oise, les communications ne sont pas rétablies depuis longtemps et que le transport des troupes, des munitions et même des civils ne se fait pas aussi régulièrement et peut-être mieux qu'ici ?

Il y a aussi la réglementation de la vente des denrées, blés, fourrages, viandes, etc. que d'aucuns ont la naïveté d'admirer. A entendre les explications de ces messieurs de la Kommandantur, c'est parfait et le but de ces mesures est vraiment admirable. Mais allez y voir de plus près : ce maximum de prix n'est nullement respecté par les émissaires de l'armée allemande qui, précédant sur les marchés les acheteurs belges, raflent tout ce qui leur convient. Pour ce qui est de certaines marchandises, tels les fourrages, le recensement des bestiaux, chevaux, etc., le rationnement de leur alimentation permettra tout simplement aux Allemands de réquisitionner le surplus, tandis que nos fermiers et nos éleveurs devront se contenter de donner à leurs bêtes la maigre ration imposée.

Réservons notre admiration pour un objet plus digne d'elle que l'organisation allemande, et pensons à nos alliés français qui, en quelques mois, avaient rattrapé la forte avance que leurs ennemis avaient sur eux, ont monté, transformé, réorganisé leurs usines, leur ont fait produire des munitions et encore des munitions, ce pendant qu'ils avaient à faire face à d'autres charges, notamment aux besoins des réfugiés venus par milliers de France et de Belgique. Tous ceux qui ont été témoins de cet effort en ont été émerveillés.

Soyons bien certains que nos autres alliés entrés en lice avec une armée et un outillage plus qu'incomplets, se rendant maintenant compte de l'effort qui leur est demandé, égaleront et surpasseront bien vite leurs ennemis. Les ouvriers volontaires affluent en Angleterre, on a construit des usines, des machines, l'activité est intense. N'oublions pas non plus que l'argent est le nerf de la guerre et que le commerce toujours florissant de l'Angleterre, grâce à la protection de sa marine puissante, lui a permis de drainer au profit de tous les alliés des sommes considérables.

Quant à nous Belges, si nous sommes ligotés ici, nos compatriotes de l'autre côté du mur ont dans leurs tranchées et dans les usines de munitions une organisation qui n'est certes pas inférieure à celle de leurs alliés et de leurs ennemis. Et même ici; le fonds de chômage, les œuvres diverses, ne témoignent-elles pas d'un réel talent d'organisation ? Seulement, chez nous et chez les alliés l'organisation peut aller de pair avec la liberté, tandis que chez les Germains tout est réglementé, tout se fait par ordre. On doit agir et même penser comme les autorités ordonnent de penser et d'agir. Le mot liberté existe peut-être dans leur langue, mais ils n'en connaissent pas la véritable signification ni la pratique.

LĪBER.

(*La Libre Belgique,* n° 45, septembre 1915, p. 2, col. 1.)

La Libre Belgique est modeste, comme on le voit. Elle aurait pu citer bien d'autres domaines où s'est manifesté l'esprit d'organisation des Belges, s'il n'avait pas été inutile de dire cela à nos compatriotes. Mais nous ne pensons pas que nous tomberons nous-mêmes dans le péché d'orgueil en les rappelant ici.

Ne vous semble-t-il pas que le seul fait d'imprimer et de remettre à domicile des journaux prohibés, en plein pays envahi, sous la tyrannie la plus brutale qu'on puisse imaginer, révèle déjà un joli talent d'organisation?

Et l'exode de nos miliciens qui rejoignent l'armée, de nos métallurgistes qui vont travailler aux munitions, de nos infirmières qui désirent soigner nos blessés (voir p. 164)! Bravant les condamnations à mort, des groupements d'hommes dévoués organisent cette émigration. Beaucoup de ces patriotes ont déjà été passés par les armes, et leur exécution est aussitôt portée à notre connaissance par des affiches officielles. Peu importe. La disparition des chefs ne jette qu'un trouble passager; aussitôt des bonnes volontés se présentent pour remplacer les fusillés. Se figure-t-on bien ce qu'il faut de dévouement, d'ordre et de discipline pour mener à bien une tâche aussi difficile, paraissant au premier abord aussi irréalisable!

Et le ravitaillement de la Belgique? Voilà un pays complètement vidé par les réquisitions et les contributions de guerre, le pays qui a la population la plus dense du monde. En un mois, octobre 1914, des hommes dont on ne saurait assez louer le patriotisme et l'activité, organisent le ravitaillement du pays, malgré les incessantes difficultés que suscitent les autorités occupantes (¹).

Les Allemands, eux, après avoir organisé pendant quarante

---

(1) Voir *Comment les Belges résistent...,* p. 149.

ans l'attaque brusquée de la France, ont vu échouer lamentablement leur plan de campagne.

4. Ils commencent à entrevoir la vérité

ou, tout au moins, ils baissent de ton. Il n'y a plus que les
pointus qui restent fidèles à l'arrogance de jadis. Voici deux
articles de *La Libre Belgique* :

Une sensationnelle, mais hypocrite, conversion.

Le *Times* du 23 mars écoulé publie une remarquable lettre d'un des
plus notables chefs du pangermanisme teuton, le général von Bernhardi.

Cette lettre fera certainement sensation. On peut même dire qu'elle est
un véritable signe des temps, car elle décèle chez son auteur un sens vrai
des événements. Elle prouve qu'il commence à comprendre l'énormité de
la faute, ou, pour mieux dire, du crime auquel lui et ses pareils ont
poussé l'Allemagne et sa malheureuse alliée l'Autriche, en leur faisant
préparer et déclarer la guerre européenne.

Cette lettre est assez longue. Nous laisserons de côté tout ce qui concerne l'histoire des faits qui ont précédé les déclarations de guerre de
l'Autriche à la Serbie et de l'Allemagne à la Russie, à la France et à la
Belgique. Cette histoire, arrangée selon les procédés allemands habituels,
n'est qu'une nouvelle édition de la fable que tous les Germains et les germanophiles répètent depuis août dernier, avec une constance qui jamais
ne se lasse : l'Allemagne n'a fait que se défendre contre une coalition qui
voulait son écrasement.

Mais nous attirons l'attention sur la déclaration des principes et des
sentiments que M. von Bernhardi donne aujourd'hui, comme étant ceux
de toute la partie dirigeante de la nation et de l'Empire allemand et qui
ont toujours inspiré sa politique. M. von Bernhardi s'exprime ainsi à ce
sujet dans la lettre que le *Times* publie :

« Il n'a jamais été dans nos intentions de conquérir ou d'assujettir des
nations étrangères ; en faisant cela, nous nous créerions uniquement de
nouveaux ennemis. Nous n'avons pas exercé dans ce but notre pays aux
armes, ni complété nos armements. Mais il était de notre devoir de renforcer notre pouvoir politique et militaire, jusqu'à ce que nous ayons
acquis l'assurance de développer nos intérêts industriels et notre culture,
sans être contrariés par les puissances étrangères. Le but du militarisme
allemand n'était pas d'attenter à la liberté des autres États, mais de protéger notre propre liberté. Depuis des années nous pouvions prévoir que
les ennemis qui nous entourent presque de tous côtés en viendraient à se
donner les mains pour écraser l'Allemagne grandissante. »

Ce tableau de la mentalité pangermaniste que nous présente von Bernhardi, après les échecs et les mécomptes que la triplice austro-germanoturque a subis depuis huit mois, est bien différent de celui que le même général nous offrait, il n'y a pas longtemps, au sujet des devoirs et des besoins de l'empire. Aujourd'hui, il est respectueux de la liberté et de la propriété d'autrui ; il ne demande que la sécurité et la liberté de l'Allemagne, cette malheureuse nation qui ne voulait attaquer ni assujettir aucun peuple et qui n'a fait que se défendre contre les implacables ennemis qui « l'entouraient de tous côtés ».

Si l'on doutait encore de l'issue certaine du gigantesque conflit qui met aux prises les principales puissances européennes et qui les ruine, on verrait clairement de quel côté penche la balance, en comparant le von Bernhardi doucereux et pacifique d'aujourd'hui, avec le von Bernhardi belliqueux et sans scrupules d'hier.

Ce général était devenu, depuis sa mise à la retraite, le plus fougueux avocat des ambitions et des prétentions de la « Kultur », c'est-à-dire de l'orgueil et de l'avidité allemandes.

Voici ce qu'il écrivait avant la guerre :

« Notre population est de 65 millions d'habitants et elle augmente de 1 million par an. Il est impossible que l'agriculture et l'industrie parviennent à procurer à cette masse humaine, sans cesse croissante, des moyens d'existence suffisants. Nous sommes donc acculés à la nécessité de déverser dans les colonies le trop-plein de notre population. *Mais si nous ne voulons pas augmenter la puissance de nos rivaux par le flot de nos émigrants, il nous faut prendre des terres nouvelles, dont nous avons besoin, aux Etats voisins, ou bien les acquérir, d'accord avec eux. Ce que nous voulons, il nous faut l'acquérir par la force, même au risque d'une guerre.* A cet effet, le *Deutschtum* doit affirmer avant tout sa position au cœur de l'Europe et développer tous ses moyens d'action, de manière à jeter dans la balance le poids entier d'une nation de 65 millions d'habitants. »

Le même général von Bernhardi disait aussi, avant 1914 :

« La guerre est un *instrument de progrès, un régulateur de la vie de l'humanité, un facteur indispensable de civilisation, une puissance créatrice.* C'est une erreur de penser qu'il ne faille jamais rechercher ou provoquer une guerre. Il ne faut pas voir dans la guerre les calamités physiques qu'elle entraîne, pas plus qu'il ne faut déplorer le mal que fait un chirurgien, sans penser aux conséquences d'une haute portée qu'aura l'opération. *C'est à la diplomatie à arranger les questions épineuses où la morale semble menacée.* »

La comparaison des déclarations d'avant la guerre et de celles d'après les événements des huit derniers mois, permet de juger des motifs de la conversion du vieux guerrier et de la sincérité de cette conversion.

Si le pangermanisme était triomphant, l'ancien apologiste de la guerre parlerait un langage tout différent.

Sa conversion, quelque forcée qu'elle soit, sera suivie de beaucoup d'autres (¹).

(La Libre Belgique, n° 11, avril 1915, p. 3, col. 2.)

Un aveu angoissé.

Le Tag de Berlin, conservateur gouvernemental, fait l'énumération des faux calculs de la politique allemande. C'est la première fois qu'un journal de ce parti a la franchise de convenir de ces vérités désagréables :

« Nous nous sommes trompés dans tant de nos calculs. Nous nous attendions à ce que l'Inde entière se révoltât au premier son des canons en Europe, et voilà que des milliers et des dizaines de milliers d'Indiens combattent maintenant avec les Anglais contre nous. Nous nous attendions à ce que l'Empire britannique fût réduit en miettes ; mais les colonies britanniques se sont unies comme elles ne l'avaient jamais fait auparavant à la mère patrie. Nous nous attendions à un soulèvement victorieux dans l'Afrique du Sud britannique, et nous ne voyons là qu'un fiasco. Nous nous attendions à des désordres en Irlande, et l'Irlande envoie contre nous quelques-uns de ses meilleurs contingents. Nous croyions que le parti de la « paix à tout prix » était tout-puissant en Angleterre, mais il a disparu dans l'enthousiasme général qu'a suscité la guerre à l'Allemagne. Nous calculions que l'Angleterre était dégénérée et incapable de constituer un facteur sérieux dans la guerre, et elle se montre notre ennemi le plus dangereux.

« Il en a été de même avec la France et la Russie. Nous pensions que la France était corrompue et qu'elle avait perdu le sens de la solidarité nationale, et nous constatons maintenant que les Français sont des adversaires formidables. Nous croyions que la Russie ne pouvait rien faire, nous jugions que ce peuple était trop profondément mécontent pour combattre en faveur du Gouvernement russe, nous comptions sur son effondrement rapide, en tant que grande puissance militaire. Mais la Russie a mobilisé ses millions d'hommes très rapidement et très bien, son peuple est plein d'enthousiasme et sa force est écrasante.

« Ceux qui nous ont conduits à toutes ces erreurs, à tous ces faux calculs, à toutes ces grosses méprises sur nos voisins et sur leurs affaires ont assumé un lourd fardeau de responsabilités. »

Le Tag aurait pu ajouter :

« Nous nous sommes trompés en comptant pour zéro la résistance des Belges, et nous nous sommes trompés en espérant que l'Italie nous suivrait dans une guerre agressive. Ces deux erreurs ont eu aussi de notables résultats. »

(La Libre Belgique, n° 12, avril 1915, p. 4, col. 1.)

---

(1) On pourrait ajouter que von Bernhardi a été jeté par-dessus bord par ses anciens fidèles : voir Comment les Belges résistent..., p. 211. (Note de J. M.)

Leur retour à une plus saine conception des choses se manifeste encore d'une autre façon : ils sont conscients de l'aversion qu'ils inspirent au monde entier. Aussi assistons-nous depuis quelques mois à l'éclosion d'une abondante litté-rature qu'on peut réunir sous ce titre général : Pourquoi on les déteste. *La Soupe* (n° 396) a consacré un fascicule très intéressant au résumé des idées de M. le professeur Dr Robert Jannasch, de M. le Dr Konrad Lange et de M. le curé Willy Veit.

D. *L'EXPLOITATION SYSTÉMATIQUE DE LA BELGIQUE*

Il ne s'agit pas ici du pillage pratiqué sous les yeux et avec la complicité évidente du haut commandement (¹), mais du pressurage méthodique, à coups d'arrêtés et de « jugements », auquel on soumet notre pauvre pays.

Voici d'abord un exposé général, sous forme de chronique :

Le brigandage allemand.

> *L'occupant doit nourrir l'occupé.*
> (Droit international.)

Ce n'est pas assez de dire que l'attentat contre la Belgique était une nécessité stratégique pour les agresseurs germains ; elle était aussi une nécessité économique ; elle livrait aux barbares un grenier d'abondance.

Spoliés, razziés, affamés, toutes nos souffrances viennent des Prus-siens. Aucun soulagement ne leur est dû. Ce qui rend notre situation moins pénible se créa à l'initiative des Belges, avec l'appui de neutres, et en dépit des obstacles suscités par l'ennemi. Les impostures alboches ne prévaudront jamais contre cette vérité.

Les sommaires éphémérides ci-dessous sont extraites d'un dossier volu-mineux. Que chacun en fasse le sujet de ses entretiens : il n'est point de meilleure propagande ! Voyez bien les conclusions finales.

Août 1914. — Nos autorités prennent des mesures contre la cherté des vivres. Les hordes d'invasion gaspillent les aliments ; nos populations ont à peine le nécessaire. — Les Prussiens apposent une fausse signature du gouverneur de la Banque nationale de Belgique sur des billets de 1 et

---

(1) Voir *Comment les Belges résistent...*, p. 159.

2 francs qu'ils ont volés à la succursale d'Aerschot et mettent ces faux billets en circulation. — Ils suppriment le téléphone public.

Septembre. — L'envahisseur réquisitionne à tour de bras et impose aux villes de lourds tributs payables en métal. — Malaise monétaire. Renchérissement général, déterminé par le fait que l'ennemi abroge les restrictions imposées par l'autorité belge, ce dont notre commerce s'empresse de profiter ! — Von der Goltz affiche que la rupture d'un fil de téléphone ou télégraphe, partout où les troupes en installent, entraînera le paiement d'une amende par les habitants, « qu'ils soient coupables ou non » ! — Usage des véhicules contrôlé ; tramways vicinaux supprimés. Ces ordonnances ont pour effet d'étendre le chômage. — Le régime des « bons de guerre » fait faire la grimace aux marchands. — Von der Goltz ordonne le paiement des contributions, patentes, etc., à la caisse allemande ! La farine manque dans la moitié du pays où les barbares sont passés ; cette disette s'étendra à mesure que l'invasion s'avancera.

Octobre. — Von der Goltz se plaint d'attentats contre les communications militaires ; il prend des otages partout où ces faits sont constatés et annonce que, s'ils se renouvellent, ces malheureux seront passés par les armes « qu'ils soient coupables ou non » ! — Bicyclettes proscrites. — Défense de laisser sortir les pigeons. — Abondantes rafles de chevaux et de vivres. — Le Gouvernement usurpateur place sous les lois de la guerre les Belges nés en 1894, 1895 et 1896 ; si ces jeunes gens quittent le pays, « leurs parents répondront d'eux avec leur propre vie » ! — Pénurie de farines. L'intendance prussienne enlève les réserves des villes et les récoltes des campagnes ; cela pousse des Belges à dissimuler des stocks ; voilà l'origine de déplorables accaparements. — L'automobile proscrite à son tour, le ravitaillement devient extrêmement difficile : famine dans nos provinces ; à Bruxelles même, des boulangeries se ferment. — Des courtiers d'outre-Rhin font leur réapparition et s'efforcent de renouer des relations d'affaires ! Beaucoup d'exportations industrielles sont frappées d'interdiction... pour les Belges ! — La monnaie allemande est imposée au cours de 1ᶠ25 le mark (¹). — Les espions organisent la chasse aux apporteurs de fonds destinés aux familles de soldats, aux agents de l'État, etc. Les pensionnés ne touchent plus leur dû ; des fonctionnaires se trouvent à bout de ressources, la gêne se généralise. — Entrés à Anvers, les Prussiens y dévalisent les entrepôts particuliers, en violation du Droit. Ce butin est pour l'Allemagne (valeur : 1 demi-milliard) ! — Von der Goltz a proclamé sa volonté de « consolider la vie économique du pays ». A ces paroles, il suffit d'opposer ses actes ! — Pour remédier au paupérisme qui ne fait qu'empirer, s'est fondé, à Bruxelles, le *Comité de secours et d'alimentation.* Après avoir créé la

------

(1) En beaucoup d'endroits, le mark est même coté 1ᶠ30 : voir *Comment les Belges résistent...,* p. 175. (Note de J. M.)

« Soupe communale », il organise le ravitaillement du Brabant. — A la suite du licenciement de la garde civique, on s'attend à une certaine amélioration des affaires. Mais le Prussien somme les gardes civiques de se soumettre à son contrôle, ce qui empêche les retours espérés. — Déplacements interdits dans toutes les directions, excepté Liége et le Limbourg. — Les produits d'imprimerie, les théâtres, etc., sont soumis à la censure. — Anvers doit verser aux spoliateurs une contribution de guerre de 5o millions; ce même chiffre est définitivement arrêté pour Bruxelles; Liége a payé 3o millions; et ainsi de suite !

Novembre. — Les Prussiens, parce qu'on a rossé, près de la Bourse, un mouchard allemand (en civil) et un soldat venu à son aide, condamnent la ville de Bruxelles à une amende de 5 millions ! — Les États-Unis et le Canada nous envoient de la farine. Le « Comité d'alimentation » s'étend à tout le pays, que l'incurie allemande laisse dans le dénûment. Cette impuissance, dans un domaine de première importance, prouve combien le bluff a surfait l'organisation allemande. — Le Prussien mande aux autorités communales de ne plus nourrir les ouvriers qui n'acceptent pas du travail salarié (nos ouvriers refusent de collaborer aux fournitures *militaires*). — L'heure allemande devient obligatoire; les délinquants sont frappés d'amendes. — Le serment exigé des gardes civiques pousse à l'exil un grand nombre de patrons; ils craignent de se voir déportés en Allemagne, comme cela s'est fait ailleurs, et même aux portes de la capitale (à Tervueren). — La situation économique s'empire; l'hiver s'annonce dur… Par suite de la suppression de tout transport, le charbon s'épuise et enchérit; la bâtisse ne peut reprendre. L'industrie chôme forcément. Misère. — Tout passeport est refusé aux hommes de 18 à 45 ans. — L'ennemi s'empare du cuivre, du nickel et d'autres métaux nécessaires à la confection des munitions; fabriques arrêtées par suite de l'enlèvement de leurs cuves de cuivre. — Vers cette époque commence le pillage systématique de nos ateliers de construction : l'outillage industriel (machines-outils) prend le chemin de l'Allemagne. Cela continuera pendant plusieurs mois ! Le matériel emporté représente une valeur de plusieurs centaines de millions. Ces vols à peine déguisés rendent le travail impossible dans beaucoup d'établissements, privent de gagne-pain des centaines de milliers de familles ! — Écrasée de charges extraordinaires, la ville de Bruxelles ne peut commanditer un organisme intercommunal d'assurance des risques de guerre qui cherche à se constituer afin de ranimer l'industrie du bâtiment.

Décembre. — Le spoliateur von der Goltz part. Le détrousseur von Bissing arrive. En s'en allant, le premier déclare que la situation en Belgique est « normale ». Toutefois, son successeur annonce qu'il va faire tout son possible pour restaurer l'activité économique du pays et soutenir les faibles. Voilà les paroles; nous allons voir les actes.

A peine installé, von Bissing inflige aux provinces belges une nouvelle contribution de guerre, de 480 millions de francs, payables par mensualités ! — L'envahisseur rétablit la circulation des tramways vicinaux et prélève la moitié des recettes. — Il vide nos étables. — La presse étrangère s'indigne de l'avidité prussienne à propos des extorsions d'argent opérées en Belgique. — Von Bissing place les sociétés où des étrangers belligérants ont des intérêts sous la surveillance de ses bureaux. En revanche, il nous apprend que l'Allemagne, l'Autriche et la Turquie « ne sont pas des puissances étrangères ou ennemies » ! Il est défendu d'inciter quelqu'un à refuser de travailler pour ces États... — Les amendes pleuvent sur les communes et sur les particuliers. Tout prétexte est bon. Von Bissing renforce la chasse aux importateurs d'argent. A la frontière, on échange de force l'or contre des marks. — Le transport des lettres est prohibé afin d'obliger le public à user de timbres allemands.

— En Italie, en Suisse, en Hollande, au Chili, au Canada, aux États-Unis, la voracité des Prussiens provoque des manifestations publiques contre eux et pour les Belges. — L'importation du sel est prohibée, sauf s'il vient d'Allemagne. Nos Flandres manquent de froment, de seigle, de pommes de terre, de charbon. — Faim et froid étreignent le pays. Détresse et dénûment partout. — Von Bissing obtient de l'avancement : il est nommé général-colonel. — Il destitue la Banque nationale de son privilège d'émettre du papier-monnaie et le repasse à la Société générale.

— L'assurance des risques de guerre s'organise à Bruxelles en vue de remettre en train la bâtisse et les industries qui s'y rattachent ; l'esprit de lucre est exclu de cette œuvre mutualiste.

Janvier 1915. — Les étages de nos ministères, dans les salons desquels siègent les bureaux de l'Usurpation, sont convertis en prison temporaire. Von Bissing réorganise le service des mouchards et en accroît le « rendement ».

— Le Comité d'alimentation étend ses secours à plusieurs localités françaises que l'ennemi laisse également dans la détresse. — Von Bissing réglemente la confection des pâtisseries. — Mieux avisé, le Comité belge-américain installe des magasins communaux qui mettent un frein à la hausse des denrées. — En encaissant 40 millions par mois, von Bissing s'est engagé à ne plus imposer provinces ni communes ; mais il s'est réservé le droit d'infliger des amendes, et il en use immodérément. — Redoublement de la traque aux apporteurs d'argent d'État. — Il taxe les morts (permis d'exhumer), les chasseurs, les pêcheurs ; il établit un impôt extraordinaire à charge des citoyens ayant quitté le pays !

— Malgré les efforts du Comité d'alimentation, lequel n'obtient aucune espèce d'aide des Prussiens, une partie de la nation s'anémie dans les privations ; sans railway, sans automobiles, sans chevaux, même sans bicyclettes, la distribution des vivres en province devient presque impossible. — Grâce à l'Assurance mutuelle, la bâtisse reprend. En face de l'incurie et de la mauvaise volonté de l'occupant, ces réalisations représentent des efforts admirables.

Février. — Von Bissing interdit les réunions politiques, traque les mobilisés qui partent pour le front et vole le pain des ouvriers du railway en confisquant les fonds destinés au paiement de leurs demi-salaires.

— Pour pouvoir donner de la farine à tout le monde, la ration de pain est limitée dans les villes. — Von Bissing protège le cochon que le paysan abat, faute de pouvoir l'engraisser. Cette mesure ne sert à rien. Mais le Comité impose à Bruxelles et à Anvers le pain blanc, ce qui permet de prélever le son nécessaire à l'élevage des porcs.

— Le gouverneur impérial limite les déplacements dans les différentes provinces. Il en résulte que 5 millions de Belges se voient claquemurés dans leurs cantons. — Il soumet à son contrôle les prostituées et prévoit de fortes amendes : l'argent n'a pas d'odeur ! — Des commerces teutons se multiplient à Bruxelles.

Mars. — Sous prétexte d'empêcher la contrebande de guerre, von Bissing interdit l'exportation de nombreux produits industriels ; cela lui permet de connaître les stocks. Même les transactions intérieures sont soumises à autorisation, c'est-à-dire entravées pour les Belges. — Accapareurs et haussiers opèrent librement. Les magasins communaux s'épuisent à cause de la piraterie en mer. De nouveaux arrivages régulariseront plus ou moins le marché. — Poursuites et condamnations du chef de recrutement militaire se succèdent. Pour d'autres motifs, les amendes s'accumulent : les kommandanturs et les bureaux allemands, encombrés de sinécuristes, battent la dèche. — Les œuvres d'assistance et d'entr'aide, créées par les Belges, font beaucoup de bien : la mendicité diminue de jour en jour. Le Comité Solvay patronne et subsidie toute initiative intéressante ; la solidarité supprime le paupérisme.

Avril. — Pour avoir refusé de réfectionner la route de Malines (abîmée par le charroi militaire) la ville de Bruxelles est frappée d'une pénalité de 5oo.ooo marks...

— Grâce à l'activité de la section agricole du « Comité », les terrains vagues se convertissent en cultures. Une coopérative intercommunale fait des provisions de vivres. — La Croix-Rouge de Belgique disparaît plutôt qué d'assurer le service civil du corps de santé allemand ; l'encaisse est confisquée et une fausse Croix-Rouge de Belgique est constituée par les Allemands.

— Un tarif prussien refrène la hausse des vivres et des fourrages. Seule, l'intendance militaire tire profit de cette mesure, qui demeure lettre morte pour le public. Le régulateur des comptoirs communaux arrête l'ascension des prix : ils restent néanmoins en hausse.

Mai. — Les extorsions d'argent continuent en raison des besoins des budgétivores qui se casent en Belgique. C'est vraiment du brigandage. En Hollande, en Angleterre, des agents allemands substituent nos billets à leurs marks dépréciés. La Deutsche Bank, de Bruxelles, ratisse la monnaie d'or et les billets par l'appât d'une prime. Le billon de nickel est drainé également.

— Von Bissing met à la ration nos prisonniers en interdisant de leur envoyer plus de 5 kilogrammes de vivres par mois. — Le pain renchérit encore. En Flandre, la ration tombe à 200 et 175 grammes. Sur tous les points du pays, on constate l'affaissement physiologique des ouvriers et des ouvrières, ce qui les rend moins résistants à la fatigue et diminue leur production. Des émeutes provoquées par la cherté des vivres éclatent à Liége : les baïonnettes prussiennes aident la police à rétablir l'ordre... Toutefois, le pain et les denrées sont tarifés.

Juin. — Dans un communiqué publié par la presse à tout faire, von Bissing expose comment ses « intentions de faire renaître la vie économique en Belgique sont remises en question » : c'est la faute aux ouvriers de l'arsenal de Malines ! Ils refusent de reprendre le travail. Voilà pourquoi ledit gouverneur pressure et affame le pays ! Si l'on travaillait à l'atelier de Malines, la Belgique entière serait un paradis ! Rien de plus simple ! Mais voici la vérité : afin que tout le personnel prussien soit disponible pour les travaux urgents d'une grande ligne *militaire* allant d'Aix-la-Chapelle à Bruxelles, par Visé et Louvain, les ouvriers belges des arsenaux de Gand, de Malines, de Jemelle, de Luttre, etc., furent sommés de reprendre le travail. Pour les y contraindre, à Gand on a arrêté leurs femmes ; à Malines on les isole et, avec eux, tout le district. En attendant, la nouvelle ligne n'avance guère ! D'où la fureur de von Bissing ! Il était clair qu'il ne se serait pas fait une telle bile s'il se fût agi, comme il le dit mensongèrement, de l'intérêt des populations belges ! Les intérêts allemands, voilà uniquement ce dont il s'occupe.

— Le Prussien fixe un tarif des viandes dont bénéficie seule l'intendance prussienne, aux abattoirs.

Conclusion. — Les gouverneurs impériaux ne sont que des pantins : Berlin tire les ficelles. C'est l'Allemagne qui administre la Belgique, et sa science d'organisation devait étonner le monde. Elle l'étonne, en effet, et l'indigne, par son impuissance à réparer les maux de la sauvagerie militaire. *L'Allemagne excelle uniquement à piller et à affamer le pays, à en extraire des tonnes de vivres et des milliards de francs, à voler son outillage et à détruire le reste* (¹).

Notre revanche consistera à *mettre dehors les fournisseurs alboches, à boycotter leur commerce et leur industrie.* La nouvelle orientation économique nous tournera vers les produits français, anglais, italiens, etc., etc. ; en outre, *nous favoriserons les initiatives nationales qui se créent pour expulser du marché belge les Allemands.*

------

(1) Le même brigandage s'opère dans le nord de la France, ainsi qu'en Pologne.

Leur geste consiste à nous mettre sous le nez un browning... puis un prix courant. Notre réponse sera le coup de pied au derrière.

(La Vérité, nº 5, 12 juin 1915, p. 2.)

Il sera intéressant pour le lecteur d'apprendre avec quelle désinvolture les autorités allemandes, emportées par leur besoin d'extorsion, violent, à deux jours de distance, les engagements souscrits par elles-mêmes. Les pages suivantes sont extraites de la brochure sur M. Max :

La contribution de guerre et les réquisitions.

L'autorité allemande avait dès le début considéré M. Adolphe **Max** comme le bourgmestre de toute l'agglomération bruxelloise, c'est-à-dire de quinze communes qui, au point de vue légal, sont des administrations indépendantes et ne relèvent que du Gouvernement. Le représentant de celui-ci, M. Béco, gouverneur du Brabant, était parti avant l'entrée des troupes allemandes à Bruxelles. Le Gouvernement était dans le refuge d'Anvers. C'est sur Bruxelles que retombait tout le poids de l'occupation des armées étrangères, du maintien de l'ordre, des réquisitions et de la formidable contribution de guerre imposée par les envahisseurs ! M. Adolphe Max fit de courageuses tentatives pour adoucir les conditions imposées, témoin ce document :

« Comme suite à l'acte du 20 août 1914 arrêté par le capitaine Kriegshein et le bourgmestre de la ville ont eu lieu des pourparlers aujourd'hui entre le général-major von Jarotzky, gouverneur de Bruxelles, et le bourgmestre au sujet des 50 millions exigés.

« Le bourgmestre a déclaré qu'il n'est pas en état, malgré la meilleure volonté, de procurer la somme totale. Par contre, il s'engage à payer en déduction tout de suite la somme de *1 million 500.000* et dans le délai de huit jours d'autres sommes s'élevant ensemble à *18 millions 500.000*.

« Il a ajouté qu'il considérait comme une impossibilité de fournir la somme de 50 millions et il a sollicité la diminution du montant.

« Le gouverneur a déclaré qu'il n'avait pas de mandat à cet effet, mais il a promis d'introduire auprès du commandant supérieur de l'armée une motion en rapport avec la situation, aussitôt que les *20 millions* visés ci-dessus seraient payés. Le bourgmestre a acquiescé à cette solution.

« Le bourgmestre a, en outre, fait remarquer que c'était tant au nom de Bruxelles que de quinze communes-faubourgs qu'il agissait concernant l'indemnité de guerre réclamée, mais qu'il ne pouvait être responsable des désordres ou des actes d'hostilité s'il s'en produisait en dehors du territoire de la ville, les faubourgs n'étant pas soumis légalement à son autorité. Le gouverneur a donné sa parole que chaque commune serait rendue responsable de tous désordres qui se produiraient chez elles.

« Le gouverneur a ajouté, sur la demande du bourgmestre, que, pendant le délai de huit jours, il ne sera plus fait, par l'autorité allemande, de réquisitions en vivres ou approvisionnements soit à charge de la ville et des faubourgs, soit à charge de leurs habitants, et ce afin de préserver la population de la famine.

« Bruxelles, le 24 août 1914.

<table>
<tr><td>« Le Gouverneur,</td><td>« Adolphe Max,</td></tr>
<tr><td>« von Jarotzky.</td><td>« Bourgmestre.</td></tr>
</table>

« Grabowsky, Conseiller aulique. »

Les réquisitions imposées le 20 août cessèrent le 24 : l'agglomération bruxelloise, qui compte près de 800.000 habitants, était menacée de manquer de vivres. L'avis suivant fut affiché :

AVIS

« J'ai l'honneur de porter à la connaissance de la population qu'en vertu d'une convention que j'ai conclue le 24 août avec le Gouvernement allemand, représenté par M. le général-major von Jarotzky et M. le conseiller aulique Grabowsky, il a été stipulé que, pendant un délai de huit jours, il ne serait plus fait par l'autorité militaire de réquisitions de vivres et approvisionnements, soit à charge de la ville de Bruxelles et des communes de l'agglomération bruxelloise, soit à charge des habitants.

« Les fournitures en vivres et approvisionnements ne devront donc être faites, jusqu'à l'expiration de ce délai, que contre paiement comptant.

« Bruxelles, le 25 août 1914.   « Le Bourgmestre,
« Adolphe Max. »

Mais, dès le lendemain, des difficultés et de nouvelles exigences surgissaient, et M. A. Max écrivait à M. le gouverneur militaire :

« Monsieur le Gouverneur militaire,

« Par une convention du 24 août portant, au nom du Gouvernement allemand, les signatures de M. le général-major von Jarotzky et M. le conseiller aulique Grabowsky, il a été stipulé que, pendant un délai de huit jours, il ne serait plus fait, par l'autorité allemande, de réquisitions en vivres et en approvisionnements, soit à charge de la ville, ou des faubourgs, soit des habitants.

« A la date d'hier, le général en chef, qui se trouvait de passage à Bruxelles, m'a fait connaître, en présence de M. le conseiller Grabowsky, que cet engagement ne serait observé par l'autorité allemande qu'à la condition qu'elle fût mise en mesure de faire amener elle-même et rapidement par chemin de fer de Saint-Trond certaines quantités de vivres et d'approvisionnements qu'elle y possède.

« Afin qu'il pût être satisfait à cette condition, je me suis vu obligé d'écrire au Gouvernement belge à Anvers pour lui demander d'autoriser l'envoi de locomotives à Bruxelles. La réponse du Gouvernement belge ne m'est pas encore parvenue. Quelle que soit cette réponse, je dois, Monsieur le Gouverneur, protester auprès de vous contre la contrainte qui m'a été imposée. L'engagement pris au nom du Gouvernement allemand par la convention ci-dessus rappelée du 24 courant n'était subordonné à aucune condition. En introduire une ultérieurement a été méconnaître la parole donnée et détruire la confiance que doit inspirer un contrat souscrit régulièrement au nom du Gouvernement allemand.

« Vous reconnaîtrez, j'en suis convaincu, que mon devoir était de vous exprimer les réserves que je viens de formuler.

« Le Bourgmestre,
« Adolphe MAX. »

Deux jours après, un officier allemand se présentait chez le bourgmestre pour exiger de la levure. Voici le procès-verbal de l'entretien :

« 28 août 1914.

« L'an 1914, le 28 août, à 9ʰ 45 du matin, un officier supérieur allemand, se disant envoyé par un général chef d'état-major commandant des troupes cantonnées à environ 20 kilomètres de Bruxelles, s'est présenté à l'Hôtel de Ville et m'a requis de lui fournir 20 à 25 livres et au besoin 50 livres de levure. J'ai répondu que je ne pouvais satisfaire à cette demande; qu'en effet, par convention du 24 courant, le Gouvernement allemand s'était engagé vis-à-vis de moi à ne plus faire de réquisitions en vivres pendant un délai de huit jours. L'officier a fait observer que, son mandant ayant un grade supérieur à celui du gouverneur allemand de Bruxelles, il ne se considérait pas comme lié par cette convention et persistait par conséquent dans sa demande, offrant au surplus de payer les quantités de levure qui lui seraient fournies.

« J'ai déclaré qu'il allait de soi que toute réquisition de la part des autorités allemandes devait donner lieu à paiement, mais que la convention que j'invoquais suspendait le principe même des réquisitions. Qu'au surplus, cette convention n'émanait pas du gouvernement allemand militaire de Bruxelles, en son nom personnel, mais qu'elle liait le Gouvernement allemand lui-même, étant d'ailleurs signée non seulement par le gouverneur, mais aussi par le conseiller aulique, seul représentant autorisé de la légation allemande en ce moment à Bruxelles.

« L'officier ayant annoncé que, nécessité faisant loi et ses troupes devant être nourries, il se verrait forcé de passer outre, j'ai répondu qu'en ce cas je réunirais les membres du corps diplomatique et les prierais de faire connaître au monde civilisé que l'Empire allemand violait une parole donnée en son nom. L'officier m'a prié de mettre à sa disposition un membre du personnel de l'Administration communale pour le guider dans ses recherches en vue de découvrir les magasins où il pourrait se procurer de la levure. J'ai répondu que je ne pouvais accéder à sa demande.

« Il s'est retiré alors en me faisant connaître qu'il allait en référer au gouverneur militaire. »

Le 29 août, le bourgmestre pouvait annoncer que les bons de réquisition étaient payables dans les bureaux du Sénat, rue de Louvain, de 9 heures à midi et de 3 à 5 heures de relevée.

> (*M. Adolphe Max, bourgmestre de Bruxelles. Son administration du 20 août au 26 septembre 1914*, p. 25.)

Voici un bon exemple de confiscation :

Encore une confiscation allemande.

Le Gouvernement allemand a congédié les dirigeants de la Croix-Rouge et a confisqué leur caisse où se trouvait encore une somme de 250.000 francs.

Prétexte : La Croix-Rouge refusait d'obéir aux volontés du Gouvernement allemand qui ordonnait à l'institution charitable belge de « coopérer méthodiquement aux œuvres de bienfaisance d'un caractère urgent » (*sic*), d'après le texte de l'affiche allemande.

Motif réel : La Croix-Rouge refusait de s'occuper d'une catégorie spéciale de blessés des deux sexes, que nous désignerons suffisamment sous cette appellation : « les blessés du vice ». Or, cette catégorie de blessés a subi une très notable augmentation depuis l'invasion allemande. On a dû y consacrer tout un hôpital rien que pour Bruxelles.

Tout prétexte leur est bon pour nous extorquer de l'argent. Bruxelles a dû payer 5 millions parce qu'un de ses agents de police avait maltraité un mouchard ([1]). La ville de Liége a été condamnée à une amende de 20 millions pour une prétendue attaque de francs-tireurs, complètement inventée par les Allemands.

Toutefois, leurs trois plus grosses opérations financières restent les réquisitions en masse à Anvers ([2]), la contribution annuelle de 480 millions et la saisie d'un milliard.

Un épisode caractéristique de la furie allemande.

LES RÉQUISITIONS A ANVERS

M. E. Castelein, président de la Chambre de Commerce d'Anvers, a envoyé, le 18 mars dernier, aux membres de la Commission internationale

---

(1) Voir p. 4 et *Comment les Belges résistent...*, p. 177.

(2) *La Soupe*, n° 357, a publié *in extenso* le rapport de M. Castelein, président de la Chambre de Commerce d'Anvers.

d'Anvers, un rapport sur les réquisitions en masse dont le commerce anversois a été et est encore l'objet de la part des autorités allemandes.

Ces réquisitions finiront par créer le vide dans les entrepôts et amèneront la stagnation forcée de nombreuses industries.

Elles se chiffrent par dizaines de millions et atteindront des centaines de millions si on ne les arrête point. Elles atteignent les matières premières, les produits fabriqués, et même l'outillage des usines, voire même des chantiers réquisitionnés en bloc. Quand les stocks de marchandises ne sont pas absorbés par ces réquisitions, ils sont « bloqués » par l'interdiction imposée à leurs détenteurs de les vendre ou de les livrer s'ils ont été vendus antérieurement.

Sauf de minimes exceptions, ces réquisitions ne sont pas liquidées, contrairement aux assurances données, il y a déjà près de quatre mois, en termes catégoriques par les autorités de l'Administration allemande, et ce en dépit d'une promesse formelle qui a été faite aux Anversois, en échange de 60 millions de surcroît de charges qui fut imposé à la Belgique en plus des 420 millions d'abord réclamés et dont elle s'acquitte correctement de mois en mois.

Nous ne pourrions énumérer ici, faute de place, toutes les réquisitions illégales dont se plaint le commerce anversois par l'organe de M. Castelein. Le détail de ces réquisitions et celui des réductions de prix imposées arbitrairement aux détenteurs seraient trop longs. Plus long encore et plus important serait le détail de toutes les marchandises qui ont été enlevées. sans paiement préalable et même sans fixation préalable de prix, ou à des prix imposés arbitrairement par les Allemands. Céréales, graines diverses, tourteaux, nitrates, huiles diverses animales, végétales et minérales, laines, cotons, caoutchoucs, cuirs, crins, ivoires, bois, cacaos, cafés, riz, tout est livré ou bloqué, et la plupart du temps pas payé depuis deux, trois et même quatre mois.

Sur 85 millions, 20 millions au maximum ont été payés. Environ 60 millions de francs de marchandises brutes ont été enlevées sans fixation de prix.

Il faut ajouter à ces sommes, qui ne comprennent pas la totalité des réquisitions opérées (l'absence d'un certain nombre de réquisitionnés rend impossible l'addition complète), les réquisitions qui ont frappé les maisons maritimes et les maisons d'expéditions en frappant les marchandises déposées pour leur compte dans des hangars, magasins et entrepôts.

Tout cela a été réquisitionné et en grande partie enlevé et expédié depuis octobre et novembre à des prix à convenir et à régler à Berlin.

Une des plus grandes firmes maritimes, qui avait insisté sur l'opportunité de disposer d'un lot de marchandises réquisitionnées en voie de détérioration, put la réaliser, *mais à condition de la remplacer par une même quantité de marchandises en état sain.*

Il faudrait encore supputer ce qui a été réquisitionné en masse dans les industries chimiques et métallurgiques en matières premières ; ce qui a été réquisitionné en fait de métaux et ce que représentent les usines et chantiers réquisitionnés en bloc, voire partiellement démontés.

Certains journaux allemands affirmaient préventivement, comme un fait dont le commerce anversois aurait à se féliciter, la liquidation totale sans précédent de tous les stocks anversois. Or, la plupart des marchandises non réquisitionnées sont bloquées et étroitement contrôlées par l'autorité allemande ; elles ne peuvent donner lieu à aucune transaction ou délivraison sans une autorisation rarement accordée. Et ainsi « la situation économique normale », qu'on nous faisait entrevoir, se traduit en réalité par une stagnation absolue de transactions, par la disparition successive des stocks sans paiement ou même sans fixation de prix, par l'immobilisation des soldes restés à Anvers, enfin, par la suppression de tout trafic avec l'étranger, la privation des téléphones, des télégraphes, de relations postales régulières et par des moyens de déplacement inférieurs à ceux d'il y a trois siècles ».

Le rapport de M. Castelein démontre en terminant que tous les faits dont le commerce anversois souffre et se plaint sont commis en violation des engagements formels pris par les autorités allemandes, notamment par M. le gouverneur von Bissing (ordres de décembre 1914 et du 9 janvier 1915), et par le commissaire général près des banques de Belgique à Anvers (réunion à Anvers du 13 janvier 1915 où se trouvaient les chefs de plusieurs firmes allemandes).

(*La Libre Belgique*, n° 16, avril 1915, p. 2, col. 1.)

Le 31 août 1915, la Chambre de Commerce d'Anvers publia un nouveau rapport protestant contre la violation de leurs engagements par les Allemands.

Voici la réponse de M. le gouverneur général. On y remarquera principalement : *a*) le reproche fait au président de la Chambre de Commerce de travestir les faits (les Allemands accusant les Belges de mensonge !!); *b*) la supposition que les commerçants belges ont intentionnellement négligé de se faire payer; *c*) la censure allemande établie sur tous les actes de la Chambre de Commerce.

LE GOUVERNEUR GÉNÉRAL
      B. A. N° 20.

Bruxelles, le 24 septembre 1915.

Le commissaire général impérial auprès des banques en Belgique m'a soumis le rapport en date du 31 août du président de la Chambre de Commerce aux membres de la députation permanente à Anvers, ainsi qu'un rapport en date du 18 mars 1915 aux président et membres de la Commission intercommunale d'Anvers, ce second rapport étant invoqué dans le premier.

De l'examen de ces documents, il ressort que les faits y sont travestis de façon grossière, dans le but de provoquer de l'excitation dans des milieux étendus, particulièrement à la Chambre de Commerce d'Anvers, chez les personnalités actuellement appelées à représenter les intérêts des régions belges occupées vis-à-vis de l'Administration allemande, de discréditer les autorités civiles et militaires allemandes et de contrarier pour les unes et les autres l'accomplissement des obligations de la guerre.

D'après des constatations, les intendances, la Commission d'indemnisation de Berlin et la Caisse d'avances de Bruxelles ont accordé en tout plus de 40 millions de marks d'indemnité pour des marchandises réquisitionnées en masse. Dans cette somme ne sont pas compris les paiements au comptant pour d'autres marchandises de diverses sortes, qui, par exemple, depuis le 15 janvier 1915, à Gand seulement, ont dépassé mensuellement 6 millions de marks, rien qu'en objets de nourriture et de fourrage pour la IVᵉ armée. Si les sommes consenties en Belgique par la Commission d'indemnisation et la Caisse d'avances pour couverture de réquisitions en masse n'ont atteint jusqu'au 15 septembre 1915 que la somme de 20 millions de marks, la raison en est que les déclarations faites à ces administrations ne sont jusqu'à présent aucunement en proportion des valeurs qui, suivant les deux missives mentionnées ci-dessus, ont été saisies. Comme d'autre part l'indemnité à accorder dépend nécessairement d'une réclamation, c'est une erreur manifeste d'adresser un reproche à l'Administration allemande de ce que les indemnités fixées ne soient pas en rapport avec les valeurs déclarées et que la promesse de l'Administration allemande d'effectuer le paiement le plus tôt possible n'ait pas été exécutée. Cela fait soupçonner que les groupes qui jusqu'à présent n'ont pas réclamé d'indemnité, ont négligé de le faire dans l'intention de fournir au président de la Chambre de Commerce l'occasion d'adresser à l'Administration allemande un reproche qui pourrait être de nature à donner une impression d'exactitude aux non-initiés et propre à ébranler la confiance de la population belge dans l'Administration allemande.

Dans le but de mettre fin à ces procédés, le président de la Commission impériale d'indemnités déléguera sous peu à Anvers, suivant mes instructions, un commissaire spécial qui aura mission d'accueillir dans les locaux de la Chambre de Commerce les demandes d'indemnisation pour marchandises saisies en masse dans le ressort de la position fortifiée d'Anvers et de préparer les solutions.

Je décrète à cet effet que les sujets belges dont des marchandises ont été saisies en masse jusqu'au 30 septembre 1915 dans le ressort de la position fortifiée d'Anvers, et qui y sont domiciliés, auront à présenter leurs déclarations, soit à ce commissaire, soit à la Caisse d'avances à Bruxelles, soit à la Commission impériale d'indemnités à Berlin, avant le 15 novembre de cette année, ce par écrit ou verbalement, étant entendu qu'en cas d'omission de déclaration par la faute de l'intéressé, la vérification de sa déclaration sera ajournée jusqu'à la conclusion de la paix et que le règlement sera prévu par le traité de paix.

En vertu de ce qui précède, j'arrête de plus que toute la correspondance de la Chambre de Commerce, y compris les imprimés expédiés par elle, sera mise sous la surveillance de l'Administration allemande. Ce contrôle sera exercé par le commissaire général impérial pour les banques de Belgique, qui vous fera parvenir des instructions complémentaires au sujet de l'exercice de ce contrôle. Je décide finalement que le commissaire général impérial pour les banques sera informé, trois jours à l'avance, de chacune des séances de la Chambre de Commerce et qu'il lui sera donné connaissance de l'ordre du jour. Il aura le droit d'envoyer un délégué aux séances. Ce délégué a pouvoirs pour interdire la discussion de questions ne figurant pas à l'ordre du jour ou qui, par leur essence ou du fait de leur discussion, sont de nature à léser les intérêts allemands ; il peut également, en cas de nécessité, lever la séance.

(S.) Freiherr von BISSING,
Generaloberst.

Dans son premier rapport, M. Edgar Castelein rappelait un passage de la proclamation affichée à Anvers le 9 octobre 1914, le jour même de l'entrée des Allemands :

La première proclamation adressée à la population anversoise par le chef de l'armée d'occupation était aussi nette que concise. Elle nous garantissait le respect de nos personnes et de nos propriétés, moyennant l'observance, de notre part, des obligations imposées aux villes occupées par les conventions internationales.

(La Soupe, n° 357, p. 8.)

Le respect des Allemands pour la propriété privée s'affirma tout de suite : dans le butin de guerre fait à Anvers, ils affectèrent de confondre les canons et les munitions, propriété de l'État, avec le blé, la farine, la laine, le cuivre, etc., appartenant à des particuliers. Bien plus, ils affichèrent l'aveu de ces vols sur les murs de Bruxelles :

Nouvelles publiées par le Gouvernement allemand.

Berlin, 16 octobre.
(Communications officielles du quartier général.)

Le butin de guerre à Anvers est considérable : au moins 500 canons, une quantité immense de munitions, de selles, beaucoup d'objets pour le service sanitaire, de nombreuses automobiles, des locomotives et des wagons, 4 millions de kilos de blé, beaucoup de farines, de charbons et de lin, de la laine d'une valeur de 10 millions de marks, du cuivre et de l'argent-métal pour un demi-million de marks ; un train blindé de chemin de fer, plusieurs trains chargés de provisions et alimentation ; de grandes quantités de gros bétail...

Le Gouvernement militaire allemand.

Rien ne manque, comme on le voit, à ces « réquisitions en masse », — comme les appelle l'autorité allemande — pas même l'illégalité flagrante et reconnue par les pillards eux-mêmes. Ce qui n'a pas empêché M. von Huene (*Habent sua fata ...nomina*) et M. von Bodenhausen, les deux principales autorités allemandes d'Anvers, d'injurier et de menacer personnellement M. Castelein.

*
* *

Voyons maintenant la contribution de 480 millions par an.

La contribution de guerre de 40 millions.

L'autorité allemande, qui vient de palper les derniers 40 millions restant à payer sur la contribution de guerre de 480 millions dont le pays avait été frappé à l'origine de l'occupation, vient de décider que nous lui paierions désormais une nouvelle contribution de 40 millions par mois.

Pourquoi se gênerait-elle ? Puisque ces bons Belges ont eu la faiblesse de se laisser tondre, a dû penser von Bissing, nous serions bien naïfs de ne pas récidiver. *Bis repetita placent !*

C'est parfaitement raisonné, à la condition que les moutons se laissent faire docilement, ce dont le gouverneur général en Belgique ne paraît pas douter un seul instant.

A sa place, il nous semble cependant que nous afficherions moins de confiance. Nous nous refusons, en effet, à croire que les autorités belges, dans la partie occupée du pays, consentent à satisfaire à perpétuité l'appétit dévorant de l'ogre germanique.

Un des journaux hollandais, dont la censure allemande autorise l'entrée dans le royaume, écrivait ces jours-ci que le Gouvernement allemand abusait vraiment de l'imprécision de certaines clauses de la Convention de La Haye pour en faire une application arbitraire au détriment des populations belges déjà épuisées par la guerre. Et le *Nieuwe Courant* — car c'est de lui qu'il s'agit — résumait son opinion dans ces mots sévères pour un organe germanophile : « Cette exigence nouvelle est impitoyable ! »

Nous espérons bien que les conseils provinciaux refuseront énergiquement, fièrement, courageusement de déférer à cette incroyable sommation. En acceptant de payer les 480 millions échus, ils ont déjà fait montre d'une obéissance excessive et que nos alliés auraient peut-être sujet de leur reprocher un jour. N'est-ce pas, en partie, grâce à l'argent qu'ils nous ont prêté ou donné, que nous avons pu, avec l'appui du Comité américain, résister jusqu'ici à la famine et pourvoir à tous nos besoins? Or, cet argent, nous en avons généreusement disposé en faveur de l'ennemi, puisque nous avons accepté de lui servir 40 millions par mois. Nous ne pouvons continuer ce système. Ce serait un acte de lâcheté impardonnable, en même temps qu'une trahison envers la patrie et les puissances qui nous secondent.

Si les provinces sont intervenues pour liquider la première contribution, c'est dans une louable intention et dans l'espoir que cette somme constituerait un forfait qui nous mît à l'abri de toutes réquisitions ultérieures. Mais les Allemands sont insatiables; ils veulent nous arracher, par l'intimidation, un supplément de 40 millions par mois, ce qui représenterait, à supposer qu'ils restent ici une année encore, le joli total de 1 milliard.

Nous ne comptons évidemment pas, dans ce chiffre, tout ce qu'ils nous ont volé sous forme d'amendes, de contributions de guerre spéciales, de réquisitions de toutes espèces payées en bons, de matières premières, de machines et d'outils enlevés aux usines, de locomotives et de matériel roulant saisis à la Société nationale des Chemins de fer vicinaux, de cuivre enlevé aux ménages gantois, de charges de tous genres imposées aux particuliers.

Nous ne comptons pas non plus, dans ce chiffre, les 4.500.000 francs inscrits au budget annuel pour solder les frais de l'Administration allemande en Belgique, ni les 20 millions à payer chaque année sur nos recettes comme « quote-part du pays dans les dépenses des chemins de fer et des postes allemands ».

Tout cela nous dicte notre devoir. L'ennemi ne doit plus compter sur nous. Les conseils provinciaux n'ont d'ailleurs pas à intervenir dans une question qui est du domaine exclusif de l'État. Il ne leur appartient pas de se substituer à lui.

Une autre raison doit les déterminer à la résistance que souhaitent tous les patriotes. Jusqu'ici, les Allemands ont fait faire par les provinces toutes leurs sales besognes; ils ont fait retomber sur elles l'impopularité de leurs impositions brutales et tracassières. Il serait naïf de leur fournir une nouvelle occasion de jeter sur elles le discrédit. Si l'autorité allemande veut nous accabler de nouvelles charges écrasantes, qu'elle le fasse elle-même ouvertement. Il ne faut pas que les provinces continuent à jouer plus longtemps le rôle de dupes.

Et ce que nous disons ici des provinces, nous le disons des communes et de toutes les administrations publiques.

(*La Libre Belgique*, n° 54, décembre 1915, p. 2, col. 2.)

Pour faire saisir l'importance de la contribution de
480 millions, rappelons qu'elle représente plus de six fois le
montant annuel de nos contributions directes en temps de
paix. Et cela dans un pays ruiné, vidé, dépouillé à fond, où
le commerce et l'industrie sont immobilisés !

On sait que divers conseils provinciaux avaient d'abord agi
comme le conseillait *La Libre Belgique*. Mais l'autorité allemande les a forcés à revenir sur leur décision. Déjà en
décembre 1914, lors du vote de la première contribution de
480 millions, des voix s'étaient élevées pour protester. L'une
des plus éloquentes de ces oppositions est celle de M. François
André à Mons, que la dactylographie a répandue à des milliers
d'exemplaires (¹).

Insensible aux souffrances d'une nation pressurée à l'excès
depuis plus de deux ans, l'autorité allemande a encore aggravé
ses spoliations en novembre 1916. Au lieu de 40 millions de
francs par mois, elle exige maintenant 50 millions. Cette fois
la mesure était comble, et les conseils provinciaux refusèrent
de voter. Mais comme c'est M. von Bissing qui détient le
pouvoir, il a simplement annulé leurs décisions et les a condamnés à payer.

*
* *

Enfin, ils viennent de saisir 980 millions de marks déposés
dans des coffres-forts de la Banque nationale à Bruxelles et à
Anvers. Comme M. Carlier, directeur de la Banque nationale
à Anvers, ne voulait pas céder aux injonctions de M. von
Lumm, commissaire général pour les banques belges, ils l'ont
déporté en Allemagne et ils ont arrêté Mlle Carlier, sa fille.

*
* *

Mais tout cela ne suffit pas encore à leur appétit. Pour
donner aux particuliers leur part de la curée, ils ont modifié
à leur avantage, et de la façon la plus illégale, le décret de
vendémiaire.

-----

(1) Voir *Comment les Belges résistent...*, p. 163.

Un arrêté allemand peu connu.

LES MODIFICATIONS AU DÉCRET DE VENDÉMIAIRE SUR LA RESPONSABILITÉ DES COMMUNES

(*Moniteur allemand pour la Belgique occupée*, n° 37, 9 février 1915.)

Le gouverneur allemand a publié un arrêté, non affiché sur les murs de Bruxelles, et par ce fait peu connu, mais qui sort des limites permises au pouvoir occupant.

Voici ce dont il s'agit : On se rappelle qu'au début de la guerre, la population de certaines villes de Belgique, justement exaspérée de l'attitude parjure de l'Allemagne à notre égard, s'était laissée aller à des violences sur les établissements allemands se trouvant dans ces villes. Or, d'après le décret de vendémiaire, les communes sont responsables des dégâts commis par violence contre les propriétés des habitants de cette commune. Les Allemands, revenus en Belgique lors de l'occupation, vinrent réclamer aux communes l'indemnité décrétée par la loi de vendémiaire. Beaucoup de communes tranchèrent à l'amiable, mais d'autres durent recourir au jugement du tribunal à cause des prétentions exagérées des « ressortissants allemands » qui voulaient exploiter la situation et empocher de gros bénéfices au détriment des contribuables. La justice belge, fidèle à la ligne de conduite qu'elle s'était tracée depuis toujours, examina les questions avec la minutie qu'elle apporte aux affaires importantes.

Mais la procédure belge — où la garantie des droits des parties est assurée — ne plaisait pas à MM. les Allemands et semblait compromettre leurs intérêts, d'où l'arrêté du 9 février 1915, dont voici la substance :

1° Un tribunal arbitral est formé pour chaque province à la requête de la personne lésée qui constatera le dommage causé et fixera les dommages et intérêts dus de ce chef, *pour les excès commis en août 1914 dans plusieurs communes belges ;*

2° Chaque tribunal se compose d'un président nommé par le gouverneur général allemand et de deux assesseurs dont l'un nommé par l'Administration civile de la province, l'autre par la députation permanente ;

3° Le tribunal *déterminera lui-même la procédure à suivre ;*

4° Si l'un des assesseurs devait arrêter indûment la marche de la procédure ou faillir à ses devoirs de juge, *le chef de l'Administration civile à la demande du président peut nommer un autre arbitre ;*

5° Les décisions du tribunal sont prises à la majorité des voix, *définitives et immédiatement exécutoires.*

C'est donc la création pure et simple d'un tribunal extraordinaire et d'exception — puisqu'il n'est compétent que pour juger les dommages résultant des excès commis au mois d'août — tribunal défendu expressément par l'article 94 de notre Constitution. Or, d'après les Conventions de La Haye le pouvoir occupant doit reconnaître et régler sa conduite d'après la Constitution du pays occupé. Le gouverneur von Bissing l'a d'ailleurs implicitement reconnu lorsque dans son arrêté du 3 décembre 1914 — concernant la délégation des pouvoirs — il déclare que les pouvoirs appartenant au roi des Belges sont exercés par lui en qualité de gouverneur général. Nous savons bien que les pouvoirs du roi des Belges sont uniquement accordés par notre Constitution dans ses articles 60 et suivants.

L'arrêté en question viole non seulement notre Constitution, mais prête tellement à l'arbitraire qu'aucune garantie de justice ne nous est donnée : en effet, la procédure sera celle que les Allemands voudront ; les décisions de ces tribunaux étant définitives et immédiatement exécutoires, la garantie de l'appel inhérente aux affaires de quelque importance est supprimée. S'il plaît aux Allemands de condamner les communes à des dommages et intérêts fort élevés, disproportionnés aux dégâts commis — et d'un peuple parjure, rien ne doit nous étonner — nous n'aurons qu'à nous taire, les décisions étant sans appel. L'arrêté allemand veut dorer la pilule en donnant à la députation permanente le droit de nommer un assesseur : mais ce qu'il donne d'une main il le retire de l'autre ; car si l'assesseur entrave « indûment la marche du procès » — et nous savons ce que cela signifie, ne pas pousser aux intérêts des Allemands — il sera destitué et remplacé. Donc la garantie est illusoire.

Au surplus, espérons que les députations permanentes dont les membres ont juré fidélité à la Constitution (¹) ne participeront pas à l'organisation d'un tribunal d'exception qui est en contradiction manifeste avec l'article 94 de notre loi fondamentale.

Cet arrêté est la mise au pillage systématiquement légalisé de nos caisses communales et par le fait même des bourses de tous les contribuables !

(La Libre Belgique, n° 6, mars 1915, p. 4, col. 1.)

Faut-il s'étonner qu'une spoliation poursuivie avec tant de méthode et d'âpreté ait réduit notre pays à la famine.

Toujours le pillage méthodique.

Dans ses discours du 9 novembre, Bethmann-Hollweg a déclaré solennellement devant son pays et devant le monde, que la situation économique de l'Allemagne est bonne. « Nous avons des vivres à suffisance, tel est le fait dominant et décisif. » Il ajouta : « Notre cohésion directe avec la Turquie est d'une valeur inappréciable ; au point de vue écono-

------

(1) Loi du 1ᵉʳ juillet 1860, article 1.

mique, les arrivages des États balkaniques et de la Turquie complètent nos approvisionnements de la manière la plus parfaite. »

Nous ferons au chancelier l'honneur de croire qu'il n'a pas menti. Venant d'un homme aussi haut placé et connaissant l'importance et la responsabilité de ses paroles, nous admettrons donc que ces affirmations officielles doivent être tenues pour l'expression de la vérité entière. Par contre, nous avons le droit d'en tirer les conclusions qui s'imposent.

Nous disons : dans les conditions indiquées par Bethmann, si les Allemands saisissent dans les pays occupés le nécessaire de la vie, la nourriture, le bétail, les matières indispensables à l'industrie, s'ils appauvrissent ces pays et y préparent la disette et la famine, ils y commettent « inutilement » un crime dont ils porteront la responsabilité devant Dieu et les hommes.

Or, que font-ils en Belgique? Eux, « qui ont des vivres à suffisance », ils enlèvent, pour l'expédier chez eux, ce qui est indispensable à la sustentation populaire pour le moment et pour l'avenir ; il y a disette de pommes de terre, de beurre, de lait, de viande, de sucre, toutes choses nécessaires à la vie. Ces produits atteignent des prix excessifs presque uniquement parce que les Allemands en privent le pays pour les envoyer en Allemagne où « on a tout à suffisance ». Ces enlèvements prennent des proportions invraisemblables : dans certaines régions, ils prélèvent dans les étables le tiers, et plus, de ce qui reste encore de bétail ; dernièrement, dans les environs de Bertrix, ils ont fait une rafle de plus de 4.500 bêtes à cornes ; aux abattoirs des villes, ils saisissent plus de la moitié des bêtes mises en vente ; il n'y a pour ainsi dire plus un cheval utilisable en Belgique ; les animaux reproducteurs sont impitoyablement transportés au delà des frontières ; l'avoine nécessaire aux chevaux est prise ; le foin, le son font défaut, de sorte que les agriculteurs, pour nourrir leurs derniers bestiaux, sont forcés de garder une grande partie des pommes de terre qui devraient alimenter le peuple. Par une dérision sinistre, nos maîtres établissent des prix maxima qui, ils le savent, ne servent qu'à leurs spoliations et dont la population, de par la loi de l'offre et de la demande, ne peut bénéficier.

Leurs exactions outrées sont poussées au point que, la reproduction étant pour ainsi dire empêchée, le cheptel national aura disparu dans quelques mois. De là, privation à courte échéance de la nourriture populaire, et quasi-impossibilité de labourer les champs ; de plus, disette d'engrais ; fumure insuffisante et nulle, rendement fortement réduit de la terre. Ces manœuvres sont vraiment diaboliques ; c'est la préparation scientifique (la Kultur allemande est méthodique dans ses crimes) de la ruine prochaine de nos riches campagnes et de la famine de tout un peuple !

Et l'on dit et répète : le paysan s'enrichit. Mais on ne se dit jamais que tout ce que le cultivateur a pu, ou dû réaliser, n'est pas bénéfice comme on voudrait le faire croire au public ignorant. L'argent qu'il met en réserve, s'il le peut, est, en partie du moins, le prix des réquisitions abusives dont il a été victime, prix très souvent inférieur à la valeur de la marchandise et du matériel enlevés. Plus tard, pour recommencer l'exploitation normale de la terre, il faudra que les fermiers et les éleveurs rachètent bétail, chevaux, véhicules, etc. (en a-t-on vu défiler sur les routes des charrettes, camions, de tous genres, qui n'ont jamais été payés !). Or, selon toutes prévisions, les prix de toute chose n'auront pu qu'augmenter, d'où perte sérieuse pour tous ceux qui auront été dépouillés même moyennant finances.

Nous le demandons à toute conscience loyale : quand un pays comme l'Allemagne (qui, d'après le chancelier, a tout à suffisance) organise ainsi sciemment, volontairement et sans nécessité pour lui, la disette dans une région occupée, avec les conséquences funestes qui en résultent (maladies, mortalité, misères morales, etc.), ce pays peut-il encore prétendre au nom de pays civilisé, respecte-t-il les droits les plus élémentaires de l'humanité, ne commet-il pas le plus impardonnable des crimes de lèse-humanité ? Certes, nous le savons, Bismarck et les militaristes allemands considèrent ce crime comme une arme de guerre. Mais que font-ils de la Convention de La Haye, signée par leur pays, qui, non seulement impose à l'occupant de respecter les lois et règlements en vigueur dans la région occupée, mais l' « oblige à pourvoir à l'alimentation de cette région » ? Invoquer les intérêts militaires est hors de saison : la situation de la Belgique, bonne ou mauvaise, ne peut avoir aucune influence sur les décisions des Alliés qui veulent, quoi qu'il en puisse coûter, une victoire complète et définitive ; bien plus, ces intérêts bien compris devraient, au contraire, exiger l'écartement de mesures vexatoires et criminelles qui pourraient provoquer contre l'armée occupante des soulèvements, des révoltes, des massacres de soldats ; un moment arrive où le peuple, même désarmé, peut se croire en état de légitime défense : il a droit à la subsistance pour l'avenir ; la lui rendre impossible, c'est créer une situation anormale, révolutionnaire, où il pourrait croire légitime la violence contre l'affameur.

Surtout que les Allemands n'écoutent pas la parole d'un député du Reichstag : « La Belgique est une source inépuisable ! » Ceux qui envisagent sainement la situation comprennent que la partie est désormais perdue pour eux ; ils savent que dans un avenir peu éloigné ils devront dégager la Belgique pour aller défendre leur Rhin. Que diraient-ils s'ils voyaient édicter chez eux ces proclamations impies que leurs généraux se plaisent à édicter en territoire occupé et dont voici un exemple suggestif :

« J'ordonne que l'on saisisse, sans formalité, tout ce qui peut être d'une utilité quelconque à l'armée : vivres, couvertures, fourrures, chevaux, vaches, chèvres, etc. Il y a lieu de ne tenir aucun compte des supplications que les populations pourraient élever à ce propos ; nous

sommes en territoire ennemi, nous ne pouvons prendre tout cela en considération. » (Général Somer, 27 août 1914.)   Ego.
(*La Libre Belgique*, n° 62, février 1916, p. 2, col. 1.)

De cette misère abominable, les prohibés n'ont pas besoin de parler. A quoi bon? puisque tout le monde la supporte stoïquement. Silence aussi dans nos journaux allemands d'expression belge. N'ont-ils pas pour consigne de laisser croire que tout est pour le mieux dans le meilleur des pays occupés? Mais les rapports mensuels du Comité national de secours et d'alimentation contenaient des tableaux dont les chiffres en disaient long sur l'épuisement de la Belgique. Aussi, à partir du mois de février 1915, la censure ne renvoie-t-elle plus les épreuves de ces rapports; et ceux-ci ne peuvent plus voir le jour!

Toutefois, si la presse clandestine ne croit pas devoir parler de la famine qui nous étreint, elle a soin de rappeler la reconnaissance vouée par notre pays à l'Amérique, la noble nation qui nous a sauvés de la mort par inanition.

Hommage aux États-Unis.

Que le grand peuple des États-Unis reçoive mon solennel hommage. Géant dans le cortège des nations, il vient au secours de la petite Belgique opprimée, malheureuse, et donne au monde un exemple inégalé de fraternité internationale.

On célèbre notre héroïsme d'avoir tout sacrifié à la sainteté de la parole donnée et d'avoir osé résister, au risque de l'existence, au cyclone d'une invasion sauvage.

A nous de célébrer la magnificence de l'aide que nous apportent de si loin les cœurs magnanimes des citoyens d'Amérique.

La Belgique meurtrie, ravagée, mourante, mais qui ne veut pas mourir, dont le courage a paru sublime, a trouvé un sublime bienfaiteur pareil au Samaritain de l'Évangile.

Quel spectacle grandiose, jusqu'ici inconnu dans l'histoire, qu'un peuple se faisant le nourricier d'un autre peuple tout entier, s'égalant aussi, pour ainsi dire, à la Divine Providence, mettant sur les plaies affreuses de la guerre le baume d'une immense charité. Gloire à cette âme collective resplendissante au ciel de l'humanité comme un rayonnant soleil par un jour d'été ou, comme au firmament d'une nuit de gel, les palpitantes étoiles si noblement semées sur l'azur de son fier drapeau.

22 février de l'année terrible 1914-1915.   (*Signé*) Ed. Picard.
(*La Libre Belgique*, n° 18, avril 1915, p. 3, col. 2.)

Notre gratitude s'est manifestée publiquement d'autres manières.

D'abord par des cartes postales illustrées, symbolisant l'aide offerte par les États-Unis à la Belgique souffrante. Notre intention était d'écrire de ces cartes à toutes les personnes que nous connaissions en Amérique. Mais l'Allemagne ne l'entendait pas ainsi, et son administration des postes refusa de transmettre nos témoignages de reconnaissance. Nous fûmes donc forcés de les envoyer en Hollande par fraude, et de les faire timbrer de là.

On a aussi imaginé d'orner les boulangeries de drapeaux américains et de sacs à farine (¹). Aussi longtemps que la décoration est purement américaine, l'Allemagne ne sévit pas. Mais il ne faut pas qu'il s'y mêle le plus petit drapeau français, anglais ou belge : aussitôt irruption de la police avec injonction d'enlever les insignes subversifs.

Plus tard, la manie de prohibition de nos oppresseurs eut l'occasion de s'exercer plus largement à propos de ces mêmes sacs. Des dames les enjolivaient de broderies; des artistes y peignaient des sujets variés; puis on les renvoyait en Amérique en guise de remerciements. Des expositions publiques de sacs ainsi décorés eurent lieu à la maison communale d'Auderghem (près de Bruxelles), au Palais du Cinquantenaire de Bruxelles et à l'Harmonie d'Anvers. Naturellement l'autorité allemande intervint : car de quoi ne se mêle-t-elle pas ? Et tout aussi naturellement elle intervint pour prohiber, puisque sa devise est : *Alles ist verboten.* Bref, elle défendit l'exposition de tous les sacs qui avaient été ornés de devises trop patriotiques à son gré, par exemple de portraits du Roi et de la Reine dans les tranchées. Ces sacs-là ne sont plus montrés qu'en cachette; leur qualité de prohibés a accru considérablement leur valeur.

---

(1) Ces sacs sont ceux dans lesquels l'Amérique nous envoyait de la farine, au début de 1915. Ils portent des dessins et des inscriptions variés. Voir *Comment les Belges résistent...*, fig. 6.

ÎNDEMNITÉS DE GUERRE EN OEUVRES D'ART

par Emile Schäfer.
"Kunst und Künstler".Jahrgang XIII.Heft I.Oktober 1914 pp,35 et ss.

A Liége et à Bruxelles,on rend déjà la justice au nom de
l'empereur allemand;Namur est tombé;sur Malines et Anvers croi-
sent des Zeppelins;dans quelques semaines,dans quelques jours
peut-être,le quartier-maître général von Stein annoncera;le royaume de Belgique a cessé d'exister.Conservera-t-il son indépendance?Deviendra-t-il terre d'Empire?Personne ne peut le prédire
aujourd'hui,et c'est uniquement de la contribution imposée à la
résidence de Bruxelles que l'on peut peut-être tirer quelques
déductions sur le montant de la contribution de guerre que l'Allemagne pourrait exiger des Belges aveuglés.Mais nous ne réclamons pas seulement de l'or monnayé:chaque ville de ce pays a été
autrefois une patrie des arts,chaque église un sanctuaire de la
peinture.Bien des choses ont disparu,bien des choses ont été dis-
persées par le monde;mais les petits-fils des Van Eyck et des Ru-
bens ont conservé beaucoup de tableaux,qui possèdent,outre leur
inappréciable valeur idéale,une valeur matérielle qui ne peut
s'exprimer qu'en millions,et sur cette partie aussi du patrimoi-
ne national de l'ennemi,le poing du vainqueur devra s'abattre.
En d'autres termes:les pièces les plus précieuses du butin artistique en Belgique devront passer dans les musées allemands.Est-ce
permis par les règles du droit des gens?Des femmes belges ont
crevé les yeux à des blessés sans défense,des Belges ont invité
des officiers allemands et ont tiré sur eux par dessus la table.
Est-ce permis par les règles du droit des gens?Et si les alliés

293 p.5

d'art six des douze parties du précieux rétable;elles font aujourd'hui l'ornement le plus glorieux de notre Kaiser-Friedrich-
Museum;deux autres toiles furent vendues plus tard à l'Etat
belge et se trouvent dans la galerie de Bruxelles,d'où il va de
soi qu'elles doivent être transportées à Berlin.Et les Gantois,
pour qui l'ensemble avait si peu de valeur n'auront pas le droit
de crier au sacrilège,si nous envoyons à Berlin les quatre
panneaux qui sont restés à Saint-Bavon,pour reconstituer en territoire allemand,pour la commémoration perpétuelle de nos victoires,le plus sublime monument de l'art septentrional.L'Allemagne conservera bien des monuments de l'année 1914,mais aucun
ne sera plus noble,aucun n'inspirera plus de vénération que
celui qui se dressera au Kaiser-Freidrich Museum,et chez nous,à
Berlin.nous verrons à nouveau ce qui,au dire de Karel van Mander,
se passait au XVIe siècle,à Gand,les jours de grandes fêtes,quand
le peuple tout entier pouvait admirer le rétable de près."Alors
se produisait une telle presse qu'on ne pouvait approcher qu'avec
peine et tout le jour la chapelle ne désemplissait pas.Les jeunes
peintres et les vieux et les amateurs d'art affluaient et
c'était comme aux jours d'été,quand les abeilles et les mouches
en essaim bourdonnent autour des paniers de figues et de raisins"

Note de la rédaction.- Nous publions bien volontiers les
hardies suggestions d'un historien de l'art bien connu et nous
espérons que d'autres spécialistes autorisés prendront position
à l'égard de cette question difficile.

RÉDUCTIONS DE « LA SOUPE », Nº 293 (page 1, partie supérieure;
page 5, partie inférieure.)

(Voir p. 6 et 109.)

*

RÉDUCTION DE LA PREMIÈRE PAGE DU N° 62 DE « LA LIBRE BELGIQUE »

(Voir p. 10 et 11.)

RÉDUCTION DE LA PREMIÈRE PAGE DU N° 81 DE « LA LIBRE BELGIQUE »

(Voir p. 10 et 108.)

RÉDUCTION DE LA PREMIÈRE PAGE DU N° 83 DE « LA LIBRE BELGIQUE »

(Voir p. 10.)

CET OPUSCULE NE PEUT ÊTRE VENDU

N° 5.   12 juin 1915.

LA VÉRITÉ

Publication périodique

non censurée

C'est un ami qui vous envoie cette brochure : à votre tour, passez-la à un ami.

RÉDUCTION DE LA COUVERTURE DE « LA VÉRITÉ », N° 5

(Voir p. 15.)

SI NOUS AVIONS ÉTÉ PRÊTS

C'est une rengaine ! Tous les si ne changent rien aux faits de l'heure présente

Et puis réfléchissons un peu. Si la Belgique, la France et la Russie eussent été prêtes à guerroyer en août dernier, l'Allemagne avait pour elle le bon droit, obtenait le concours militaire de l'Italie et d'autres Etats peut-être, ainsi que l'appui moral des neutres

L'Allemagne a menti en affirmant que ses voisins la menaçaient, complotaient contre elle et s'apprêtaient à lui tomber dessus, elle a donc menti en prétendant que si elle attaquait c'était pour se défendre préventivement; et elle a menti encore en disant que ses armements répondaient aux préparatifs belliqueux de ses voisins

Mais tout cela eût été vrai et fût devenu légitime, si la Belgique, la France et la Russie eussent été prêtes à entrer en campagne

Au contraire, on a la preuve maintenant que ces nations étaient insuffisamment armées pour l'agression et que, si elles songeaient à réorganiser leurs armées, c'est que les préparatifs de l'Allemagne les inquiétaient à juste titre

La non-préparation des nations attaquées par l'Allemagne, leur désarroi initial, la lenteur de leur organisation défensive, leur manque de munitions, leur offensive s'édifiant en cours de guerre, tout cela prouve la fausseté des prétextes fabriqués à Berlin et démontre, au contraire, le sincère amour de la paix qui régnait autour de l'Allemagne

Si nous avons été prêts, l'Allemagne avait raison. C'est parce que nous n'étions pas prêts que l'Allemagne, devant la conscience des peuples civilisés, endosse la responsabilité de sa criminelle agression et porte le poids de l'exécration universelle

RÉDUCTION DE LA PAGE 16 DE « LA VÉRITÉ », N° 1

No 6. JUNI 1916. PRIJS VAN HET NUMMER : NIETS OF MEER. Verkrijgbaar : NERGENS EN OVERAL

DE VLAAMSCHE LEEUW

Vaderlandsch propagandablad

In deze tijden van rouw en beproeving, scharen wij ons, Vlamingen, zonder voorwaarden, samen met onze Waalsche broeders rond onze BELGISCHE DRIEKLEUR en deelen met hen, dezelfde nood en dezelfde gevaren.

Wij zijn overtuigd dat, wanneer de eindzegepraal zal behaald zijn, wij samen ook, dezelfde rechten zullen deelen.

Belgiës bodem duldt geen vreemden,
Dutch geen vreemden dan in 't graf.

« De Leeuwenstandaard »

Wee hem des onbezonnen, die valsch en vol verraad ;
Den Vlaamschen Leeuw komt streelen en trouweloos hem slaat !

gecensureerd den 15-6-1916

Redactie : KOMMANDANTUR, Brussel, rechtover de Drukkerij van " LA LIBRE BELGIQUE "

Twee jaar Ballingschap in eigen land.

Het werk der Duitsch-Belgische Pers !

—

Het is nu ongeveer twee jaar dat onze Belgische bevolking volkomen van de beschaafde wereld afgescheiden leeft

den naam van " Chevaliers de la triste figure " (Ridders van het bedrukt wezen) vinden dat het toch te lang duurt ; dat de Duitschers toch overal komen waar zij verlangen ; dat onze bondgenooten zich tot nu toe, toch over geen enkel belangrijk wapenfeit mogen beroemen, enz. Ten andere staan zij in verrukking voor de slaafsche onderwerping der Duitsche soldaten voor hunne oversten en noemen dit : tucht ! Zij bewonderen het voorbeeldig bestuur van von Bissing en zijne kliek, en vinden dat wij Belgen veel bij de Duitschers te leeren hebben. In een woord, zij toonen zich waardige lezers van La Belgique.

RÉDUCTION DE LA PARTIE SUPÉRIEURE DE LA PREMIÈRE PAGE DU JOURNAL « DE VLAAMSCHE LEEUW »

(Voir p. 15 et 103.)

Nr 2.   1915.

De Vrije Stem

Belgisch orgaan voor de provincie Antwerpen

Verschijnende gedurende de Duitsche Bezetting.

Bureelen en Redactie :	Telegraphisch adres :
HOTEL DER PATRIOTTEN	Kommandantur-Antwerpen-Mechelen
Begijnenstraat, 42.	Met gratie ende privilegie.

Open Brief van Jan Van Rijswijck uit den Hemel.

Dichter Jan Rijswijck (1818†1869) stuurt ons van uit den hemel volgenden Open Brief, met verzoek van opname in « De Vrije Stem. » Wij houden ons verzekerd dat dit schrijven met groote voldoening door ons volk zal gelezen worden.

Den Hemel, 21e kamer, 3e verdiep.

Aan de Redactie van « De Vrije Stem »
Hotel der Patriotten, Begijnenstraat, 42.

Beste Vaderlanders.

Door tusschenkomst van Jan Olieslagers, die van zijn uitstapken om eenige bommen op de stellingen der Duitschers te gooien, gebruik heeft

RÉDUCTION DE LA PARTIE SUPÉRIEURE DE LA PREMIÈRE PAGE DU JOURNAL « DE VRIJE STEM »

(Voir p. 15 et 206.)

Deuxième année N° 12 · Juin 1916.

PATRIE!

Journal non censuré paraissant comme, où et quand il peut.

« Ils furent barbares et menteurs comme toujours. »

« Jamais une femme ne m'a parlé sur ce ton, dit le Roi.
« C'est, reprit-elle, que vous n'avez jamais parlé à une Liégoise ».

NOS ILLUSTRATIONS.

Patrie se propose de reproduire dans ses prochains numéros quelques-uns des dessins les plus frappants du grand artiste *Raemaekers*. Elle ouvre aujourd'hui la série par cette vue tragique sur l'*Yser*.

SUR L'YSER.

En route pour Calais !

Les Boches sur la Défensive.

Plusieurs membres de la colonie Allemande de Liège ont reçu la circulaire confidentielle ci-dessous émanant du Deutscher Club Brüssel, 48, rue de l'Ecuyer. Comme nos lecteurs le remarqueront, les boches prennent dès à présent leurs mesures pour amortir le coup de pied que nous nous disposons à leur appliquer à l'endroit où le dos change de nom :

« Messieurs,

« Une première réunion de nombreux intéressés pour « l'examen de notre *situation économique* a choisi un Co- « mité avec mission de recueillir, par enquêtes, dans les « différents cercles de la Colonie Allemande, des données « et des éléments, qui, transmis à *qui de droit*, doivent « aider à assurer la possibilité de notre activité commer- « ciale en Belgique.

« Nous vous prions de bien vouloir nous répondre si « possible *par des faits* aux questions posées dans la « feuille ci-jointe et de nous renvoyer celle-ci, au plus tard « le *15 avril*, utilisant l'enveloppe ci-jointe *fermée*.
Le Comité. »

« Quelles mesures vous semblent les plus *nécessaires* « pour assurer la situation économique et industrielle des « Allemands *établis ici*.

« .... Avez-vous déjà constaté un effet néfaste du *boy-* « *cottage* dont les *Belges* menacent généralement :
      « les Marchandises Allemandes.
      « les commerçants et industriels Allemands.

« Pouvez-vous donner des *indications précises* au su- « jet d'un agissement dans ce sens :
« A. des Administrations Publiques, des Sociétés et « des Personnes.
« B. de la *clientèle privée, meneurs politiques* (Haupt- « sachlichpolitish Hetzer).

« Rencontrez-vous des difficultés en recourant aux Tri- « bunaux Belges et aux Avocats nécessaires en pareil « cas.
Le Comité. »

La Colonie Allemande d'Anvers.
H. ALBERT.

Notre correspondent nous écrit :

Je consacrerai le premier numéro de la revue de la « Colonie Allemande » à H. ALBERT *von* BARY, ci-de- vant *de* BARY, ordinairement appelé par tous en Bourse (quand il ne l'entend pas) H. ALBERT, tout court.

A tout Seigneur, tout honneur. Et celui-là était bien, quoiqu'en eut le petit clan dissident des Mallinckrodt, le chef incontesté de la « colonie ». Confident au reste de l'empereur, il était le centre et la tête de cette conjura- tion scélérate qui a failli nous être si fatale.

Dans son extérieur et ses manières, c'est un des moins répugnants. Cela tient-il à ce qu'il y ait tout de même quelque chose de vrai à ce qu'a affirmé et assu- ré dans une fastueuse étude, un spécialiste appointé ? *H. Albert von Bary* serait-il vraiment descendant de quelque vague sergent de Bary du Tournaisis, de l'Artois ou du Cambrésis ? Les fils de ferme du gentil pays de France ont, comme chacun sait, plus de distinction innée qu'un chancelier d'empire ou que le Junker le plus authentique

---

C'est un devoir pour tout patriote de faire circuler ce journal auprès du plus grand nombre possible de lecteurs.

RÉDUCTION DE LA PREMIÈRE PAGE DU JOURNAL « PATRIE ! »

(Voir p. 15 et 142.)

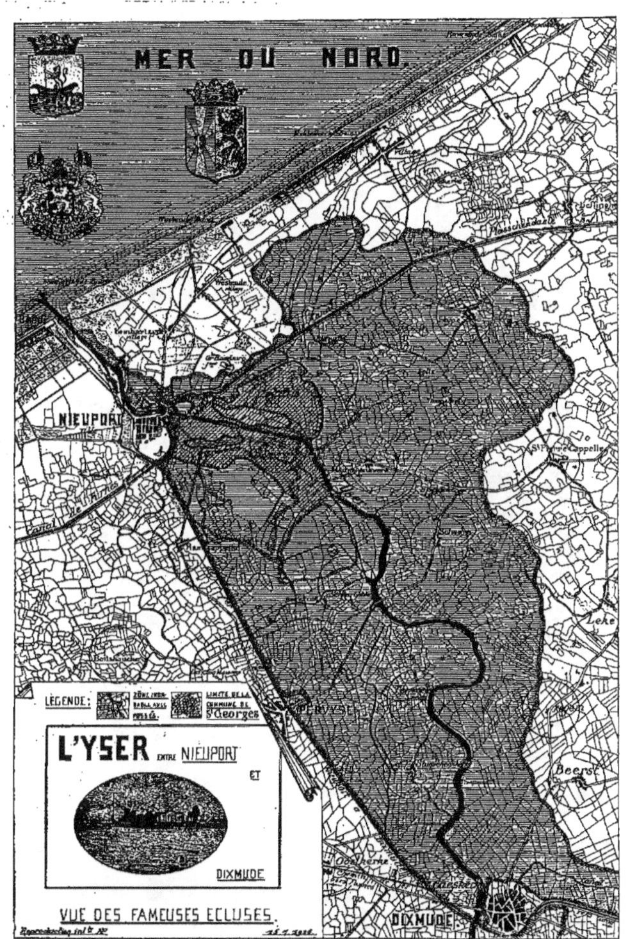

CARTE DE LA RÉGION INONDÉE DE L'YSER

(Extraite de la brochure *Comment l'Yser n'a pas été franchi.*) (Voir p. 21.)

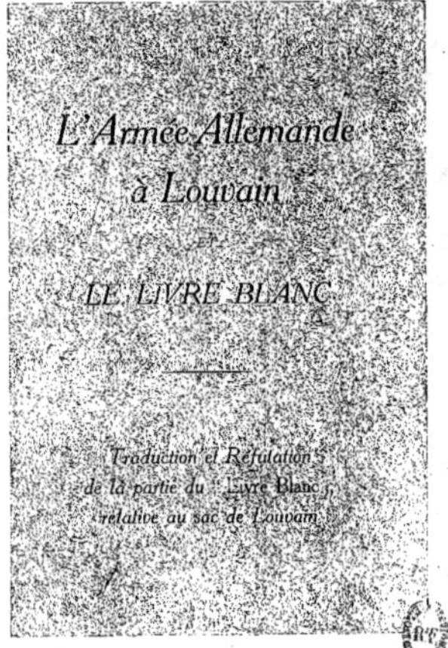

RÉDUCTION DE LA COUVERTURE DE
« L'ARMÉE ALLEMANDE A LOUVAIN ET LE LIVRE BLANC »
(Voir p. 234.)

2ᵐᵉ Année   N° 51

Revue Hebdomadaire
de la
Presse
Française

ARTICLES ANECDOTIQUES, DOCUMENTAIRES ET AUTRES
DES PRINCIPAUX JOURNAUX DE FRANCE

SOMMAIRE

La séance de l'Alliance franco-belge à la Sorbonne le 16 mars 1916 Discours de M. M. Beyens, Carton de Wiart et Émile Vandervelde — En de tels accidents on fait de pareils enrôlements — Le toast d'Asquith. — La valeur de l'armée belge (Bureau documentaire belge). — Le plan de campagne allemand contre la France. — La bataille de Douaumont racontée par un officier français (Le Matin).

Cette publication est soumise à la CENSUR K. K.

RÉDUCTION DE LA COUVERTURE DE LA
« REVUE HEBDOMADAIRE DE LA PRESSE FRANÇAISE »
(Voir p. 6.)

La vérité sur Louvain.

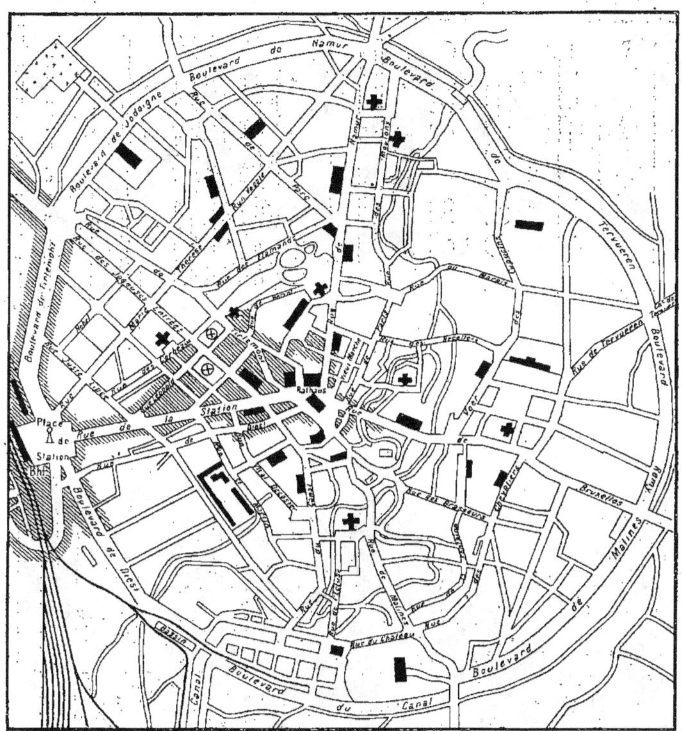

Explication : La partie non rayée est intacte.

La carte ci-dessus prouve qu'on ne peut pas parler d'une complète destruction
de la ville de Louvain. Seules les parties rayées ont été endommagées pendant
le combat qui nous a été imposé.

PLAN DE LOUVAIN

(Extrait du *Journal de la Guerre*, octobre 1914.) (Voir p. 226.)

Deutsches Strafgericht in Lüttich : Die Trümmer der auf dem Universitätsplatz zerstörten Gebäude,
aus denen 400 russische Studenten unsere Soldaten beschossen haben.

LIÉGE

(Extrait de *Die Woche*, fasc. 36, 1914.) (Voir p. 47.)

Bahnschutzstrafwache von Vertretern einer belgischen Ortschaft, in deren Bereich Telegraphendiebstahl
vorgekommen war.

WOLUWE

(Extrait de *Die Woche*, fasc. 19, 1915.) (Voir p. 47 et 249.)

Vom Kriegsschauplatz in den Karpathen. — Ruthenischer Bauer
als Wege- und Telegraphen-Schutzwächter bei der österr.-ungarischen Armee.

PAYSAN RUTHÈNE ARMÉ

(Extrait de la *Berliner Illustrirte Zeitung*, 16 mai 1915, p. 261.) (Voir p. 48.)

Bilder von der Eroberung Belgiens. — Wegführung von
Einwohnern aus einem belgischen Dorf, das wegen der
Schandtaten seiner Einwohner zerstört werden mußte.

POPULATION CIVILE PRISONNIÈRE

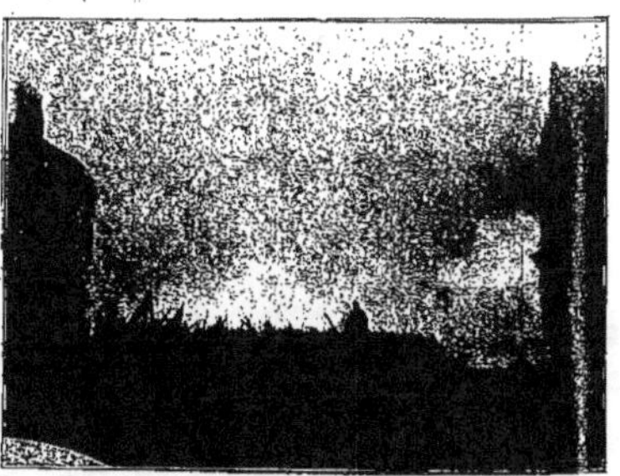

Unsere Truppen auf dem Marsch durch ein brennendes Dorf.

VILLAGE INCENDIÉ

(Extrait de la *Berliner Illustrirte Zeitung*, 6 septembre 1914, p. 654.) (Voir p. 47.)

COURANT. — MAANDAG 10 M

Uit Griekenland.

KONSTANTINOPEL, 9 Mei. (Wolff.) De Tocran verneemt, dat het Grieksche ministerie-Soenaris den termijn, binnen welken de mohammedanen, die uit Nieuw-Griekenland zijn weggetrokken, hun eigendomsaanspraken op de in den steek gelaten landerijen moeten bewijzen, met zes maanden heeft verlengd.

Het chloorgas.

LONDEN, 9 Mei. (Reuter.) De „ooggetuige" in het Britsche hoofdkwartier (in Noord-Frankrijk en West-Vlaanderen) geeft er in zijn jongste mededeelingen over de recente operaties om Yperen een beschrijving van, hoe een Pruisisch officier was gevangen genomen en — achter de linie gebracht — een paar Engelsche soldaten zag, die door het stinkgas waren buiten gevecht gesteld en in doodstrijd naar adem lagen te snakken. De Pruisische officier hield stil, barstte in lachen uit en — op de op den grond liggende gestalten wijzende — vroeg hij: „Hoe vind je dat?" De „ooggetuige" besluit zijn relaas aldus: „Het aanschouwen van makkers, die liggen te krimpen en te kreunen in hun lijden door de gasvergiftiging, en die stervend ronwentelen als vergeven ongedierte, heeft onder de Britsche soldaten een verbittering gewekt die — hopen wij — overal in het Britsche Rijk zal worden gedeeld, en die zal maken, dat wij niet zullen rusten voor wij volle vergelding hebben verkregen tegen diegenen, die voor deze gruwelen verantwoordelijk zijn.

Het overblijfsel van de bemanning van de Emden.

KONSTANTINOPEL, 9 Mei. (Wolff.) Kapitein luitenant Mücke is na een marsch van vijf dagen van El Wedzj aan de Roode Zee met zijn officieren

COURANT. — MAANDAG 10 M

Uit Griekenland.

KONSTANTINOPEL, 9 Mei. (Wolff.) De Tocran verneemt, dat het Grieksche ministerie-Soenaris den termijn, binnen welken de mohammedanen, die uit Nieuw-Griekenland zijn weggetrokken, hun eigendomsaanspraken op de in den steek gelaten landerijen moeten bewijzen, met zes maanden heeft verlengd.

Het overblijfsel van de bemanning van de Emden.

KONSTANTINOPEL, 9 Mei. (Wolff.) Kapitein luitenant Mücke is na een marsch van vijf dagen van El Wedzj aan de Roode Zee met zijn officieren

RÉDUCTION D'UNE PAGE DU « NIEUWE ROTTERDAMSCHE COURANT, » NUMÉRO DU 10 MAI 1915

Censurée

(Voir p. 170.)

Intacte

Nr. 314.   Montag, 19. Juli 1915.   **Abend-Ausgabe.**

Düsseldorfer General-Anzeiger

mit „Düsseldorfer Handelsblatt", „Düsseldorfer Sport-Zeitung" und der illustr. Wochenschrift „Rhein und Düssel"
General-Anzeiger für Düsseldorf und Umgegend — Düsseldorfer Neueste Nachrichten
Amtliches Kreisblatt für den Landkreis Düsseldorf

Windau besetzt, die Narew-Linie erreicht.

Die englischen Raubsteuern. — *Der amtliche Tagesbericht.* — *Munition! Organisation!*

Nr. 314.   Montag, 19. Juli 1915.   **Abend-Ausgabe.**

Düsseldorfer General-Anzeiger

mit „Düsseldorfer Handelsblatt", „Düsseldorfer Sport-Zeitung" und der illustr. Wochenschrift „Rhein und Düssel"
General-Anzeiger für Düsseldorf und Umgegend — Düsseldorfer Neueste Nachrichten
Amtliches Kreisblatt für den Landkreis Düsseldorf

Kopflosigkeit in London und Paris.

Die englischen Raubsteuern. — *Der Bergarbeiterstreik in Wales.* — *Munition! Organisation!*

Éditions pour le front occidental (haut) et pour le front oriental (bas)

RÉDUCTION DE LA PARTIE SUPÉRIEURE DE LA PREMIÈRE PAGE DES DEUX NUMÉROS 314
DU « DÜSSELDORFER GENERAL-ANZEIGER »

(Voir p. 46.)

UN JOURNAL BRUXELLOIS TEL QUEL REVIENT DE LA CENSURE

(Voir p. 59.)

UNE CARTE POSTALE ALLEMANDE : LES FRANCS-TIREURS A LOUVAIN
(Voir p. 59.)

TIMBRE ALLEMAND AVEC LA SURCHARGE « BELGIEN »
UTILISÉ DANS LA BELGIQUE ENVAHIE
(Voir p. 163.)

CONCLUSION

La fermeté dans le malheur. Appels à la modération.

Relisez les dernières phrases de la *Lettre des ouvriers belges
aux ouvriers français,* lancée en décembre 1916, à la suite
des déportations :

OUVRIERS FRANÇAIS !

Du fond de notre détresse, nous comptons sur vous.
Agissez.

Quant à nous, même si la force réussit un moment à réduire nos corps
en servitude, jamais nos âmes ne consentiront.

Nous ajoutons ceci : « Quelles que soient nos tortures, nous ne voulons
la paix que dans l'indépendance de notre pays et le triomphe de la
justice. »

N'est-elle pas à la fois troublante et touchante, cette volonté
indomptable de supporter les pires souffrances plutôt que
d'engager à l'acceptation d'une paix allemande ? Et qu'on
n'imagine pas qu'ils se sont laissé attraper dans le traquenard
tendu par M. von Bethmann-Hollweg dans la séance du
Reichstag du 12 décembre 1916 ! Le 25 décembre 1916, au
Congrès socialiste de Paris, M. le ministre Émile Vandervelde
disait :

Hier même, j'ai reçu un message de Belgique d'une assemblée qui m'envoyait les noms des délégués du parti ouvrier belge à la conférence prochaine des socialistes alliés, et ces noms, c'est tout un programme. Les
ouvriers de là-bas, réunis là-bas en assemblée secrète, n'ont élu pour
délégués que des militants qui sont d'avis que cette guerre ne peut finir
dans l'équivoque et dans l'indécision.

Il y a plus de deux ans que la classe ouvrière lutte. Elle a subi l'invasion ;
elle a, pendant de longs mois, vu enlever aux patrons mêmes les moyens
de travail qui lui permettent de gagner un maigre salaire. Elle vit aujour-
d'hui uniquement de ce que lui donne la solidarité internationale. Elle a vu,

ces temps derniers, des milliers de travailleurs chaque jour entassés dans des wagons à bestiaux et entraînés en Allemagne pour servir contre leur pays.

J'ai écrit, il y a quelques jours, à un de mes amis à La Haye pour lui dire ma douleur et ma tristesse devant ce nouveau crime, et, au moment où cette lettre arrivait à son destinataire, entrait dans son bureau un camarade de Belgique. Il disait de répondre à Vandervelde que c'est de Belgique même que viennent les conseils de courage et de résistance aux envahisseurs.

Après tout ce que la Belgique a souffert, — violation de la neutralité, massacres d'innocents, incendies, déportations de prisonniers civils, razzias de travailleurs, condamnations de tout genre, spoliations, calomnies... — on s'attend peut-être à ce que les prohibés poussent les Belges à se venger des bourreaux. Loin de là ! Ils nous engagent à boycotter tous les produits d'outre-Rhin, puisque ce sera à l'avenir notre seule défense contre un retour de l'infiltration allemande ; ils prêchent l'exécration de l'Allemagne, afin que nos enfants et petits-enfants n'oublient jamais combien notre pays a été torturé au moral et au physique ; mais la vengeance... non : nous les méprisons trop pour cela !

Il y a pourtant des têtes chaudes à qui il faut recommander le calme. Et c'est à cela que s'appliquent nos journaux clandestins. L'appel suivant, publié dans le n° 16 de *La Libre Belgique,* a été répété dans le n° 3o (¹), celui qui donne le portrait de M. le baron von Bissing lisant *La Libre Belgique :*

Restons calmes !

Le jour viendra (lentement, mais sûrement) où nos ennemis, contraints de reculer devant les Alliés, devront abandonner notre capitale. ·

Souvenons-nous alors des avis nombreux qui ont été donnés aux civils par le Gouvernement et par notre bourgmestre M. Max : *Soyons calmes !!!* Faisons taire les sentiments de légitime colère qui fermentent en nos cœurs.

Soyons, comme nous l'avons été jusqu'ici, respectueux des lois de la guerre. C'est ainsi que nous continuerons à mériter l'estime et l'admiration de tous les peuples civilisés.

Ce serait une *inutile lâcheté,* une lâcheté indigne des Belges, que de chercher à se venger ailleurs que sur le champ de bataille. Ce serait de

---

(1) Voir la couverture de ce livre.

plus *exposer des innocents* à des représailles terribles de la part d'ennemis sans pitié et sans justice.

Méfions-nous des agents provocateurs allemands qui, en exaltant notre patriotisme, nous pousseraient à commettre des excès.

Restons maîtres de nous-mêmes et prêchons le calme autour de nous. C'est le plus grand service que nous puissions rendre à notre chère patrie.

Ce même journal a reproduit aussi un passage caractéristique d'un sermon du R. P. Janvier :

Belges, n'oubliez pas ceci !

Quand vous serez victorieux, vous n'userez pas de représailles, vous ne confondrez pas la guerre avec le brigandage, vous n'immolerez ni les vieillards, ni les prêtres, ni les enfants, vous ne les ferez pas marcher au feu devant vous, vous ne brûlerez pas la bibliothèque de Nuremberg, vous ne bombarderez ni la cathédrale d'Aix-la-Chapelle ni la cathédrale de Cologne, vous imposerez silence à l'esprit de vengeance pour écouter l'esprit chrétien et chevaleresque qui enflamme le courage à l'heure de la bataille, qui inspire la miséricorde et la pitié avec la victoire.

(*La Libre Belgique,* n° 7, mars 1915.)

Résumons.

Les auteurs militaires d'outre-Rhin érigent en principe qu'il est utile de faire souffrir le plus possible la population du pays occupé, afin qu'elle agisse auprès de son gouvernement pour faire conclure une paix favorable à l'occupant. Mais nos tortionnaires perdront leurs peines : jamais l'excès des souffrances n'engagera la population belge à désirer une paix prématurée ; elle insiste pour que, malgré tout, la guerre soit continuée jusqu'à l'écrasement du militarisme prussien, seul gage d'une paix durable.

Les mauvais traitements que l'Allemagne nous inflige systématiquement ont fait naître une aversion profonde, qui ne s'éteindra jamais. Mais notre hostilité contre nos bourreaux ne nous empêche pas de manifester notre reconnaissance à ceux qui nous font du bien : la haine n'a pas effacé dans notre âme l'amour. Elle ne nous entraînera pas non plus à la vengeance ; nous avons contre celle-ci un antidote puissant : le mépris. Nous voulons nous défendre, — non nous venger.

TABLE ALPHABÉTIQUE

LE PRÉSENT OUVRAGE A ÉTÉ ACHEVÉ D'IMPRIMER LE 17 MARS
MIL NEUF CENT DIX-SEPT, PAR BERGER-LEVRAULT, A NANCY,
APRÈS LE QUINZIÈME BOMBARDEMENT DE LA VILLE, ET ÉTABLI PAR
JOSEPH VAN MELLE, IMPRIMEUR A BRUXELLES, ATTACHÉ, PEN-
DANT LA DURÉE DE LA GUERRE, AUX ÉTABLISSEMENTS D'ÉDITION
BERGER-LEVRAULT.

LA BELGIQUE ET LES BELGES
PENDANT LA GUERRE
Par le Commandant A. DE GERLACHE DE GOMERY
DOCTEUR HONORIS CAUSA DE L'UNIVERSITÉ DE LOUVAIN

5e édition. 1917. Volume grand in-8, avec 180 illustrations et 6 cartes. . . **6 fr.**